科技部创新方法工作专项
中国科学院科技政策与管理科学研究所“一三五”规划重大研究任务 联合资助

政策模拟导论

（第二版）

王 铮 吴 静 孙 翊 朱永彬 刘昌新◎著

Policy Modeling and Simulation

(Second Edition)

科 学 出 版 社
北 京

内 容 简 介

本书介绍了政策模拟的基本原理和方法学体系。全书通过对具体政策问题的分析，介绍了政策建模与计算的具体方法及技巧。方法学方面包括CGE方法、控制论方法、非数值计算方法、博弈论方法，以及政策评估的指标体系构建方法等；政策方面涉及经济政策、金融政策、区域政策、能源政策和环境政策等。

本书写作结构严谨，叙述深入浅出，与实际结合紧密，可供管理科学、社会科学、政策科学、地理科学等相关领域师生及学者，特别是智库研究人员参考。

图书在版编目(CIP)数据

政策模拟导论/王铮等著．—2版．—北京：科学出版社，2024.3
ISBN 978-7-03-073863-9

Ⅰ．①政… Ⅱ．①王… Ⅲ．①公共政策-模拟 Ⅳ．①D0

中国版本图书馆CIP数据核字（2022）第219426号

责任编辑：石 卉 吴春花／责任校对：韩 杨
责任印制：师艳茹／封面设计：有道文化
编辑部电话：010-64035853
E-mail：houjunlin@mail. sciencep. com

科学出版社 出版
北京东黄城根北街16号
邮政编码：100717
http：//www. sciencep. com
北京建宏印刷有限公司印刷
科学出版社发行 各地新华书店经销
*
2016年4月第 一 版 开本：720×1000 1/16
2024年3月第 二 版 印张：20 3/4
2024年3月第一次印刷
字数：420 000

定价：148.00元

（如有印装质量问题，我社负责调换）

前言

政策模拟是在计算机成为一种科学文化后兴起的新学科，以计算分析为主要工具，为政策的制定提供科学分析的基础。它旨在利用数学方法以及计算机算法表达管理规律，为此要先行建立数学模型或计算机算法模型。政策模拟已被广泛地应用于公共政策分析领域，特别是宏观经济政策分析领域，同时在企业发展政策、军事政策领域也多有应用。笔者在1996年读到的第一篇政策模拟的文章就是关于企业市场政策的。

我领导的政策模拟研究组是从1996年开始政策模拟研究的。1996年，东亚金融危机对世界经济造成了严重威胁。“亚洲四小龙”“亚洲四小虎”争先恐后地实施货币贬值，中国应该实施货币贬值吗？按照传统的线性分析理论，要求人民币贬值的呼声很高，但泰国、印度尼西亚及韩国货币贬值的后果又在提醒着我们要慎重。中国需要做出决策。面对这个问题，作为一个最初进大学是学物理，后来又转学自然地理学，并且正在从事可持续发展研究的理科生，我想到了用模型来模拟政策，这里或多或少受到那篇企业市场政策模拟文章的启示，但更多的是出于理科生思维。

在此背景下，我开始查找文献，在上海图书馆发现了 *Journal of Policy Modeling* 中的一篇关于汇率模型的文章。我发现，将该模型加以改进，可以模拟分析汇率政策问题。于是我向教工业工程的妻子要来了跟随她做大学生论文的学生龚轶，开始了关于汇率政策的研究。我们得出了“人民币不必贬值也不能贬值”的结论，并开始系统地开展政策模拟研究。在后来的研究中，我发现可计算一般均衡（computable general equilibrium，CGE）是政策模拟的主要方法。我们试图购买国际市场上的CGE软件，但科研经费的紧缺使我们望而却步。于是，我们开始自己开发软件，刘扬、吴兵是最初跟随我开发 CGE 的学生。这个工作让我理解，政策模拟至少包括两方面内容——建模和算法研究。

得益于中国科学院科技政策与管理科学研究所（2016 年更名为中国科学院科技战略咨询研究院）和华东师范大学地理信息科学重点实验室的支持，我领导的政策模拟研究组取得了一系列成果，也组建了一支生机勃勃的队伍。本书就是我们研究组的成果之一，它具有导引性质。编印本书，主要想给政策模拟做一个方法论方面的案例集成，以供广大公共政策及计算管理科学、计算经济学、计算地理学研究人员探讨，也可供学习政策科学、经济科学、地理科学的莘莘学子参考。

作为政策模拟的专著，本书的不足之处主要在于给出的案例集中在可持续发展经济学问题等方面，对我国特别需要的商业政策、军事政策完全没有涉及，希望在未来的研究中有所改进。

本书采用案例分析模式来叙述政策模拟方法，这是受政策模拟学科整体发展水平的限制。政策模拟目前还没有对应的方法论，更多依赖于政策建模，而具体的政策建模既需要对问题的科学理论和模型的认识，又需要将具体学科的模型集成起来解决政策问题。从方法论上看，政策模拟没有放之四海皆准的科学方法，而更像一门艺术。对于艺术的理解，我们只能通过具体作品去感受、去领悟。这是我们开展政策模拟最需要注意的地方。另外，政策模拟方法，随着问题的不同，可能涉及不同的数学理论和方法，就如同数学物理方法需要讲述特殊函数一样，本书需要花大量的章节讲述数学原理和计算方法。因此可以说，政策模拟方法，不是一门体系自洽的学科，这点可能让一些读者感到美学上的不满足。

本书各章的作者如下：第 1 章、第 10 章——王铮，第 2 章——孙翊、薛俊波、吕作奎，第 3 章——孙翊、钟章奇、王利赞，第 4 章、第 5 章——朱永彬，第 6 章、第 7 章——吴静，第 8 章、第 9 章——刘昌新。全书由王铮统稿。本书研究工作基本上是由我领导的政策模拟研究组完成的。一般来说，虽然相应章节作者是该工作的主要完成人，但实际上建模工作往往是由研究组成员共同讨论完成的。本书作者是按照随笔者进入政策模拟研究领域的先后顺序排序的，因此排名不分先后。笔者的研究生，如朱艳鑫、胡倩立、吴兵、郑一萍、夏海斌、刘清春、戴霄晔、汪晶、顾高翔、钟章奇、吴乐英等也参加了本书的研究工作，并开发了相应软件原型，在此对笔者学生所付出的辛劳表示感谢。

长期以来，中国科学院院士林群、徐冠华，北京师范大学方福康教授，中国科学院科技政策与管理科学研究所原所长徐伟宣研究员、方新研究员、穆荣平研究员对笔者开展政策模拟研究、组建政策模拟研究队伍给予了一贯的支持，科学出版社总经理彭斌、科学资环分社原分社长朱海燕在课题组相关成果出版中给予了诸多帮助，谨在此一并致谢。本书是科技部创新方法工作专项的成果，同时获得了中国科学院科技政策与管理科学研究所“一三五”规划重大研究任务（B类项目）的支持。

笔者要特别提到的是，本书的初稿在2014年11月丢失，但我们没有因此而沮丧，而是重新撰写，这说明我们的队伍具有坚忍不拔的奋斗精神，笔者因此感到骄傲。

本书自2016年出版以来，得到理学、管理学、公共政策等领域高校院所学者、研究生的广泛欢迎和好评。本次再版，主要对全书内容重新进行了研读，完善了其中存在的不足之处。特别需要说明的是，由于本书汇集的案例多在2015年前完成，故各章的模拟案例中有涉及对2020年等在现在看来已成事实的年份“预测”，这是立足当时工作开展时间节点的“向前看”。为保持模型模拟结果序列的完整性，本次再版没有对这些年份的模拟结果做调整。此外，在再版过程中，薛俊波、王利赞等分别对第2章、第3章书稿修订做了大量工作，故第2章作者调整为孙翊、薛俊波、吕作奎，第3章作者调整为孙翊、钟章奇、王利赞。

王 铮

2023年1月1日于中关村

目录

第 1 章

政策科学与政策模拟

1.1 政策科学

政策科学是关于政策的科学，那么什么是政策呢？政策是政府、机构或者组织为实现某种管理目标制定的带有强制性的行动原则、纲领和具体行动规则。计划属于管理学的基本范畴，由此可见政策科学是管理科学的一部分。政策科学是应用管理学（包括治理）、经济学乃至地理学的理念、理论和方法，对备选的计划进行研究、分析和信息处理，并以确定最终计划为目标的一门学科。

从政策科学角度来讲，政策不能被庸俗地理解为政治的策略，而是为实现某种社会、经济、政治、军事、教育等目标而包含的一连串经过规划的、有组织的行动或活动的准则，可以在政治、财经、产业、管理及行政架构上发挥作用以实现这些目标。值得注意的是，政策本身不是目的而是手段。现代企业所强调的质量政策（quality policy），很好地彰显了政策不是政治，也不是目的，而是一种组织行为的规划目标和准则。在中国，quality policy 被翻译为质量方针，是对 policy 的政治理解的结果，但是也说明了 policy 具有规划目标和准则。实际上，quality policy 包括质量目标、质量管理计划、质量惯例准则，而不是政治的口号。

政策的内容是丰富的。宪法，可以理解为最高层的政策，因为它是有目标的准则。但实际上，政策往往是指在法律约束下的行动准则与行动原则，而不是法律。一般来说，法律是稳定的准则，政策是可变的准则。常见的政策类型包括货币政策、人口政策、就业政策、能源政策、农业政策、产业政策、教育政策、财税政策、公共政策、经济政策、社会政策、外交政策等。这些概念不是互相排斥的，而是相互交融的，如能源政策也是一种经济政策。当政府运用政策这个词时，政策可包含以下意思：政府规定的法律如何运作的法例或指引原则，这些称为正式政策；而与法律无关的，有“机会主义”色彩的行动纲领和准则，就是一般政策。一般政策还包括组织治理和社会政治理念下的较为稳定的“非机会主义”规划目标和准则。

对政策的研究形成了政策科学。政策科学在行动上是制定政策、评估政策和动态调控政策的科学。当然政策科学也包括政策的伦理学和方法论，比如气候政策就包括气候伦理学认识。

1.2　政策模拟的发展

近几十年，政策科学在方法论上得到迅速的发展，其中当然有政策分析基于经济学、社会学的理论发展的原因，但主要是由于由信息化革命推动的政策分析技术的发展。这个发展核心就是政策模拟的兴起。

什么是政策模拟呢？政策模拟翻译自 policy modeling。按字面直译，policy modeling 准确的译文似乎应该为政策建模。但是，我国“建模”往往指建立模型，不包括基于模型的计算分析，而 policy modeling 包含了大量计算工作，所以把 policy modeling 翻译为政策模拟更符合实际情况。有的学者强调政策模拟对应的英文应该是 policy simulation。是的，直接的翻译是这样的。但是科学是在发展的，当年美国人把法国人的 government 翻译为 management。管理学史学家雷恩评价说，一个翻译带来了一场革命。这实际上是美国人顺应管理学的发展对科学的进一步精细化。在中国，一些学者把 policy simulation 翻译为政策仿真，虽然我觉得仿真一词失之偏颇，因为 policy simulation 的对象可能不是真实的，而是虚拟的；但是政策仿真一词基本上反映了 policy simulation 的本质特征，即用数学的或者实验的方法，对某种可能真实的环境中政策的作用做出预测评估。政策模拟的另一个新动向是政策实验。政策实验实际上是所有经济学的直接后果，在实验经济学实验中，许多是关于政策的实验。与一般的实验经济学实验不同，政策实验更多的是关注政策实施的结果与政策实施发展方向的条件，而不是实验经济学普遍关心的经济学理论或者人们对经济政策的行为博弈。不过政策实验和一般实验经济学实验在原理和方法上具有一致性。

给政策模拟下定义是困难的，因为它在迅速地发展。我们可以这样来理解政策模拟：政策模拟指针对政策问题开展的建模、计算分析和基于计算机的政策虚拟实验。这里，建模是基础，是基于经济学、社会学、管理学、地理学理论的；仿真模拟和实验可能是对多种政策的实验，主要目的是分析确定政策的最优性，也可能是模拟多种政策环境下的单一政策作用，认识政策的有效性。由于政策环境的不确定和政策本身实施后不可逆，政策的这种模拟分析往往是多情景的。这里我们要强调的是，在我国一些教科书中强调政策是种“大型计划”，有的还把政府、企业等试图影响市场的政策工具作为政策。笔者认为这种理解至少对于政策分析来说是不恰当的。政策分析的“政策”指的是针对某种组织目的，特别是具体目标采取的行动准则、行动方案和行动纲领计划。在政策指导下，我们可能制订计划，发展政策工具。政策模拟作为政策分析的一部分，是作为认识实现具体目标的行动准则、行动方案和行动纲领计划而存在的，并为最后的行动决策提供分析工具。从这个理解看，政策模拟可以应用在国家、区域（国家是区域的一种特殊形式）的决策分析中，也可以应用在企业的决策分析中。实际上，笔者最早接触的政策模拟问题，就是一个企业新产品投放时间的决策问题，它包括投放时间、投放数量、广告方式等，制订的是纲领性计划。这个计划本身是小型的不是大型的。

显然，政策模拟是计算机时代政策科学的发展，因为政策模拟离不开计算机，这里的“离不开”不仅因为政策模拟需要计算分析，而且因为政策模拟往往需要信息系统支持。也许正因为如此，政策模拟在技术方面的延伸是决策支持系统（DSS）。政策模拟在基础科学方面的延伸主要是计算经济学，计算经济学为政策模拟提供算法研究，从而使得政策模拟在纯学术方面或多或少成为一种算法研究。当然，计算管理科学和计算地理学也是政策模拟的基础延伸。计算管理科学，主要采用运筹学方法和系统论方法计算模拟带有管理学特点的问题，在基础性上，更多关心运筹计算和控制技术；计算地理学，强调问题的空间背景或地球背景-资源环境背景，这两个背景的引入往往使计算面临计算复杂性问题，由此需要解决一些更基础的计算难题。因此，我们不得不开展建模以外的计算经济学、计算地理学研究，以及作为技术支持的 DSS 研究。除了计算分析外，由于政策环境往往是复杂的，所以政策模拟的建模工作往往需要以复杂系统的观点来认识问题。认识复杂系统就需要涉及复杂性科学。综上所述，从学科上看，政策模拟是包含数学建模、计算机建模、算法研究等在内的学科，是与信息系统、

DSS 和复杂性分析研究紧密地联系在一起的学科领域。

政策模拟作为一门学科的发展，可以以 1979 年 *Journal of Policy Modeling* 的创刊为标志。1982 年，*Economical Modelling* 创刊。1984 年，*Computational Economics* 创刊，几乎同时，主要的经济动力学杂志 *Journal of Economic Dynamics & Control* 每期也开设专栏 Computational Economics。通过这些事例，我们可以认为政策模拟是最近几十年才发展起来的。从发展的历史看，政策模拟主要是被应用在涉及复杂系统的政策分析中，在宏观经济分析领域和环境经济分析领域发表的论文最多。但是这不是说在微观经济领域政策分析应用少，而是因为企业的政策分析经过往往是保密的，一般不会轻易发表。例如，笔者本小节前面提到的某个企业问题，当时它们分析新型计算机投入问题，在研究完成后 8 年才正式发表，而有的研究可能永远被埋没了。

政策模拟广泛应用的例子是以可计算一般均衡（CGE）技术为基础的各国普遍建立的宏观经济模拟分析系统。作为宏观经济分析工具的 CGE 技术是计算机技术发展后对经济学基础分析——一般均衡的实现。CGE 技术把宏观经济体系划分为大量可计算的部分，通过计算模拟而不是解析分析，研究在一般均衡框架下价格变动导致的经济体系变动，适合于在宏观经济框架下对微观经济现象的认识，具有混杂（hybrid）分析的特点。CGE 计算已被广泛地用于评估气候变化及其应对政策与措施的经济学影响。

目前，政策模拟主要应用于公共政策研究方面，对公共政策的关注形成了政策模拟最显著的特点，也是政策模拟的基础涉及多学科的原因。

1.3 政策模拟的建模

政策模拟的核心工作是建立可计算的政策分析模型，这个过程就是建模——建立数学模型和算法模型。在成熟的科学分析中，如物理学中，基本的模型已经由牛顿、爱因斯坦这样的科学大师完成，科学研究主要是“解难题”。一个学者从小学开始就受到“解难题”训练，长期下来已经熟练了。但是在建模分析方面，一般来说学者们都没有经过系统的训练。政策建模分析特别需要创造性思维，需要触类旁通的发散性思维，这就使得作为软科学的政策科学出现一个硬核，即政策建模。

一般来说，模型的建立，是项艺术而不是科学，然而它并不像艺术那样主要依靠灵感，还是有规律可循的。王铮（2004）根据一般的数学建模方法原理并且归纳总结众多学者的努力，也得出了政策建模的一些基本规律，图 1.1 为其建议的政策模拟（建模）步骤。

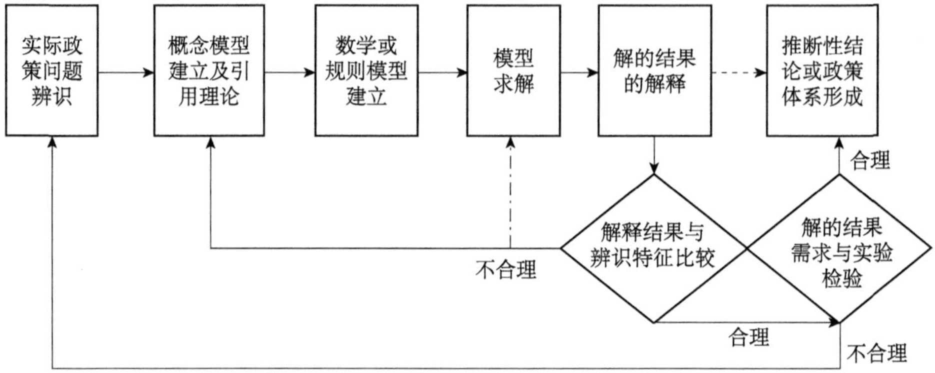

图 1.1 建模步骤

在图 1.1 的模型中，实际政策问题辨识是第一步，因为政策模拟总要面对实际政策问题。问题辨识，就是要回答这样三个问题。①这主要是什么学科的问题，它的主要机制是什么？政策实施的主体、客体是谁？②作为政策问题，我们需要实现的目标是什么？通常实现这个目标的管理学手段是什么？③政策问题运行的社会环境、制度环境、地理环境、文化环境，特别是伦理学约束是什么？在这三个问题下，我们在辨识时要进一步弄清楚下列内容：常规情况下问题涉及的变量，历史时期类似政策实施的环境和效果、问题讨论的空间尺度与时间尺度，以及现象的周期性，最后要辨识出问题的不确定性。

在问题辨识的最后，我们实际上已经开始建立概念模型。政策模拟的基础是概念模型。概念模型包括问题涉及过程的概念体系的澄清，提出某些假设作为模型基础，明确这些假设的科学基础。有了这些假设，根据前面辨识问题的不确定性，确定模型的不确定性。所谓不确定性模型包括：知道随机干扰概率分布的风险模型、不知道概率分布参数但知道概率分布形式的一般随机模型和连概率分布形式也不知道的无规模型。不仅如此，如果可能，需要整理已有的观察数据，研究状态可能出现的突变点、极值和波动规律，以及问题需要求解的精度的大致范围，最后要明晰模型的输出内容，这当然是由政策模拟的目的决定的。由于政策行为带有一定的目的性，概念模型需要确定优化目标，这不同于一般的数学建模。王铮（2004）完全忽视了这一点，应该纠正。概念模型的建立必须借助理论，而理论的应用可以用于指导相应的概念体系的确立和认识政策分析的对象的关联性。没有理论支持的政策建模应该尽可能避免，这一点不同于对自然现象的研究取得重大突破时采用的理论创新。因为政策应用要防范政策作用的风险，所以我们一般需要经过实践检验的理论保障。只有当模拟结构与理论预期明显矛盾时，我们才要重新审视理论。

在概念模型建立的基础上，我们需要建立数学或规则模型；这里的由规则构成的算法体系特指非一般意义下的计算模型，如近年流行的复杂性分析用的基于自主体（agent-based）模拟技术，就是一种算法体系。自主体（agent）根据一定的规则在虚拟空间运行，按一定规则相互作用，并且给出统计特征和群体行为特征。政策模拟通常把政策因子作为某种规则纳入系统，根据这一规则作用的结果发现政策的有效性和最优性。显然建模是这个研究的关键。政策模拟首先需要确定用何种基本建模方法建模，是用数学公式表达的还是用算法规则表达的。同时，要清楚定义域、值域和极值的意义。

模型求解通常是一个数学分析和/或计算过程，需要数学技巧和计算机编程技术。由于软件技术的发展，政策模拟普遍采用模拟技术，或者说计算技术，越来越多的成熟软件已经为这个工作提供了便利。在选择软件时一定要根据模型认识的规律、输出要求和精度要求选择算法和软件。这里要强调的是，如果从原理上认识问题是非线性的，前面建立的模型也是非线性的，就要注意解的分叉性，大多数成型的商业化软件，没有发现非线性现象的功能，这点要特别注意。

对于计算机求解，越来越多的研究者往往是应用软件而不追求了解算法，如你可以不知道牛顿迭代法搜索最优解的细节，用某个软件方法求解某组非线性方程；这种做法实际上能够帮助研究人员集中精力解决专业问题。不过一个好的政策模拟学者，最好知道一些算法原理，从而理解可能的计算误差及结果的意义。例如，各种迭代法的步长选取，对搜索结果有何影响。对于数学求解，对数学原理的理解往往是必要的。

求解工作完成后需要给出解的结果的解释，这个解释就是要给出政策学意义，或者说解释模拟得到的政策在相应的问题学科的意义，如经济学意义、地理学意义等。解释这种政策学意义时，因为政策主体、客体和政策环境往往是复杂的，通常需要从它的经济学特征、社会学特征、生物学特征、地理学特征，甚至物理学特征认识问题。分析特别要关注出现极值、突变点、分叉点、周期特征及混沌特征的意义。

在给出解的解释后，需要开展特征检验。特征检验需要与问题辨识发现的特征比较，特别是注意极值、不连续点、突变点等特征点与现实的比较，研究它们与实际情况的冲突。这种冲突可能是观察错误或者有限性导致的，不过我们更需要检查概念模型建立的合理性，因为概念模型可能有先入为主的思想，限制了政策模拟的结果，导致与辨识发现的特征矛盾，所以在得到结果后需要回溯概念模型，特别是回溯理论，分析模拟结构与理论预期矛盾的地方，分析政策建模基于的理论是否符合实际，是否包含了非线性环节，是否发现了分叉解。例如，在讨论汇率问题时，许多模型理论认为贬值有利于增加本国经济的发展，这种认识往往是用局部线性理论来认识全局行为的错误结果。总之，政策建模不是一气呵成的，而是要反复回溯的。显然，这是保证求解无错误时的分析思路。然而根据笔者的经验，算法错误或者误差往往也是与辨识特征矛盾的起因。

通过特征检验后需要与新的观察数据比较，或者推断新的系统特征，并且做实验检验，如果不合理，可能是问题辨识不清楚，如果合理，这时可以给出推断性结论，可以提出新的学说。不过研究工作是一步一步完成的，这时的检验不能要求一切无误，如果满足我们需要解决问题的要求，就可以接受。我们称其为“需求检验”。这里的需求检验不是要调整模型和参数，使政策模拟结果“证明”领导人政策的正确，而是检验模拟结果是否回答了我们关心的政策问题。如果通不过检验，需要重新辨识政策问题。

需要补充的是，由于政策作用的长期性和不可逆性，这里的实验可能不是实际实验，而是计算机的实验经济学实验和实验社会学实验，因为一个真实的经济学实验或者社会学实验，可能在经济后果上、社会后果上及伦理学后果上是人类不可承担的。例如，我们不能说对实际经济系统试一试汇率降低 5%，因为实验如果让社会经济出了问题，危害很大，而且具有不可逆性。例如，我们模拟 1997 年的韩国经济，如果当年他们不仓促实施韩元贬值，韩国经济不会遭受当时发生的那么大的衰退。政策模拟的政策的可靠性，往往不能依靠政策来检验，而是依靠数学和算法正确性来表征，这样政策模拟像数学一样，不是一门实证科学。关于实验经济学实验和实验社会学实验，以及实证科学的问题，涉及一系列哲学问题，我们另文再讨论。

关于政策模拟的建模，这里有几个问题要强调。

首先，政策模拟建立的模型应该是可计算模型，而不是一般的数学模型，一些数学模型往往不具有可计算性，如一些模型涉及高度非线性方程，这些方程在计算求解时往往没有合适的、有效的算法，因此它们不具有可计算性。又如，一些模型涉及一些统计资料不能估计出来或者不确定性强的参数，这时计算是不可能的。

其次，政策模型要逼近实际。例如，经济政策模拟模型需要应用经济学提出的经济分析模型，当问题复杂时，这些模型需要由建模者自己组合。在计量经济学中，模型往往是统计的，许多统计方法也被应用于政策分析，但是政策建模需要尽可能回避统计模型，因为统计模型可能逼近的是局部范围的现象，模型的结构也是实际现象在某一段被线性逼近，但是模拟的范围可能是宽广的，不恰当的模拟得到的政策判断误差可能太大。

再次，在保证模型逼近实际的情况下，模型需要简洁。例如，美国 20 世纪 80 年代建立的 CGE 系统，方程数和变量数都达到 10^6 数量级，到了 90 年代，这类系统的方程数和变量数都降到 10^2 数量级。这个变化是建模者归并了经济许多部门的结果。一般不能求出诸如汇率对牙膏价格的影响，因为牙膏归并在日用品经济部门中，但是它可能更合理地反映了经济系统情况，因为对经济部门的狭小划分，意味着一个部门的经济规模减小，这种小量受随机干扰影响大，反而导致大的误差，同时部门的狭小意味着部门的增多，这样参数估计困难也随之增加，可能有些参数不能获得，导致模型不可计算。

对于实际的问题，我们可能需要对部分部门更细致地理解，如我们建立的粮食生产分析系统（王铮、刘扬和傅泽田，1999）。对农业部门细分出稻、小麦、玉米和大豆生产部门，对工业部门细分出化肥和农药生产部门。其余部分为一般工业部门和一般农业部门。这种部分详细、部分笼统的处理，使得对经济系统的分析不在一个层次上，形成了混杂模型。一个混杂模型可能涉及参数的一致性、随机干扰的混杂和相互作用的强度的数量级协调等，目前这种分析方法在模拟中很流行，研究不是不分主次地对所有变量无一例外地同等处理，而是找出政策分析的核心关注变量，并且根据理论认识和经验认识找出相关变量，顺藤摸瓜，建立模型。由此，政策建模的基础一定要有较完整的理论认识，借助理论模型或认识，集成起来构建政策模拟模型。

从现代科学观点看，政策模拟当然需要把对象作为复杂系统认识。谈到复杂系统，需要讨论一下复杂性。复杂系统不等于复杂性。著名的大气运动的洛伦兹方程在数学意义上是简单的，但是它揭示了复杂性。一个气体系统形式上是复杂的，可是温度特征就简单地表达了分子运动状况。复杂系统有简单性，简单系统有复杂性。在政策模拟中，我们要注意可能有些看似简单的系统，模拟发现存在复杂性，这使政策解释要承认复杂性。有些情况下，某些系统表现得很复杂，我们可能发现不同政策作用下其状态变化不大，表现出简单性；利用这种简单性，我们可能给出政策解释。

政策模拟的建模工作，与一般数学建模有一致性的地方。Wan（1989）在总结数学建模时提出如下建议。

第一，从一个适当简单的模型出发，逐渐纳入从现象认识得到的更多特征，以便更好地理解简单模型得到的结论。

第二，如果模型是非线性的，第一步从相应的线性问题入手，但是牢记很多非线性现象不能由线性理论捕捉。

第三，如果你不能以某一个方法取得进展，那么试一试别的方法。

第四，一个“老”的数学方法对于新领域可能是适用的，值得注意的是，数学方法在另外领域的应用发展可能对你研究的问题是有帮助的。

这些建议中，至少第二条对政策建模是适用的。第一条也值得遵循。第三、第四条却不完全适用，但值得注意。这就是政策模拟建模与一般数学建模的差别。政策模拟要求保证政策分析模型在原理上合理。如果能保证原理上合理，这里的第三、第四条是可以应用的。不过我们在此要强调，由于政策是计划的一种形式，所以政策模拟往往带有优化追求，这时模型往往需要最优化分析功能。

1.4 政策建模的方法

政策建模的方法，是一种艺术，丰富多彩，然而目前成型的建模方法主要有两种：一种是基于观察数据的建模方法，针对数据序列或者系列的特征，建立经验或者半经验的模型分析政策作用；另一种是基于动力学原理的建模方法。不过由于政策模拟的实证性和动力学认识的不足，动力学模型往往需要补充经验模型。

1.4.1 基于观察数据的建模方法

利用观察数据分析经济问题、地理问题、社会问题是计量经济学、计量地理学和计量社会学的常用方法。这类“计量”方法，往往采用的是数理统计方法，虽然经济学家、地理学家、社会学家发展了某些有特殊解释意义的统计计量模型，然而由于它们在解释时，政策意义往往不够清晰，特别是政策机理不够清晰，只能慎重应用。实际上，统计相关性好的政策关系，可能是受到其他因素的影响，由于共线性的存在加重了某个“政策”因子的作用，又有可能某些隐变量的存在，使得某种政策作用没有表现，而显示统计模型通过检验。所以，统计计量模型并不能很好地适用于政策模拟。面对这种情况，我们需要从某种政策机理清楚的模型出发，利用观察数据，建立政策模型。1997 年，在分析人民币是否可以贬值时，我们通过实验发现，一般的统计模型不合理，一般的金融 CGE 技术内容多，参数估计复杂，因此我们采用了 Tange（1997）的贸易转价模型，将其加以发展作为分析金融危机的政策分析模型（王铮、龚铁和王尽然等，1999）就是一例。

转价通常是指汇率变化与物品出口价格变化间的关系。为了能够说明这种价格行为，转价联系使用了一个局部均衡模型。在这个模型中，对于价格这样规定：无论商品在何地售卖，同样的商品以同一种货币表示的价格相同，我们就可以将外币出口价格与本币出口价格间的关系表示如下：

$$p_a = \frac{p_x}{r} \tag{1.1}$$

式中，p_a 为以外币表示的出口价格；p_x 为由成本决定的以本币表示的出口价格；r 为由外币的本币价格定义的汇率。

考虑到 p_a、p_x、r 是时间 t 的变量，同时考虑到出口产品外币价格阶段性地与汇率关系的松弛，即事实上存在的所谓不完全转价贸易，可将式（1.1）表示为

$$p_a(t) = \frac{p_x(t)}{r^{\alpha}(t)} \tag{1.2}$$

这里参数 α 是十分重要的，表示汇率完全转价指数。$\alpha=1$ 意味着完全转价，即出口产品的外币价格对汇率的响应是等比例的。当 $\alpha\neq1$ 时，发生不完全转价，出口厂商对国外市场和国内市场采用不同的定价策略，即“根据市场定价”策略。在长期均衡的要求下，只能有 $\alpha=1$。$\alpha\neq1$ 意味着汇率确定得不合理。

完全类似，汇率对国内市场商品的本币价格 p_d 的作用有

$$p_d(t) = \frac{p_x(t)}{r^{\beta}(t)} \tag{1.3}$$

在汇率变化对国内商品价格无影响时，应该有 $\beta=0$。如果 β 对 0 有明显偏离，说明汇率变化可能引起国内的社会经济变化，特别是不同产品的 β 值有正有负时，如果汇率变化，经济系统就会发生混乱。实际上，在这个分析中我们把 α 和 β 作为金融安全指标来估计，估计的过程是采用观察数据完成的。观察数据是实际数据，由此得到的金融安全指标计算是有现实意义的。为了计算指标，需要对机理模型做一些展开。

对式（1.2）关于时间 t 求对数并进一步求导

$$\ln p_a(t) = \ln p_x(t) - \alpha \ln r(t) \tag{1.4}$$

$$\frac{\mathrm{d}p_a(t)}{p_a(t)} = \frac{\mathrm{d}p_x(t)}{p_x(t)} - \alpha\frac{\mathrm{d}r(t)}{r(t)} \tag{1.5}$$

即

$$\hat{p}_a = \hat{p}_x - \alpha\hat{r} \tag{1.6}$$

式（1.6）中，$\hat{p}_a$、$\hat{p}_x$、$\hat{r}$ 是变动率。在式（1.6）中，如果一个出口商保持本币出口价格稳定（即 $\hat{p}_x=0$），而以与本币升值相同的比例变动外币出口价格，那么说转价是完全的，即 $\hat{p}_a=-\hat{r}$，不满足这种情况的是不完全转价。当 $\hat{r}\neq 1$ 时，出口价格并不随汇率的变化同比例变化，这就是常见的不完全转价情况。

在长期均衡的要求下，只能有 $\alpha=1$。$\alpha\neq 1$ 意味着汇率确定得不合理。长期出现 $0<\alpha<1$，汇率变动一个百分率，价格没有相应比率变动，说明这个国家的本币存在贬值趋势。同样，长期出现 $\alpha>1$，说明这个国家的本币存在升值趋势。

同时，用成本代替国内价格，在分析时，在技术上容易处理。实际的汇率是分阶段变化的，市场是有惯性的。这就使模型中汇率变化率 $\hat{r}$ 应该是最近几期汇率变化率的某种加权平均。对实际的经济问题权系数可以基于经验数据利用最小二乘法或最大似然比法估计出来。实际上，Tange（1997）应用一个滞后汇率的多期分配多项式将转价方程表示如下：

$$\ln p_a(t) = a_0 + a_1 \ln c(t) - \sum_{k=0}^{n} \alpha_k \ln r_{t-k} \tag{1.7}$$

式中，$p_a(t)$ 为 t 期外汇出口价格；$c(t)$ 为 t 期产品成本；α_k 为 $t-k$ 期汇率弹性的滞后系数；α_0 为常数；k 为滞后长度；a_1 为外汇出口价格的成本弹性；n 为惯性保持的时间。同样，汇率变动对国内价格的影响用以下方程表示：

$$\ln p_d(t) = d_0 + d_1 \ln c(t) - \sum_{k=0}^{n} \beta_k \ln r_{t-k} \tag{1.8}$$

式中，$p_d(t)$ 为 t 期本币国内价格；d_0 为常数；d_1 为国内价格的成本弹性；β_k 为汇率弹性，在这个方程中，同样应用滞后汇率的多期分配。

方程（1.7）用于分析汇率波动对产品出口价格的影响，所估计的 $\sum_{k=0}^{n}\alpha_k$ 值可以反映汇率偏离均衡汇率的程度，一个国家汇率合理，利用多年数据估算的汇率弹性之和 $\sum_{k=0}^{n}\alpha_k$ 应该接近 1；如果 $\sum_{k=0}^{n}\alpha_k$ 明显大于 1，说明本国的汇率定得过低，本币需要升值；如果 $\sum_{k=0}^{n}\alpha_k$ 远小于 1，说明本国的汇率定得过高，本币需要贬值。方程（1.8）用于分析汇率波动对产品国内市场价格的影响，所估计的 $\sum_{k=0}^{n}\beta_k$ 反映了国内市场受汇率的影响程度。如果汇率波动对国内社会经济冲击较小，$\sum_{k=0}^{n}\beta_k$ 应接近 0。如果 $\sum_{k=0}^{n}\beta_k$ 远偏离 0，说明汇率波动对国内市场影响会很大，汇率波动会引发本国国内经济危机。

同时，为了综合评价一国汇率转价情况，取一国所有行业（这里分了 5 类行业）的 $\sum_{k=0}^{n}\alpha_k$ 的绝对值的加权平均值为 $\vec{\alpha}$，表示一国汇率偏离均衡汇率的程度。同样，取一国所有行业的 $\sum_{k=0}^{n}\beta_k$ 的绝对值的加权平均值为 $\vec{\beta}$，表示一国汇率对国内产品价格的平均转价程度。这里的权重系数以各行业的销数额或出口额所占比重计算。

这里的模拟研究采用历史数据，并用最小二乘法估计了 α、β 值，具体的估计方法见王铮、龚轶和王尽然等（1999），结果发现 1997 年时中国产品的 α 值为 0.91～0.95，人民币定价略为偏低，不存在贬值压力。β 变化很大，燃料高达 1.72，而机电产品却为−0.38，如果贬值可能引起国内价格系统混乱，导致印度尼西亚、泰国货币贬值。同期日本的产品，除机电产品的 β 为 0.16 外，其余产品约为 0.05，日元贬值对国内价格系统影响不大。因此，我们当时的政策建议是："人民币不必贬值也不能贬值。"

通过这里的例子我们可以看到，不同于计量经济学方法，机理模型在政策分析中起到了核心作用。

1.4.2 基于动力学原理的建模方法

基于动力学原理的建模方法，提倡用于对象的自然科学色彩浓厚的政策模拟问题。对某个人类干扰下的但自然科学过程动力学机制相对清楚的系统，提倡采用原理清楚的动力学模型建模，如应对气候变化的政策模拟，就常常采用这种方法。对于这类方法，又可以分成两种。

第一种是类似经典力学的分析方法，其需要根据经济现象、地理现象的规律认识，应用相关的理论或者模型，构建一个相应的经济系统，明确相关的政策变量，分析这个系统在政策作用下的运动规律，认识政策的作用。例如，我们根据物理规律和二氧化碳的产生机制，构建大气的碳循环系统，然后根据政策可以调解人类的碳排放行为，求解人类为达到气候控制需要采用的二氧化碳排放政策。本书第 4 章和第 5 章中将介绍这方面的例子和方法。

第二种是类似统计物理的动力学分析，对分析的政策对象，做自上而下的分析，认识研究对象的个体特征，用相应个体的经济规律、社会规律刻画它们。例如，研究人口运动可以把人口个体作为基本单元，把政策作用与人口个体行为联系起来，然后分析政策作用个体后，这些个体形成的集体的、自下而上的、合成的统计特征（如人口经济特征），同时认识政策效果。本书第 6 章和第 7 章讲述的就是这种方法。

1.4.3 其他建模方法

CGE 和博弈论模型是利用一些经济学平衡关系或者质量守恒、物流平衡的关系来建模，这时模拟系统中，有的变量往往有明确的政策意义。本书反对一般数学建模中采用比拟方法来建立政策模拟模型。例如，用牛顿的万有引力模型来比拟人口流动，制定人口政策，因为这种情况往往带来状态变量的经济学、社会学意义不清，政策作用的机制也不清楚，导致政策分析的重大失误。

1.5 政策模拟的计算机实现

政策模拟的政策分析可能是多情景的，一般情况下需要建立计算机模拟系统，这个系统很可能就是一个 DSS。

建立计算机模拟系统，是一项软件工程。软件工程有多种设计方法（周之英，2000），如数据流方法、面向对象方法等。面向对象分析（object-oriented analysis，OOA）和面向对象设计（object-oriented design，OOD）是当前系统开发的主流技术。面向对象技术的基本概念有对象与类、方法、要求、继承、封装。

邵维忠和杨芙清（1998）对面向对象的基本概念做了全面的解释。他们认为，对象是面向对象的基本思维单位，是指真实世界中的一个实体或一种抽象概念，是一个具有状态、行为、识别性的个体。软件中的对象仍是由软件程序代码封装一组彼此相关的程序和数据而成的，是系统中的基本操作单元。一个对象包含两个部分：用属性描述对象特性；用方法和操作确定对象内的数据该如何处理。

对象与对象之间的沟通，是通过“消息”的传递来完成的。消息是一个对象对其他对象的要求，用以请求其他对象执行某个方法，即做一些特定的事情。发出消息的对象称为发送者，而接收消息的对象称为接收者，对象通过这种消息携带的信息的传递来完成特定工作；其关键在于发送者只需知道想要完成何种工作，并发出信息给接收者，至于如何完成工作则由接收者内部处理。

类是一种抽象概念，主要是“归纳”和“演绎”的应用，是一群具有相同属性、相同行为、相同语意及与其他对象间有相同关系的对象集合。当许多对象具有相同的属性时，可以用“类”的概念来管理这些相似对象。“类”是一个特定类型对象的样板，它定义相似对象间共有的方法与变量。对于相同类型的对象所共有的方法与变量，可以将其定义于类中。属于同一类的对象，称为该类的“实例”。类作为抽象对象，由主题、属性、操作和消息通信几个单元构成。

一个类是需要封装的。封装就是将一些具有相同属性的对象集成为类，实际上就是将主题、属性、操作和消息通信稳定下来。对象不一定是问题域，在面向对象程序设计中，通常把数据和数据的处理过程当作类的对象，并且可以封装到类中。

总之，对象的概念是面向对象技术的核心所在。从面向对象技术的观点来看，所有面向对象的程序都是由对象组成的，这些对象首先是自治的、自洽的，同时它们还可以互相通信、协调配合，共同完成整个程序的任务和功能。

在政策模拟中，政策主体、客体和政策环境可以看作对象，从这种政策要素的模拟问题中抽象出类。具体的政策方案是根据外部传入的消息，确定系统所要研究的问题域。政策模拟的功能单元是按类实现的，它考虑了外部消息的输入。这个功能单元的模拟目标（主题）、结构属性、操作和消息通信单元是规定好的，这带来了模拟过程的稳定和高效。面向对象的政策模拟系统开发采用政策主体、客体和政策环境对象来描述问题，通过类来归纳对象，并在此基础上，确定各个对象之间的关系，以及这些数据处理过程的接口、输入、输出等问题，实现各个对象间的消息传递。关于政策模拟系统的设计方法，可以从后面的章节体验。

根据面向对象分析的基本概念，我们对系统进行需求分析。周之英（2000）认为，需求分析就是从用户最初的非形式化需求到满足用户要求的软件产品的映射过程。从这个意义上讲，需求分析可以划分为三个阶段：第一阶段需要确定用户的需求是什么，即发现对象，针对对象提出问题；第二阶段需要将用户的需求明确化，即模型化，也就是对发现的对象进行归纳总结提出对象类；第三阶段是如何采用编程语言来实现用户的需要，相应的就是代码实现和代码封装等。

通常系统需求包括两方面内容，即功能性需求和非功能性需求。功能性需求是指软件系统最终所提供的服务，即用户需要软件能做到些什么，需要它怎样做。非功能性需求的涵盖面是非常广泛的，它涉及系统的可靠性、可再用性、可扩充性、可用性及排错能力等（周之英，2000）。一般来说，功能性需求分析解决的是有效性问题，非功能性需求解决的是高效性问题。必须说明的是，任何一种软件的非功能性需求都不尽相同，具体应该根据需要和软件的类型有所侧重。根据这些原理，我们在对政策模拟系统进行需求分析时，提出了如图 1.2 所示的模式。

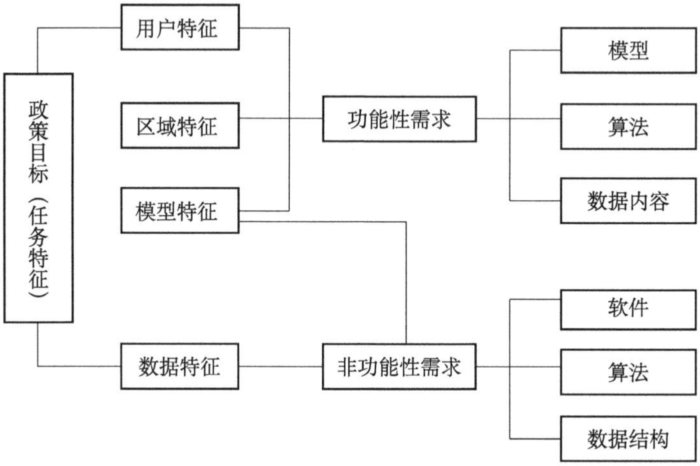

图 1.2　政策模拟分析系统需求分析模式

在这个模式中，首先需要明确的是政策目标。例如，在分析多区域经济增长政策时，需要一种具有 DSS 性质的集成计算环境。这个目标可以进一步细化为任务特征。显然，任务特征是由我们分析问题的对象性质决定的。

由任务特征我们可以确定模型，决定模型的内容，由这些内容开展建模，由建模的结果最后确定模型特征，这些特征不仅包括数学的还包括算法的，既有动态的又有静态的，还有模型的非线性程度和单元数量等。

其次，需要考虑用户特征。一般来说，用户对所用软件最起码、最主要的需求，应包括软件需实现的各种功能。而就本系统而言，还应考虑到用户对输入、输出和其他的要求。为此我们在进行功能需求分析时，划分三个步骤。

第一，明确用户范围，即使用软件的人是哪些。

第二，与用户进行全面而充分的交流，弄清用户的需求，以及技术、经济和时间等方面是否可行。当然这一步骤实际上应该贯穿于整个开发过程的始终。

第三，将用户需求规范化，然后据此拟定软件应实现的功能。

另外，还需要考虑数据特征，其不仅包括在逻辑上联系的组织特征，还包括数据本身的内禀特征和外部特征。内禀特征指数据的取值类型、范围，问题允许的变量定义域。例如，区域经济政策模拟系统，GDP 数据是数值型的，一般经济数据也是数值型的，系统一般不考虑字符型、逻辑型数据。外部特征是数据源特征，如 GDP 数据一般以百万元为基础。所有这些决定了未来数据库字段的长度、模型库模型的精度。另外在区域经济分析中，使用的基本数据是统计数据，这些数据决定了我们的系统以数学模型计算为主体，不涉及知识推断。

对于这里强调的区域特征，我们认为存在两方面问题：第一，对于数据库来说，关键是我国统计数据的特征需要得到反映；国外一些模型应用的统计数据，与我国现有的统计数据不一定配套，因此模型需要修改。第二，对于模型库来说，国外的模型特别是模型的参数不一定适应我国，需要新的模型和参数估计。

关于模拟系统实现的进一步讨论，涉及计算机科学的大量术语，我们不在这里展开，有兴趣的读者可以参考王铮和吴静等（2011）。

在完成建模、实现计算机模拟系统后，政策模拟就可以实际展开。本书反映的就是笔者课题组围绕"可持续发展的经济安全问题"展开政策模拟的研究成果，它还是探索性的，这里发表出来，希望求教于高明。

参考文献

邵维忠，杨芙清 . 1998. 面向对象的系统分析 . 北京：清华大学出版社 .

王铮 . 2004. 中国国家环境经济安全的政策模拟分析 . 北京：科学出版社 .

王铮，龚铁，王尽然，等 . 1999. 从贸易转价理论看人民币汇率问题 . 管理科学学报，2（3）：85-91.

王铮，刘扬，傅泽田 . 1999. 粮食生产受价格影响的模拟分析 . 经济科学，（3）：14-23.

王铮，吴静，等 . 2011. 计算地理学（地学卷）. 北京：科学出版社 .

周之英 . 2000. 现代软件工程（中）：基本方法篇 . 北京：科学出版社 .

Powell A A，Murphy C W. 1995. Inside a Modern Macroeconometric Model. New York：Springer.

Storm S. 1997. Domestic constraints on exported-led growth：a case-study of India. Journal of Development Economics，52（1）：83-119.

Tange T. 1997. Exchange rates and export prices of Japanese manufacturing. Journal for Policy Modeling，19（2）：195-206.

Wan F Y M. 1989. Mathematical Models and Their Analysis. New York：Harper & Row Publishers.

第 2 章
CGE 方法

政策模拟的一个常用方法是 CGE 方法，也有学者将其称为 AGE（application general equilibrium），即应用一般均衡。因为它使复杂的经济一般均衡分析实现了可计算化，从而让一般均衡分析有实用意义。作为一种模型方法，CGE 经济体中的变量以一般均衡为联系构成一个相互联系的系统，通过政策模拟对这个系统冲击来分析相关政策。在方法学上，CGE 方法可以说是一种自下而上的综合集成方法，由于涉及众多的经济部门，所以其计算烦琐。请注意，一般均衡的意思是全部部门的关联都予以考虑，如只考虑部分部门，就叫局部均衡。无论一般均衡还是局部均衡，都可能需要大量计算。幸运的是，一般均衡分析通常把经济关系做线性化处理，使得计算简便。这样做可行的原因是，一般均衡总是考虑经济系统在均衡点附近，某种相对小的政策干扰（外生变量干扰或者系统参数变化）对经济系统可能引起的状态变化，因此可以用线性分析逼近。

作为一本政策模拟的方法学原理专著，鉴于 CGE 计算的工作量巨大，本书不把大量的篇幅放在具体的模拟求解计算方面，重点在于讲述原理。有兴趣的读者，请进一步参考王铮、薛俊波和朱永彬等（2010）著的《经济发展政策模拟分析的 CGE 技术》。

2.1 CGE 方法原理

2.1.1 一般均衡与可计算化

一般均衡是经济学中一种重要的分析思想。1874 年，洛桑学派的领袖——

法国经济学家瓦尔拉斯（Walras）首次提出一般均衡的概念。他认为经济系统是一个整体，其中各个供给与需求之间存在着平衡关系，否则就会因为供给过剩或者需求过剩，导致供需市场不平衡，发生经济危机。在一般情况下，经济系统会经过价格调整改变市场要素，使市场达到一种平衡状态。换言之，考察经济系统中市场均衡和总量均衡，以及在一定条件下由供求关系的不均衡导致的价格变动，进而使供求关系趋向平衡的经济变量的运动过程，就是经济分析的基础。基于 CGE 的政策模拟，就是分析在虚拟的政策作用下这个平衡的变化，从而求出政策的效果。

Walras 最初的做法是把亚当·斯密“看不见的手”的思想表达为一组方程式，并试图通过方程与未知数个数的方法来证明均衡解的存在性。20 世纪初，帕累托（Pareto）、卡塞尔（Cassel）等对一般均衡理论做出了系统的描述，一般均衡理论在 20 世纪 30 年代取得了明显的突破。到 50 年代，经济学家发现关于均衡价格存在性的证明并不可靠。Arrow（1951）、Arrow 和 Debreu（1954）运用更加抽象的数学工具，如集合论、拓扑学等精练了 Walras 的思想，并用角谷不动点定理证明了在有限经济中存在符合帕累托最优的均衡价格。这是经济学里程碑式的成果，对经济研究具有划时代的意义。Arrow 和 Debreu 由于在证明一般均衡方面的贡献分别于 1972 年和 1983 年获得诺贝尔经济学奖。

Arrow（1951）、Arrow 和 Debreu（1954）虽然对一般均衡理论进行了重大的发展，但因为其证明是非结构性的，所以不能告诉我们如何得到均衡的价格，因而是不可计算的。世界上第一个被广泛认同的 CGE 模型是由挪威学者约翰森（Johansen）开发的。Johansen（1960）为了说明如何计算政策变化的一般均衡效果，采用了在国际贸易理论、经济增长理论及公共财政中普遍使用的一类特殊的一般均衡模型（两部分增长模型）来分析各种政策变化的影响。为求解其模型，Johansen 在假定均衡时对非线性的一般均衡方程组进行对数微分使之成为线性方程组。继 Johansen 的开创性工作之后，一般均衡领域的一些主要经济学家对一般均衡解的存在性、唯一性、最优性和稳定性进行了发展和完善。Scarf（1967a，1967b，1973）、Shoven 和 Whalley（1972，1974）是 CGE 模型应用领域的主要学者。Scarf（1967a，1967b）借鉴 Lemek 在计算有限策略的多人纳什均衡时的算法，找到了一种整体收敛的算法来计算不动点，从而使计算均衡价格成为可能。至此，CGE 成为一般均衡理论用于分析实际经济系统的实证应用的标准。20 世纪 90 年代早期，CGE 模型被确立为应用经济学的领域之一。CGE 模型开始出现在一些顶级期刊和著名出版物上，如 Robinson（1989，1991），Bandara（1991），Bergman、Jorgenson 和 Zalai（1990）。关于 CGE 模型结构与相关应用的专著和教科书也大量出版，如 Johansen (1960)，Dixon 和 Parmenter (1982)，Adelman 和 Robinson (1978)，Keller (1980)，Harris 和 Cox (1983)，Ballard、Fullerton 和 Shoven 等 (1985)，Whalley (1985)，Dervis、de Melo 和 Robinson (1982)，Shoven 和 Whalley (1992)，Dixon、Parmenter 和 Powell 等 (1992)。

CGE 与一般均衡理论存在差别，前者是应用，而后者是理论。例如，CGE 模型取消了完全竞争的必要性假定，把政策的干预引入模型，使之适用于当今许多国家混合经济的条件（吴兵，2004）。因此，它使一般均衡理论更接近经济现实。同时 CGE 模型还吸收了投入产出、线性规划等方法的优点，体现了部门间的经济联系。同时，又克服了投入产出模型忽略市场作用等弊端，把要素市场和产品市场，通过价格信号有机地联系在一起，既反映了市场机制的相互作用，又突出了部门间的经济联系。

CGE 模型有几个显著的特点：一是采用了市场均衡假设，不同经济主体的供给和需求行为决策可以决定至少某些商品和要素的价格；二是明确设定了各个经济主体的行为，如家庭的效用最大化、厂商的利润最大化或者是成本最小化，通过这些最优化假设，体现商品和要素价格在影响家庭消费和厂商生产决策中的作用；三是可计算性，可以求得数值解。

CGE 模型因其经济理论上的严密性，涉及整个经济主体的多样性而被广泛应用在各领域的研究中。经过 40 多年的发展，CGE 模型已渐趋成熟，被广泛地用于分析价格政策、财政税收政策、公共消费政策、气候变化政策、能源政策、环境政策、关税和汇率、经济增长、国际贸易、技术进步、工资、收入分配等经济政策变动对经济所造成的影响。

2.1.2 CGE 的基本模型结构

CGE 作为一种大型的政策模拟模型，具备基本的模型结构。一般认为，CGE 基本构成可以归纳为以下六个部分。

1. 生产行为

在生产部分，模型主要对商品和要素的生产者行为及其优化条件进行描述，包括生产者的生产方程、约束方程、生产要素的供给方程及优化条件方程等。刻画生产行为的方程主要描述生产者的产品供给，方程一般分为两类。

第一类是描述性方程，主要描述生产要素投入和产出之间的关系，以及中间投入和产出的关系。生产者行为可采用 Cobb-Douglas（C-D）生产函数、常替代弹性（constant elasticity substitution，CES）生产函数、两层或多层嵌套的 CES 生产函数等描述。生产函数可采用传统的两种生产要素——劳动力和资本，也可以采用多种生产要素——再加上土地或能源等。此外，劳动力还可以根据技术水平、收入和教育水平等分为不同组别。这样，针对不同的研究问题，就可以选用不同的生产函数，以突出研究问题的特点。中间投入关系可用 Leontief 投入产出矩阵来进行描述和分析。

第二类是生产者的优化方程或利润最大化方程，描述生产者在生产函数的约束下，如何达到成本最小或利润最大，即劳动要素的报酬与其边际生产率相等，这同时也决定了生产者对生产要素的需求量。

2. 消费行为

在 CGE 模型中，消费者将力求实现在预算约束条件下的效用最大化。消费者最优化问题实际是在预算约束条件下选择商品（包括服务、投资、休闲）的最佳组合以实现尽可能高的效用，也包括两类方程：描述性方程和优化方程。

描述性方程描述消费者的预算约束条件，即消费者的可支配收入。优化方程描述消费者的效用最大化行为，也有多种效用函数可供选择，如 C-D 效用函数、CES 效用函数和 Stone-Geary 效用函数等，在预算约束下对效用函数求导，得到相应的表示消费者支出的线性支出系统（linear expenditure system，LES）方程或扩展的线性支出系统（expand linear expenditure system，ELES）方程。

3. 政府行为

CGE 模型中有许多不同的方法来描述政府的行为。一般而言，政府的作用首先是制定有关政策，如税收、利率、汇率、关税及财政补贴政策等。在 CGE 模型中，这些政策通常是作为外生控制变量引入方程体系的。这样使得模型可以研究当政府调整宏观经济政策时，不同的政策对整个经济系统产生的影响。此外，政府也作为消费者出现在 CGE 模型中。政府的收入来源于各种税收和费用，政府的开支包括各种公共事业开支、转移支付、财政补贴及政府消费。

4. 对外贸易

世界经济是一个开放的经济，一国的发展离不开与其他国家之间的交流，对外贸易在一国的经济发展中起着重要作用，因此在 CGE 模型中对外贸易占有重要地位。如果一国的进出口数量较少，不会造成世界市场价格的变化，往往对其采用小国假设，将商品的世界价格设定为固定不变的。此外，要区分进口商品与国内产品。较为普遍的做法是假设国内产品和国外产品是不完全替代的，采用阿明顿（Armington）假设，并用CES方程来描述进口行为，用常弹性转换（constant elasticity transformation，CET）方程来描述出口行为。对有些部门也可处理为无进出口，进出口商品与国内商品是不能替代的或部分替代的等。

5. 市场均衡

描述市场均衡是CGE模型的重点。一般来讲，CGE模型中的市场均衡及相应的预算约束包括以下几个方面。

（1）产品市场均衡。产品市场均衡要求各部门的总供给等于总需求，这不仅要求在数量上达到均衡，而且要求在价值上也达到均衡。如果在某一部门出现不均衡，则供求之差可以处理为库存，包括库存变量在内的CGE模型所描述的是广义均衡。

（2）要素市场均衡。要素市场均衡主要是指劳动力市场的均衡，即劳动力的总供给等于总需求。劳动力可以在各部门之间流动以实现生产者和消费者的优化，其流动的原因是各部门之间的边际利润率不同。如果在某一时期，劳动力的供给大于需求，那么在劳动力市场上必然会出现失业。CGE模型中劳动力市场的均衡是指包括失业在内的广义均衡。

（3）资本市场均衡。资本市场均衡主要是指总投资等于总储蓄，如果投资规模与储蓄水平不相符，则通过出售债券、引入外资或增减政府财政储备来弥补，以达到平衡。同时，根据宏观经济学的原理，投资和储蓄的相等同产品市场的均衡是等价的。这是由于商品市场中库存被处理为总投资的一部分，另一部分为固定资产投资。总储蓄的一部分将用来购买库存，因而商品市场的均衡同资本市场的均衡是一致的。

（4）政府预算均衡。如果政府支出不等于政府收入，则把财政赤字当作一个变量加入政府收入，这样就可以用一组均衡方程来表示政府预算的不均衡状态。因而政府的收支也具备广义均衡的特征。

（5）居民收支均衡。居民的收入来自劳动报酬、企业的利润分配、国外净汇款等。居民在交纳个人所得税之后，将余下的收入用来消费或储蓄，以满足自身的收支平衡。

（6）国际收支均衡。外贸出超在CGE模型中表现为外国资本流入，外贸入超表现为本国资本流出。如果把国外净资本流入当作变量来处理，那么国际收支也应该达到平衡。

（7）居民效用的相对均衡。如果研究的是各区域各人口组之间的相对平等问题，居民效用可以作为平等的一种测度指标，当各区域各人口组之间的居民效用在扣除诸如流动成本之外的因素后实现相对平等，就可以认为各区域之间实现平等了。

总之，从以上对均衡的处理可以看出，各个均衡状态下的差额变量（如库存、失业、结余、赤字）的变化趋势，为实际不均衡状态的研究提供了重要的分析依据。虽然一般均衡理论要求各项都同时达到均衡，但在一般情况下这被证明是做不到的，只能达到有条件的均衡。CGE 模型的宏观闭合理论将对此做出解释。

6. 模型的宏观闭合理论

建立 CGE 模型首先要保证求解均衡解，但如何才能保证模型解的存在性、稳定性和唯一性呢？模型宏观闭合理论的出现就是为了解决这个问题。这里闭合的基本含义是指求解一个模型所需要的外生变量的确定及赋值。外生变量的不同选择及模型闭合的不同选择，反映了要素市场和宏观行为的不同假设。在实际应用 CGE 模型时需将其闭合的原因在于：第一，典型的 CGE 模型不包含货币机制，资源再配置是通过相对价格机制而不是绝对价格机制发生作用的；第二，典型的 CGE 模型是有约束的均衡模型，宏观闭合是这种约束的反映（郑玉歆和樊明太，1999）。

一般而言，闭合规则必须满足以下条件：第一，方程的数量等于内生变量的数目，通常的做法是直接在模型变量中进行内外生变量的选择，也有的通过增减方程使得方程数目与内生变量数目保持一致；第二，在所有的价格变量中必须有一个变量作为外生变量，其原因在于必须确定一个标准化的价格；第三，同一个方程中不能全是外生变量，以免该方程孤立；第四，内外生变量的选择要满足一定的经济含义，不同的经济假设下所选择的闭合规则会导致不同的模拟结果（赖明勇和祝树金，2008）。

宏观闭合理论首先要保证 CGE 模型中的方程总数与变量总数相等，同时必须要符合经济学的原理。因此，不同的宏观闭合理论也就显示出模型具有不同的经济学理论基础，并对应不同的研究问题。

Sen（1963）证明，在一个封闭的经济系统中，如果投资水平和政府支出水平是固定的，那么要达到利润优化的目的就不可能保持充分就业，如果要达到充分就业就不可能达到系统的优化状态。Dewatripont 和 Michel（1987）进一步证明，在按照一般均衡理论建立起来的经济模型中必然存在着过度识别的问题，即在实际消费（real consumption）和公共消费水平给定的情况下，CGE 模型中的充分就业和收入分配的优化是不能同时兼得的，模型中必然出现方程数多于变量数的矛盾。为了保证解的唯一性，必须对模型做出相应的假设，去掉一组约束条件，即要在失业率（劳动力市场的均衡）、公共开支（政府预算均衡）、投资水平（投资与储蓄均衡）及要素收入水平（生产优化条件）这四项中做出取舍，取舍的不同形成不同的 CGE 流派（Dewatripont and Michel，1987）。

第一种方案：放弃劳动力市场和商品市场同时达到均衡的要求，使 CGE 模型闭合。这样，就业率被当作内生变量，这意味着社会上存在着巨大的劳动力后备军，随时可以补充进生产部门。这实际上反映了凯恩斯需求不足、供给过剩的假设，所以把各部门劳动力需求量处理为内生变量的 CGE 模型通常被称为 Keynesian 模型。Keynesian 模型是建立在凯恩斯经济学的基础上的，认为经济中并不存在经常有效的自动调节机制，未必可以保持充分就业的水平。一旦出现小于充分就业的均衡水平，国家就应该积极干预经济生活，通过增加政府投资推动就业的扩张并克服经济危机。事实上，凯恩斯模型描述的情景反映了目前面对经济危机，世界各经济体普遍出现就业不足、投资减速、需求下滑的局面。

第二种方案：在保持生产者利润优化的条件下，如果政府开支水平是外生给定的，那么必须把投资水平当作内生变量，总投资水平将被自动调节到储蓄水平上。在这种情况下，储蓄决定了总投资，符合新古典学派的假设，常称为新古典（neoclassic）模型。新古典模型的核心思想是只要采取凯恩斯主义的宏观经济政策（财政政策和货币政策）对资本主义的经济活动进行调节，就可以避免经济萧条而使经济趋于充分就业，而经济一旦实现了充分就业就可以得到维持。新古典模型和凯恩斯模型的区别在于，新古典模型阐释的是经济运行的长态和常态，而凯恩斯模型在描述经济运行的短态和非常态（如需求下滑导致的经济危机）时具有较高的解释力。

第三种方案：在保持生产者利润优化的条件下，如果总投资水平是外生给定的，为了封闭模型，求得唯一解，必须把政府开支当作内生变量，或者以政府预算结余或赤字来填补投资与储蓄的差额。这种 CGE 模型通常被称为 Johansen 模型。Johansen 模型是政府通过加大支出来保证生产者的充足投资，从而确保生产者利润的一种政策。这其实是反映了政府对生产者进行保护的一种经济思想。

第四种方案：如果投资水平是外生给定的，政府开支水平也是外生给定的，为了达到一般均衡的目的，只能牺牲生产要素的优化条件。假定不同组的劳动者有不同的储蓄率，在 CGE 模型求解过程中调整各组劳动力的收入分配以使真实储蓄与投资规模相适应，在这种情况下，工资率不一定等于劳动生产率的边际值。通常人们称这种 CGE 模型为 Koldorian 模型。Koldorian 模型反映了一种福利经济学的思想，试图通过调节各阶层收入分配来实现和保障相对公平。Koldorian 模型对收入的调节发生于一次分配领域中，而政府的调节主要在于二次分配环节，Koldorian 模型下政府的政策空间比较小。

由此看出，宏观经济模型闭合理论是非常重要的，它从数学的角度证明了各个主流经济学派能够同时并存的原因。CGE 方法就是将基于经济理论的认识转化为方程并求解。

2.2　CGE 模型及其参数估计

CGE 模拟的关键是按一般均衡系统原理建立模型，而模型往往带有大量参数，因此参数估计是模型从理论到政策分析的关键。下面我们将结合参数估计来介绍 CGE 模型。

参数估计的方法主要有计量经济学方法和校准法。计量经济学方法是以经济部门多年统计数据为基础，用计量经济学的方法对各种参数进行估计。这种方法估计的参数由于经过长时间观测数据的统计检验，其结果比较准确。但是该方法的缺点是要求具有完备详细的长时间的经济数据，这一条件在发展中国家常常难以满足，因此该方法多在发达国家应用。与计量经济学方法相反，校准法则相对简单，对数据的要求也相对较少。校准法的思路是：选取某一年为基准年，以该年的全部经济活动的统计数据作为基准数据（benchmark data），同时对 CGE 模型中的参数进行估计。多数的模型都是先根据相关文献外生设定弹性参数，然后再利用基年均衡数据校准模型其他参数。通过适当设定和校准这些参数使 CGE 模型在基准年的运行结果能够模拟出该年经济运行的均衡状况。

此外，CGE 模型的一个很重要的特征就是价格的零次齐次性，这意味着模型只对相对价格的变动做出反应，而不受绝对价格变化的影响。为了方便模型的校准和解释模拟结果，一般将模型中的基年均衡数据所有账户的价格设定为 1，这样社会核算矩阵中的价值量数据就可看作数量数据。模型对基年数据的模拟结果表示的就是在所有价格为 1 的情况下使各种市场都达到均衡的状态。

CGE 的方程系统如下。

2.2.1 生产函数及其参数估计

要描述生产过程，我们需要写出生产过程满足的生产函数。对于生产函数，可采用C-D函数形式：

$$X_i^{(S)} = A_i \cdot L_i^{\alpha_i} \cdot K_i^{1-\alpha_i} \tag{2.1}$$

在运用该种形式的生产函数的时候，需要估计的参数主要有劳动和资本的弹性 α_i、$1-\alpha_i$ 及全要素生产率 A_i。对于劳动和资本的弹性 α_i、$1-\alpha_i$，我们采用了 Zhuang（1996）的估计方法，即 $\alpha_i=\frac{V_l}{V}$，其中 V_l 为劳动的增加值，即投入产出表中的劳动报酬；V 为投入产出表中扣除生产税净额的增加值。

对于全要素生产率 A_i 的估计，采用的方法是校准法。在使用校准法估计 A_i 的时候，需要的一个关键数据是分行业的资本存量 K_i。首先我们假设各个行业的折旧率是不变的，固定资产投资价格系数均相同，各个变量均经过固定资产投资价格系数的调整。

假设 i 行业第 t 年的资本存量为 $K_{i,t}$，行业 i 的折旧率为 δ_i，那么 i 行业第 t 年的折旧额为

$$a_{i,t} = K_{i,t} \cdot \delta_i \tag{2.2}$$

在式（2.2）中，只要代入资本折旧数据及其折旧率，就可以求出资本存量。资本的折旧数据，源自投入产出表（薛俊波和王铮，2007）。

对于劳动力 L_i，本书采用的数据是分行业的社会从业人员，这组数据可以从《中国劳动统计年鉴》中获取。

获得了总产出 $X_i^{(S)}$、资本存量 K_i、劳动力 L_i、劳动的弹性 α_i 后，我们可以通过计算得出生产函数的全要素生产率 A_i。

2.2.2 需求函数的参数估计

需求函数主要包括投资需求、存货变化、政府消费、城乡居民消费。下面对各种需求函数中涉及的参数予以分别阐述。

1. 投资需求

对于投资需求函数，本书使用了份额分配的形式，如式（2.3）所示。

$$I_i = \frac{\beta_i^{(I)} \cdot I^{\mathrm{tot}}}{P_i} \tag{2.3}$$

$$\sum_i \beta_i^{(I)} = 1 \tag{2.4}$$

投资需求中需要估计的是投资份额 β_i，P_i 为商品价格，该参数表示各个行业的投资 I_i 占总投资 I^{tot}的比例，可以从投入产出表中的数据计算得到。

2. 存货变化

存货的变化情况用存货占总产出的比例来表示。

$$\text{ST}_i = kc_i \cdot X_i \tag{2.5}$$

存货 ST_i 的变化涉及的参数是存货占总产出 X_i 的比例 kc_i，该参数可以通过投入产出表中的数据计算得到。

3. 政府消费

与投资需求函数类似，政府消费函数是政府消费总额在不同产品和部门之间的分配。

$$\text{CG}_i = \frac{\beta_i^{(G)} \cdot \overline{G}^{\text{tot}}}{P_i} \tag{2.6}$$

$$\sum_i \beta_i^{(G)} = 1 \tag{2.7}$$

该函数表示政府对各种商品的消费 CG_i 占政府总消费 $\overline{G}^{\text{tot}}$的比例 $\beta_i^{(G)}$。

4. 城乡居民消费

消费函数的形式有多种，通常使用的是扩展的线性支出系统，如式（2.8）所示。

$$P_i \cdot C_i^{(h)} = P_i \cdot \gamma_i^{(h)} + \beta_i^{(h)} \left(Y^{(h)} - \sum_j^n P_j \cdot \gamma_j^{(h)}\right), 0 < \beta_i^{(h)} < 1, \sum_i \beta_i^{(h)} < 1 \tag{2.8}$$

式中，$C_i^{(h)}$ 为家庭组 h 对商品 i 的需求量；$\gamma_i^{(h)}$ 为家庭组 h 对商品 i 的基本需求量；$\beta_i^{(h)}$ 为家庭组 h 在满足基本需求量之后用于第 i 种商品的支出比例，即对商品 i 的边际消费倾向；$Y^{(h)}$ 为家庭组 h 的可支配收入。

扩展的线性支出系统的一个优点是参数的估计不需要额外的信息。参数估计的方法有很多种，这里我们采用大家通常所使用的最小二乘法。

首先将式（2.9）写成计量形式：

$$\begin{aligned} P_i \cdot C_i^{(h)} &= \left(P_i \cdot \gamma_i^{(h)} - \sum_j^n P_j \cdot \gamma_j^{(h)}\right) + \beta_i^{(h)} Y^{(h)} \\ &= b_i + \beta_i Y^{(h)} + \mu_i \end{aligned} \tag{2.9}$$

式中，μ_i 为随机扰动项。对式（2.9）使用最小二乘法，可以得到参数估计值 $\hat{b}_i$ 和$\hat{\beta}_i$，因为

$$b_i = P_i \cdot \gamma_i^{(h)} - \beta_i \sum_j^n P_j \cdot \gamma_j^{(h)} \tag{2.10}$$

所以对（2.10）求和可以得到：

$$\sum b_i = (1 - \sum \beta_i) \sum_j^n P_j \cdot \gamma_j^{(h)} \tag{2.11}$$

从而有

$$P_j \cdot \gamma_j^{(h)} = b_i + \frac{\beta_i \cdot \sum b_i}{1 - \sum \beta_i} \tag{2.12}$$

再由 b_i 和β_i 可以求得城镇居民和农村居民的基本需求 $P_i \cdot \gamma_i^{(h)}$。

2.2.3 进出口函数的参数估计

1. 复合商品的需求

复合商品的需求指的是对于同一种商品，国内商品和进口商品具有一定的不完全替代性，消费者在国内商品和进口商品之间进行选择，以使自己的效用最大化，即采用 CES 函数形式来描述 Armington 假设：

$$Q_i = \xi_i \left[\delta_i M_i^{-\rho_i} + (1 - \delta_i) D_i^{-\rho_i} \right]^{-\frac{1}{\rho_i}} \tag{2.13}$$

式中，Q_i 为复合商品 i 的国内需求量；M_i 为商品 i 的进口量；D_i 为国内商品 i 的需求量；ξ_i 为规模参数；δ_i 为 CES 贸易函数的份额参数，利用进口数量和国内生产数量占总复合商品的比例可以求出；ρ_i 为贸易替代弹性参数，主要参考了 Zhuang（1996）的参数估计值。在确定了参数 δ_i 和 ρ_i 以后，规模参数 ξ_i 可以用校准法计算出来。

需要说明的是，所谓 Armington 假设就是对经济系统某些规律的一种补充，实际的经济系统，在通常情况下可能满足，但是也有可能不满足。这种针对实际情况引入假设的方法，在政策模拟中会经常用到。必须指出，这种假设不是任意的，而必须是有经验事实支持的，或者说是经验观察的总结。

2. 进口商品的需求

进出口的商品需求可以看作居民在进口商品和国内商品之间的选择，以使自己的效用最大化。

$$\mathrm{DM}_i=\left(\frac{\delta_i}{1-\delta_i}\cdot\frac{\mathrm{PD}_i}{\mathrm{PM}_i}\right)^{\sigma_i} \tag{2.14}$$

$$M_i=\mathrm{DM}_i\cdot D_i \tag{2.15}$$

式中，DM_i 为 M_i 和 D_i 的比值；δ_i 为 CES 贸易函数的份额参数；D_i 为国内产品 i 的需求量；M_i 为商品 i 的进口量；PD_i 为国内产品的价格；PM_i 为进口商品的价格；$\sigma_i=\frac{1}{1+\rho_i}$为进口商品和出口商品之间的替代弹性，所以在有了参数 ρ_i 后，σ_i 可以直接求解得到。

3. 出口商品需求

在构建出口函数的过程中，我们采用了“小国”假设，按照大多数 CGE 模型对发展中国家出口的处理，各部门的出口需求被假定是世界市场价格与中国商品出口的价格之比的函数：

$$E_i=\omega_i\left(\frac{\overline{\mathrm{PWE}_i}}{\mathrm{PE}_i}\right)^{\eta_i} \tag{2.16}$$

式中，E_i 为各部门出口量；ω_i 为规模参数；η_i 为出口价格弹性；$\overline{\mathrm{PWE}_i}$ 为世界市场价格；PE_i 为中国商品出口的价格。

在方程（2.16）中需要估计的参数是规模参数 ω_i 和出口价格弹性 η_i，前者可以使用校准法计算出来，后者我们主要参考了 Zhuang（1996）估计的结果。

2.2.4 各种税率的估计

在本书构建的 CGE 模型中，需要估计的税率主要有关税税率、间接税税率、城乡居民所得税率、企业所得税率等。

关税是调节进出口贸易的规模和结构，从而使国际贸易与国内经济发展水平相适应的重要经济杠杆。同时，关税也是国内新兴产业和幼稚工业的重要保护和引导工具。关税的变化会引起国内产业结构和收入分配格局的变化。关税对国内经济的作用主要是通过影响进口商品和相应的国内商品价格而发挥作用的。

在估算关税税率的过程中，我们参考了吴兵（2004）估计的数值，并在此基础上，按照关税的总额进行了同比例的削减，得到新的关税税率。间接税税率 t_i 则来自投入产出表，等于生产税净额/总产出。

此外，涉及的税率还有城乡居民所得税率和企业所得税率。对于前者，我们采用简化的方式，设定为单一的税率，采用居民所交的所得税除以可支配收入。对于农村来讲，我们使用的是农业各税与农村居民可支配收入的比值。对于后者，采用在简明形式的资金流量表和社会核算矩阵中得到的数据除以企业收入。

2.2.5 转移支付参数及其他

本书构建的中国 CGE 模型中，涉及的转移支付主要包括政府对城镇和农村居民的转移支付，企业对城镇居民、农村居民和外国部门的财产性转移。企业对外国部门的财产性转移可以看作外资在中国投资的资金汇出。相关参数可以通过社会核算矩阵计算得到。

2.3 社会核算矩阵及其编制

CGE 模型中涉及大量的参数，如生产函数中劳动和资本的替代弹性，进出口的需求弹性、替代弹性，消费者消费函数中的边际消费倾向，政府和企业的转移支付比例及各种税率的估计。为了求解 CGE 模型，必须确定这些参数。因此，CGE 方法首先需要构建模型所需要的社会核算矩阵（social accounting matrix，SAM），然后再结合 SAM、其他统计数据和研究成果对所构建的 CGE 模型的参数进行估计。

CGE 模型参数的计算需要应用 SAM。SAM 不仅可以描述国民经济各部门生产的投入来源和使用去向，揭示各部门间技术的相互依赖、相互制约的数量关系，以及经济活动中各种主体的收入和支出，而且还能为 CGE 模型的参数估计提供数据基础。Keuning（1991）甚至建议 SAM 应该成为新的国民账户体系的基础。在一个开放的宏观经济体系中，任何一项政策的实行都会对经济活动的各个层面产生影响，从而使 SAM 成为 CGE 模型重要的基础数据。

许多学者使用 SAM 来进行经济的分析和核算，每个研究者编制的 SAM 存在着或多或少的差异，这种差异因研究者研究的对象和范围而有所不同，但是在编制 SAM 的过程中，都遵循基本的原则。SAM 基于以下基本的经济原则（翟凡、李善同和冯珊，1997）：对于任何收入或收益都有相应的支出或费用。SAM 是以矩阵的形式表示各账户的交易，可表示为

$$T = \{t_{ij}\}, i = 1,2,\cdots,n; j = 1,2,\cdots,n \tag{2.17}$$

式中，n 为矩阵的维数，即 SAM 中的账户数。通常，矩阵的行表示该账户的收

入，列表示相应的支出，t_{ij} 即从账户 j 到账户 i 的交易值。根据收支平衡原则，矩阵的行和列的和是相等的，即

$$\sum_{i=1}^{n} t_{ik} = \sum_{j=1}^{n} t_{kj}, \forall k \in [1,n] \tag{2.18}$$

一般而言，可以认为 SAM 是一个表格，其主栏和宾栏的项目都是按某种原则划分的账户。其中，每一个账户都有一行和一列与之相对应。

对照国民经济运行的过程，SAM 中包括的账户根据其自身的性质及其在社会经济系统中的作用一般可以分为以下八大类：商品账户、活动账户、要素账户、居民账户、企业账户、政府账户、资本账户、世界其他地区账户。

表 2.1 中显示了一个 SAM 结构，它反映各个账户及所包含的经济关系，以下对它做一简单介绍。

表 2.1 开放经济 SAM 结构

项目	商品	活动	要素		居民	企业	政府	资本	世界其他地区	汇总
			劳动	资本						
商品		中间需求			居民消费		政府消费	投资	出口商品	总需求
活动	总产出									总产出
要素 劳动		劳动增加值							要素出口收入	要素收入
要素 资本		资本增加值								
居民			劳动收入	资本收入		转移支付	转移支付		转移支付	居民收入
企业				资本收入			转移支付			企业收入
政府	关税	间接税			所得税	直接税				政府收入
资本					居民储蓄	企业储蓄	政府储蓄		国外储蓄	总储蓄
世界其他地区	进口		要素进口支出							外汇支出
汇总	总供给	总成本	要素支出		居民支出	企业支出	政府支出	总投资	外汇收入	

1. 商品账户

商品账户描述的是国内市场上的商品供给与需求的关系。行中的商品账户表示商品账户的收入来源，即需求的各种构成，包括生产活动的中间需求和最终消费品。最终消费品又可以分为居民消费、政府消费、投资及出口商品；列中的商品账户表示国内市场上商品账户的支出：一个是对国内部门产出的购买，另一个是对进口商品的购买并支付相应的关税。商品账户的各种商品满足“总需求＝总

供给”。

2. 活动账户

活动账户描述的是国内生产部门的活动。活动账户的行为生产部门的收入，包括国内销售的产品和服务；而列为生产部门的各项支出，包括中间投入的支出、对生产要素使用的支付、间接税等。在活动账户中满足“总产出＝总成本”。

3. 要素账户

要素账户描述生产过程中的各种投入要素的收入和支出。行表示要素收入，包括生产活动产生的增加值和世界其他地区的要素出口收入。列表示要素支出，包括以劳动收入形式对居民的分配，以及以资本收入形式对居民和企业的分配，并且支付要素进口支出。

4. 居民账户

一般将居民、企业和政府账户统称为机构账户，该账户描述的是其收入支出状况。其中，行表示各个机构账户的各项收入来源，而列是机构账户的各项支出。在每一个机构账户中，应该满足“总收入＝总支出”。为更清楚地理解各个账户的收支情况，以下分别予以介绍。

在居民账户中，居民的收入来源为居民的劳动报酬、企业利润对居民的分配，以及政府部门的转移支付，包括各种补贴、国外汇款。居民的支出为对商品的消费、对政府交纳的税。收入和支出的差额为居民储蓄。

5. 企业账户

在企业账户中，企业收入来源为企业的资本收入和政府对企业的转移支付，而其支出为对居民的利润分配和向政府交纳的各种税。收入和支出的差额为企业储蓄。

6. 政府账户

政府账户的经常性收入来源于各种税，包括来自商品账户的进口关税、来自活动账户的间接税、企业的直接税、居民的所得税，而出口退税是其负收入。政府的支出包括政府对商品的消费、对居民的转移支付、对企业的补贴。收入和支出的差额为政府储蓄。

7. 资本账户

资本账户描述的是社会总资本的来源和去向。根据投资和储蓄闭合法则，“社会总投资＝社会总储蓄”。资本账户的收入以社会总储蓄的形式获得，包括居民储蓄、企业储蓄、政府储蓄及国外储蓄。资本账户的列表示该账户从储蓄得到资金后进行投资，形成对商品的投资需求。

8. 世界其他地区账户

世界其他地区账户描述了国际收支平衡。其行表示的是世界其他地区的各项收入的来源，包括对本区域的出口和对本区域要素的出口。列表示的是世界其他地区的各项支出，包括对本区域商品的进口，以及对居民的转移支付。收入和支出的差额是世界其他地区对本区域的外汇流入或外汇流出。

在本节的最后，我们给出了根据2007年数据编制的中国SAM表，可作为实例参考（表2.2)。

2.4 方程线性化

2.4.1 线性化的基本原理

一般的经济系统是非线性的。为了计算经济系统的一般均衡，方程的线性化处理是一个重要的过程。因为仅仅建立模型是不够的，系统构建的基础是数据库的建立和方程的线性化处理。在本节我们将对所建立模型中的方程进行线性化处理，在一定意义上，模型的线性化处理是模型构建的继续和延伸。

在模型的线性化过程中，通常采用对数线性化的方式，即对变量的对数进行全微分处理。为了表述方便，这里给出一个形式上的表示。

对于一个典型的方程：

$$y = f(x) \tag{2.19}$$

对其进行全微分，得到等式（2.20)：

$$\mathrm{d}y = \frac{\mathrm{d}f(x)}{\mathrm{d}x} \cdot \mathrm{d}x \tag{2.20}$$

表 2.2 中国 2007 年经济 SAM

（单位:万元）

项目		商品	活动	要素		居民		企业	政府	资本		世界其他地区	汇总
				劳动	资本	农村居民	城镇居民			固定资产投资	存货增加		
商品			191 571.60			16 271.70	36 299.60		19 119.90	43 632.10	3 871.36	30 942.51	341 708.77
活动		313 430.50											313 430.50
要素	劳动		58 950.50										58 950.50
	资本		45 446.19										45 446.19
居民	农村居民			25 224.11	923.51			384.99	331.69			201.88	27 066.18
	城镇居民			33 703.49	2 331.51			662.61	8 924.90			878.94	47 001.45
企业					40 478.17				5 633.90				46 112.07
政府		704.27	17 462.21			717.85	1 211.78	30 022.27					50 118.38
资本	固定资产投资					10 076.63	9 490.07	15 042.20	7 603.70			5 290.86	47 503.46
	存货增加									3 871.36			3 871.36
世界其他地区		27 574.00		22.90	1 213.00				8 504.29				37 314.19
汇总		341 708.77	313 430.50	58 950.50	45 446.19	27 066.18	47 001.45	46 112.07	50 118.38	47 503.46	3 871.36	37 314.19	

考虑到处理上的方便，CGE 模型通常采取了不同的处理方式，即对变量的对数进行全微分处理，从而有如下的形式表示：

$$\frac{\mathrm{d}y}{\mathrm{dln}y} \cdot \mathrm{dln}y = \frac{\mathrm{d}f(x)}{\mathrm{dln}x} \cdot \mathrm{dln}x \tag{2.21}$$

对于方程（2.20），采取等式（2.21）的形式处理：

$$\frac{\mathrm{d}y}{\mathrm{dln}y} \cdot \mathrm{dln}y = \frac{\mathrm{d}f(x)}{\mathrm{d}x} \cdot \frac{\mathrm{d}x}{\mathrm{dln}x} \cdot \mathrm{dln}x \tag{2.22}$$

在形式上，有等式（2.23）：

$$\frac{\mathrm{d}y}{\mathrm{dln}y} = y, \frac{\mathrm{d}x}{\mathrm{dln}x} = x \tag{2.23}$$

所以，对于方程（2.19）有如下的线性化形式：

$$y \cdot \mathrm{dln}y = \frac{\mathrm{d}f(x)}{\mathrm{d}x} \cdot x \cdot \mathrm{dln}x \tag{2.24}$$

该处理的优点是在对数算子作用下，乘积形式被线性化了，原来方程组的线性展开更为合理。以此为基础，对 CGE 模型中的方程进行线性化处理，经过线性化处理以后，可以使用 CGE 模型的通用解法进行求解，进而对所需要研究的问题进行政策模拟分析。

2.4.2　典型方程的线性化

CGE 模型的方程众多，形式不一，但是对其进行归类后可以发现，基本形式主要有三种：“和”的形式、“积”的形式、“幂”的形式。复杂的方程经过拆解以后都可以简化为这三种基本形式，因此方程的线性化主要围绕这三种基本形式展开。

1. “和”的形式

假设有如下典型的求和形式：

$$Y = \sum_{j=1}^{n} X_j \tag{2.25}$$

方程两侧取全微分可以得到式（2.26）：

$$\mathrm{d}Y = \sum_{j=1}^{n} \mathrm{d}X_j \tag{2.26}$$

进一步变形为

$$\frac{\mathrm{d}Y}{Y} = \sum_{j=1}^{n} \frac{X_j}{Y} \cdot \frac{\mathrm{d}X_j}{X_j} \tag{2.27}$$

令 $\delta_j = \dfrac{X_j}{Y}$ 表示 X_j 占 Y 的比例，则原来“和”的形式用变动率形式可以表示为

$$y = \sum_{j=1}^{n} \delta_j \cdot x_j \tag{2.28}$$

式中，x_j 和 y 分别表示 X_j 和 Y 的变动率。

以 CGE 模型中的中间需求方程为例：

$$\mathrm{IT}_i = \sum_{j=1}^{n} a_{ij} X_j \tag{2.29}$$

方程是加性的形式，而非相乘的模式，因此不需要对方程两边进行对数线性化处理。首先进行移项处理，然后对变量 IT_i 和 $X_j(j=1,\cdots,17)$ 进行对数全微分可以得到方程（2.30），注意此处的 a_{ij} 为常数。

$$\mathrm{IT}_i \cdot \mathrm{dln}\mathrm{IT}_i - \sum_{j=1}^{n} X_j \cdot a_{ij} \cdot \mathrm{dln}X_j = 0 \tag{2.30}$$

2. “积”的形式

设有“积”的形式的方程（2.31）：

$$Y = \prod_{j=1}^{n} X_j \tag{2.31}$$

方程两侧取全微分可以得到：

$$\mathrm{d}Y = \sum_{j=1}^{n} \frac{Y}{X_j} \cdot \mathrm{d}X_j \tag{2.32}$$

进一步变形为

$$\frac{\mathrm{d}Y}{Y} = \sum_{j=1}^{n} \frac{1}{X_j} \cdot \mathrm{d}X_j \tag{2.33}$$

用变动率的形式可以表示为

$$y = \sum_{j=1}^{n} x_j \tag{2.34}$$

式中，x_j 和 y 分别表示 X_j 和 Y 的变动率。

以 CGE 模型中的产品供给方程为例：

$$X_i = A_i L_i^{\alpha_i} K_i^{1-\alpha_i} \tag{2.35}$$

首先对公式两边取对数，可以得到如下方程：

$$\ln X_i - \alpha_i \ln L_i + (\alpha_i - 1)\ln K_i = \ln A_i \tag{2.36}$$

对变量 $\ln X_i$、$\ln L_i$、$\ln K_i$ 进行全微分，得到如下线性化的方程（2.37）：

$$\mathrm{dln}X_i - \alpha_i \cdot \mathrm{dln}L_i + (\alpha_i - 1) \cdot \mathrm{dln}K_i = 0 \tag{2.37}$$

3. “幂”的形式

设有“幂”的函数形式：

$$Y = X^{\alpha} \tag{2.38}$$

其中，α 为常数。对方程两侧取全微分可以得到：

$$\mathrm{d}Y = \alpha \cdot X^{\alpha-1} \cdot \mathrm{d}X \tag{2.39}$$

方程两侧同时除以 Y，可以得到：

$$\frac{\mathrm{d}Y}{Y} = \frac{\alpha X^{\alpha-1}}{Y} \cdot \mathrm{d}X = \frac{\alpha \cdot \mathrm{d}X}{X} \tag{2.40}$$

同样，可以用变动率的形式表示为

$$y = \alpha x \tag{2.41}$$

式中，x 和 y 分别表示 X 和 Y 的变动率。

以 i 部门的劳动力需求方程（2.42）为例：

$$L_i = X_i A_i^{-1} \{\alpha_i r_i / [(1-\alpha_i) w_i]\}^{1-\alpha_i} \tag{2.42}$$

首先对方程（2.42）取对数，并将相应的系数放在另一侧，可以得到：

$$-\ln X_i + \ln L_i + (\alpha_i - 1)\ln r_i + (1-\alpha_i)\ln w_i = (1-\alpha_i)\ln(\alpha_i/1-\alpha_i) - \ln A_i \tag{2.43}$$

然后对变量 $\ln X_i$、$\ln L_i$、$\ln r_i$、$\ln w_i$ 进行全微分，得到方程（2.44）：

$$-\mathrm{d}\ln X_i + \mathrm{d}\ln L_i + (\alpha_i - 1) \cdot \mathrm{d}\ln r_i + (1-\alpha_i) \cdot \mathrm{d}\ln w_i = 0 \tag{2.44}$$

2.5　一般均衡模型的求解方法

2.5.1　求解算法的分类及进展

求解算法是 CGE 模型的一个重要组成部分。CGE 模型的求解算法是一般均衡从理论走向实际应用的重要步骤，正是有了可以实现的算法，一般均衡理论才从抽象的模型分析走向现实，成为经济学的一个重要分支。

关于一般均衡模型的求解算法，大体上主要有四种：Johansen-Euler 法、Newton 法、不动点算法和规划算法。在一般均衡模型的发展过程中，许多人对模型的求解方法做了开拓性的研究和探讨。

Dixon 和 Parmenter（1982，1986）对 Johansen-Euler 法进行过详细的讨论。

Adelman、Berck 和 Vujovic（1991），Dervis、de Melo 和 Robinson（1982）采用了 Newton 法。Scarf（1967a）、Shoven 和 Whalley（1992）、Manne 和 Preckel（1983）讨论了不动点算法。规划算法通常用于求解以非线性规划形式构造的 CGE 模型。至于动态模型的求解，其核心是找到所谓的两点边值。求解动态模型通常采用打靶法和有限差分法。

从理论上讲，不动点算法确实有吸引人之处，从而也使得更多的人对其给予关注。不动点算法是一种全局收敛的算法，即可以从任何一点开始计算，最终都可以收敛到不动点，但是在实际使用的过程中，这种在理论上相当完美的算法却不如另外几种算法有效和快速（龚益，1997）。究其原因是在现代的一般均衡模型的分析中，模型有逐步扩张的趋势，随着模型中方程和变量个数的增加，采用不动点算法需要的计算时间成指数增加。由于这种限制，目前不动点算法主要用于求解较小的或者中等规模的一般均衡模型，考虑到计算机技术的发展，将来不动点算法在应用上同样有很大的发展希望。

考察 CGE 模型的求解思路，将非线性系统线性化是一条重要的线索。在工程技术应用中，这也是处理非线性模型的常用方法。经典的线性化方法是在平衡点附近作 Taylor 展开，然后取线性近似，称为近似线性化方法。Newton 法的实质，也是用曲线上某一点处的切线来代替曲线。以 Taylor 展开线性化为例，它是有误差的，不论使用区域多小，也不能彻底消灭误差；因为 Taylor 展开是局部的，区域越大，误差也越大，所以不能用于讨论远离平衡点位置的状态。程代展（1988）介绍了非线性系统在精确线性化（exact linearization）时没有误差的处理方法，但其中涉及微分同胚、仿射非线性等微分几何学方法的一些知识。

Hertel、Horridge 和 Pearson（1991）在对 Johansen-Euler 法和 Newton 法进行比较以后得出的结论令人鼓舞：两种方法几乎得到同样的结果。因此，他们建议模型表示形式及算法不应该成为区分不同学派的标志。从算法的稳定性看，Newton 法容易陷入局部最小。在各种算法中，最常用的算法是 Johansen-Euler 法，该算法和政策变动结合比较紧密，简便灵活。下面讨论该算法的基本原理。

2.5.2 Johansen-Euler 法及其改进

按照均衡的定义，均衡是指需求和供给处于相等时的状况，用公式表示为 $Q^D = Q^S$。我们在本书所讨论的一般均衡模型包含 m 个方程，n 个变量，$m<n$，

其具体形式如方程组（2.45）所示：

$$\begin{cases} q_1(X) = q_1(x_1, x_2, \cdots, x_n) = 0 \\ q_2(X) = q_2(x_1, x_2, \cdots, x_n) = 0 \\ \cdots \\ q_m(X) = q_m(x_1, x_2, \cdots, x_n) = 0 \end{cases} \tag{2.45}$$

方程组（2.45）所包含的具体内容有：消费者在预算约束下追求效用最大化所形成的对各种商品和服务的需求，生产者在生产函数所确定的生产技术约束下追逐利润最大化所形成的对生产要素（劳动和资本）的需求，以及商品和服务供需平衡、生产要素供需平衡等。在方程组（2.45）中，我们假设 $q_i(X) = q_1(x_1, x_2, \cdots, x_n) = 0, i = 1, \cdots, n$ 是可微的。

均衡指的是经济系统中变动着的各种力量处于均衡，因而变动的各种力量将使系统最后趋于均衡状态。因此，在方程组（2.45）中我们假设利润为零，此处的利润指的是超额利润。

对于方程组（2.45）所表示的方程组，实际上大多数描述经济体系的方程并非线性的，要直接求解这样一个大的非线性方程组是很困难的。Johansen-Euler法使这个难题得到了较好的解决。即对方程进行线性化，得到一个线性方程组：

$$\begin{cases} a_{11}\bar{x}_1 + a_{12}\bar{x}_2 + \cdots + a_{1n}\bar{x}_n = 0 \\ a_{21}\bar{x}_1 + a_{22}\bar{x}_2 + \cdots + a_{2n}\bar{x}_n = 0 \\ \cdots \\ a_{m1}\bar{x}_1 + a_{m2}\bar{x}_2 + \cdots + a_{mn}\bar{x}_n = 0 \end{cases} \tag{2.46}$$

在该系统中，变量 $(\bar{x}_1, \bar{x}_2, \cdots, \bar{x}_n)^{\mathrm{T}}$ 是 $(x_1, x_2, \cdots, x_n)^{\mathrm{T}}$ 的变化，变化的形式可以是绝对变化，也可以是百分率变化或者对数变化，本书中使用的是取对数变化。

即方程组（2.46）可以写为

$$\mathrm{d}Q(X) = A(X) \cdot \bar{h} = 0 \tag{2.47}$$

其中，$A(X)$ 为 $m \times n$ 矩阵，其形式为

$$A(X) = \begin{bmatrix} \dfrac{\partial q_1}{\partial \ln x_1} & \dfrac{\partial q_1}{\partial \ln x_2} & \cdots & \dfrac{\partial q_1}{\partial \ln x_n} \\ \dfrac{\partial q_2}{\partial \ln x_1} & \dfrac{\partial q_2}{\partial \ln x_2} & \cdots & \dfrac{\partial q_2}{\partial \ln x_n} \\ \cdots & \cdots & & \cdots \\ \dfrac{\partial q_m}{\partial \ln x_1} & \dfrac{\partial q_m}{\partial \ln x_2} & \cdots & \dfrac{\partial q_m}{\partial \ln x_n} \end{bmatrix} \tag{2.48}$$

$n \times 1$ 维向量 $\bar{h}$ 的形式为 $\bar{h} = (\mathrm{dln}x_1, \mathrm{dln}x_2, \cdots, \mathrm{dln}x_n)^{\mathrm{T}}$ 。

在使用 Johansen-Euler 法求解时，首先需要对方程在初始解 $X=X^{(0)}$ 处进行赋值，从而得到如下方程：

$$\mathrm{d}Q(X^{(0)})=A(X^{(0)})\cdot \bar{h}=0 \tag{2.49}$$

然后按照外生变量（向量）和内生变量（向量）进行分块运算，为此将方程（2.49）写成分块矩阵的形式：

$$A(X^{(0)})\cdot \bar{h}=[A_a(X^{(0)})\mid A_b(X^{(0)})]\begin{bmatrix}\bar{h}_a\\ \bar{h}_b\end{bmatrix}=0 \tag{2.50}$$

式中，$A(X^{(0)})$ 为 $m\times n$ 的矩阵，m 为系统中方程的个数，即方程中内生变量的个数，n 为系统中外生变量和内生变量的总和，因此系统中外生变量的个数就是 $n-m$；$A_a(X^{(0)})$ 为 $A(X^{(0)})$ 的一个子矩阵，是 $m\times m$ 矩阵；$A_b(X^{(0)})$ 为 $A(X^{(0)})$ 的另一个子矩阵，是 $m\times(n-m)$ 矩阵；$\bar{h}$ 为向量 $X=(x_1,x_2,\cdots,x_n)^{\mathrm{T}}$ 的变化（扰动），是一个 n 维列向量，即 $n\times 1$ 矩阵。进而可以将方程（2.50）写为如下形式：

$$A_a(X^{(0)})\cdot \bar{h}_a+A_b(X^{(0)})\cdot \bar{h}_b=0 \tag{2.51}$$

当 $A_a(X^{(0)})$ 可逆时，上式可以写为

$$\bar{h}_a=-[A_a(X^{(0)})]^{-1}\cdot A_b(X^{(0)})\cdot \bar{h}_b \tag{2.52}$$

Johansen-Euler 法的优势在于，建模者可轻易地改变闭合内生变量与外生变量的划分，而无须改写计算机程序。同时，不限制模型的规模，因此模型可以很大，如 ORANI 模型包括 100 多万个变量。但是 Johansen-Euler 法的缺陷是明显的，其用线性关系代替了非线性关系，使得系统的分析只能对变量的局部变化有好的结果。

2.5.3 多步 Johansen-Euler 法

为了使模型的分析具有较好的精度，可以采用多步 Johansen-Euler 法。多步 Johansen-Euler 法的基本思路是：当外生变量的变动比较大时，可以将其分为多个较小的变化，对较小的变化进行求解后，通过多项式变化进行插值计算，可以得到很高的精度，Dixon、Parmenter 和 Powell 等（1992）通过实例证明，采用 8 步迭代，可以将误差控制在 0.02%之内。

下面我们通过具体的实例展示多步 Johansen-Euler 法的基本使用步骤①。

通常意义上，CGE 模型的方程数量众多，且无法写成显性的方程形式。在

① 此处仅简要介绍多步 Johansen-Euler 法的基本原理，关于多步 Johansen-Euler 法的详细介绍可以参考 Dixon、Parmenter 和 Powell 等（1992）。

此，为了展示多步 Johansen-Euler 法的计算步骤，假设有如下简单的方程体系：

$$\begin{cases} X_1^2 X_3 - 1 = 0 \\ X_1 + X_2 - 2 = 0 \end{cases} \tag{2.53}$$

式中，X_3 为外生变量；X_1 和 X_2 为内生变量。

根据 2.4 节中的对数线性化处理方法，对方程组（2.53）中的两个方程分别进行线性化处理，可以得到如下方程：

$$\begin{bmatrix} 2 & 0 & 1 \\ X_1/2 & X_2/2 & 0 \end{bmatrix} \begin{bmatrix} \mathrm{dln}X_1 \\ \mathrm{dln}X_2 \\ \mathrm{dln}X_3 \end{bmatrix} = 0 \tag{2.54}$$

根据 Johansen-Euler 法，对方程（2.54）内外生变量分组处理，可以得到方程（2.55）：

$$\begin{bmatrix} 2 & 0 \\ X_1/2 & X_2/2 \end{bmatrix} \begin{bmatrix} \mathrm{dln}X \\ \mathrm{dln}X_2 \end{bmatrix} + \begin{bmatrix} 1 \\ 0 \end{bmatrix} \mathrm{dln}X_3 = 0 \tag{2.55}$$

然后对方程（2.55）进行移项处理，并求解逆矩阵，可以得到方程（2.56）：

$$\begin{bmatrix} \mathrm{dln}X \\ \mathrm{dln}X_2 \end{bmatrix} = -\begin{bmatrix} 2 & 0 \\ X_1/2 & X_2/2 \end{bmatrix}^{-1} \begin{bmatrix} 1 \\ 0 \end{bmatrix} \mathrm{dln}X_3 \tag{2.56}$$

如果仅仅使用普通的 Johansen-Euler 法，输入外生变量 X_3 的变动率，根据初值系数逆矩阵，即可以得到内生变量 X_1、X_2 在受到外生变量冲击后的变动情况，即政策模拟的结果。在此处，将外生变量的政策冲击分为两步，展示多步 Johansen-Euler 法的使用情况，事实上，更多步的原理是一样的。

假设经济体系中各个变量的初始值为 $(X_1, X_2, X_3) = (1,1,1)$，考察外生变量 X_3 从 1 变化到 2，内生变量 X_1、X_2 的变动情况。

第一步：X_3 从 1 变动到 1.5，那么此时的变动率为 50%，即 $\mathrm{dln}X_3$ 为 0.5，计算 X_1、X_2 的变动。

利用方程（2.56），计算得到：

$$\begin{bmatrix} \mathrm{dln}X_1 \\ \mathrm{dln}X_2 \end{bmatrix} = \begin{bmatrix} -0.25 \\ 0.25 \end{bmatrix} \tag{2.57}$$

注意，此处计算得到的是内生变量的变动率。那么根据变动率，可以计算得到经过第一次的外生冲击后，整个经济体系在达到均衡之后的状态值。此时，$X_1 = 0.75$（从初始的状态值 1，减少了 0.25，即 25%），同理可以得到 $X_2 = 1.25$（从初始的状态值 1，增加了 0.25，即 25%）。而此时，外生变量 X_3 从 1 变动到 1.5，变动率为 50%。因此，可以得到经过第一步的外生冲击后，各个变量（外生变量加内生变量）的值为 $X_{[1],[2]} = (0.75, 1.25, 1.5)$，其中下标［1］［2］表示在 2 步 Johansen-Euler 法中，第一步计算以后的状态值。注意，这个值在下一步要使用。

第二步：外生变量 X_3 从 1.5 变动到 2，注意此时的变动率为 33.33%，即 $\mathrm{dln}X_3$为 0.3333，同理可以计算 X_1、X_2 的变动率。

利用方程（2.56），计算得到：

$$\begin{bmatrix}\mathrm{dln}X \\ \mathrm{dln}X_2\end{bmatrix}=-\begin{bmatrix}2 & 0 \\ X_1/2 & X_2/2\end{bmatrix}^{-1}\begin{bmatrix}1 \\ 0\end{bmatrix}\mathrm{dln}X_3=\begin{bmatrix}-0.166 \\ 0.1\end{bmatrix} \tag{2.58}$$

注意，在使用方程（2.58）计算时，此处的（X_1、X_2）=（0.75，1.25），而非最开始的初值（X_1、X_2）=（1，1）。

根据方程（2.58）的计算结果和 $X_{[1],[2]}=(0.75,1.25,1.5)$，可以计算得到经过 2 步 Johansen-Euler 法计算后的内外生变量的状态值 $X_{[2],[2]}=(0.625,1.375,2)$。

此处需要特别注意的是，在 2 步 Johansen-Euler 法中，计算过程中，外生变量两次变动的步长一样，都是 0.5，但是两次的变动率是不同的，第一次从 1 变动到 1.5，变动率是 50%，第二次从 1.5 变动到 2.0，变动率是 33.33%。通常在使用多步 Johansen-Euler 法的计算过程中，每次的步长取同样的数值，但由于经过一次冲击后，内生变量发生了变动，相应的初值发生了变化，导致每次的变动率都是不同的。

类似地，可以采用 4 步 Johansen-Euler 法和 8 步 Johansen-Euler 法，计算得到内生变量 X_1、X_2 的变动率 $\begin{bmatrix}\mathrm{dln}X_1 \\ \mathrm{dln}X_2\end{bmatrix}$ 和相应的状态值。

使用步长变小的方法，计算内生变量的变动率，可以使误差降低，但是计算量会相应增大。为了更有效地利用每次计算得到的结果，可以对 2 步、4 步、8 步 Johansen-Euler 法中得到的内生变量进行插值计算①，从而快速降低误差。相应的插值计算公式如式（2.59）～式（2.61）。

$$X_i^{\mathrm{T}}=2X_{i[2]}-X_{i[1]} \tag{2.59}$$

$$X_i^{\mathrm{T}}=(8/3)X_{i[4]}-2X_{i[2]}+(1/3)X_{i[1]} \tag{2.60}$$

$$X_i^{\mathrm{T}}=(64/21)X_{i[8]}-(56/21)X_{i[4]}+(14/21)X_{i[2]}-(1/21)X_{i[1]} \tag{2.61}$$

式中，$X_{[1]}$、$X_{[2]}$、$X_{[4]}$、$X_{[8]}$分别表示在 1 步、2 步、4 步、8 步 Johansen-Euler 法中计算得到的变量的状态值，i 表示相应的变量。

---

① 关于多步 Johansen-Euler 中矩阵插值计算的原理及其严格证明，可以参见 Conte 和 de Boor（1980）、Dahlquis、Bjorck 和 Anderson（1974）。

从表 2.3 可以看出，如果只使用单步的 Johansen-Euler 法，在外生变量冲击较大时候，误差相对较大，即使减少了步长，误差仍然不可忽视，但是使用插值后，可以将误差迅速降低到一个可以接受的范围。

表 2.3 多步 Johansen-Euler 法计算结果及误差

	X_1		X_2	
	结果	误差/%	结果	误差/%
1 步计算	0.5000	−29.29	1.5000	16.02
2 步计算	0.6250	−11.61	1.3750	6.35
4 步计算	0.6703	−5.20	1.3297	2.85
8 步计算	0.6897	−2.46	1.3103	1.35
1、2 步插值计算 [根据式 (2.59)]	0.7500	6.07	1.2500	−3.32
1、2、4 步插值计算 [（根据式 (2.60)]	0.7041	−0.42	1.2959	0.23
1、2、4、8 步插值计算 [（根据式 (2.61)]	0.7073	0.03	1.2927	−0.02
真实值	0.7071		1.2929	

资料来源：Dixon、Parmenter 和 Powell 等 (1992)

2.6 CGE 模型的应用

2.6.1 中国经济的 CGE 系统

在构建 CGE 模型的基础上，我们需要计算求解方程。对于 CGE 模型的求解，中国科学院科技政策与管理科学研究所（现中国科学院科技战略咨询研究院）政策模拟中心与华东师范大学地理信息科学教育部重点实验室开发了中国宏观经济 CGE 模拟系统的一系列版本①，可以作为中国宏观经济政策分析的一个支撑平台。图 2.1 是其中的一个版本。这个系统最多包括 128 个产业部门，图示的系统是 17 个部门的版本，实际应用中是针对各个产业部门输入相关的政策变量值，开展模拟，得到政策作用下的经济变动情景。

① 本系统由王铮指导研究生吴兵、薛俊波、吴静、吕作奎、利果、朱永彬、孙翊、刘慧雅、汪晶、刘扬等逐步开发完成。

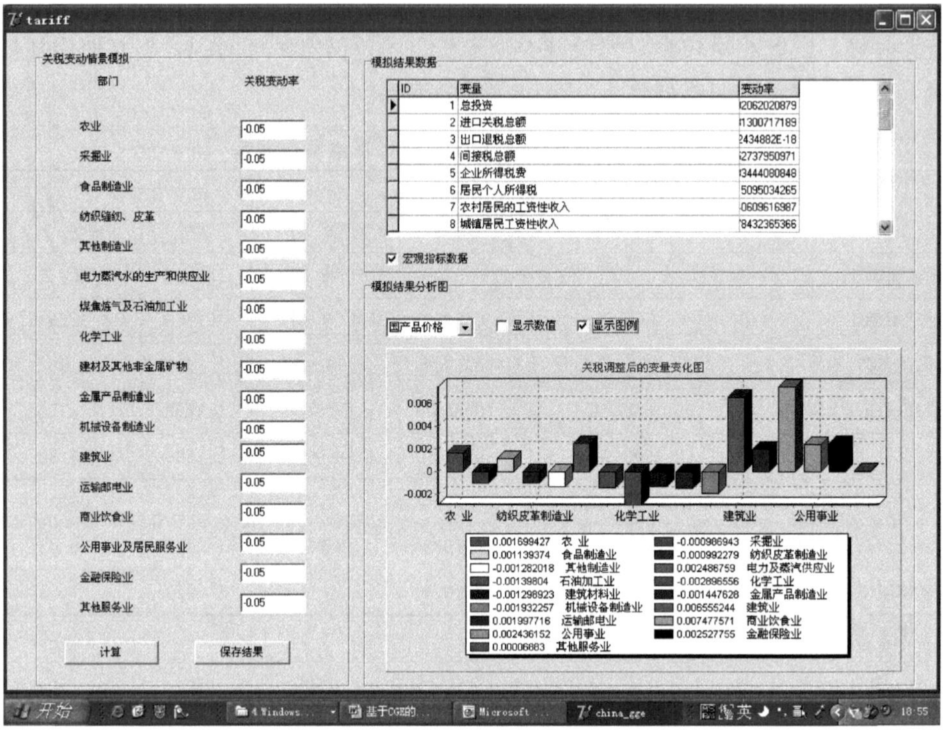

图 2.1　王铮课题组开发的中国宏观经济政策模拟系统

作为一个应用，吕作奎（2008）利用中国宏观经济 CGE 模拟了汇率变动、进出口对当年中国经济的影响，主要模拟结果如下。

人民币相对美元贬值 14%的情况下，中国总投资有小幅上升，大约为 4.01%。但是农村居民可支配收入下降了 27.79%，工资收入下降了 29.78%，而储蓄却上升了 10.15%，农村居民消费下降了 29.46%；城镇居民可支配收入和工资收入分别增加了 74.16%和 12.08%。城镇居民的可支配收入和储蓄总额增加的幅度比较大，主要原因是其消费量的下降（城镇居民消费下降了 12.79%）。进口关税总额下降了 11.27%，出口退税总额则增加了 7.97%，间接税总额减少了 19.16%，企业所得税费下降了 10.51%，居民个人所得税下降了 47.56%；政府的总收入、可支配收入和政府储蓄都有不同程度的下降，分别降低了 71.81%、15.35%和 38.59%；GDP 降低了约 2.47%。最后认为，中国人民币贬值会导致农村居民收入的下降，但是城镇居民的收入增加，农村居民和城镇居民的消费量都降低了。人民币贬值同时导致政府收入的下降，进而导致 GDP 下降了。

吕作奎（2008）还利用本系统对进口关税进行模拟，设定所有部门的进口关税均削减10%。宏观变量的模拟结果如表2.4所示。

表2.4 进口关税均削减10%的宏观变量的变动率（%）

主要宏观经济指标	变动率
经济体系总投资	−0.13
农村居民可支配收入	−0.74
城镇居民可支配收入	1.56
进口关税总额	−9.93
出口退税总额	0.00
间接税总额	−0.33
企业所得税费	−1.62
居民个人所得税	0.86
城镇居民工资收入	2.46
农村居民工资收入	−0.77
政府总收入	−1.20
政府可支配收入	−2.57
企业总收入	−1.74
经济体系价格水平	−6.36
城镇居民储蓄	6.58
农村居民储蓄	0.19
企业储蓄总额	−1.68
政府储蓄总额	−6.45
国外部门储蓄	−2.06
GDP	0.18
进口商品总量	−0.15

从表2.4可以看出，进口关税削减10%后，农村居民可支配收入和工资收入具有不同程度的下降，分别下降了0.74%和0.77%，农村居民储蓄增加了0.19%；城镇居民可支配收入和工资收入分别增加了1.56%和2.46%，城镇居民储蓄增加了6.58%；国内的经济体系价格水平反而降低了6.36%；进口关税总额下降了9.93%；出口退税总额虽然有所下降，但是幅度比较小，基本为0，间接税总额和企业所得税费分别降低了0.33%和1.62%；由于进口关税、间接税和企业所得税的下降，政府总收入及其可支配收入分别下降了1.20%和2.57%。进口关税的降低并没有导致进口商品总量的增加，相反，进口商品总量反而降低了0.15%。在进口关税削减10%后，GDP增加了约0.18%。

利用这个系统，笔者还模拟了世界市场粮价的影响和中国减排二氧化碳的影响。

2.6.2 国际上一些典型的CGE系统

由于CGE模型的优势，各国几乎不约而同地纷纷建立起了自身的CGE模型。运用CGE模型估计贸易自由化的经济影响成为其应用的一个最为主要的方面。其中最为著名的是“全球贸易分析项目”（global trade analysis project，GTAP）模型，它是世界上规模最大的贸易自由化CGE模型，由美国普渡（Purdue）大学的GTAP小组开发，主要用于全球贸易政策分析（Hertel、Horridge and Pearson，1991）。该项目拥有世界上最大规模的世界贸易数据库，不定期更新。该模型及其相关子模型已被广泛地应用于世界各国的贸易政策分析中。

GTAP模型理论上是基于澳大利亚的ORANI模型。ORANI模型是由澳大利亚关税委员会成立的IMPACT项目开发的主要模型，于1977年正式发布使用。相对于早期的CGE模型，ORANI模型从建立伊始，就是一个真正的大尺度模型，清晰地显示了113个部门、115个国内商品类别及相等数量的进口商品类别，以及9类劳动力、7类农业土地和113类资金。ORANI模型经过不断维护，形成ORANI I～G版本（Dixon and Parmenter，1982；Hertel、Horridge和Pearson，1991）。

另一个重要的CGE应用就是1993年澳大利亚的Monash大学在ORANI模型的基础上推出了MONASH模型。MONASH模型在ORANI模型的基础上进一步得到发展，该模型具有动态化、可大范围地对样本数据进行快速运算，以及强大的预测能力等特点。MONASH的对象是国际贸易领域，它能够根据各国国内市场结构、制度环境等方面的差异进行区别处理，因此也被各国政府部门借鉴到其决策分析中。例如，美国国际贸易委员会应用MONASH-USA分析国际经济发展变化对美国国内产业的影响，在此基础上编制了一系列的研究报告，为对外谈判，以及美国国会的法律、法规修订和总统决策起到了积极作用（赖明勇和祝树金，2008）。

贸易自由化是CGE模型的一个重要应用领域，表2.5是几个有代表性的使用CGE模型研究国际贸易的案例。财政税收、收入分配领域是CGE的又一个重要应用。财政税收制度及税率的变化不仅影响国家财政收支平衡，而且税收变化还会影响价格，并且通过价格体系把冲击传递到经济系统的各个部分，因此许多经济学家纷纷建立CGE模型来模拟税收改革方案。在财政税收领域，最早利用CGE模型分析税收问题的是Harberger（1962）。此后，Piggott和Whalley（1991）分析英国的税收和补贴的扭曲效果；Ballard、Fullerton和Shoven等（1985）利用CGE模型系统地分析了税收，研究了公司税和个人所得税的合并、用累进的消费税代替个人所得税、税率与政府收入的关系等问题；Ruocco（1996）利用动态CGE定量研究了意大利储蓄和投资、财政政策，估算出不同刺激投资的方法对资本积累的确切影响等。

表 2.5 贸易自由化的CGE模型

研究者	年份	研究目的	模型规模情况		主要结果和结论
			供给部门数	需求部门数	
Talor 和 Black	1974	智利关税减让的经济影响	35	1	与局部均衡框架下得出的结果相比，一般均衡框架研究正确地预测了部门产出的变化
Staelin	1976	科特迪瓦取消关税的经济影响	25	1	在不同的价格下取消关税将导致不同的资源配置
de Melo	1978	哥伦比亚贸易自由化的影响	15	1	福利的变化取决于要素流动、对咖啡的需求弹性和不熟练工人的供给弹性；汇率调整的幅度主要由劳动力流动延期
Dervis 等	1982	土耳其的外汇危机，进口关税削减 50%或出口补贴增加 50%的经济影响	19	4	出口补贴增加的影响大于进口关税削减的影响，经济对出口更加敏感，外汇危机主要在于国内的通胀和石油价格的冲击
Keyzer 等	1986	关税削减 50%和非农业产品零关税对孟加拉国经济的影响	20	10	关税削减 50%和非农业产品零关税都会导致孟加拉国产出的下降
Clarete 和 Roumasset	1987	菲律宾完全自由贸易的经济影响	7	1	在保护政策下，资源由出口向进口转移。由于贸易扭曲，福利成本加大
Harrison 等	1989	欧洲统一市场的福利分析	12 个国家，13 种居民，18 个部门		如果欧洲共同体解体，所有欧洲共同体国家均有损失，损失最大的是爱尔兰，占 GDP 的 8%，损失最小的是法国和意大利，均分别为 GDP 的 0.8%，而美国小有所得
Dixon 等	1982，1993	澳大利亚参与全球贸易自由化、关税削减的影响	113 个部门，115 种商品，9 类劳动力，7 类土地		一揽子关税削减将会使得澳大利亚就业率降低，贸易赤字增加，消费品和资本品的价格上升
Robinson	1999	北美自由贸易区对各成员国的影响	5个地区，11个部门，6种要素，美国和墨西哥之间劳动力可以转移		与一般自由贸易理论相反，地区间的工资水平不但没有趋于一致，反而在美国和墨西哥之间加大差距
Lee 等	2001	亚太经济合作组织（APEC）成员国之间实行自由贸易对东盟各国的影响	18个地区，16个部门		APEC中的发展中国家将从扩张的地区贸易中获利，而且如果地区的范围扩大，这种受益会加大
Itakura	2004	日本加入东盟的潜在经济影响	23	23	日本加入东盟后对东盟各成员国均有利
Hallaert	2007	马达加斯加加入南非发展共同体对区域经济发展的影响	6	6	如果在南非发展共同体内实行自由贸易，将会更加有利于地区经济的发展

资料来源：段志刚（2004）；赵永和王劲峰（2008）

2.7 CGE 模型与其他定量经济模型的比较

宏观经济政策分析中，定量研究方法主要包括投入产出模型、线性规划模型、宏观经济计量模型（macro-econometric model）和 CGE 模型等。以下比较分析这些模型的优缺点。

1. CGE 模型与投入产出模型和线性规划模型的比较

在 CGE 模型之前，已经有投入产出模型和线性规划模型对经济运行进行描述。线性规划模型要求满足总体的预算约束，不保证个体的预算约束，“影子价格”通过优化方程得到。投入产出模型和线性规划模型的标准模型不适合很多参与者互相独立地追求他们自身的福利函数最大化。此外，投入产出模型和线性规划模型的一个主要弱点是，它们不能包含反映政府部门经常使用的政策工具变量，而这些政策工具变量在混合经济中影响最终需求的构成等。在实际经济运行的过程中，政府大量依赖宏观的政策工具来调控经济，并通过市场机制发挥作用，但是线性规划模型并没有提供框架来探讨这些政策通过市场机制发挥作用，因为线性规划模型不能将价格引入方程，否则就会破坏方程的线性，尤其是约束方程的线性，所以线性规划模型没有能力模拟分散化的市场机制。由线性规划决定的“影子价格”，没有对主要价格的反馈作用，而这正是一般均衡的本质所在（Dervis、de Melo and Robinson，1982）。因此，为了最大限度地了解政策相关性，需要引入另一个框架，在这个框架中，内生的价格和数量变量可以相互作用，每个参与者都要受到预算的约束，这一框架就是 CGE 模型。

2. CGE 模型与宏观经济计量模型的比较

宏观经济计量模型在年度预测以及短期和中期政策分析上效果不错，但该模型难以模拟外部冲击（或者政策调整）和分配效应的长期影响。而对于研究收入分配、资源配置和政策措施变化所导致的调整效果，CGE 模型被证明是一个理想的工具。宏观经济计量模型在分析短期不均衡问题时具有一定的预测能力，但通过价格所产生的多重作用扩大了外部冲击的影响。CGE 模型在政策模拟方面，如税收政策和贸易自由化等方面具有一定的优越性，它可以度量福利的变化，但同时也留下了一个不可改变的市场均衡。

任何事物都有其优缺点，当然CGE模型也不例外。首先，建模者对CGE模型应该多大程度上依赖于一般均衡理论有着不同的观点，这也就自然反映在建模者对模型的倾向和重点的看法不同上。有些建模者，如Shoven及Walley倾向于严格遵循Arrow-Debreu范式，用CGE模型来计算福利的增减。另外一些建模者则把它作为政策实验室，更多地考虑现实经济中非Walras因素，模型也具有预测的倾向，从而更依赖于发展了的CGE模型。当然，均衡价格存在性的证明对于所有建模者而言都很重要，否则他们就不能假设均衡年份来校准其模型，更不要说计算了。但是我们可以看到，一般均衡理论的发展仍不能与现实同步。因此，为解决实际问题，后一类建模者可能并不关心他们所建立的实用性模型是否完全符合严格一般均衡理论，即是否存在均衡价格，而隐含地假设其存在。解决这种理论与现实的矛盾是每个应用经济学家不可回避的责任。

同时，虽然计算机的应用提高了决策者处理信息的能力，但在得到大量准确的信息方面仍十分欠缺。CGE模型需要太多的信息，如参数的数量惊人并且在不断变化，因此研究者总是面临不知道对他们的结果有重大影响参数的准确值的困境。用太少或根本不存在的信息来通过计量经济学方法估计参数，在模型设定上也有问题，建模者根据他们手头要处理的问题或自己的主观判断来选择效用函数或生产函数的形式而没有任何实证检验其现实合理性。因此，批评意见认为不可能现实地计算出一般均衡价格。Whalley（1985）认为，在政策科学中难免掺杂建模者的主观判断。这归因于政策科学不能进行全社会范围的可控实验的特点。尽管有这些缺点，CGE模型一旦得以建立仍可作为政策实验室。它可评价不同的政策组合并洞悉其内在机制。其结果要远比理论模型的结论更加现实，CGE模型最令人欣慰的特征是它能分析以前从未发生的外生冲击的影响，如石油危机。

参考文献

程代展．1988. 非线性系统的几何理论．北京：科学出版社．

段志刚．2004. 中国省级区域可计算一般均衡建模与应用研究．华中科技大学博士学位论文．

龚益．1997. 关于可计算一般均衡模型的几个问题．数量经济技术经济研究，14（8）：21-28.

赖明勇，祝树金．2008. 区域贸易自由化：可计算一般均衡模型及应用．北京：经济科学出版社．

吕作奎．2008. 基于CGE的中国宏观经济模拟系统开发及其应用．华东师范大学硕士学位论文.

王铮，薛俊波，朱永彬，等 . 2010. 经济发展政策模拟分析的 CGE 技术 . 北京：科学出版社 .

吴兵 . 2004. 中国经济可计算一般均衡分析决策支持系统的研究与应用 . 华东师范大学硕士学位论文 .

薛俊波，王铮 . 中国 17 部门资本存量的核算研究 . 统计研究，2007 (7)：49-54.

翟凡，李善同，冯珊 . 1997. 一个中国经济的可计算一般均衡模型 . 数量经济技术经济研究，(3)：38-44.

赵永，王劲峰 . 2008. 经济分析 CGE 模型与应用 . 北京：中国经济出版社 .

郑玉歆，樊明太 . 1999. 中国 CGE 模型及政策分析 . 北京：社会科学文献出版社 .

Adelman I, Berck P, Vujovic D. 1991. Using social accounting matrices to account for distortions in non-market economies. Economic Systems Research, 3 (3): 269-298.

Adelman I, Robinson S. 1978. Income Distribution Policy in Developing Countries: a Case Study of Korea. New York: Oxford University Press.

Arrow K J. 1951. Social Choice and Individual Values. New York: John Wiley & Sons.

Arrow K J, Debreu G. 1954. Existence of equilibrium for a competitive economy. Econometrica, 22 (3): 265-290.

Ballard C L, Fullerton D, Shoven J B, et al. 1985. A General Equilibrium Model for Tax Policy Evaluation. Chicago: University of Chicago Press.

Bandara J S. 1991. Computable general equilibrium models for development policy analysis in LDCs. Journal of Economic Surveys, 5 (1): 3-69.

Bergman L, Jorgenson D W, Zalai E. 1990. General Equilibrium Modeling and Economic Policy Analysis. Oxford: Basil Blackwell.

Cohen A M. 1973. Numerical Analysis. New York: John Wiley & Sons.

Conte S D, de Boor C. 1980. Elementary Numerical Analysis: an Algorithmic Approach (3rd Edition). New York: McGraw-Hill.

Dahlquist G, Bjorck A, Anderson N. 1974. Numerical Methods. Englewood Cliffs: Prentice-Hall.

Dervis K, de Melo J, Robinson S. 1982. General Equilibrium models for Development Polily. Cambridge: Cambridge University Press.

Dewatripont M, Michel G. 1987. On closure rules, homogeneity and dynamics in applied general equilibrium models. Journal of Development Economics, 26 (1): 65-76.

Dixon P B, Parmenter B R. 1982. ORANI: a Multi-sectoral Model of the Australia Economy. Amsterdam: North-Holland Press.

Dixon P B, Parmenter B R. 1986. ORNAI projections of short-run effect of a 50% across-the-board cut in protection using alternative data bases//Srinivasan T N, Whalley J. General Equilibrium Trade Policy Modeling. Cambridge, MA: The MIT Press, 33-36.

Dixon P B, Parmenter B R, Powell A A, et al. 1992. Notes and Problems in Applied General

Equilibrium Economics. Amsterdam: North-Holland Press.

Harberger A C. 1962. The incidence of the corporation income tax. Journal of Political Economy, 70 (3): 215-240.

Harris R G, Cox D. 1983. Trade, Industrial Policy and Canadian Manufacturing. Ontario: Ontario Economic Council.

Hertel T, Horridge M, Pearson K R. 1991. Mending the family tree: a reconciliation of the linear and levels schools of CGE modelling. IMPACT preliminary working paper IP-54 June.

Johansen L. 1960. A Multi-sectoral Study of Economic Growth. Amsterdam: North-Holland Press.

Keller W J. 1980. Tax Incidence: a General Equilibrium Approach. Amsterdam: North-Holland Press.

Keuning S J. 1991. Proposal for a social accounting matrix which fits into the next system of national accounts. Economic Systems Research, 3 (3): 233-248.

Manne A S, Preckel P V. 1985. A three-region intertemporal model of energy, international trade, and capital flows. Mathematical Programming Studies, 23: 56-74.

Piggott J, Whalley J. 1991. Public good provision rules and income distribution: some general equilibrium calculations. Empirical Economics, 16 (1): 25-33.

Robinson S. 1989. Multi-sector models. Handbook of Development Economics. Amsterdam: North-Holland Press.

Robinson S. 1991. Macroeconomics, financial variables, and computable general equilibrium models. World Development, 19 (11): 1509-1525.

Ruocco A. 1996. Savings andinvestment fiscal policies: a quantitative analysis for the Italian economyu//Fossati A. Economic Modeling Under the Applied General Equilibrium Approach. Avebury: Ashgate Publishing Limited.

Scarf H. 1967a. On the computation of equilibrium price//Fellner W. Ten Essays in Honor of Irving Fisher. New York: John Wiley & Sons.

Scarf H. 1967b. The approximation of fixed points of a continuous mapping, SIAM. Journal of Applied Mathematics, 15 (5): 1328-1343.

Scarf H. 1973. The Computation of Economic Equilibrium. New Haven: The Yale University Press.

Sen A K. 1963. Neo-classical and neo-keynesian theories of distribution. Economic Record, 39 (85): 53-64.

Shoven J B, Whalley J. 1972. A general equilibrium calculation of the effects of differential taxation of income from capital in the U. S Journal of Public Economics, 1 (3/4): 281-321.

Shoven J B, Whalley J. 1974. On the computation of competitive equilibrium on international markets with tariffs. Journal of International Economics, 4 (4): 341-354.

Shoven J B，Whalley J. 1992. Applying General Equilibrium. Cambridge：Cambridge University Press.

Whalley J. 1985. Trade Liberalization among Major World Trading Areas. Massachusetts：MIT Press.

Zhuang J. 1996. Estimating distortions in the Chinese economy：a general equilibrium approach. Economica，63 (252)：543-568.

第 3 章

多区域 CGE 的模型

第 2 章讨论的 CGE 方法，是针对单一经济体的，在实际的经济世界，是多个经济体在活动，这就形成了多经济体体系，或者说多区域（multi-region）经济现象。20 世纪 90 年代初，以克鲁格曼（Krugman）为代表的一批经济学家提出新经济地理学。尽管 Krugman 并未强调，但新经济地理学在科学思想上的一个巨大进步是用多区域分析代替了传统的单一经济体分析。单一经济体分析政策的传统方法，对于多经济体存在着应用困难。例如，我们说刺激消费可以带来经济增长。在具体实施时，由于贸易和资源供应的限制，可能刺激 A 国的消费，拉动的是 B 国的经济。正如人们在 20 世纪 90 年代常说的刺激中国的计算机消费，拉动的是美国的中央处理器（CPU）、韩国的内存条生产增长，中国只剩下机箱的生产增长。因此，多区域经济分析及其政策模拟是必要的。这里的区域不一定是国家，只要是相对独立的经济体，如长沙市、株洲市、岳阳市、邵阳市、常德市各作为一个经济体，联合起来构成湖南省这个多区域经济。对于具体的地方，我们可以根据分析视角，在模型中处理它们为多区域经济体。

多区域经济现象已经成为一种普遍现象，在这一背景下，多区域协调发展成为经济学及区域科学的热点主题（Kim E and Kim K，2002；Giesecke，2002；Stifel and Thorbecke，2003；Gu and Chen，2005）。Webber（1997）建立了一个非平衡的、动态的包括日本和其余国家的两区域模型，用以解释利润率、资本积累、供给需求的增长率和贸易之间的相互影响，特别是关注了在不同区域之间投资的产生和流动的方式。Islam（2001）利用一个世界多区域均衡增长模型（MURO-GOG-1）研究了在增长路径上的最优结构、世界经济的长期动力学过程及特点，并根据模型模拟产生的结果分析全球经济增长的问题。Hunt 和 Laxton

(2004) 用4个标准宏观经济实验来解释2个不同版本的国际货币基金组织(International Monetary Fund, IMF) 的多国家宏观经济模型，其中一个多国模型包含着独立的国家实体，而另一个多国模型包含一个单一的实体描述整个欧洲地区的行为。Leimbach 和 Edenhofer (2007) 利用多区域模型方法将 Negishi 方法加入了由国外直接投资所导致的技术溢出的条件，这种方法可以将技术溢出所带来的外部影响内生化。Groenewold、Hagger 和 Madden (2003) 采用两区域模型研究联邦拨款重新分配对经济和福利因果关系的影响。多区域 CGE 的政策模拟，对多区域的系统发展政策给予了特别的关注。

多区域的 CGE 方法与单区域的 CGE 方法在原理上一致，只是在计算处理上，相当于将多个区域中每个区域的产业部门，当作一个区域经济体的一个产业部门来处理就可以。

3.1　多区域 CGE 的模型结构

利用 CGE 模型进行政策模拟分析，其最主要的特征就是把经济系统的整体作为分析对象。不论 CGE 模型有多少变量，它所涵盖的范围都是经济系统的全部。这是一般均衡分析与局部均衡分析的根本区别。局部均衡分析往往把经济系统的某一局部从整体中分离出来，只观察这一局部变量的变化，而把其他部分假定为不变。这样，它只能分析经济系统中某个或某几个部门的局部联系，或某几个变量之间的联系。另外，局部均衡着眼于单一或部分市场的均衡假设，除了被研究的价格外，其他的价格都是固定的。这样，系统内各市场之间的相互作用及整个经济所面临的约束被忽略了。而一般均衡则着眼于经济系统内的所有市场、所有价格，以及各种商品和要素的供需关系，要求所有市场都出清。在所有市场均衡的约束下，一般均衡模型所刻画的是不同经济主体的供求决策与商品和要素价格的关系，使得由价格调整所决定的需求不会超过总供给(郑玉歆和樊明太，1999；朱艳鑫，2008)。

在这里，将对一个典型的中国多区域社会公平 CGE 模型的基本结构进行详细描述。它与通用的 CGE 模型大体上一致，但针对特定的研究目标对通用 CGE 模型中的一些主要方程进行修改，增加了人口分组方程、居民效用方程、人口组收入方程、中央和地方政府需求和收入方程、效用均衡方程等，模型的逻辑结构如图 3.1 所示。

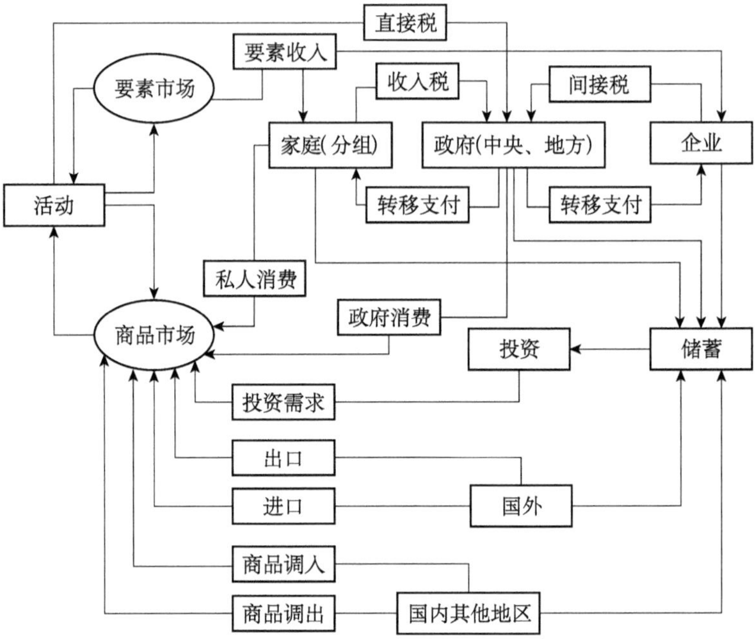

图 3.1　多区域社会公平 CGE 模型中单个区域的结构

3.1.1　模型的生产结构

模型将中国行政区域整合成为 8 大区域，国民经济部门整合成为 8 个生产部门，并假设在每一个生产部门有一个竞争性企业，并且每个企业生产一种商品或服务。每个生产部门通过使用由复合商品（进口商品和国内产品按照 Armington 假设，采用 CES 进行变换）构成的中间投入、劳动力和资本等要素投入，生产出内销或出口的商品或服务。

在生产过程中，生产部门不是价格的决策者而是价格的接受者，因此企业（部门）必须在一定的技术条件下，按照既定成本下利润最大或者既定利润下成本最小的原则进行生产决策。决策在生产可能性边界约束下，遵循收入最大化原则确定该部门产出中用于内销和出口的相对份额构成。

在规模不变的假设下，各部门的总产出不能由生产者决定，而由均衡条件决定，即生产者需要进行投入决策，要在该部门总的均衡条件下，选择中间投入和要素有效投入水平，使生产成本最小化，如图 3.2 所示。

实际应用的 CGE 模型中所使用的方程形式不是任意确定的，而往往是从一

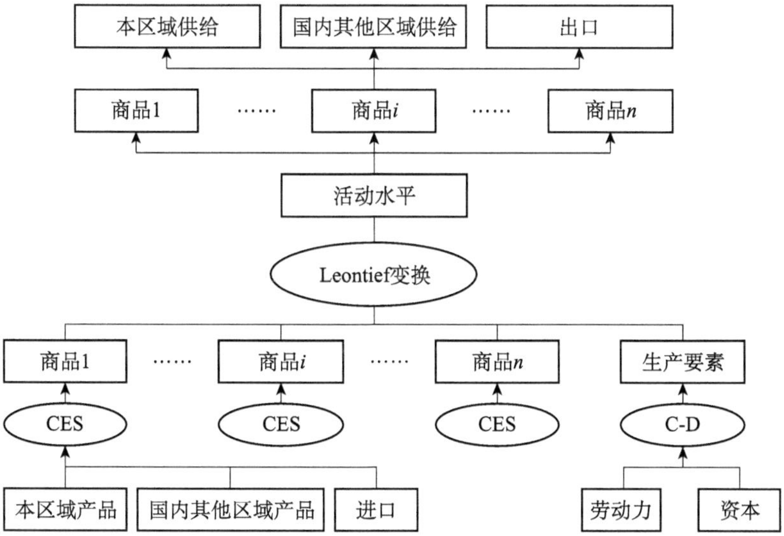

图 3.2　模型的生产结构

资料来源：朱艳鑫（2008）；孙翊（2009）

些特定的方程中选取，其中主要涉及生产函数和消费函数的形式。函数形式的选择要考虑理论上的合理性和分析上的易处理性。一方面，CGE 模型中的函数形式须满足一般均衡的限制，如市场出清；另一方面，在处理模型的重要参数时，函数形式的方便性往往比恰当性更容易决定方程的形式。

CGE 模型的生产函数形式一般有固定的几种，如 C-D 生产函数、CES 生产函数、超越对数生产函数等。本模型主要采用 C-D 生产函数，其原因主要有两点：第一，可以简化模型中的相关参数估计；第二，C-D 生产函数在大部分情况下精度不比其他生产函数低（郑玉歆和樊明太，1999）。

在生产函数的构建过程中，本书通常只考虑资本、劳动力和中间投入，但在实际过程中，生产所需要的要素不止这两种。随着社会的发展，资源对经济的作用越来越明显，诺德豪斯（Nordhuas）提出了资源尾效（drag）的概念，即资源的损耗会对经济产生负面影响，而技术会对经济的增长具有促进作用。薛俊波、王铮和朱建武等（2004），谢书玲、王铮和薛俊波（2005）核算了经济增长中的水土资源的“尾效”。考虑到构建 CGE 模型的过程中，分部门的资源量难以核算，因此在建模过程中仍然采用传统的投入要素——资本和劳动力。

3.1.2　模型的需求结构

模型假设中国存在具有不同特征（收入、消费、投资等）的两类家庭组，城镇居民和农村居民，他们的消费需求是由复合商品构成的，由预算约束和效用最大化原则决定。CGE 模型中常见的需求函数有 LES、近于理想的需求函数系统（almost ideal demand system，AIDS）及超越对数函数的间接效用函数等。这些需求函数都可以由一定形式的效用函数在满足消费者的效用最大化条件下推导出。

模型将这些家庭组的效用函数用不同的 Stone-Geary 效用函数进行描述，允许不同复合商品之间的不完全替代，居民在总消费预算约束的条件下最大化其效用，这将导出居民需求函数为 LES。但是 LES 存在着一定的逻辑矛盾，即居民对不同商品的消费决定了总支出，而非先确定总支出然后在商品之间进行分配，因此模型最终采用的是 ELES。

其他最终需求，如政府消费、公共和私人投资则用 C-D 效用函数来描述，而企业的中间需求、居民消费、政府消费、投资、出口则形成了对复合商品的需求（图 3.3）。

根据中国的实际，模型闭合采用了凯恩斯理论（Keynesian）模式。

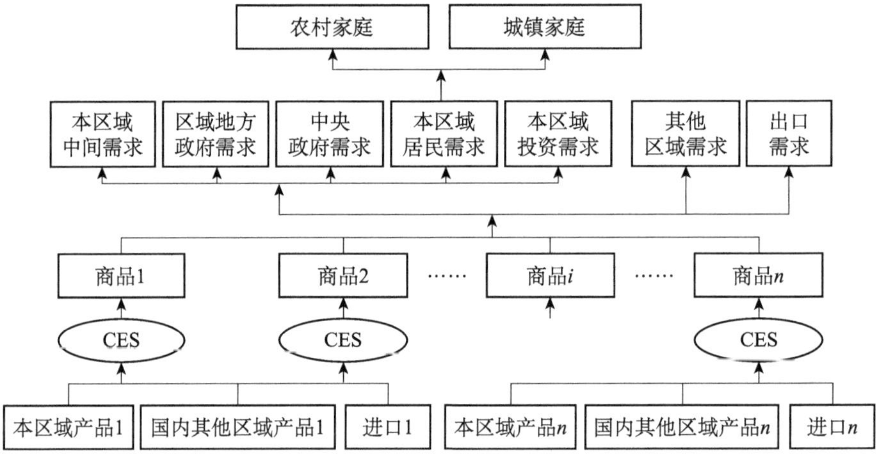

图 3.3 模型的需求结构

资料来源：朱艳鑫（2008）；孙翊（2009）

3.1.3 模型的收入结构

本模型区分了中央政府和地方政府，同时也将人口根据城乡属性和年龄结构分成了城镇劳动组、城镇退休组、城镇未成年组、农村劳动组、农村退休组、农村未成年组。因此，在探讨收入情况时，一并进行了考虑。

从图 3.4 可以看出，中央政府的收入来源于间接税、关税、企业所得税等。

地方政府的收入来源于居民所得税、间接税、企业所得税等。企业收入来源于经营收入、中央政府的出口退税等。城镇和农村劳动组的收入来源于劳动报酬、企业分红和地方政府转移等。城镇和农村退休组的收入来源于企业养老转移支付、中央和地方政府养老转移支付、劳动组的养老转移支付，城镇和农村未成年组的收入来源于相应劳动组的抚养支付。

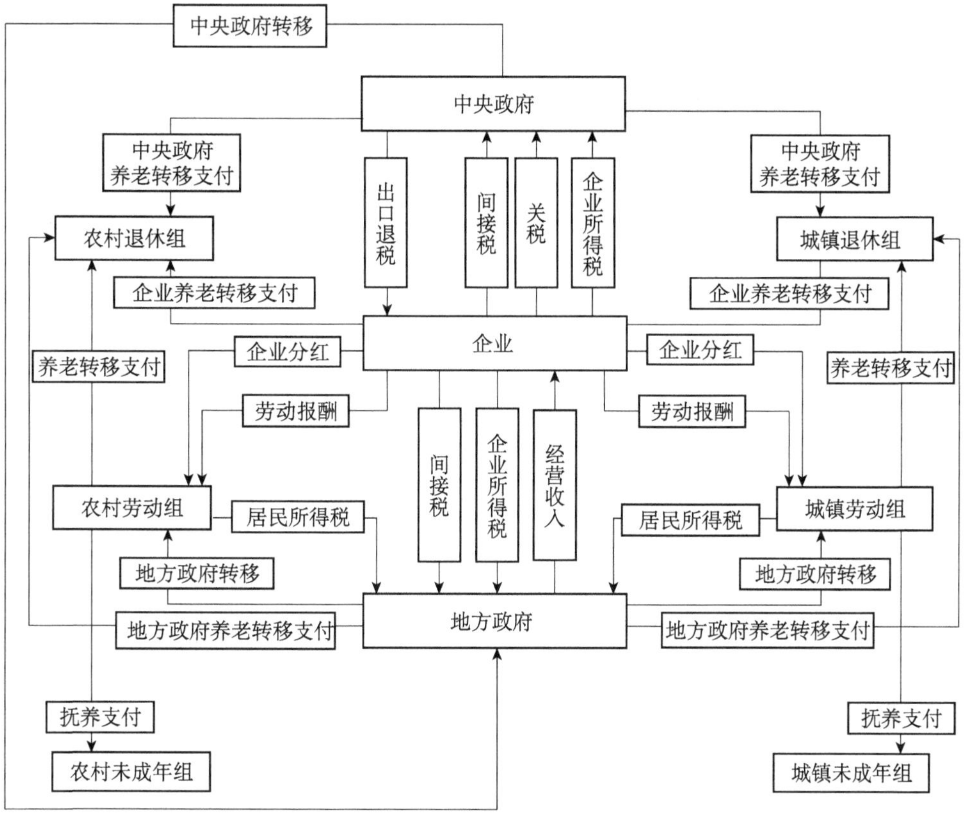

图 3.4　模型的收入结构

资料来源：孙翊（2009）

3.2　多区域模型方程体系：基本方程

多区域社会公平 CGE 模型主要包括产品供给方程、复合商品需求方程、劳动力和资本需求方程、进出口商品需求方程、政府需求方程、居民需求方程、存货变化方程、居民收入方程、企业收入方程、政府收入方程、价格体系方程、储蓄方程、居民效用方程、均衡条件方程等。

模型包括基本方程和扩展方程两部分，下面先介绍基本方程。这部分是一般CGE模型都具备的，本模型对这些方程根据多区域研究的需要进行了扩展。

3.2.1 产品供给方程

与一般的单区域CGE模型相区别的是，在多区域社会公平CGE模型中，产出细化为增加值、地区部门产出、部门产出全国合计和地区产出合计四个部分。

在增加值方程中，我们采用的是C-D函数。在模型的确定过程中，采用了规模不变的假设。

1. 增加值

$$\mathrm{VA}_{ij} = A_{ij} L_{ij}^{\alpha_{ij}} K_{ij}^{1-\alpha_{ij}} \tag{3.1}$$

式中，VA_{ij} 为 i 地区 j 部门[①]的产出的增加值；A_{ij} 为全要素生产率；L_{ij} 和 K_{ij} 分别为 i 地区 j 部门的劳动力和资本投入；α_{ij} 为 i 地区 j 部门的劳动力替代弹性，从公式中可以看出，模型采用的是规模报酬不变的假设。

2. 地区部门产出

$$X_{ij} = \mathrm{VA}_{ij} + \mathrm{AIT}_{ij} \tag{3.2}$$

式（3.2）表示 i 地区 j 部门的产出 X_{ij} 由本地区的增加值 VA_{ij} 和中间投入 AIT_{ij} 构成。

3. 部门产出全国合计

$$\mathrm{ASX}_j = \sum_{i=1}^{n} X_{ij} \tag{3.3}$$

式（3.3）表示全国 j 部门的产出 ASX_j 由全国生产 j 部门产品的所有 i 地区的产出 X_{ij} 加总得到。

---

① 下文中，如无特殊说明，下标 i 表示地区，下标 j 表示部门。

4. 地区产出合计

$$\mathrm{ARX}_i = \sum_{j=1}^{n} X_{ij} \tag{3.4}$$

式（3.4）表示 i 地区的总产出 ARX_i 由本地区所有的 j 个部门的产出 X_{ij} 加总得到。

3.2.2　复合商品需求方程

本模型中一个地区的复合商品包括本地产品、外地产品和国外产品。模型采用 Armington 假设，即假设国内产品和国外产品之间是不同的，具有一定的不完全替代性。而国内各个地区之间的产品无差别，是可以完全替代的，因此同一区域相同部门的产品价格是相等的。

消费者在国内产品和进口商品之间进行选择，以使自己的效用最大化，可以采用 CES 函数来描述 Armington 假设：

$$Q_{ij} = \xi_{ij}\left[\delta_{ij} M_{ij}^{-\rho_{ij}} + (1-\delta_{ij}) D_{ij}^{-\rho_{ij}}\right]^{-\frac{1}{\rho_{ij}}} \tag{3.5}$$

式中，Q_{ij} 为复合商品的总需求量；M_{ij} 为商品的进口量；D_{ij} 为商品的国内需求量；ξ_{ij} 为规模参数；δ_{ij} 为贸易份额参数：ρ_{ij} 为贸易替代弹性参数。

3.2.3　进口商品需求方程

与单区域情况相同，多区域系统仍然需要考虑国际贸易的存在。进口商品需求方程可由消费者最大化自身效用的一阶条件得到（薛俊波，2006）。因此，有进口商品需求方程：

$$\mathrm{DM}_{ij} = \left(\frac{\delta_{ij}}{1-\delta_{ij}} \cdot \frac{\mathrm{PD}_{ij}}{\mathrm{PM}_{ij}}\right)^{\sigma_{ij}} \tag{3.6}$$

$$M_{ij} = \mathrm{DM}_{ij} \cdot \mathrm{AD}_{ij} \tag{3.7}$$

式（3.7）表示进口商品需求方程，DM_{ij} 为进口商品量和国内产品数量的比值；AD_{ij} 为国内产品 j 的需求量；M_{ij} 为商品的进口量；$\sigma_{ij} = \frac{1}{1+P_{ij}}$ 为进口商品和出口商品之间的替代弹性；PD_{ij} 为国内产品的价格；PM_{ij} 为进口商品的价格。

3.2.4　出口商品需求方程

出口需求函数中，我们按照大多数 CGE 模型对发展中国家出口的处理，采纳了“小国”假设，从而本模型中各地区各部门的出口需求被假定是世界市场价格与该地区商品出口价格之比的函数：

$$E_{ij} = \omega_{ij}\left(\frac{\overline{\mathrm{PWE}}_j}{\mathrm{PE}_j}\right)^{\eta_{ij}} \tag{3.8}$$

式中，E_{ij} 为 i 地区部门出口量；ω_{ij} 为规模参数；η_{ij} 为出口价格弹性；$\overline{\mathrm{PWE}}_j$ 为世界市场价格；PE_j 为商品出口价格。

3.2.5 政府需求方程

模型区分了地方政府和中央政府，从而政府需求也分为地方政府需求和中央政府需求。值得特别指出的是，模型中的地方政府是虚拟的区域内政府，并非国家行政区域意义上的政府。

1. 地方政府需求

$$\mathrm{RCG}_{ij} = \frac{\beta_{ij}^{\mathrm{rg}} \cdot \mathrm{RCG}_i^{\mathrm{tot}}}{P_{ij}}, i = 1, \cdots, 8 \qquad \sum_j \beta_{ij}^{\mathrm{rg}} = 1 \tag{3.9}$$

2. 中央政府需求

$$\mathrm{CCG}_{ij} = \frac{\beta_{ij}^{\mathrm{cg}} \cdot \mathrm{CCG}^{\mathrm{tot}}}{P_{ij}} \qquad \sum_{i,j} \beta_{ij}^{\mathrm{cg}} = 1 \tag{3.10}$$

式（3.9）和式（3.10）分别表示地方政府和中央政府的需求，由于数据获取方面的限制，在模型体系中，假设地方政府只消费本地产品，中央政府可以消费各个地区的产品。其中，RCG_{ij} 和 CCG_{ij} 分别为地方政府和中央政府对 i 地区 j 部门商品的需求量；$\mathrm{RCG}_i^{\mathrm{tot}}$ 和 $\mathrm{CCG}^{\mathrm{tot}}$ 分别为地方政府和中央政府的消费总量；β_{ij}^{rg} 和 β_{ij}^{cg} 分别为地方政府和中央政府对各部门商品的消费份额；P_{ij} 为产品价格。政府需求函数可以通过最优化政府效用函数得到（吴兵，2004）。

3.2.6 存货变化方程

存货的变化用其占总产出的比例来表示：

$$\mathrm{ST}_{ij} = kc_{ij} \cdot X_{ij} \tag{3.11}$$

存货的变化情况采用了比例分配的形式，kc_{ij}为比例系数，ST_{ij}为存货增加，式（3.11）反映存货占总产出的一个特定比例。

3.3　多区域模型方程体系：特定方程

通常，由于存在多个经济体，多区域CGE模型除3.2节介绍的基本CGE方程外，还需要针对具体的特定目标进行扩展（孙翊，2009）。

3.3.1　劳动力需求方程

多区域社会公平CGE模型体系中，假设劳动力的供给是充足的，即在经济中就业是不充分的。考虑到既定的工资率下，劳动力无限供给，因此劳动力的总供给量在模型中设定为一个固定值。一般的多区域CGE模型假设全国劳动力的总供给量由各地的城镇劳动力供给量$L^{(u)}$①和农村劳动力供给量$L^{(r)}$加总构成。然而，由于该模型的目标在于研究多区域条件下的社会公平情况，所以有必要针对居民构成细化为适应目标的若干组。该模型将居民根据城乡属性划分成城镇居民和农村居民，而针对这两种属性的居民又根据其年龄结构分别划分成5个组，其中0～15岁为未成年组，16～32岁为劳动1组，33～45岁为劳动2组，46～64岁为劳动3组，65岁以上为退休组。

$$P_i^{(u)} + P_i^{(r)} = \mathrm{Population}_i \tag{3.12}$$

式（3.12）表示i地区居民$\mathrm{Population}_i$由城镇居民$P_i^{(u)}$和农村居民$P_i^{(r)}$组成。

$$\begin{aligned} P_i^{(u)} + P_i^{(r)} = {} & L_i^{(u1)} + L_i^{(u2)} + L_i^{(u3)} + R_i^{(u4)} + Y_i^{(u5)} \\ & + L_i^{(r1)} + L_i^{(r2)} + L_i^{(r3)} + R_i^{(r4)} + Y_i^{(u5)} \end{aligned} \tag{3.13}$$

城镇居民$P_i^{(u)}$根据其年龄结构划分成5组，包括城镇未成年组$Y_i^{(u5)}$、城镇劳动1组$L_i^{(u1)}$、城镇劳动2组$L_i^{(u2)}$、城镇劳动3组$L_i^{(u3)}$和城镇退休组$R_i^{(u4)}$。农村居民$P_i^{(r)}$包括农村未成年组$Y_i^{(r5)}$、农村劳动1组$L_i^{(r1)}$、农村劳动2组$L_i^{(r2)}$、农

① 下文中，如无特殊说明，上标h表示居民的城乡属性，其中上标u表示城镇，上标r表示农村。

村劳动 3 组 $L_i^{(r3)}$ 和农村退休组 $R_i^{(r4)}$ 。

$$L_i = \sum_{j=1}^{8} L_{ij} \tag{3.14}$$

式（3.14）表示 i 地区劳动力由 i 地区所有部门的劳动力加总得到。

$$L_i^{(u)} + L_i^{(r)} = L_i \tag{3.15}$$

式（3.15）表示 i 地区劳动力根据其城乡属性分为农村劳动力 $L_i^{(r)}$ 和城镇劳动力 $L_i^{(u)}$ 。

$$L_i^{(u)} = L_i^{(u1)} + L_i^{(u2)} + L_i^{(u3)} \tag{3.16}$$

式（3.16）表示 i 地区城镇劳动力 $L_i^{(u)}$ 根据年龄结构分为城镇劳动 1 组 $L_i^{(u1)}$ 、城镇劳动 2 组 $L_i^{(u2)}$ 和城镇劳动 3 组 $L_i^{(u3)}$

$$L_i^{(r)} = L_i^{(r1)} + L_i^{(r2)} + L_i^{(r3)} \tag{3.17}$$

同理，式（3.17）表示 i 地区农村劳动力 $L_i^{(r)}$ 根据年龄结构分为农村劳动 1 组 $L_i^{(r1)}$ 、农村劳动 2 组 $L_i^{(r2)}$ 和农村劳动 3 组 $L_i^{(r3)}$ 。

3.3.2 资本需求方程

企业扣除资本要素回报、劳动力要素回报和企业交纳的职工养老金之后获得企业利润：

$$\pi_{ij} = \mathrm{PN}_{ij} X_{ij} - w_{ij} L_{ij} - r_{ij} K_{ij} - \delta_{ij} w_{ij} L_{ij} \tag{3.18}$$

式中，π_{ij} 为 i 地区 j 部门的利润；PN_{ij} 为 i 地区 j 部门产品的净价格；w_{ij} 为 i 地区 j 部门的工资率；r_{ij} 为 i 地区 j 部门的资本回报率；δ_{ij} 为 i 地区 j 部门交纳的养老金费率。

企业的目标是最大化 π_{ij} ，因此根据最优化的一阶条件可以得到：

$$\frac{\mathrm{PN}_{ij} \cdot \alpha_{ij} A_{ij} L_{ij}^{\alpha_{ij}-1} K_{ij}^{1-\alpha_{ij}}}{1+\delta} = w_{ij} \tag{3.19}$$

$$\mathrm{PN}_{ij} \cdot (1-\alpha_{ij}) A_{ij} L_{ij}^{\alpha_{ij}} K_{ij}^{-\alpha_{ij}} = r_{ij} \tag{3.20}$$

从而，各个企业所需要的劳动力的边际增加值等于劳动力的工资率，即

$$\mathrm{PN}_{ij} \cdot \frac{\partial \, \mathrm{VA}_{ij}}{\partial \, L_{ij}} = w_{ij} \tag{3.21}$$

同理，资本的边际增加值应该等于资本的回报率：

$$\mathrm{PN}_{ij} \cdot \frac{\partial \, \mathrm{VA}_{ij}}{\partial \, \mathrm{K}_{ij}} = r_{ij} \tag{3.22}$$

由式（3.21）和式（3.22）可以得到：

$$\frac{\partial \, \mathrm{VA}_{ij}}{\partial \, L_{ij}} = \frac{\alpha_{ij} A_{ij} L_{ij}^{\alpha_{ij}-1} K_{ij}^{1-\alpha_{ij}}}{1+\delta} \tag{3.23}$$

$$\frac{\partial \mathrm{VA}_{ij}}{\partial K_{ij}} = (1-\alpha_{ij})A_{ij}L_{ij}^{\alpha_{ij}}K_{ij}^{-\alpha_{ij}} \tag{3.24}$$

3.3.3　居民需求方程

对于居民的需求函数，采用的是ELES，这是广泛应用的需求函数模型。

$$P_{ij} \cdot \mathrm{ACOL}_{ij}^{(h)} = P_{ij} \cdot \gamma_{ij}^{(h)} + \beta_{ij}^{(h)}\left(\mathrm{DIOL}_{i}^{(h)} - \sum_{j}^{n} P_{ij} \cdot \gamma_{ij}^{(h)}\right)$$
$$0 < \beta_{ij}^{(h)} < 1, 0 < \sum_{i}\beta_{ij}^{(h)} \leqslant 1 \tag{3.25}$$

$$P_{ij} \cdot \mathrm{ACOR}_{ij}^{(h)} = P_{ij} \cdot \gamma_{ij}^{(h)} + \beta_{ij}^{(h)}\left(\mathrm{DIOR}_{i}^{(h)} - \sum_{j}^{n} P_{ij} \cdot \gamma_{ij}^{(h)}\right)$$
$$0 < \beta_{ij}^{(h)} < 1, 0 < \sum_{i}\beta_{ij}^{(h)} \leqslant 1 \tag{3.26}$$

式（3.25）中，$\mathrm{ACOL}_{ij}^{(h)}$为i地区劳动力组h对商品j的需求量；$\gamma_{ij}^{(h)}$为i地区劳动力组h对商品j的基本需求量；$\beta_{ij}^{(h)}$为i地区劳动力组h在满足基本需求量之后用于第j种商品的支出比例，即对商品j的边际消费倾向；$\mathrm{DIOL}_{i}^{(h)}$为i地区劳动力组h的可支配收入；P_{ij}为商品价格。

同理，式（3.26）中，$\mathrm{ACOR}_{ij}^{(h)}$为i地区退休组h对商品j的需求量；$\gamma_{ij}^{(h)}$为i地区退休组h对商品j的基本需求量；$\beta_{ij}^{(h)}$为i地区退休组h在满足基本需求量之后用于第j种商品的支出比例，即对商品j的边际消费倾向；$\mathrm{DIOR}_{i}^{(h)}$为i地区退休组h的可支配收入。

本模型根据研究的需要，改进了一般形式的企业收入方程、政府收入方程、价格体系方程和储蓄方程，增加了分组居民收入方程、居民效用方程和均衡条件方程等。收入方程主要包括企业收入方程、居民收入方程和政府收入方程等。

3.3.4　企业收入方程

模型中，企业按照地区和部门进行划分，即在i地区有8个企业，每个企业生产1种商品，企业的生产按照利润最大化原则来进行，其中i地区j企业的收入方程如式（3.27）所示。

$$\mathrm{YE}_{ij} = (\mathrm{PN}_{ij} \cdot \mathrm{VA}_{ij}^{(S)} - w_{ij} \cdot L_{ij} - \delta_{ij}w_{ij} \cdot L_{ij})(1-\mathrm{td}_{ij}) + \mathrm{YGL}_{i} \cdot \mathrm{ugs}_{ij} \tag{3.27}$$

企业的收入YE_{ij}是净收入，通过净价格PN_{ij}乘以部门产出$\mathrm{VA}_{ij}^{(S)}$后减去劳动者报酬（平均工资率w_{ij}乘以劳动力人数L_{ij}）、企业交纳的养老金（企业交纳的

养老金费率 δ_{ij} 乘以劳动者报酬)，然后扣除所得税，最后加上 i 地区地方政府对 j 部门的转移支付。式（3.27）中，YGL_i 为 i 地区地方政府的总收入；ugs_{ij} 为地方政府对企业转移支付的比例；td_{ij} 为企业所得税税率。

3.3.5 居民收入方程

在居民收入方程体系中，模型考虑了城镇劳动组人均收入、城镇退休组人均收入、农村劳动组人均收入和农村退休组人均收入 4 个部分，然后根据人口数汇总成总收入。

居民中劳动组的收入主要来自于劳动者报酬、财产性收入，居民的可支配收入是在总收入的基础上扣除交纳的所得税再加上政府的转移支付后得到的。

1. 城镇劳动组人均收入

城镇劳动组人均收入来源于劳动者报酬和财产性收入。

$$\mathrm{inol}_i{}^{(u)} = \mathrm{wol}_i{}^{(u)} + \mathrm{etol}_i{}^{(u)} \tag{3.28}$$

$$\mathrm{wol}_i{}^{(u)} = \sum_{j=2}^{8} \mu_j w_{ij}\text{，其中}\sum_{j=2}^{8} \mu_j = 1 \tag{3.29}$$

$$\mathrm{etol}_i{}^{(u)} = \frac{\sum_{j=2}^{8} \mu_j\, \mathrm{YE}_{ij}\, \mathrm{ueu}_{ij}}{L_i^{(u1)} + L_i^{(u2)} + L_i^{(u3)} + R_i^{(u4)}} \tag{3.30}$$

根据式（3.28），i 地区城镇劳动组的人均收入 $\mathrm{inol}_i{}^{(u)}$ 包括劳动者报酬 $\mathrm{wol}_i{}^{(u)}$ 和财产性收入 $\mathrm{etol}_i{}^{(u)}$，其中劳动者报酬 $\mathrm{wol}_i{}^{(u)}$ 由 i 地区 j 部门的工资率加权平均得到，财产性收入 $\mathrm{etol}_i{}^{(u)}$ 由 i 地区 j 部门企业产出 YE_{ij} 的一个固定比例 ueu_{ij} 加权平均得到，μ_j 为权值。

$$\mathrm{diol}_i{}^{(u)} = \mathrm{inol}_i{}^{(u)}(1 - \tau_i^{(u)} - \kappa_i^{(u)})(1 - \mathrm{th}_i^{(u)}) + \mathrm{lgt}_i{}^{(u)} \tag{3.31}$$

$$\mathrm{lgt}_i{}^{(u)} = \mathrm{YGL}_i \cdot \mathrm{ugu}_i / (L_i^{(u1)} + L_i^{(u2)} + L_i^{(u3)} + R_i^{(u4)}) \tag{3.32}$$

根据式（3.31），城镇劳动组人均可支配收入 $\mathrm{diol}_i{}^{(u)}$ 包括两个来源：一是人均税后收入扣除针对退休组的养老支付和针对未成年人的抚养支付部分；二是地方政府对城镇居民的转移支付部分，即 $\mathrm{lgt}_i{}^{(u)}$。其中，$\tau_i^{(u)}$ 是城镇劳动组交纳的养老金税率，$\kappa_i^{(u)}$ 是城镇劳动组交纳的对未成年人的抚养税率，$\mathrm{th}_i^{(u)}$ 是城镇居民所得税税率。从式（3.32）可以看出，地方政府对城镇居民的转移支付 $\mathrm{lgt}_i{}^{(u)}$ 是地方政府收入 YGL_i 的一个固定比例 ugu_i。

2. 城镇退休组人均收入

城镇退休组的人均收入来源于城镇劳动组养老金转移、企业养老金转移、地方政府转移和中央政府转移。

$$\mathrm{inor}_i^{(u)} = \mathrm{ltor}_i^{(u)} + \mathrm{etor}_i^{(u)} + \mathrm{lgt}_i^{(u)} + \mathrm{cgt}_i^{(u)} \tag{3.33}$$

$$\mathrm{ltor}_i^{(u)} = \mathrm{inol}_i^{(u)}(L_i^{(u1)} + L_i^{(u2)} + L_i^{(u3)})\tau_i^{(u)}/R_i^{(u4)} \tag{3.34}$$

$$\begin{aligned}\mathrm{etor}_i^{(u)} = &\sum_{j=2}^{8}\frac{\mu_j w_{ij}(L_i^{(u1)} + L_i^{(u2)} + L_i^{(u3)})\delta_{ij}}{R_i^{(u4)}}\\ &+\sum_{j=2}^{8}\frac{\mu_j \mathrm{YE}_{ij}\,\mathrm{ueu}_{ij}}{L_i^{(u1)} + L_i^{(u2)} + L_i^{(u3)} + R_i^{(u4)}}\end{aligned} \tag{3.35}$$

$$\mathrm{cgt}_i^{(u)} = \frac{\mathrm{YG}\cdot \mathrm{uglr}_i}{R_i^{(u4)} + R_i^{(r4)}} \tag{3.36}$$

根据式（3.33），城镇退休组人均收入 $\mathrm{inor}_i^{(u)}$ 包括城镇劳动组养老金转移 $\mathrm{ltor}_i^{(u)}$、企业养老金转移 $\mathrm{etor}_i^{(u)}$、地方政府转移 $\mathrm{lgt}_i^{(u)}$ 和中央政府转移 $\mathrm{cgt}_i^{(u)}$，其中中央政府转移是 $\mathrm{cgt}_i^{(u)}$ 是中央政府收入 YG 的一个固定比例 uglr_i。

3. 城镇未成年组人均收入

$$\mathrm{ltoy}_i^{(u)} = \mathrm{inol}_i^{(u)}(L_i^{(u1)}\kappa_i^{(u1)} + L_i^{(u2)}\kappa_i^{(u2)} + L_i^{(u3)}\kappa_i^{(u3)})/Y_i^{(u5)} \tag{3.37}$$

根据式（3.37），城镇未成年组人均收入 $\mathrm{ltoy}_i^{(u)}$ 来源于城镇劳动组的转移支付。

4. 农村劳动组人均收入

农村劳动组人均收入来源于劳动者报酬和财产性收入。

$$\mathrm{inol}_i^{(r)} = \mathrm{wol}_i^{(r)} + \mathrm{etol}_i^{(r)} \tag{3.38}$$

$$\mathrm{wol}_i^{(r)} = w_{i1} \tag{3.39}$$

$$\mathrm{etol}_i^{(r)} = \frac{\mathrm{YE}_{i1}\,\mathrm{uer}_{i1}}{L_i^{(r1)} + L_i^{(r2)} + L_i^{(r3)} + R_i^{(r4)}} \tag{3.40}$$

根据式（3.38），农村劳动组人均收入 $\mathrm{inol}_i^{(r)}$ 来源于农村劳动者报酬 $\mathrm{wol}_i^{(r)}$ 和农村劳动者财产性收入 $\mathrm{etol}_i^{(r)}$。农村劳动者报酬 $\mathrm{wol}_i^{(r)}$ 等于 i 地区农业部门的工资率 w_{i1}，农村劳动者财产性收入 $\mathrm{etol}_i^{(r)}$ 是农业部门收入 YE_{i1} 的一个固定比例 uer_{i1}。

$$\mathrm{diol}_i^{(r)} = \mathrm{inol}_i^{(r)}(1 - \tau_i^{(r)} - \kappa_i^{(r)})(1 - \mathrm{th}_i^{(r)}) + \mathrm{lgt}_i^{(r)} \tag{3.41}$$

$$\mathrm{lgt}_i^{(r)} = \frac{\mathrm{YGL}_i\cdot \mathrm{ugr}_i}{L_i^{(r1)} + L_i^{(r2)} + L_i^{(r3)} + R_i^{(r4)}} \tag{3.42}$$

根据式（3.41），农村劳动组可支配收入 $\mathrm{diol}_i^{(r)}$ 包括两个来源：一是人均税后收入扣除针对退休组的养老支付和针对未成年人的抚养支付部分；二是地方政府对农村居民的转移支付部分，即 $\mathrm{lgt}_i^{(r)}$。其中，$\tau_i^{(r)}$ 为农村劳动组交纳的养老金税率；$\kappa_i^{(r)}$ 为农村劳动组交纳的对未成年人的抚养税率；$\mathrm{th}_i^{(r)}$ 为农村居民所得税税率。从式（3.42）可以看出，地方政府对农村居民的转移支付 $\mathrm{lgt}_i^{(r)}$ 是地方政府收入 YGL_i 的一个固定比例 ugr_i。

5. 农村退休组人均收入

农村退休组人均收入来源于农村劳动组养老金转移、企业养老金转移、地方政府转移和中央政府转移。

$$\mathrm{inor}_i^{(r)} = \mathrm{ltor}_i^{(r)} + \mathrm{etor}_i^{(r)} + \mathrm{lgt}_i^{(r)} + \mathrm{cgt}_i^{(r)} \tag{3.43}$$

$$\mathrm{ltor}_i^{(r)} = \frac{\mathrm{inol}_i^{(r)}(L_i^{(r1)} + L_i^{(r2)} + L_i^{(r3)})\tau_i^{(r)}}{R_i^{(r4)}} \tag{3.44}$$

$$\mathrm{etor}_i^{(r)} = \frac{w_{i1}(L_i^{(r1)} + L_i^{(r2)} + L_i^{(r3)})\delta_{i1}}{R_i^{(r4)}} + \frac{\mathrm{YE}_{i1}\,\mathrm{uer}_{i1}}{L_i^{(r1)} + L_i^{(r2)} + L_i^{(r3)} + R_i^{(r4)}} \tag{3.45}$$

$$\mathrm{cgt}_i^{(r)} = \frac{\mathrm{YG}\cdot\mathrm{uglr}_i}{R_i^{(u4)} + R_i^{(r4)}} \tag{3.46}$$

根据式（3.43），农村退休组人均收入 $\mathrm{inor}_i^{(r)}$ 包括农村劳动组养老金转移 $\mathrm{ltor}_i^{(r)}$、企业养老金转移 $\mathrm{etor}_i^{(r)}$、地方政府转移 $\mathrm{lgt}_i^{(r)}$ 和中央政府转移 $\mathrm{cgt}_i^{(r)}$。其中，中央政府转移 $\mathrm{cgt}_i^{(r)}$ 是中央政府收入 YG 的一个固定比例 uglr_i；w_{i1} 为 i 地区农业部门的工资率；δ_{i1} 为农业部门企业交纳的养老金税率。

6. 农村未成年组人均收入

$$\mathrm{ltoy}_i^{(r)} = \frac{\mathrm{inol}_i^{(r)}(L_i^{(r1)}\kappa_i^{(r1)} + L_i^{(r2)}\kappa_i^{(r2)} + L_i^{(r3)}\kappa_i^{(r3)})}{Y_i^{(r5)}} \tag{3.47}$$

根据式（3.47），农村未成年组人均收入 $\mathrm{ltoy}_i^{(r)}$ 来源于农村劳动组的转移支付。

7. i 地区居民总收入

i 地区居民总收入 IN_i 包括城镇居民总收入 $\mathrm{IN}_i^{(u)}$ 和农村居民总收入 $\mathrm{IN}_i^{(r)}$。

$$\mathrm{IN}_i = \mathrm{IN}_i^{(u)} + \mathrm{IN}_i^{(r)} \tag{3.48}$$

城镇居民总收入 $\mathrm{IN}_i^{(u)}$ 包括对应 4 组居民的总收入。

$$\mathrm{IN}_i^{(u)} = \mathrm{inol}_i^{(u)}(L_i^{(u1)} + L_i^{(u2)} + L_i^{(u3)}) + \mathrm{inor}_i^{(u)}R_i^{(u4)} \tag{3.49}$$

农村居民总收入 $\mathrm{IN}_i^{(r)}$ 包括对应 4 组居民的总收入。

$$\mathrm{IN}_i^{(r)} = \mathrm{inol}_i^{(r)}(L_i^{(r1)} + L_i^{(r2)} + L_i^{(r3)}) + \mathrm{inor}_i^{(r)}R_i^{(r4)} \tag{3.50}$$

8. i 地区居民可支配总收入

i 地区居民可支配总收入 DI_i 包括城镇居民可支配总收入 $\mathrm{DI}_i^{(u)}$ 和农村居民可

支配总收入 $DI_i^{(r)}$。

$$DI_i = DI_i^{(u)} + DI_i^{(r)} \tag{3.51}$$

居民可支配总收入包括 5 组居民的可支配总收入。

$$DI_i^{(h)} = DIOL_i^{(h)} + DIOR_i^{(h)} + DIOY_i^{(h)} \tag{3.52}$$

$$DIOL_i^{(h)} = diol_i^{(h)}(L_i^{(h1)} + L_i^{(h2)} + L_i^{(h3)}) \tag{3.53}$$

$$DIOR_i^{(h)} = inor_i^{(h)} R_i^{(h4)} \tag{3.54}$$

$$DIOY_i^{(h)} = inoy_i^{(h)} Y_i^{(h4)} \tag{3.55}$$

3.3.6　政府收入方程

在多区域的模型体系中，需要区分中央政府和地方政府。中央政府的收入主要包括关税收入、间接税收入、居民所得税收入、企业所得税收入。中央政府的出口退税可以看作政府的一个负项收入。中央政府向地方政府提供转移支付。对于间接税、居民所得税和企业所得税，中央政府和地方政府按比例分享。中央政府的收入中扣除对地方政府的转移支付后构成其可支配收入，地方政府的收入中扣除对本地区的居民和企业的转移支付后得到地方政府的可支配收入。

1. 中央政府的关税收入

$$TM_i = \sum_j (\overline{PWM}_j \cdot M_{ij} \cdot tm_{ij} \cdot ER) \tag{3.56}$$

式（3.56）表示中央政府从 i 地区进口的产品中所征收的关税收入（TM_i）等于各种进口商品的关税（进口商品的世界市场价格 $\overline{PWM}_j$、商品的进口量 M_{ij}、进口关税税率 tm_{ij} 和汇率 ER 之积）的总和。

2. 中央政府的出口退税支出

$$TE_i = \sum_j (\overline{PWE}_j \cdot E_{ij} \cdot te_{ij} \cdot ER) \tag{3.57}$$

式（3.57）表示中央政府对 i 地区出口的产品中所支付的出口退税支出 TE_i 等于补贴给各种出口商品的退税（出口商品的世界市场价格 $\overline{PWE}_j$、地区部门出口量 E_{ij}、出口退税税率 te_{ij} 和汇率 ER 之积）的总和。TE_i 是政府的出口退税总额，可以看作政府的负收入。

3. 中央政府的间接税收入

$$TXC_i = \sum_j [PD_{ij} \cdot t_{ij} \cdot VA_{ij}^{(S)} \cdot (1 - \phi_{ij})] \tag{3.58}$$

式中，PD_{ij} 为国内产品价格；t_{ij} 为间接税税率；$VA_{ij}^{(S)}$ 为国内总产出。

4. 地方政府的间接税收入

$$TXL_i = \sum_j (PD_{ij} \cdot t_{ij} \cdot VA_{ij}^{(S)} \cdot \phi_{ij}) \tag{3.59}$$

间接税收入在中央政府和地方政府间分配，其中地方政府的分成比例为 ϕ_{ij}。据此，式（3.58）和式（3.59）分别描述了中央政府的间接税纳入 TXC_i 和地方政府的间接税收入 TXL_i。

5. 中央政府的企业所得税收入

$$TDC_i = \sum_j (PN_{ij} \cdot VA_{ij}^{(S)} - w_{ij} \cdot L_{ij}) \cdot td_{ij} \cdot (1 - \eta_i) \tag{3.60}$$

式（3.60）表示中央政府从 i 地区征收的企业所得税收入 TDC_i 等于各部门的净收入乘以企业所得税税率 td_{ij}。同样，企业所得税也在中央政府和地方政府之间进行分成，η_i 是分成给地方政府的比例。

6. 地方政府的企业所得税收入

$$TDL_i = \sum_j (PN_{ij} \cdot VA_{ij}^{(S)} - w_{ij} \cdot L_{ij}) \cdot td_{ij} \cdot \eta_i \tag{3.61}$$

7. 地方政府的居民所得税收入

$$TDLH_i = \sum_h (W_i^{(h)} + ET_i^{(h)}) \cdot th_{ij} \tag{3.62}$$

式（3.62）表示地方政府从 i 地区征收的居民所得税收入 $TDLH_i$ 等于居民总收入乘以居民所得税税率 th_{ij}。

8. 中央政府收入

$$YG = \sum_i (TM_i + TXC_i + TDC_i - TE_i) \tag{3.63}$$

式（3.63）表示中央政府总收入 YG 等于中央政府从各地区收取的进口关税收入 TM_i、间接税收入 TXC_i、企业所得税收入 TDC_i 之和减去对出口的退税 TE_i。

9. 中央政府可支配收入

$$DIG = YG \cdot (1 - \sum_i ugl_i - \sum_i uglr_i) \tag{3.64}$$

式（3.64）表示中央政府可支配收入DIG等于中央政府的收入扣除对各个地区的地方政府的转移支付后的剩余值。其中，中央政府对地方政府的转移支付或者说分成的比例 ugl_i 是一个可以调控的政策变量，$uglr_i$ 是中央政府定向对区域退休者的转移支付。

10. 地方政府收入

$$YGL_i = TXL_i + TDL_i + YG \cdot ugl_i + TDLH_i \tag{3.65}$$

式（3.65）表示 i 地区的地方政府收入 YGL_i 等于地方政府从本地区收取的间接税、企业所得税、居民所得税及从中央政府获取的转移支付。

11. 地方政府可支配收入

$$DIGL_i = YGL_i \cdot (1 - ugr_i - ugu_i - ugs_i) \tag{3.66}$$

式（3.66）表示 i 地区的地方政府可支配收入 $DIGL_i$ 等于地方政府收入扣除地方政府对本地区的城镇居民、农村居民及企业的转移支付后的剩余值，其中地方政府对本地区的居民、企业的转移支付比例是一个可以调控的宏观政策变量。

3.3.7 价格体系方程

在价格体系中，我们对进出口的价格采用了“小国”假设，即中国是价格的接受者而不是价格的决定者。进口商品的国际市场价格和出口商品的国际市场价格在模型中被定义为外生变量。

$$PM_{ij} = \overline{PWM}_j \cdot (1 + tm_{ij}) \cdot ER \tag{3.67}$$

式（3.67）表示进口商品的国内价格 PM_{ij} 由固定的世界价格 $\overline{PWM}_j$、市场汇率ER及进口关税税率 tm_{ij} 所决定，ER是汇率。在模型体系中，我们假设进口商品的世界价格 $\overline{PWM}_j$ 是外生的。

$$PE_{ij} = \overline{PWE}_j \cdot (1 + te_{ij}) \cdot ER \tag{3.68}$$

式（3.68）表示出口商品的国内价格 PE_{ij} 由固定的世界价格 $\overline{PWE}_j$ 和市场汇率ER、出口退税税率 te_{ij} 所决定。世界价格 $\overline{PWE}_j$ 是外生的，国内的价格不能影响世界的价格。

$$PD_{ij} = \left[\sum_h \sum_k a_{j,h}^{i,k} \cdot P_{kh} + (w_{ij} \cdot L_{ij} + r_{ij} \cdot K_{ij})/VA_{ij}^{(S)}\right]/(1 - t_{ij}) \tag{3.69}$$

式中，PD_{ij} 是 i 地区 j 部门的国内商品价格；P_{kh} 是复合商品价格；w_{ij} 是工资率；

r_{ij}是资本租金率；L_{ij}是各部门劳动力；K_{ij}是各部门资本存量；$\mathrm{VA}_{ij}^{(S)}$是各部门总产出；t_{ij}是间接税税率；$a_{j,h}^{i,k}$是 Leontief 系数。

$$\mathrm{PN}_{ij} = \mathrm{PD}_{ij}(1-t_{ij}) - \sum_{h}\sum_{k} a_{j,h}^{i,k} \cdot P_{kh} \tag{3.70}$$

由于所有部门超额利润为 0，从而国内商品价格 PD_{ij}等于中间投入支付、劳动力支付、资本支付及间接税之和。式（3.70）中，PN_{ij}是部门净价格，等于国内商品价格（PD_{ij}）减去中间投入支付和间接税。

$$P_{ij} = \frac{\mathrm{AD}_{ij}}{Q_{ij}} \cdot \mathrm{PD}_{ij} + \frac{M_{ij}}{Q_{ij}} \cdot \mathrm{PM}_{ij} \tag{3.71}$$

式中，Q_{ij}是复合商品数量；M_{ij}是进口商品数量；AD_{ij}是国内商品数量。复合商品 Q_{ij}的价格 P_{ij}可以表示为国内商品 AD_{ij}的价格 PD_{ij}和进口商品 M_{ij}的价格 PM_{ij}的加权平均数。

$$\sum_{i=1}^{n}\sum_{j=1}^{n} P_{ij} \cdot \Omega_{ij} = \bar{P} \tag{3.72}$$

式（3.72）表示复合商品的价格加权平均数是常数 $\bar{P}$，Ω_{ij}是价格的权重，在求解模型时，$\bar{P}$ 设定为 1。

3.3.8 储蓄方程

储蓄方程包括居民储蓄（城镇居民储蓄和农村居民储蓄）、企业储蓄和政府储蓄（中央政府储蓄和地方政府储蓄）、国外储蓄和区域外储蓄。

1. 居民储蓄

居民储蓄由居民可支配收入扣除消费后得到：

$$\mathrm{USAV}_{i} = \mathrm{DIOL}_{i}^{(u)} - \sum_{j} P_{ij} \cdot \mathrm{ACOL}_{ij}^{(u)} + \mathrm{DIOR}_{i}^{(u)} - \sum_{j} P_{ij} \cdot \mathrm{ACOR}_{ij}^{(u)} \tag{3.73}$$

$$\mathrm{RSAV}_{i} = \mathrm{DIOL}_{i}^{(r)} - \sum_{j} P_{ij} \cdot \mathrm{ACOL}_{ij}^{(r)} + \mathrm{DIOR}_{i}^{(r)} - \sum_{j} P_{ij} \cdot \mathrm{ACOR}_{ij}^{(r)} \tag{3.74}$$

式（3.73）表示 i 地区居民储蓄 USAV_{i} 由该地区城镇居民可支配收入 $\mathrm{DIOL}_{i}^{(u)} + \mathrm{DIOR}_{i}^{(u)}$ 扣除居民对各种商品的消费的汇总量 $\sum_{j} P_{ij} \cdot \mathrm{ACOL}_{ij}^{(u)} + \sum_{j} P_{ij} \cdot \mathrm{ACOR}_{ij}^{(u)}$ 后得到。

式（3.74）表示 i 地区农村居民储蓄 RSAV_{i} 由该地区农村居民可支配收入

$DIOL_i^{(r)} + DIOR_i^{(r)}$ 扣除居民对各种商品的消费的汇总量 $\sum_j P_{ij} \cdot ACOL_{ij}^{(r)} + \sum_j P_{ij} \cdot ACOR_{ij}^{(r)}$ 后得到。

2. 企业储蓄

企业储蓄可由式（3.75）得到，i 地区企业储蓄 SE_i 由 i 地区企业收入 YE_i 扣除企业财产性支出 ET_i：

$$SE_i = \sum_{j=1}^{8} (YE_{ij} - ET_{ij}) \tag{3.75}$$

3. 政府储蓄

政府储蓄等于政府的可支配收入扣除政府的消费总量。政府储蓄包括中央政府储蓄和地方政府储蓄。中央政府储蓄 SG_i 由中央政府的可支配收入 DIG_i 扣除对各个地区各个部门的商品 CCG_{ij} 的消费总和得到：

$$SG_i = DIG_i - \sum_j CCG_{ij} \tag{3.76}$$

i 地区的地方政府储蓄 SGL_i 由地方政府的可支配收入 $DIGL_i$ 扣除地方政府对本地区各个部门的商品 RCG_{ij} 的消费得到：

$$SGL_i = DIGL_i - \sum_j RCG_{ij} \tag{3.77}$$

4. 国外储蓄

$$NSAV_i = \sum_{i,j} PM_{ij} \cdot M_{ij} - \sum_{i,j} PE_{ij} \cdot E_{ij} \tag{3.78}$$

式中，$NSAV_i$ 为国外储蓄；$\sum_{i,j} PM_{ij} \cdot M_{ij}$ 为各地区进口商品的总量；$\sum_{i,j} PE_{ij} \cdot E_{ij}$ 为各地区出口商品的总量。

5. 区域外储蓄

在多区域模型中，除国外储蓄外，还有国内其他地区的储蓄。区域外储蓄是本区域调入与调出商品的差额：

$$LSAV_i = \sum_{k,k\neq i} \sum_j IND_{kj} \cdot P_{ij} - \sum_{k,k\neq i} \sum_j OUD_{kj} \cdot P_{ij} \tag{3.79}$$

式（3.79）表示 i 地区的区域外储蓄 $LSAV_i$ 等于本区域从其他区域调入的商品之和 $\sum_{k,k\neq i} \sum_j IND_{kj} \cdot P_j$ 与调出的商品之和 $\sum_{k,k\neq i} \sum_j OUD_{kj} \cdot P_j$ 的差额。

3.3.9 居民效用方程

该模型中，居民效用通过居民的消费来表达。

1. i 地区城镇劳动组当期效用

$$\mathrm{UL}_i^{(u)} = \rho_i \left(\sum_j \mathrm{ACOL}_{ij}^{(u)} \right) \tag{3.80}$$

2. i 地区农村劳动组当期效用

$$\mathrm{UL}_i^{(r)} = \rho_i \left(\sum_j \mathrm{ACOL}_{ij}^{(r)} \right) \tag{3.81}$$

3. i 地区城镇退休组当期效用

$$\mathrm{UR}_i^{(u)} = \rho_i \left(\sum_j \mathrm{ACOR}_{ij}^{(u)} \right) \tag{3.82}$$

4. i 地区农村退休组当期效用

$$\mathrm{UR}_i^{(r)} = \rho_i \left(\sum_j \mathrm{ACOR}_{ij}^{(r)} \right) \tag{3.83}$$

5. i 地区居民终生效用

$$V_i^{(h)} = \sum_{m=1}^{3} \lambda^{m-1} \mathrm{UL}_i^{(hm)} + \lambda^3 \mathrm{UR}_i^{(h)} \tag{3.84}$$

居民终生效用由两部分组成，第一部分是其作为劳动者时的效用 $\mathrm{UL}_i^{(h)}$，第二部分是其作为退休者时的效用 $\mathrm{UR}_i^{(h)}$。ρ_i 是效用比例系数，λ 是效用贴现率。

3.4 模型方程体系：均衡方程

模型的均衡条件包括资本市场出清、投资与储蓄均衡、产品市场出清、区域居民效用均衡。

3.4.1　资本市场出清

$$\sum_i \sum_j K_{ij} = \overline{K} \tag{3.85}$$

式（3.85）表示全国资本供给等于资本需求，从式（3.85）中可以看出本书模型中资本可以在全国范围内流动。

3.4.2　投资与储蓄均衡

$$\sum_j \mathrm{ST}_{ij} + \overline{K} = \mathrm{RSAV}_i + \mathrm{USAV}_i + \mathrm{SE}_i + \mathrm{SG}_i + \mathrm{SGL}_i + \mathrm{NSAV}_i + \mathrm{LSAV}_i \tag{3.86}$$

式（3.86）表示 i 地区的资本供给 $\overline{K}$ 和存货 $\sum_j \mathrm{ST}_{ij}$ 之和等于本地区的农村居民储蓄 RSAV_i、城镇居民储蓄 USAV_i、企业储蓄 SE_i、中央政府在 i 地区的储蓄 SG_i、地方政府储蓄 SGL_i、区域外储蓄 LSAV_i 及国外储蓄 NSAV_i 之和。

3.4.3　产品市场出清

根据市场出清条件，i 地区复合商品的需求数量 Q_{ij} 等于中间投入 IT_{ij}、家庭消费（$\mathrm{ACOL}_{ij}^{(u)}$、$\mathrm{ACOR}_{ij}^{(u)}$、$\mathrm{ACOL}_{ij}^{(r)}$、$\mathrm{ACOR}_{ij}^{(r)}$）、中央政府消费 CCG_{ij}、地方政府消费 RCG_{ij}，以及库存增加 ST_{ij} 和出口 E_{ij} 之和。

$$\sum_i \sum_j Q_{ij} = \sum_i \sum_j (\mathrm{IT}_{ij} + \mathrm{ACOL}_{ij}^{(u)} + \mathrm{ACOR}_{ij}^{(u)} + \mathrm{ACOL}_{ij}^{(r)} + \mathrm{ACOR}_{ij}^{(r)} + \mathrm{CCG}_{ij} + \mathrm{RCG}_{ij} + E_{ij} + \mathrm{ST}_{ij}) \tag{3.87}$$

3.4.4　区域居民效用均衡

$$\sum_{i=1}^{5} \mathrm{wghtoe}_i V_i^{(h)} = \eta \mu_m \sum_{i=6}^{8} \mathrm{wghtow}_i V_i^{(h)} \tag{3.88}$$

式（3.88）表示居民终生效用均衡。该模型在考虑效用均衡时，将八大区域再划分为发达地区（包括东北地区、京津地区、北部沿海地区、东部沿海地区、南部沿海地区 5 个地区）和欠发达地区（包括中部地区、西北地区和西南地区 3 个地区），认为发达地区和欠发达地区的效用相等时，实现均衡。式（3.88）中 wghtoe_i 表示各发达地区的权值，wghtow_i 表示欠发达地区的权值。

Groenewold、Hagger 和 Madden（2003）认为当区域的居民效用相等时，区

域之间是平等的，从而模型实现均衡。然而由于存在较大的区域差距，完全的效用相等虽然在理论上有意义，但在政策上意义不大。因此，该模型的均衡条件主要采用朱艳鑫和王铮（2006）的考虑，引入各地区居民效用差异系数 μ_m，由于存在难以克服的流动成本，当各地区居民效用差异达到 μ_m 时，可以认为区域间是平等的，从而模型实现均衡。与朱艳鑫和王铮（2006）不同的是，本模型增加了 η 这个外生变量，通过 η 来调节区域间的效用差距。

3.5 多区域社会核算矩阵

CGE 模型全面反映了社会经济各个主体间的经济行为和经济联系，因此模型中变量初始值的确定、方程中参数的标定，必然涉及社会经济体中各方面大量的数据，这些数据反映了国民生产总值核算、投入产出核算、资金流量核算、资产负债核算和国际收支核算五项内容。高质量数据的采集、整理和加工是实现 CGE 政策模拟计算的一个关键，而这首先依赖于 SAM 的编制。

SAM 是一定时期内（通常是一年）对一国（或者一个地区）经济的全面描述，它把投入产出表和国民经济核算表等多源数据结合在一起，整合到一张表上，全面描述了整个经济的图景，反映了经济系统一般均衡的基本特点。SAM 不仅可以描述国民经济各部门生产的投入来源和使用去向，揭示各部门间技术的相互依赖、相互制约的数量关系，以及经济活动中各种主体的收入和支出，更重要的是它为 CGE 模型的参数估计提供数据基础。甚至有观点认为，SAM 应该成为新的国民账户体系的基础（Keuning，1991）。本节将在 SAM 一般性原理的基础上介绍一个中国多区域 SAM，并以该 SAM 为基础，结合其他的研究成果对此前建立的 CGE 模型参数进行标定。

目前，已有大量研究使用 SAM 来进行经济的分析和核算。每个研究者编制的 SAM 存在着或多或少的差异，这种差异因研究者研究的对象和范围而有所不同，但是在编制 SAM 的过程中，都遵循基本的原则。SAM 是基于以下基本的经济原则，即对于任何收入或收益都有相应的支出或费用（翟凡、李善同和冯珊，1997）。

对照国民经济运行的过程，SAM 中包括的账户根据其自身的性质及其在社会经济系统中的作用一般可以分为：商品账户、生产活动账户、生产要素账户、居民账户、企业账户、政府账户、资本账户、国内其他区域账户和世界其他地区账户。下面将以一个具体的中国多区域社会核算表为例进行说明。

一般来看，SAM的主要数据来源是投入产出表，而编制多区域SAM，就需要多区域投入产出表。多区域SAM，不但包括每个区域的数据，还要有区域间贸易流量的数据。但事实上，由于中国统计数据的缺失与不完善，目前并未能提供完整的区域间所需统计数据。本书采用的区域间投入产出数据为刘卫东课题组编制的《中国2007年30省区市区域间投入产出表》(以下简称《2007区域间IO表》)。本书基于该投入产出表，并结合《中国财政年鉴(2008)》、《中国能源统计年鉴(2008)》、《中国统计年鉴(2008)》、《中国税务年鉴(2008)》、《中国劳动统计年鉴(2008)》及2008年各省区市统计年鉴，编制了2007年中国30省区市的SAM。需要指出的是，在实际编制过程中，即便是依据以上所列出的数据来源，仍有可能不能获得所有SAM所需要的数据，因而对于难以获得的数据，一般常采用的方法是利用SAM的账户平衡原则(即横行和=纵列和)，将一些有明确来源的数据作为控制数据，将一些难以确定的数据作为横行或者纵列的余项来进行校正，进而完成整个SAM的编制。本书构建的区域SAM结构如表3.1所示。

接下来以表3.1为基础，沿着该表中账户的顺序，依次介绍如何获得各个账户所对应的数据及其详细来源。

1. 商品账户

从收入的角度看，其主要核算国内市场的总需求，包括中间需求、最终消费、出口和资本形成；从支出的角度看，其主要核算国内厂商的总产出和商品进口。

1) 商品账户行中指标

(1) 本地中间需求：《2007区域间IO表》中区域本身对商品的中间需求，也就是本地区部门对本地区本部门的需求。

(2) 农村劳动本地消费、农村退休本地消费、城镇劳动本地消费和城镇退休本地消费：首先从《2007区域间IO表》中可直接得到各地区各部门的农村居民消费和城镇居民消费，然后再按照SAM表中的农村劳动收入和农村退休收入的比例分摊最终使用的农村居民消费即可得到农村本地劳动本地消费和农村退休本地消费，同理可得城镇劳动本地消费和城镇退休本地消费。

(3) 地方政府本地消费和中央政府本地消费：第一步，在《中国财政年鉴(2008)》中获取2007年中央财政预算决算收支中的中央本级支出(记作a)；第

表 3.1 典型多区域 SAM 结构

项目		商品	生产活动	生产要素		居民				企业	政府		资本		国内其他区域	世界其他地区	汇总
				劳动	资本	农村劳动	农村退休	城镇劳动	城镇退休		地方	中央	固定资产投资	存货增加			
商品			本地中间需求			本地消费	本地消费	本地消费	本地消费		本地消费	本地消费	本地固定资产投资	本地存货增加	区域外使用	出口	总需求
生产活动		总产出（不含进口）															总产出
生产要素	劳动		劳动增加值														劳动要素收入
	资本		资本增加值														资本要素收入
居民	农村劳动			工资收入	资本收入						转移支付						农村劳动收入
	农村退休					养老金支付				养老金支付	转移支付						农村退休收入
	城镇劳动			工资收入	资本收入						转移支付						城镇劳动收入
	城镇退休							养老金支付		养老金支付	转移支付						城镇退休收入
企业					资本收入							出口退税					企业收入
政府	地方		间接税			所得税		所得税		企业所得税		转移支付					地方政府收入
	中央	关税	间接税			所得税		所得税		企业所得税	上交中央支出						中央政府收入

续表

项目		商品	生产活动	生产要素		居民				企业	政府		资本		国内其他区域	世界其他地区	汇总
				劳动	资本	农村劳动	农村退休	城镇劳动	城镇退休		地方	中央	固定资产投资	存货增加			
资本	固定资产投资					储蓄	储蓄	储蓄	储蓄	企业储蓄	政府储蓄	政府储蓄			区域外储蓄	国外储蓄	总储蓄
	存货增加												存货增加				库存增加
国内其他区域			区域外中间需求			区域外消费	区域外消费	区域外消费	区域外消费		区域外消费	区域外消费	区域外固定资产投资	区域外存货增加			总调入
世界其他地区		进口															外汇支出
汇总		总供给	总成本	劳动要素支出	资本要素支出	农村劳动支出	农村退休支出	城镇劳动支出	城镇退休支出	企业支出	地方政府收入	中央政府收入	总投资	存货增加	总调出	外汇收入	

二步，在《中国财政年鉴（2008）》中获取2007年地方财政预算决算收支中的地方本级支出小计（记作b）；第三步，在《中国财政年鉴（2008）》中获取2007年各个地方（如北京市等）财政一般预算收支决算总表中的本年支出合计（记作c）。然后采用如下方法对《2007区域间IO表》中的最终使用政府消费（记作d）进行分摊，即可得到地方政府本地消费。政府消费扣除地方政府消费即为中央政府消费。

（4）本地固定资产投资：《2007区域间IO表》中的本地最终使用固定资本形成总额。

（5）本地存货增加：《2007区域间IO表》中的本地区各个部门最终使用中的存货增加值A，本地区总的存货增加额B，本地区的其他项加总为C，采用比例分配的方法求出包含其他项的本地存货增加D。需要指出的是，若该地区30个部门的存货增加值A都是正数，把其他项C按照A值的比例在30个部门进行分配；若该地区30个部门的存货增加值A存在负数，则按照以下原则处理。①所有部门的产出都不为0：选择负存货中最小的，该地区每个部门的存货值都减去最小的负存货值，按照这个比例进行分配。②有些部门的产出为0：如果产出0，则该部门不进行其他项的分配，在分配时要除去这些部门，其他项只在剩余部门进行分配，参考“①”的分配方法。

（6）区域外使用：《2007区域间IO表》中，根据等式区域外使用＝总产出－出口－该区域的中间需求－该区域对商品的最终需求即可求得（直接在SAM表中即可完成）。

（7）出口：《2007区域间IO表》中各地区各部门的出口值（列）。

2）商品账户列中指标

（1）总产出（不含进口）：《2007区域间IO表》中的总产出与进口总额之差。

（2）关税：第一步，获取《中国统计年鉴（2008）》表7-2中2007年的关税总额数据（记作a）；第二步，获取进口总额，该数据来自SAM表中世界其他地区账户的进口量（地方的进口总额）（记作b）；第三步，获取2007年全国进口总额，该数据来自《2007区域间IO表》中，并将全国各地区进口总额进行加总（记作c），则进口关税为$a \times b/c$。

（3）进口：该地区中间需求的进口总额（该数据来自《2007区域间IO表》）与关税之差。

2. 生产活动账户

从行的角度来看，生产活动账户记录了国内生产部门的总产出；从列的角度看，生产活动账户反映了国内生产部门的投入，包括中间需求、劳动报酬、资本收入及政府征收的间接税。

1）生产活动账户行中指标

总产出（不含进口）：《2007 区域间 IO 表》中的总产出与进口总额之差。

2）生产活动账户列中指标

（1）劳动增加值：《2007 区域间 IO 表》中的劳动报酬。

（2）资本增加值：《2007 区域间 IO 表》中的固定资产折旧与企业盈余之和。

（3）地方政府间接税和中央政府间接税：按增值税 3∶1 的比例，进行中央政府和地方政府的分摊，总数据来自《2007 区域间 IO 表》中的生产税净额。

（4）区域外中间需求：从其他地区调入的商品量，其数据来源于《2007 区域间 IO 表》中地区总的中间投入与 SAM 表中商品账户的本地中间需求之差。

3. 劳动生产要素账户

从行上看，该账户表示劳动要素带来的收入；从列上看，该账户反映了劳动者的支出。

1）劳动生产要素账户行中指标

（1）劳动增加值：生产活动账户中已经给出数据来源，即《2007 区域间 IO 表》中的劳动报酬。

（2）劳动要素收入：劳动要素收入等于劳动增加值。

2）劳动生产要素账户列中指标

（1）农村劳动工资收入：第一步，获取《中国统计年鉴（2008）》表 9-18 中农村平均每人年收入中的工资收入数据（记作 a）；第二步，同样在该年鉴的表 9-5 中获取城镇平均每人年收入中的工资收入数据（记作 b）；第三步，依然在该年鉴的表 3-4 中获取各地区的农村人口数（记作 c）和各地区的城镇人口数（记作 d），而依据从 SAM 表中获得的劳动增加值（记作 g），得到农村劳动工资收入为 $a\times c/(a\times c+b\times d)\times g$。

（2）城镇劳动工资收入：从 SAM 表中获得的劳动增加值减去上述求得的农村劳动工资收入。

4. 资本生产要素账户

从行上看，该账户反映了资本要素的收入；从列上看，该账户表示资本要素的支出。

1）资本生产要素账户行中指标

（1）资本增加值：生产活动账户中已经给出数据来源，即《2007 区域间 IO

表》中的固定资产折旧与企业盈余之和。

(2) 资本要素收入：资本要素收入等于资本增加值。

2) 资本生产要素账户列中指标

(1) 农村劳动资本收入：第一步，从《中国统计年鉴（2008)》表 9-18 中获取农村平均每人年收入中的财产性收入数据（记作 a）和农村平均每人年收入中的工资收入数据（记作 b）；第二步，继续从该年鉴的表 3-4 中获取各地区的农村人口数（记作 c）；第三步，依据在 SAM 表中求得的农村劳动工资收入（记作 d)，得到农村劳动资本收入为 $(a\times c)\times d/(b\times c)$。

(2) 城镇劳动资本收入：第一步，从《中国统计年鉴（2008)》表 9-5 中获取城镇平均每人年收入中的财产收入数据（记作 a）和城镇平均每人年收入中的工资收入数据（记作 b）；第二步，继续从该年鉴的表 3-4 中获取各地区的城镇人口数（记作 b）；第三步，依据在 SAM 表中求得的城镇劳动工资收入（记作 d)，得到城镇劳动资本收入为 $(a\times c)\times d/(b\times c)$。

(3) 企业资本收入：资本增加值减去农村劳动资本收入和城镇劳动资本收入。

5. 居民账户

从行上看，该账户表示居民的各项收入来源，一般来源于劳动报酬、资本收入和转移支付等；从列上看，该账户则体现了居民的各项支出情况，一般包括养老金支付、所得税和基本消费等。此外需要注意的是，根据不同研究的需要可以将居民类型予以进一步细分，即设置不同类型的子账户，如农村居民账户可细分为农村劳动和农村退休，而城镇居民账户也可细分为城镇劳动和城镇退休。而本书也按照此类模式进行了细分。因此，接下来分别给出这一系列账户的计算方法与相关数据来源。

1) 农村劳动居民账户行中指标

(1) 农村劳动工资收入和资本收入：农村劳动工资收入计算：第一步，获取《中国统计年鉴（2008)》表 9-18 中农村平均每人年收入中的工资收入数据（记作 a)；第二步，同样在该年鉴的表 9-5 中获取城镇平均每人年收入中的工资收入数据（记作 b)；第三步，依然在该年鉴的表 3-4 中获取各地区的农村人口数（记作 c）和各地区的城镇人口数（记作 d)，而依据从 SAM 表中获得的劳动增加值（记作 g)，得到农村劳动工资收入为 $a\times c/(a\times c+b\times d)\ \times g$。农村劳动资本收入计算：第一步，从《中国统计年鉴（2008)》表 9-18 中获取农村平均每人年收入中的财产性收入数据（记作 a）和农村平均每人年收入中的工资收入数据（记

作 b）；第二步，继续从该年鉴的表 3-4 中获取各地区的农村人口数（记作 c）；第三步，依据在 SAM 表中求得的农村劳动工资收入（记作 d），得到农村劳动资本收入为 $(a\times c)\times d/(b\times c)$。

（2）地方政府给农村劳动的转移支付：第一步，从《中国统计年鉴（2008）》表 9-18 中获取平均每人年收入中的转移性收入数据（记作 a）和农村平均每人年收入中的工资收入数据（记作 b）；第二步，再从该年鉴的表 3-4 中获取相应地区的农村人口（记作 c）；第三步，接着在该年鉴的表 3-10 中获取相应地区 15～64 岁的人口数（记作 d）和 65 岁以上的人口数（记作 e），同时根据前文已经求得的农村劳动工资收入（记作 f）。得到地方政府给农村劳动的转移支付为 $[a\times c\times d/(d+e)]\times f/(b\times c)$，也就是根据以下两个等式，即农村劳动工资收入/(农村平均每人年收入中的工资收入×农村人口)＝地方政府转移支付/(平均每人年收入中的转移收入×农村劳动人口)，农村劳动人口＝农村人口×15～64 岁的人口数/(15～64 岁的人口数＋65 岁以上的人口数)。

（3）地方政府给农村退休的转移支付：通过上面已经求得的地方政府给农村劳动的转移支付，按照农村劳动人口与退休人口比例即可求得地方政府给农村退休的转移支付。

2）农村劳动居民账户列中指标

（1）农村劳动本地消费：首先从《2007 区域间 IO 表》中可直接得到各地区各部门的农村劳动本地消费和城镇劳动本地消费，然后再按照 SAM 表中的农村劳动收入和农村退休收入的比例分摊最终使用的农村劳动本地消费即可得到农村劳动本地消费和农村退休本地消费，同理可得城镇劳动本地消费和城镇退休本地消费。

（2）农村劳动给农村退休的养老金支付：城镇居民支付的养老金/城镇居民的工资收入乘以农村居民的工资收入。

（3）地方政府得到来自农村劳动的所得税：第一步，从《中国统计年鉴（2008）》表 7-7 中获取地方的个人所得税（记作 a）；第二步，从 SAM 表中获取农村劳动居民收入（记作 b）和城镇劳动居民收入（记作 c），地方政府得到来自农村劳动的所得税为 $a\times b/(b+c)$。

（4）中央政府得到来自农村劳动的所得税：根据我国的实际情况，个人所得税 60%上交中央，40%交给地方，所以中央政府得到来自农村劳动的所得税＝3/2×地方政府得到来自农村劳动的所得税。

（5）农村劳动储蓄：作为余项考虑。

（6）农村劳动区域外消费：可从《2007 区域间 IO 表》中直接得到。另外，按照 SAM 表中商品账户中的农村劳动本地消费与农村退休本地消费比例，还可得到农村退休区域外消费。

3）农村退休居民账户行中指标

（1）农村劳动给农村退休的养老金支付：城镇居民支付的养老金除以城镇居民的工资收入乘以农村居民的工资收入。

（2）企业给农村退休的养老金支付：（城镇劳动工资收入/城镇养老金）×农村劳动工资收入×5/2。

（3）地方政府给农村退休的转移支付：通过上面已经求得的地方政府给农村劳动的转移支付，按照农村劳动人口与退休人口的比例即可求得地方政府给农村退休的转移支付。

4）农村退休居民账户列中指标

（1）农村退休储蓄：作为余项考虑。

（2）农村退休区域外消费：按照 SAM 表中商品账户中的农村劳动本地消费与农村退休本地消费比例，可得到农村退休区域外消费。

5）城镇劳动居民账户行中指标

（1）城镇劳动资本收入与工资收入：城镇劳动资本收入计算：第一步，从《中国统计年鉴（2008）》表 9-5 中获取城镇平均每人年收入中的财产收入数据（记作 a）和城镇平均每人年收入中的工资收入数据（记作 b）；第二步，继续从该年鉴的表 3-4 中获取各地区的城镇人口数（记作 b）；第三步，依据在 SAM 表中求得的城镇劳动工资收入（记作 d），得到城镇劳动资本收入为 $(a\times c)\times d/(b\times c)$。城镇劳动工资收入计算：从 SAM 表中获得的劳动增加值减去上述求得的农村劳动工资收入。

（2）地方政府给城镇劳动的转移支付：第一步，从《中国统计年鉴（2008）》表 9-18 中获取平均每人年收入中的转移收入数据（记作 a）和城镇平均每人年收入中的工资收入数据（记作 b）；第二步，再从该年鉴的表 3-4 中获取各地区的城镇人口（记作 c）；第三步，从该年鉴的表 3-10 中获取本地区 15～64 岁的人口数（记作 d）和 65 岁以上的人口数（记作 e），同时根据前面所求的城镇劳动工资收入（记作 f），得到地方政府给城镇劳动的转移支付为 $(a\times G)\times f/(b\times c)$，其中变量 G 为城镇劳动人口，其计算方式为 $G=c\times d/(d+e)$。然后再按照农村劳动人口与退休人口的比例拆分为地方政府给城镇劳动和城镇退休的转移支付。

6）城镇劳动居民账户列中指标

（1）城镇劳动本地消费：从《2007 区域间 IO 表》中可直接得到各地区各部门的农村劳动本地消费和城镇消费，然后再按照 SAM 表中的城镇劳动收入和城镇退休收入的比例分摊最终使用的城镇消费即可得到城镇劳动本地消费和城镇退休本地消费。

（2）城镇劳动给城镇退休的养老金支付：从《中国统计年鉴（2008）》的表 22-40 中获取各地区的基金收入，按 8∶20 的比例分配到城镇居民和企业中。

（3）地方政府得到来自城镇劳动的所得税：从《中国统计年鉴（2008）》的表 7-7 中获取地方的个人所得税（记作 a），由于地方政府得到来自农村劳动的所得税（记作 b）在前文中已经求出，显然采用 $a-b$ 即可。

（4）中央政府得到来自城镇劳动的所得税：由于个人所得税 60%上交中央，40%交给地方，所以中央政府得到来自城镇劳动的所得税＝3/2×地方政府得到来自城镇劳动的所得税。

（5）城镇劳动储蓄：作为余项考虑。

（6）城镇劳动区域外消费：首先从《2007 区域间 IO 表》中得到城镇居民区域外消费 a，然后再按照 SAM 表商品账户中的城镇劳动居民消费与城镇退休居民消费比例分摊 a 数据，即可得到城镇劳动和城镇退休区域外消费。

7）城镇退休居民账户行中指标

城镇劳动给城镇退休的养老金支付：从《中国统计年鉴（2008）》的表 22-40 中获取各地区的基金收入，按 8∶20 的比例分配到城镇居民和企业中。企业给城镇退休的养老金支付按照国家规定缴付。地方政府给城镇退休的转移支付：第一步，从《中国统计年鉴（2008）》表 9-18 中获取平均每人年收入中的转移收入数据（记作 a）和城镇平均每人年收入中的工资收入数据（记作 b）；第二步，再从该年鉴的表 3-4 中获取各地区的城镇人口数（记作 c）；第三步，从该年鉴的表 3-10中获取本地区 15～64 岁的人口数（记作 d）和 65 岁以上的人口数（记作 e），同时根据前面所求得的城镇劳动工资收入（记作 f），地方政府给城镇劳动的转移支付为 $(a\times G)\times f/(b\times c)$，其中变量 G 为城镇劳动人口，其计算方式为 $G=c\times d/(d+e)$。然后再按照城镇劳动人口与退休人口的比例拆分为地方政府给城镇劳动和城镇退休的转移支付。

8）城镇退休居民账户列中指标

（1）城镇退休储蓄：作为余项考虑。

（2）城镇退休区域外消费：首先从《2007 区域间 IO 表》中得到城镇居民区域外消费 a，然后再按照 SAM 表商品账户中的城镇劳动居民消费和城镇退休居民消费比例分摊 a 数据，即可得到城镇退休区域外消费。

6. 企业账户

从行上看，该账户是指对要素进行分配后的属于企业的收入；从列上看，该账户反映了企业对居民的转移支付、向政府交纳的税费和剩余的企业储蓄。

1）企业账户行中指标

（1）企业资本收入：资本增加值减去农村劳动资本收入和城镇劳动资本收入。

（2）企业出口退税：从《中国税务年鉴（2008）》中可得到2007年全国税务部门组织收入分地区分税种情况表（4）中的出口退税数据。

2）企业账户列中指标

（1）企业给农村退休和城镇退休的养老金支付。企业给农村退休的养老金支付：（城镇劳动工资收入/城镇养老金）×农村劳动工资收入×5/2。

（2）城镇劳动给城镇退休的养老金支付：从《中国统计年鉴（2008）》的表22-40中获取各地区的基金收入，其中按8∶20的比例分配到城镇居民和企业中。

（3）地方政府收到来自企业的所得税：从《中国统计年鉴（2008）》的表7-7中即可得到各个地方的企业所得税。

（4）中央政府收到来自企业的所得税：由于企业所得税40%上交地方，60%上交中央，所以中央收到来自企业的所得税＝3/2×地方政府收到来自企业的所得税。

（5）企业储蓄：作为余项考虑。

7. 政府账户

根据研究的需要，一般可分为地方政府和中央政府。而本书需要考虑各级政府在整个经济系统中的作用，因此进行了详细区分。

1）地方政府账户行中指标

（1）地方政府间接税、所得税等：分别参见生产活动账户、农村劳动居民账户、城镇劳动居民账户、企业账户。

（2）中央政府给地方政府的转移支付：从《中国财政年鉴（2008）》中可以找到各地方的预算、决算收支表，采用中央补助收入即可。

2）地方政府账户列中指标

（1）地方政府对居民的转移支付：分别参见农村居民账户和城镇居民账户。

（2）地方政府上交中央支出：从《中国财政年鉴（2008）》获取各地方的预算、决算收支表，该表中的财政支出项有各地方上交中央支出数据。

（3）地方政府储蓄：作为余项考虑。

（4）地方政府区域外消费：从《2007区域间IO表》中可得到各个本地地方政府从其他区域的消费数据。

3）中央政府账户列中指标

中央政府储蓄：作为余项考虑。该账户中的其他项均已求得。

8. 资本账户

总储蓄中的各项储蓄反映了各账户的收支节余情况，而总投资表现为固定资产投资和存货增加。

1）固定资产投资账户行中指标

国内其他区域的区域外储蓄：作为余项考虑。

世界其他地区的国外储蓄：作为余项考虑。该账户中的其他项均已求得。

2）固定资产投资账户列中指标

（1）本地固定资产投资：参见商品账户。

（2）存货增加：对于各个地区的本地存货的计算方式已在前文中给出，而本地区存货增加总额显然等于本地存货与区域外存货增加之和。

（3）区域外固定资产投资：可直接从《2007 区域间 IO 表》中得到。

3.6　一个气候变化经济分析的应用①

气候变化是全球范围的科学公开问题。尽管在 CO_2 增温机理、减排的时间节点和强度、碳配额和交易模式等诸多问题上仍然存在争论，但控制温度上升的减排共识已经成为全球一致的行动目标。

实现减排的主要途径是增汇、清洁能源替代和生产控制型减排等。很显然，任何一种减排途径的经济成本都是巨大的。尽管气候变化经济成本的中间承担者是多元化的，但其最终承担者始终是居民。2002 年以来，中国居民收入得到较快的增长，这似乎有利于提高居民对减排的经济承受能力。然而，考虑到贫富差距加大、城乡发展不均衡和社会快速老龄化的不利影响，收入增长在减排过程中的积极作用可能被过高估计了。一个关键的问题是，如果减排导致某些居民群体的收入和消费大幅度下降，将使得该人群反对利他主义的减排措施，从而在政治

① 本节主要参考孙翊、钟章奇、徐程瑾和王铮 2015 年在《地理科学》（NO. 9）上发表的《中国生产控制型产业减排的居民福利和区域影响》一文。

上影响国际气候谈判过程。因此，减排措施尤其是有可能直接影响居民收入的生产控制型减排措施，能否在经济意义上被城镇居民、农村居民、劳动居民、退休居民一致性地承受是一个不容忽视的问题。特别是作为相对收入较低的群体，农村居民和退休居民在减排过程中的收入、消费等福利状况变化更应得到重视。这是一个重要的气候变化经济影响问题。

为了研究气候变化的经济影响，集成评估模型（integrated assessment model，IAM）作为一种主要的系统性气候经济学模型发展起来。Stanton、Ackerman、Kartha（2009）认为IAM可以分为5种类型：最大福利模型、可计算一般均衡模型、部分均衡模型、模拟模型和最小费用模型。事实上，从政策模拟的角度看，IAM只有两类模型——宏观经济动力学模型和多部门经济均衡模型。前者的气候产出是宏观经济量，采用宏观经济动力学方程；后者的气候产出是部门经济量，采用可计算一般均衡方程，并且可以合成宏观经济量。尽管目标函数可能存在不一致，但大多数IAM在回答气候损失、减排成本、碳税、全球温度变化等重要问题上仍然发挥了关键的作用。IAM中的一个重要组成部分就是利用CGE模型进行碳政策分析。虽然现有研究评估了不同减排政策情景对居民消费的影响，但总体来看仍然主要存在以下两点不足：首先，上述研究中并未涉及居民收入变量，也就无法评估收入状况对各种减排措施的反馈；其次，虽然已有研究考虑到了减排政策对居民消费的影响，但消费变量缺乏明确的动力学方程描述，而且隐含了消费同一性假设，没有考虑区分不同人群的消费水平，因此无法分析不同社会收入群体在面对一致的减排政策时出现的福利响应分异特征。

针对IAM研究存在的上述缺陷，本研究基于SAM均衡建模方法，利用本章建立的一个面向居民福利的中国动态多区域社会公平CGE政策模拟模型，对比分析了若干典型情景下的区域和居民福利变化。

研究设计了三种典型的增长情景并进行了政策模拟，具体如下。

（1）自然增长情景（简称自然情景）：无政策干预的自由增长。

（2）最优增长情景（简称最优情景）：在保持经济与人口平衡的平稳增长轨道上，Ramsey效用最大化时对应的最优经济增长（朱永彬、王铮和庞丽等，2009；王铮、朱永彬和刘昌新等，2010）。在模型运行中，通过对所有产业同比提高投资来保证最优增长路径。

（3）生产控制型减排增长情景（简称减排情景）：根据减排目标设计的投资控制方案的增长。控制工业、建筑业和交通运输仓储业的投资额度每年在当年额度基础上降低10%。

对于三种政策情景的模拟结果如下。

3.6.1　区域、代际和城乡福利变化

首先关注三种情景下全国 GDP 的年增长率。从图 3.5 中可以看出，在自然情景下，全国 GDP 增长率随着年份逐步下行。在模拟期初的 2014 年可以维持年增长 7.7%左右，到 2016 年将会跌破 7%。而到模拟期末的 2020 年，全国 GDP 增长率只能保持在 4.9%，这个水平和 20 年来的增长率相比，可以说是一个相当低的水平。当然，由于情景的设定，在自然情景下没有资本投入的增长，只存在资本折旧，而这种情况显然在真实经济运行中是不会发生的，所以这种情景只是作为一种政策的比对基准。在这种只存在资本折旧的情况下，GDP 增长放缓的速度相对来说是比较均匀的，大致保持在每年降低 0.4～0.5 个百分点。在减排情景下，由于除了资本的自然折旧过程，还设定了工业、建筑业等主要排放部门投资控制政策，所以减排情景下 GDP 增长率比相应年份的自然情景低。在减排情景下，GDP 增长率始终低于 7%，模拟期初的 GDP 增长率仅有 6.9%，比自然情景低 0.8 个百分点，而到了模拟期末减排情景下 GDP 增长率为 3.3%，比自然情景低 1.6 个百分点。由此可以看出，本书设计的减排政策对 GDP 的影响随着时间推移，政策效果逐渐加强，前期对 GDP 的负面作用较小，而后期较为明显。这一现象提示，在制定投资控制型减排政策时，需要注意把握政策的力度和节奏。此外，对比自然情景，减排情景下 GDP 放缓的速度更快一些，模拟期初每年放缓 0.8 个百分点左右。但是与自然情景下 GDP 均匀下滑有所不同的是，减排情景下 GDP 增长放缓的速度是逐渐减小的，到模拟期末，每年放缓大约维持在 0.3 个百分点。另外，对比自然情景和减排情景，在最优情景下 GDP 增长速度都要快得多，即使是在差距最小的 2014 年，最优情景下 GDP 增长率也比自然情景高出 2.1 个百分点，而在差距最大的模拟期末，最优情景下 GDP 增长率比减排情景高出 5.5 个百分点，这是一个相当大的差距。可见无论是减排情景还是自然情景，其增长路径都严重偏离了最优增长轨道。

为了定量度量不同增长轨道下 GDP 增长率差距的程度，引入增长缺口 φ：

$$\varphi = \frac{g_2 - g_1}{g_2} \tag{3.89}$$

式中，g_1、g_2 分别为两种情景下的 GDP 增长率；φ 描述了第一种增长轨道相对于第二种增长轨道的偏离程度。图 3.6 表示了 GDP 增长率意义下减排情景相对自然情景的偏离、减排情景相对最优情景的偏离和自然情景相对最优情景的偏离三种轨道偏离情况。从图 3.6 可以看出，这三种增长率轨道偏离都呈现上升趋

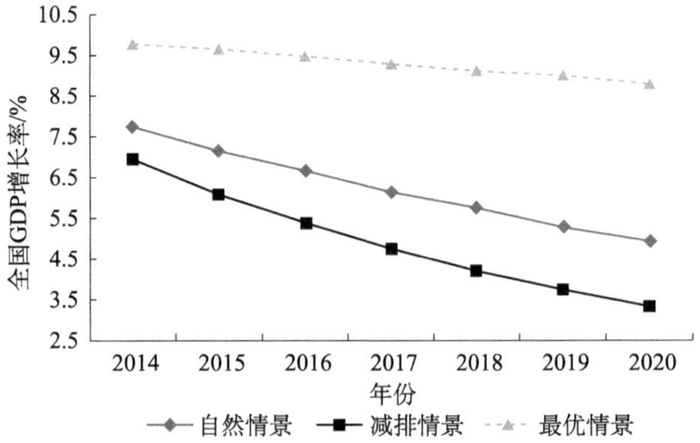

图 3.5　三种情景下全国 GDP 增长率

势，这也意味着随着时间推移考察的三种增长率差距都在不断拉大。其中，灰线表示的减排情景相对自然情景轨道的偏离最小，在 2014 年约为 10%，经过模拟期的稳定增长，到 2020 年轨道的偏离扩大到略高于 30%。虚线表示的自然情景相对最优情景轨道的偏离和灰线情景非常相似，只是呈现向上水平效应，每年轨道的偏离要高出灰线情景 10 个百分点左右。黑线表示的减排情景相对最优情景轨道的偏离基本走势虽然与虚线和灰线情景相同，但是其水平值更高一些，模拟期初减排情景下 GDP 增长率和最优情景相比就存在 30%的缺口，模拟期末该缺口更是超过 60%。另外值得注意的是，黑线情景下的轨道偏离增长速度明显高于虚线和灰线情景。这意味着，减排政策会使 GDP 增长率强烈且快速地偏离最优轨道，因此在通过产业投资控制实现减排目标的同时要特别关注 GDP 增长率的问题，需要设计其他 GDP 保护政策来将其拉回最优增长轨道。

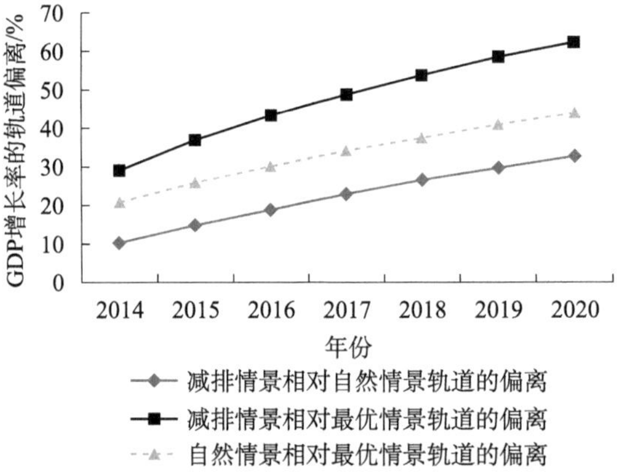

图 3.6　三种情景下全国 GDP 增长率的轨道偏离

为了探讨上述三种政策情景对中国区域经济发展的影响，本书模拟了这三种情景下的区域GDP增长率（表3.2）。其中，环渤海地区包括北京、天津、河北、山东，长三角地区包括上海、江苏、浙江，东南沿海地区包括福建、广东、海南，能源基地包括山西、内蒙古、陕西、新疆，经典工业地区包括辽宁、吉林、黑龙江，成熟工业地区包括湖北、重庆、四川，新型工业化地区包括安徽、江西、河南、湖南，环境脆弱地区包括广西、贵州、云南、甘肃、青海、宁夏。

表3.2 三种情景下区域GDP增长率

项目		2014年	2015年	2016年	2017年	2018年	2019年	2020年
自然情景	环渤海地区	0.072	0.067	0.062	0.058	0.054	0.050	0.047
	长三角地区	0.065	0.059	0.054	0.050	0.046	0.043	0.040
	东南沿海地区	0.078	0.072	0.067	0.062	0.058	0.054	0.050
	能源基地	0.092	0.085	0.078	0.072	0.067	0.062	0.058
	经典工业地区	0.071	0.066	0.062	0.058	0.054	0.050	0.047
	成熟工业地区	0.092	0.085	0.079	0.074	0.069	0.064	0.060
	新型工业化地区	0.091	0.084	0.078	0.073	0.067	0.063	0.058
	环境脆弱地区	0.095	0.087	0.081	0.075	0.069	0.064	0.060
减排情景	环渤海地区	0.065	0.057	0.051	0.045	0.040	0.036	0.032
	长三角地区	0.057	0.049	0.043	0.037	0.032	0.028	0.025
	东南沿海地区	0.070	0.061	0.054	0.048	0.042	0.038	0.033
	能源基地	0.082	0.072	0.063	0.055	0.049	0.043	0.038
	经典工业地区	0.064	0.057	0.050	0.045	0.040	0.036	0.032
	成熟工业地区	0.083	0.074	0.066	0.059	0.053	0.047	0.043
	新型工业化地区	0.082	0.073	0.064	0.057	0.051	0.046	0.041
	环境脆弱地区	0.086	0.076	0.067	0.060	0.053	0.047	0.042
最优情景	环渤海地区	0.091	0.089	0.088	0.086	0.084	0.083	0.082
	长三角地区	0.085	0.084	0.082	0.081	0.079	0.078	0.077
	东南沿海地区	0.097	0.096	0.094	0.093	0.091	0.090	0.088
	能源基地	0.116	0.115	0.113	0.110	0.108	0.107	0.105
	经典工业地区	0.088	0.086	0.085	0.083	0.082	0.080	0.079
	成熟工业地区	0.114	0.112	0.110	0.108	0.106	0.105	0.102
	新型工业化地区	0.114	0.113	0.110	0.108	0.106	0.105	0.103
	环境脆弱地区	0.119	0.118	0.116	0.113	0.111	0.110	0.107

从区域增长率模拟结果来看，无论是自然情景还是减排情景，对比全国平均增长率，八个地区均可以划分成两个集团。集团一包括环渤海地区、长三角地区和经典工业地区，集团二包括东南沿海地区、能源基地、成熟工业地区、新型工业化地区和环境脆弱地区。集团一的区域GDP增长率低于全国水平，而集团二的区域GDP增长率高于全国水平。总体而言，集团一是经济较发达的相对高发

展地区，而集团二大部分是经济欠发达的相对低发展地区，模拟显示高发展地区的增长速度普遍低于低发展地区。这一结论与王铮和孙翊（2013）提出的以优化开发主导区为代表的高发展地区即将陷入“中等收入陷阱”的观点相吻合。更进一步可以发现，即使推行全国性的产业减排政策也不会改变高发展地区的低增长趋势。值得注意的是，该结论的一个例外是东南沿海地区。以广东为代表的东南沿海地区是典型的高发展地区，但其区域GDP增长率仍然高于全国平均水平，这很可能与2010年以来广东加大高端服务业的“腾笼换鸟”产业升级政策有关。通过产业升级来摆脱“中等收入陷阱”的发展路径对其他高发展地区有一定的借鉴意义。

对比表3.2自然情景和减排情景可以发现，减排政策对于各区域GDP增长影响存在一定程度的分异。该政策对能源基地、成熟工业地区、新型工业化地区和环境脆弱地区的影响较大，尤其以能源基地表现最为明显。相对而言，减排政策对环渤海地区、长三角地区、东南沿海地区和经典工业地区的影响略微小一些，对GDP增长率的最坏影响也可以控制在1.5%以内。究其原因，主要是能源基地、成熟工业地区、新型工业化地区和环境脆弱地区的增长强烈地依赖投资要素的增长，一旦为了减排缩小投资规模，其增长率就会出现明显下滑。这一规律在最优情景的模拟中表现更为明确。在整个模拟期中，为了保持全国平稳最优增长，能源基地、成熟工业地区、新型工业化地区和环境脆弱地区四个区域的GDP增长率始终保持在10%，而其余四个区域低于该值。这也导致减排政策会使得能源基地、成熟工业地区、新型工业化地区和环境脆弱地区比其他区域更为显著地偏离最优增长轨道。由于这四个区域本身即是发展相对落后的区域，偏离最优增长轨道对其发展影响会更加强烈。因此，在制定产业投资控制型减排政策时需要特别注意这四个区域的发展问题，必要时要放弃政策公平目标，采取分区域的差异化政策。

从表3.3居民收入增长率变化来看，三种情景一致表现出一个特征，即农村劳动居民收入增长最高，其次是城镇退休居民，城镇劳动居民最低。以减排情景为例，模拟初期农村劳动居民收入增长率接近10%，城镇退休居民刚刚超过9%，而城镇劳动居民收入增长率仅为7.2%。根据模拟结果可以判断，在当前发展趋势下，城乡收入差距会逐渐缩小。造成这一局面的主要原因是，近十年来“三农”政策和农业税费改革大大减轻了农业人口的财政负担，使得更多的农业产出转化成农民收入。另外，由于城镇社会保障体系的逐步完善及其他民生政策的推行，城镇退休居民收入增长率超过城镇劳动居民，这标志着代际收入差距会逐步缩小。和GDP增长表现出的规律一样，各组居民的收入增长也会随着时间推移而逐渐减缓，城乡劳动居民收入增长减缓的速度大体相当，城镇退休居民收入增长减缓的速度更加慢一些，这一现象更有利于代际收入差距的弥合。

表 3.3　居民收入增长率变化

项目		2014 年	2015 年	2016 年	2017 年	2018 年	2019 年	2020 年
自然情景	城镇劳动居民	0.072	0.068	0.064	0.060	0.057	0.053	0.050
	城镇退休居民	0.091	0.083	0.077	0.071	0.065	0.060	0.056
	农村劳动居民	0.097	0.089	0.082	0.075	0.070	0.065	0.060
减排情景	城镇劳动居民	0.072	0.062	0.052	0.045	0.038	0.032	0.028
	城镇退休居民	0.091	0.079	0.070	0.061	0.054	0.048	0.043
	农村劳动居民	0.097	0.084	0.074	0.065	0.057	0.050	0.045
最优情景	城镇劳动居民	0.062	0.062	0.061	0.061	0.060	0.060	0.059
	城镇退休居民	0.078	0.077	0.077	0.076	0.075	0.075	0.074
	农村劳动居民	0.083	0.082	0.082	0.081	0.080	0.080	0.079

对比观察三种情景可以发现，减排政策在模拟早期对居民收入的影响不大。2014 年减排情景下的居民收入增长率和自然情景持平，而且略高于最优情景。这是由于最优情景要求高投资以确保增长速度，而投资增长带来的产出收益更多地分配给资本，相对而言劳动者获益更小。然而在模拟后期，由于面向减排的投资控制政策带来的 GDP 下滑明显，减排情景下的居民收入增长率显著低于自然情景和最优情景。由此可见，面向减排的投资控制政策在实行早期可以较少考虑对居民收入的不利影响，但是如果持续较长时期，那么居民收入保护是一个不可忽视的问题。如果确定需要保护居民收入，那么需要确定优先进行收入保护的人群。

从各群组居民收入增长率和其所在区域 GDP 增长率的对比来看，城镇退休居民和农村劳动居民作为相对较低收入的群组，其收入增长率均超过相应的 GDP 增长率。例如，减排情景下城镇退休居民和农村劳动居民在 2014 年的收入增长率均超过 9%，相比 GDP 增长率高出 2 个百分点。即使到了 2020 年，这两组居民的收入增长率与 GDP 增长率的差距有所缩小，但前者始终略高于后者。然而，城镇劳动居民收入增长率的情况相反，除初始年外均低于相应年份的 GDP 增长率。这主要是由于城镇退休居民和农村劳动居民分别有养老保障政策和“三农”政策进行收入保护，而城镇劳动居民缺乏这种收入保护政策。此外，城镇劳动居民收入增长率不仅低于 GDP 增长率，其随时间降低的速度更是快于 GDP 增长率随时间降低的速度。这一因素如果与投资控制型减排政策叠加，将会对城镇劳动居民的收入造成更为严重的影响。由此可见，在本书设计的投资控制型减排政策下，收入受负面影响最大的是城镇劳动居民，需要其他的收入增长计划来提高这一人群的收入水平。当然，这并不意味着可以忽略城镇退休居民和农村劳动居民的收入状况。虽然模拟显示这两个人群收入增长较快，从而相对（城镇劳动居民）收入有所提升，但毕竟这两个人群是低收入人群，绝对收入不高，对收入增长放缓的承受能力较小，因此投资控制型减排政策对他们生活的影响可能会更加强烈。

另外，就居民消费增长率变化来看，表 3.4 显示居民消费变化的基本特征和收入变化大体相同，城镇退休居民和农村劳动居民的消费增长率快于城镇劳动居民的消费增长率，城乡消费差距和代际消费差距均有不同程度的缩小。减排情景下居民消费增长率在模拟早期和自然情景、最优情景大体相当，但在模拟后期差距逐渐显现，尤其是与最优情景相比有较大的落差。

表 3.4 居民消费增长率变化

项目		2014 年	2015 年	2016 年	2017 年	2018 年	2019 年	2020 年
自然情景	城镇劳动居民	0.069	0.063	0.058	0.053	0.048	0.044	0.041
	城镇退休居民	0.090	0.083	0.077	0.071	0.066	0.061	0.057
	农村劳动居民	0.101	0.093	0.086	0.079	0.073	0.068	0.063
减排情景	城镇劳动居民	0.067	0.061	0.056	0.050	0.046	0.042	0.038
	城镇退休居民	0.083	0.074	0.066	0.059	0.053	0.048	0.043
	农村劳动居民	0.096	0.086	0.077	0.070	0.063	0.057	0.052
最优情景	城镇劳动居民	0.070	0.069	0.069	0.068	0.068	0.067	0.067
	城镇退休居民	0.090	0.089	0.088	0.087	0.087	0.086	0.085
	农村劳动居民	0.101	0.100	0.099	0.099	0.098	0.097	0.096

对比减排情景和自然情景下的居民消费增长率变化可以发现，城镇劳动居民消费增长受投资控制型减排政策的影响比较稳定，每年与自然情景的差距保持在 0.2 个百分点左右。而城镇退休居民和农村劳动居民消费增长率受到减排政策的影响更强烈一些，而且随时间变化这种影响呈现逐步加强的态势。例如，城镇退休居民消费增长率在减排情景下比自然情景期初低 0.7 个百分点，而到了模拟期末则低 1.4 个百分点。因此从居民消费的角度考察，投资控制型减排政策更多地作用于城镇退休居民和农村劳动居民这两个相对低收入群体，而对城镇劳动居民影响较小。

另一个值得关注的现象是，城镇退休居民的消费增长率始终没有超过其收入增长率，这表明虽然城镇退休居民收入增长较快，但是在消费上始终是谨慎的，虽然推出了多种消费激励政策，但对于城镇退休居民的消费决策影响较小，无法拉动其消费与收入同步增长。当然，尽管如此，城镇退休居民消费增长率与收入增长率之间的差距还是在不断缩小的。而城镇劳动居民和农村劳动居民的消费增长率大部分情况下高于其相应的收入增长率，这反映了年轻群体对未来收入有较好的预期，从而选择了较高边际消费倾向。总而言之，为了确保各个群体的消费更快增长，归根结底是要建立更好的收入保障机制，使其形成良好的预期，减少保障性储蓄，增加消费性支出，最终形成良性的产出循环过程。

3.6.2 福利差距变化

针对福利差距变化问题，本书要集中于区域差距、代际差距和城乡差距三个方面。关于区域差距问题，王铮和孙翊（2013）模拟发现如果排除外界政策干扰，中国存在区域间的自然收敛力，区域差距会有所缩小。从图 3.7 中可以发现，在本书设定的最优情景下 GDP 区域差距逐渐缩小，但总体上保持一个比较稳定的态势。这一结论与王铮和孙翊的发现基本一致。区别在于本书的区域收敛发生在最优情景下，而王铮和孙翊得出的结论是基于自然情景的模拟结果。但这两者事实上是一致的，主要原因在于王铮和孙翊模拟中设定的自然情景事实上是运行在最优增长轨道上的。然而，自 2011 年起中国经济受到世界经济影响的冲击，较大程度地偏离了最优增长轨道。这种偏离的一个后果就表现为自然情景和减排情景下区域收敛力的消失，而代之以区域差距的拉大。

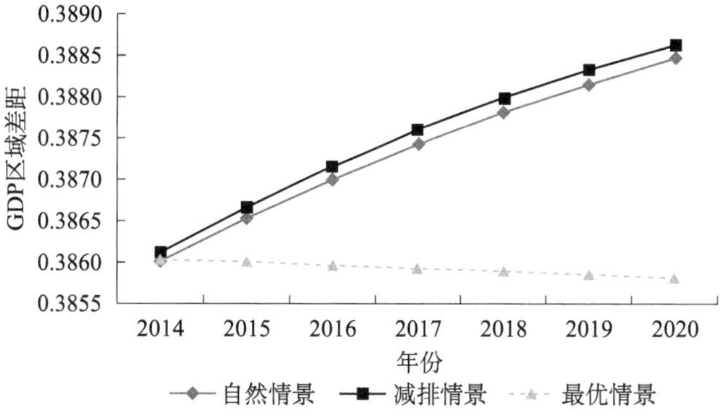

图 3.7 Theil 系数表征的 GDP 区域差距

为了分析区域差距的变化，本书采用 Theil 系数表征的区域差距指标进行研究。式（3.90）中 $I_0(x)$ 为区域总体 Theil 系数，反映了区域的总体差距；x_i 为第 i 个省区市的 GDP 总量，$\overline{x}$ 为所有省区市 GDP 的均值，n 是省区市的数量（Shorrccks，1980，1984）。

$$I_0(x) = \frac{1}{n}\sum_{i=1}^{n}\ln\frac{\overline{x}}{x_i} \tag{3.90}$$

如图 3.7 所示，减排情景下全国 GDP 的 Theil 系数呈现出逐年增长的态势，这意味着全国范围内 GDP 区域差距的拉大。以减排情景为例，2014 年的 Theil 系数略高于 0.3860，而到了 2020 年该值扩大到超过 0.3885。自然情景下 GDP

的 Theil 系数变化趋势与减排情景大体相同，但是其值略低于减排情景。这说明减排政策会进一步推高区域的不平等水平。此外，减排情景下 GDP 的 Theil 系数不仅在水平值上高于自然情景，且两者之差也在逐步扩大，从而表明在投资控制型减排政策的作用下，区域差距是加速扩大的。尽管二者差值始终不大，但是其发展趋势仍是值得关注的。

区域差距由两部分构成，第一部分是区域内的差距，第二部分是区域间的差距。式（3.90）表达的是区域总体差距，即区域内差距与区域间差距的总和。为了进一步分析总体区域差距变化的原因，本书利用 Shorrccks（1980，1984）提出的方法对总体 Theil 系数进行分解。式（3.91）中，等式左边是区域总体 Theil 系数；等式右边第一项是区域内 Theil 系数；第二项是区域间 Theil 系数；K 是区域划分的组别数；p_k 是第 k 组人口在总人口中的份额；v_k 是第 k 组 GDP 在全国总 GDP 中的份额。

$$I_0(x) = \sum_{k=1}^{K} p_k I_0\ (x)_k + \sum_{k=1}^{K} p_k \left(\frac{p_k}{v_k}\right) \tag{3.91}$$

从图 3.8 和图 3.9 可以发现，全国总体区域差距的 40%是由区域内差距导致的，其余 60%是由区域间差距导致的，同时这个比值大体保持稳定，即使区域差距绝对水平随时间发生或升高或降低的改变，但是区域内差距和区域间差距始终保持在 2∶3 左右。进一步，在投资控制型减排等政策情景冲击下，尽管总体区域差距会发生水平值的改变，但依然不会影响到区域内差距和区域间差距的比例分配。这说明，中国区域内差距和区域间差距存在一种比较稳固的力量使其保持稳定。

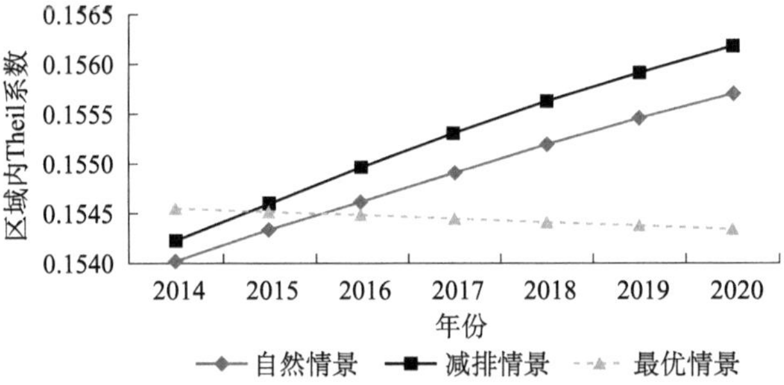

图 3.8 GDP 的区域内 Theil 系数

无论是减排情景还是自然情景，区域内差距和区域间差距的总体走势都是与总体区域差距保持一致的，即随时间推移逐渐扩大。然而值得注意的是，区域间差距在减排情景下比自然情景低，而总体区域差距和区域内差距情况则相反，减排情景的总体区域差距高于自然情景。以模拟期末的 2020 年为例，该年减排情

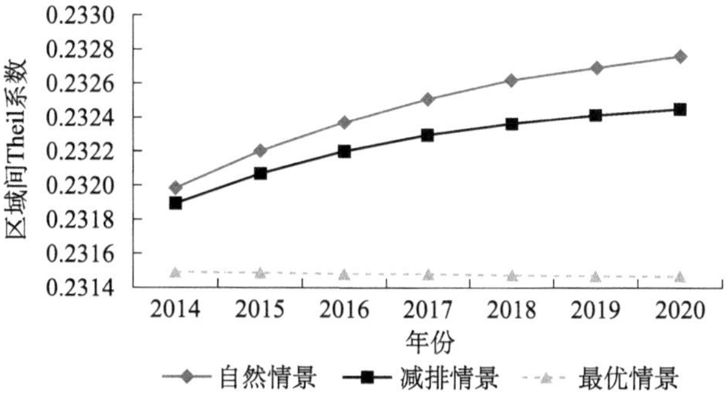

图 3.9 GDP 的区域间 Theil 系数

景下的区域间差距大约为 0.2324，而自然情景下的区域间差距约为 0.2328，自然情景下区域间差距高出减排情景 0.0004。然而减排情景下总体区域差距为 0.3886，自然情景下总体区域差距为 0.3885，减排情景下总体区域差距高出自然情景 0.0001。这表明，投资控制型减排政策有助于缩小区域间差距，但是会扩大区域内差距，而且总体效应叠加后区域间差距的缩小无法弥补区域内差距的扩大，因此最终会导致总体区域差距的微小扩大。对比图 3.8 和图 3.9 可以发现，区域间差距和区域内差距在自然情景和减排情景下的差值都会随时间逐渐拉大，但这一差值在区域间差距的表现上更为快速。此外，在图 3.9 中，无论是自然情景还是减排情景下的区域间差距呈现出二阶导数小于零的特征，因此区域间差距扩大的增速会逐渐放缓，这或许意味着存在区域间差距的极大值。

从对最优情景下的总体区域差距进行区域内和区域间分解来看，最优情景下的总体区域差距的缩小主要是由区域内差距缩小造成的，而区域间差距基本保持稳定状态。区域间差距在最优情景下始终低于减排情景和自然情景，但是区域内差距则有所不同。在模拟期早期最优情景下的区域内差距高于自然情景和减排情景，由于最优情景下区域内差距逐渐有所缩小，而减排情景和自然情景下区域内差距快速扩大，所以自 2016 年起，自然情景和减排情景下的区域内差距超过最优情景。

从图 3.10 代际人均收入差距变化中可以看出，三种情景下代际人均收入差距逐年缩小。以减排情景为例，2014 年代际人均收入差距为 0.225，运行到 2020 年缩小到 0.15。虽然三种情景下代际人均收入差距的变化趋势基本相同，但是减排情景比另外两种情景对缩小代际人均收入差距的作用更加强烈一些，其次是最优情景，而自然情景下代际人均收入差距缩小的程度最小，到 2020 年自然情景下代际人均收入差距为 0.18，比减排情景高出 0.03，比最优情景高出 0.02。

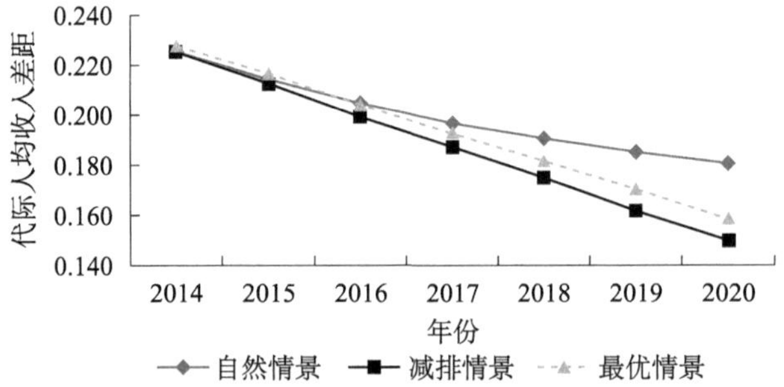

图 3.10　代际人均收入差距

代际人均收入差距=（城镇劳动居民收入－城镇退休居民收入）/城镇劳动居民收入

对比图 3.10 和图 3.11 可以看出，城乡人均收入差距在三种情景下的变化趋势和代际人均收入差距变化基本相同，只是前者减排情景和最优情景之间的差别更小一些。代际人均收入差距和城乡人均收入差距缩小的原因主要在于，作为相对低收入群体的城镇退休居民和农村劳动居民分别受益于城镇社会保障制度和“三农”扶持政策，其收入的增长快于城镇劳动居民。至于减排政策更有利于代际人均收入差距和城乡人均收入差距的缩小，其原因是与自然情景相比，投资控制型减排政策的机理是作用于高排放产业，使其增速放缓，从而首先直接影响到城镇劳动居民的收入，随后才会间接扩散到城镇退休居民和农村劳动居民，而且这种扩散影响作用又会进一步被收入保护政策削弱，从而使减排后城镇劳动居民收入下降得比其他两个群体快。

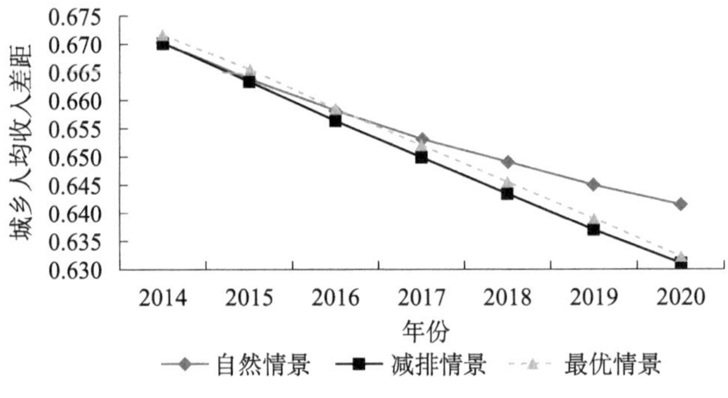

图 3.11　城乡人均收入差距

城乡人均收入差距=（城镇劳动居民收入－农村劳动居民收入）/城镇劳动居民收入

需要指出的是，尽管减排政策对代际人均收入差距和城乡人均收入差距会产生缩小效应，但是毕竟这种差距缩小是建立在一种相对水平的意义上，即减排后各组居民的绝对福利均同时下降，只是城镇退休居民和农村劳动居民相比城镇劳动居民下降得更少，从而使得这两个人群的相对福利上升。这是一种绝对福利下降的同时相对福利提升的现象。考虑到城镇退休居民和农村劳动居民的收入偏低，与收入相对水平相比，这部分群体对收入绝对水平的下降变化会更为敏感，承受能力也更差。如何考虑不同收入群体的气候利益和责任已经不是一个单纯的气候经济学问题，而上升为关于气候伦理和道德的价值判断（王铮、刘筱和刘昌新等，2014）。虽然这一点已经超出本书模型的边界，但无论如何，应该更加综合全面地评估减排政策对代际人均收入差距和城乡人均收入差距的缩小效应。

3.7 R&D投入对中国经济的影响研究①

创新是驱动经济总量扩大、经济质量提升的第一驱动力。面对资源环境约束增加、人口红利减弱、资本要素边际收益下降的多方面挑战，全要素生产率的提高成为保持经济高质量增长的必要前提。全要素生产率依赖技术进步，科技创新是产业升级的根本动力。研究与试验发展（research and development，R&D）投入是主要的创新投入要素，已成为决定国家创新能力的重要因素之一。中国R&D投入规模在2013年超过日本，成为仅次于美国的第二大科技投入大国。创新投入、创新产出和宏观经济的关系严重影响着新时期的发展路径，对其机理机制的研究和数量分析仍在不断探索阶段。

3.7.1 CGE模型中的R&D模块

通过CGE方法建模，探索R&D投入对中国经济增长、产业结构、居民福利的影响，有助于R&D使用效率的提升和科技政策的制定。将R&D投资引入CGE模型中，从而能够研究R&D投资对中国经济的影响。在本书构建的投资模块中，R&D投资和实物资本投资之间的关系被视为一种约束性的关系，即用于R&D活动的经费越多，用于实物资本上的投资将越少。R&D活动能够产生新知识，提高生产效率，而实物资本方面的投资能够提高资本投入要素，有利于生

① 本节主要参考王铮、郑钦月和王利赟等（2018），王利赟（2017）。

产活动，二者缺一不可。R&D 投资与实物资本投资的总和即当期社会的总投资额，当期的总投资额来源于上一期的产出。图 3.12 为 CGE 模型中 R&D 模块的嵌入机理。

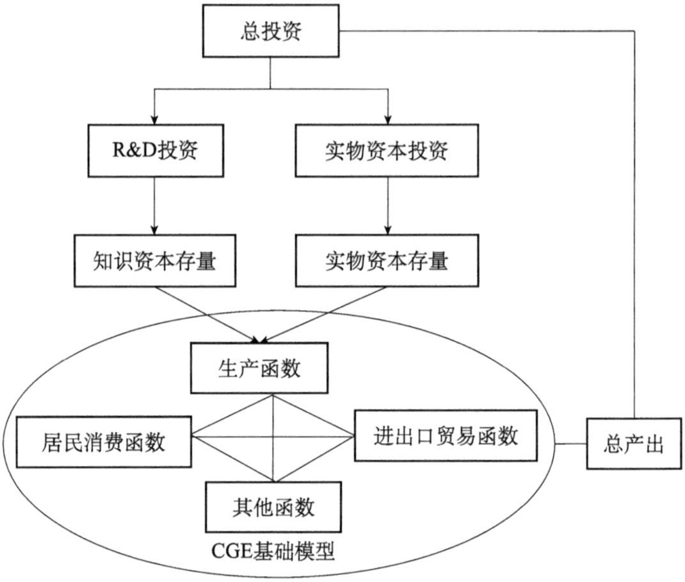

图 3.12 CGE 模型中 R&D 模块的嵌入机理

在本书中，当期的总投资来源于上一期的产出。每一期的总投资分为两部分，一部分进行实物资本投资，用来增加实物资本投入量；另外一部分用于 R&D 投资，以增加新知识，促进生产效率的提高，方程（3.92）表示了如上关系。

$$\sum_j P_j \cdot I_j = R + \sum_j \mathrm{Is}_j \tag{3.92}$$

式中，P_j 为国内市场上复合商品的价格；I_j 为投资；R 为 R&D 投资；Is_j 为实物资本投资。

假设 R&D 投资占总投资一个固定的比例，如方程（3.93）所示，通过控制研发投资比 μ^R，可以研究在给定总投资的情况下，增加或减少 R&D 投资会给中国经济带来怎样的影响。此外，对于实物资本投资，我们用方程（3.94）来表示各部门的实物资本投资占总实物资本投资一个固定的比例。

$$R = \mu^R \cdot \sum_j P_j \cdot I_j \tag{3.93}$$

$$\mathrm{Is}_j = \mu_j \left(\sum_j P_j \cdot I_j - R \right) \tag{3.94}$$

对于知识资本，本书主要参考了罗默（2014）的工作，认为知识资本的变化不仅与当期的 R&D 投资有关，也与当期的知识资本存量有关，如方程（3.95）所示：

$$\dot{A}_t = B \cdot R^{\varphi} \cdot A_t^{\theta} \tag{3.95}$$

式中，R 为 R&D 投资；B 为转换系数；φ 为研发弹性，用来衡量 R&D 投资对知识资本的影响；θ 为知识资本指数，用来衡量当前知识资本存量对 R&D 成功率的影响。

对于实物资本存量的变化，本书采用永续盘存法的形式来表示，如方程（3.96）所示：

$$K_{j,t+1} = \mathrm{Is}_{j,t} + (1 - \delta_j) K_{j,t} \tag{3.96}$$

式中，$K_{j,t+1}$ 为 $t+1$ 期的实物资本存量；$\mathrm{Is}_{j,t}$ 为 t 期的实物资本投资量；$K_{j,t}$ 为 t 期的实物资本存量；δ_j 为折旧率。

3.7.2 R&D 投入相关政策经济影响的模拟分析

1. 情景设计

研究中基于典型国家的 R&D 投入强度设计情景。具体做法是：首先计算典型国家在 2005～2014 年的平均 R&D 投入强度，然后计算平均 R&D 投入强度与 2012 年中国 GDP 的乘积，即得在对应情景下中国的 R&D 投入，再用对应情景下的中国 R&D 投入除以 SAM 表中的总投资，就得到不同情景下的研发投资比 μ^R。此外，还设计了无 R&D 投资的情景，以研究相比无 R&D 投入，保持中国当前 R&D 投入强度会给中国经济带来多大的影响。情景的设计情况见表 3.5。

表 3.5　情景设计

情景	R&D 投入强度/%	研发投资比 μ^R
现实情景 S0	1.67（中国）	0.0362
无 R&D 投入情景 S1	0.00	0.0000
情景 S2	0.81（印度）	0.0176
情景 S3	1.12（俄罗斯）	0.0243
情景 S4	2.69（美国）	0.0583
情景 S5	3.40（日本）	0.0738

注：括号内表示该平均 R&D 投入强度对应的国家

2. 模拟结果分析

1）现实情景 S0 下 GDP 增长率与实际 GDP 增长率的比较

表 3.6 为 2013～2016 年现实情景 S0 下 GDP 增长率与实际 GDP 增长率的比较。

表 3.6 现实情景 S0 下 GDP 增长率与实际 GDP 增长率的比较（%）

年份	现实情境 S0 下 GDP 增长率	实际 GDP 增长率
2013	7.66	7.80
2014	7.35	7.30
2015	7.07	6.90
2016	6.83	6.70

对模拟 GDP 的增长率与实际 GDP 增长率进行相关性分析检验，得到相关系数为 0.992，这表明模拟结果与实际 GDP 增长率的相关性较强。对 GDP 数据做 Z 检验，Z 值为 0.12，低于单尾临界值 1.645，也低于双尾临界值 1.96，这表明在模拟结果与实际数据之间不存在显著性差异。因此，从整体上讲，现实情景 S0 下的 GDP 模拟结果比较理想，可以较好地反映我国 GDP 的变化趋势。

2）各情景下 GDP 的比较

首先比较现实情景 S0 和无 R&D 投入情景 S1 下中国整体 GDP 的变化。在两种情景下，中国 GDP 的增长速度一直在下降，这是因为本书仅在初始年份 2013 年对研发投资比 μ^R 进行冲击，且随着知识资本存量和实物资本存量的积累，资本的增长速度逐渐变慢，这也引起了 GDP 增速逐渐变慢。在现实情境 S0 下，我国 GDP 在 2013～2020 年的平均增长率为 6.77%，到 2020 年时，GDP 总量超过 90 万亿元。而在无 R&D 投入情景 S1 下，即从 2013 年开始就不进行研发投入，我国 GDP 在 2013～2020 年的平均增长率将降为 3.27%，到 2020 年时，GDP 总量还不足 70 万亿元，与同时间段的现实情景 S0 相比，GDP 总量下降约 23.43%。出现这种现象的原因在于，当总投资全部用于实物资本投资而不进行 R&D 投入时，实物资本投入要素增加所带来的产出增长效应要弱于情景 S0 下 R&D 投入所带来的产出增长效应。两种情景下中国整体 GDP 的变化趋势如图 3.13 所示。模拟结果表明，与无 R&D 投入情景 S1 相比，保持当前 R&D 投入强度，中国整体 GDP 在 2013～2020 年的平均增长率能提高约 3.5 个百分点，R&D 投入在短期内能够显著促进中国整体 GDP 的增长。

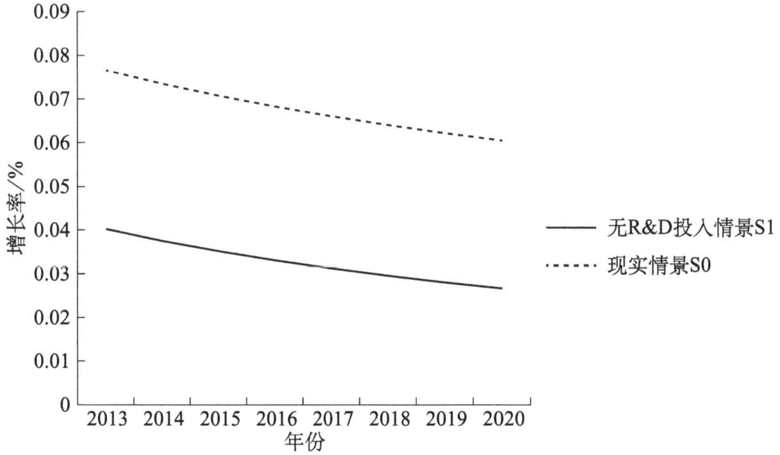

图 3.13　现实情景 S0 和无 R&D 投入情景 S1 下中国整体 GDP 的变化趋势

图 3.14 显示的是除无 R&D 投入情景 S0 外，其他情景下中国整体 GDP 的变化。在现实情景 S0 下，研发投资比为 0.0362，中国整体 GDP 平均增长率为 6.77%，在情景 S2 下，研发投资比为 0.0176，相较于现实情景 S0，研发投资比下降约 51.4%，而中国整体 GDP 平均增长率为 6.38%，相比现实情景 S0 下降 0.39 个百分点。在研发投资比最大的情景 S5 下，研发投资比为 0.0738，相较于现实情景 S0，研发投资比上升幅度达到 103.9%，与此同时，中国整体 GDP 平均增长率达到 7.14%，相比现实情景 S0 上升 0.37 个百分点。

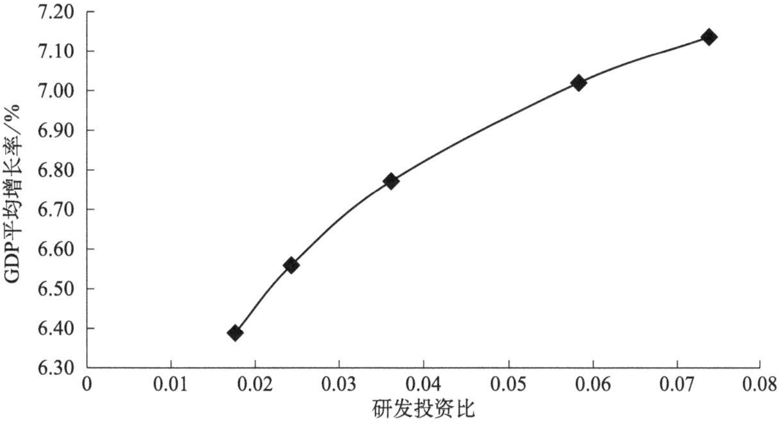

图 3.14　各情景下（除 R&D 投入情景 S1）中国整体 GDP
在 2012～2020 年的平均增长率

3）各情景下产业结构变化的比较

表 3.7 显示的是各情景下，中国产业结构的变化。我们可以发现，在保持当

前 R&D 投入强度下，即在现实情景 S0 下，第三产业逐渐成为中国的主导产业，到 2020 年时，第三产业增加值比重达到 46.49%，超过第二产业 GDP 占比 45.83%。而若不进行 R&D 投资，在模拟时段内，第二产业仍将是中国的主导产业。在研发投资比最高的情景 S5 下，第三产业 GDP 占比相较现实情景 S0 只增加了 0.03 个百分点，而第二产业 GDP 占比相较现实情景 S0 下降 0.22 个百分点，第二产业 GDP 占比下降明显。总的来说，R&D 投资有利于中国发展成为由第三产业主导的国家，这也符合“十三五”规划中加大服务业发展的需求。随着研发投资比的提高，第一产业和第三产业 GDP 占比在 2020 年的占比也越来越高，而第二产业 GDP 占比越来越小，此外，在当前 R&D 投入强度下，继续加大 R&D 投资对第一产业、第二产业的影响要大于第三产业。

表 3.7　2020 年各情景下各产业 GDP 占比情况（%）

情景	第一产业 GDP 占比	第二产业 GDP 占比	第三产业 GDP 占比
现实情景 S0	7.68 (9.75)	45.83 (45.46)	46.49 (44.79)
无 R&D 投入情景 S1	6.74 (9.75)	47.14 (45.46)	46.12 (44.79)
情景 S2	7.54 (9.75)	46.01 (45.46)	46.45 (44.79)
情景 S3	7.60 (9.75)	45.93 (45.46)	46.47 (44.79)
情景 S4	7.80 (9.75)	45.69 (45.46)	46.51 (44.79)
情景 S5	7.87 (9.75)	45.61 (45.46)	46.52 (44.79)

注：括号内的数字为初始年份 2012 年的各产业 GDP 占比

表 3.8 显示的是各情景下 2012～2020 年第二产业各部门增加值的平均增长率情况。若无 R&D 投资，2013～2020 年建筑业增加值的平均增长率将下降 4.38 个百分点，而制造业增加值的平均增长率下降 2.85 个百分点。在情景 S5 下，建筑业增加值的平均增长率为 8.56%，相较于现实情景 S0，增加了 0.52 个百分点；而制造业平均增长率为 6.90%，相较于现实情景 S0，增加了 0.25 个百分点。相较于制造业，建筑业受 R&D 投资的影响更大，这是因为建筑业的实物资本投资在总实物资本投资中所占的比例相对第二产业其他三个部门最小，只有 0.02，而建筑业的研发产出弹性相对第二产业其他三个部门最大，因此若只对建筑业进行实物资本投资，而不进行 R&D 投资，建筑业增加值相对来说会下降较快。而制造业的实物资本投资在总实物资本投资中所占的比例达到了 0.31，制造业的研发产出弹性在第二产业中是偏低的，因此当不对制造业进行 R&D 投资时，制造业实物资本投入要素的增加会较大程度地减弱无 R&D 投入对制造业的负向影响。

表3.8 各情景下2012～2020年第二产业各部门增加值的平均增长率（%）

情景	采矿业	制造业	电力、热力、燃气及水生产和供应业	建筑业
现实情景S0	6.73	6.65	6.74	8.04
无R&D投入情景S1	3.20	3.80	4.17	3.66
情景S2	6.35	6.36	6.50	7.54
情景S3	6.52	6.49	6.61	7.76
情景S4	6.97	6.82	6.87	8.39
情景S5	7.08	6.90	6.92	8.56

表3.9显示的是各情景下2012～2020年第三产业各部门增加值的平均增长率。在现实情景S1下，房地产业增加值的平均增长率为6.27%，住宿和餐饮业增加值的平均增长率为3.23%。而在无R&D投入情景S1下，房地产业增加值的平均增长率为5.50%，而住宿和餐饮业增加值的平均增长率为2.64%，相较于第三产业的其他部门，房地产业、住宿和餐饮业增加值下降幅度最小。在当前R&D投入强度下，继续提高研发投资比，住宿和餐饮业增加值的平均增长率相较于现实情景S0基本没有变化，而房地产业增加值的平均增长率会略微下降一点。

表3.9 各情景下2012～2020年第三产业各部门增加值的平均增长率（%）

部门	现实情景S0	无R&D投入情景S1	情景S2	情景S3	情景S4	情景S5
批发和零售业	9.16	3.83	8.57	8.83	9.55	9.73
交通运输、仓储和邮政业	5.75	3.41	5.52	5.62	5.88	5.93
住宿和餐饮业	3.23	2.64	3.19	3.21	3.24	3.24
信息传输、软件和信息技术服务业	6.42	4.88	6.30	6.36	6.46	6.46
金融业	9.20	4.50	8.70	8.92	9.52	9.66
房地产业	6.27	5.50	6.26	6.27	6.21	6.15
租赁和商务服务业	6.36	3.82	6.10	6.22	6.52	6.59
科学研究和技术服务业	6.38	3.58	6.08	6.22	6.56	6.64
水利、环境和公共设施管理业	6.44	3.26	6.09	6.25	6.66	6.76
居民服务、修理和其他服务业	6.47	2.27	5.99	6.20	6.80	6.96
教育	6.51	1.26	5.89	6.16	6.95	7.18
卫生和社会工作	6.36	2.08	5.86	6.08	6.72	6.90
文化、体育和娱乐业	6.55	2.77	6.13	6.32	6.82	6.95
公共管理、社会保障和社会组织	6.46	1.52	5.87	6.13	6.88	7.09

对房地产业来说，一方面知识资本产出弹性很小，R&D 投入所带来的新知识并不能给房地产业带来显著的产出增长效应，另一方面房地产业的产出与其他部门之间的联系较弱，其自身的实物资本投入和劳动力的投入对房地产业的产出有着决定性的影响。同房地产业一样，住宿和餐饮业的知识资本产出弹性也很小，但另一个导致住宿和餐饮业受 R&D 投入影响很小的原因是，住宿和餐饮业的劳动产出弹性很大，达到了 0.74，也就是说，劳动力是影响该部门产出的重要因素。

4）各情景下国内需求变化的比较

图 3.15 表示的是各情景下国内需求的变化。在现实情景 S0 下，研发投资比为0.0362，2012～2020 年国内总需求的平均增长率约为 6.9%，农村居民消费的平均增长率约为 5.5%，城镇居民消费的平均增长率约为 5.6%。而在无 R&D 投入情景 S1 下，国内总需求的平均增长率下降至 3.3%，同时城镇居民消费的平均增长率下降至 2.4%。而农村居民消费的平均增长率相较城镇居民来说，下降幅度更大，在无 R&D 投入情景 S1 下，农村居民消费的平均增长率仅为 0.2%。此外，从图 3.15 可以看出，随着研发投资比的提高，国内总需求的平均增长率呈现出逐渐提高的趋势，但这种提高的速度越来越慢。而农村居民消费的平均增长率随着研发投资比的提高最终超过城镇居民消费的平均增长率，这主要是因为农村居民的收入主要来自农业部门，而城镇居民的收入主要来自除农业部门外的其他部门。从表 3.7 可以看出，尽管在各情景下，第一产业 GDP 占比相较于初始年份 2012 年都是减少的，但随着研发投资比的提高，到 2020 年时，第一产业 GDP 占比下降得越来越慢，即加大 R&D 投资，显著促进了农业部门的发展，进而增加了农村居民收入，促进了农村居民消费。可见，加大 R&D 投资力度，有利于缩小城乡居民收入差距。

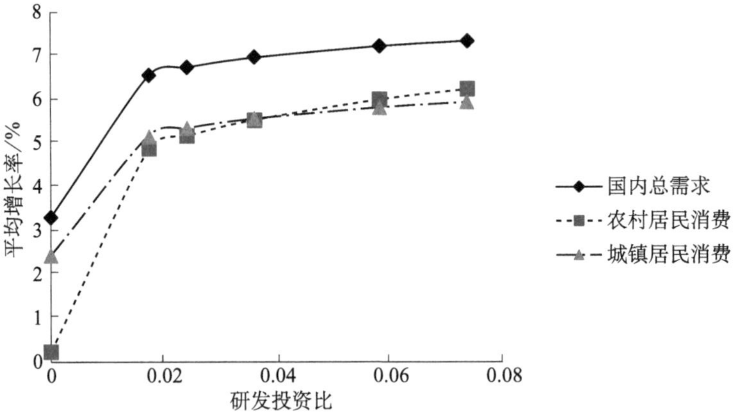

图 3.15 各情景下国内需求的变化

参考文献

罗默．2014. 高级宏观经济学（第四版）．吴化斌，龚关译．上海：上海财经大学出版社.

孙翊．2009. 中国多区域社会公平可计算一般均衡模型的建模与模拟分析．中国科学院博士学位论文．

王利赞．2017. R&D 投资对中国经济的影响：一个基于动态 CGE 的分析．中国科学院大学硕士学位论文．

王铮，刘筱，刘昌新，等．2014. 气候变化伦理的若干问题探讨．中国科学：地球科学，44（7）：1600-1608.

王铮，孙翊．2013. 中国主体功能区协调发展与产业结构演化．地理科学，33（6）：641-648.

王铮，郑钦月，王利赞，等．2018. R&D 投入对中国经济的影响研究．科学学研究，36（10）：1750-1757.

王铮，朱永彬，刘昌新，等．2010. 最优增长路径下的中国碳排放估计．地理学报，65（12）：1559-1568.

吴兵．2004. 中国经济可计算一般均衡分析决策支持系统的研究与应用．华东师范大学硕士学位论文．

谢书玲，王铮，薛俊波．2005. 中国经济发展中水土资源的"增长尾效"分析．管理世界，7：22-25.

薛俊波．2006. 基于 CGE 的中国宏观经济政策模拟系统开发及其应用．中国科学院博士学位论文．

薛俊波，王铮，朱建武，等．2004. 中国经济增长的"尾效"分析．财经研究，30（9）：5-14.

翟凡，李善同，冯珊．1997. 一个中国经济的可计算一般均衡模型．数量经济技术经济研究，3：38-44.

郑玉歆，樊明太．1999. 中国 CGE 模型及政策分析．北京：社会科学文献出版社．

朱艳鑫．2008. 中国多区域可计算一般均衡政策模拟系统的开发与应用研究．中国科学院博士学位论文．

朱艳鑫，王铮．2006. 基于一般均衡理论的转移支付影响研究．中国管理科学，14（10）：394-398.

朱永彬，王铮，庞丽，等．2009. 基于经济模拟的中国能源消费与碳排放高峰预测．地理学报，64（8）：935-944.

Giesecke J. 2002. Explaining regional economic performance：an historical application of a dynamic multi-regional CGE model. Papers in Regional Science，81（2）：247-278.

Groenewold N，Hagger A J，Madden J R. 2003. Interregional transfers：a political-economy CGE approach. Papers in Regional Science，82（4）：535-554.

Gu Q Y，Chen K. 2005. A multiregional model of China and its application. Economic Modelling，22（6）：1020-1063.

Hunt B，Laxton D. 2004. Some simulation properties of the major Euro area economies in MULTIMOD. Economic Modelling，21（5）：759-783.

Islam S M N. 2001. Optimal multiregional global economic growth：formulation of an optimal growth program，growth prospects，and convergence. Journal of Policy Modeling，23（7）：753-774.

Keuning S J. 1991. Proposal for a social accounting matrix which fits into the next system of national accounts. Economic Systems Research，3（3）：233-248.

Kim E，Kim K. 2002. Impacts of regional development strategies on growth and equity of Korea：a multiregional CGE model. The Annals of Regional Science，36（1）：165-180.

Leimbach M，Edenhofer O. 2007. Technological spillovers within multi-region models：intertemporal optimization beyond the Negishi approach. Economic Modelling，24（2）：272-294.

Shorrccks A F. 1980. The class of additively decomposable inequality measures. Econometrica，48（3）：613-625.

Shorrccks A F. 1984. Inequality decomposition by population subgroup. Econometrica，52（6）：1369-1385.

Stanton E A，Ackerman F，Kartha S. 2009. Inside the integrated assessment models：four issues in climate economics. Climate and Development，1（2）：166-184.

Stifel D C，Thorbecke E. 2003. A dual-dual CGE model of an archetype African economy：trade reform，migration and poverty. Journal of Policy Modeling，25（3）：207-235.

Webber M. 1997. Profitability and growth in multiregion systems：prologue to a historical geography. Economic Geography，73（4）：405-426.

Zhuang J. 1996. Estimating distortions in the Chinese economy：a general equilibrium approach. Economica，63（252）：543-568.

第 4 章

最优控制模型与应用

政策制定的目的通常是借助于对某个系统实施某种控制，影响系统中各状态变量的轨迹，最终达成某个最优目标。一般系统所具有的复杂性和动态性，对政策的预期效果并不容易直观判断，因为其可能对系统中的不同变量产生影响，而这种影响又不是单一的，所以需要对政策的实施效果进行模拟。正因如此，政策模拟在很多情况下也采用控制论模型，通过构建政策变量与系统其他状态变量的交互作用机制，以寻找实现某个目标的最优政策。更重要的是，由于政策具有目的性，人们可以通过政策达到对动态系统或动态过程中的某个（某些）变量施加控制作用，以使被控系统的动态轨迹在某个性能指标上的表现达到最优，这样，政策建模问题就成了动态系统的最优控制问题（简称最优控制问题），本书将用两个章节来讨论政策模拟的最优控制模型。

由于政策模拟过程直接针对政策输入输出的宏观动态系统，政策模拟的控制论模型，是典型的类经典力学的动力学模拟方法。

4.1 最优控制问题

最优控制理论是从变分法演变而来的，是一种寻找控制政策或策略的数学优化方法。该方法的发展很大程度上得益于苏联学者庞特里亚金（Pontryagin）和美国学者贝尔曼（Bellman）的突出贡献。20 世纪 60 年代，以空间飞行器制导为背景，开始形成并发展出最优控制理论与方法。目前，最优控制思想已经渗透到经济、环境、气候等非工程领域，在最优政策和发展路径的选择上发挥着越来越重要的作用。

最优控制问题需包含三个关键要素：一是系统具有动态性，即被控系统是动态变化的，如经济系统，其系统状态随时间而不断演变；二是系统可控，即存在某一控制变量，其可对被控系统施加作用，使各状态变量的运行轨迹可调可控，如财政政策和货币政策对经济系统的作用；三是系统具有可评价的最优性能指标，如经济系统的产出总量等。

对最优控制问题进行数学建模是求解最优控制问题和模拟研究最优政策的前提。一般而言，对最优控制问题进行建模主要包括以下几个步骤。

1. 对被控系统或过程的运动方程进行描述

$$\dot{x}(t) = f[x(t), u(t), t] \tag{4.1}$$

该式也称为被控系统的状态方程。式中，$\dot{x}(t)$ 为状态变量向量的变化量；$x(t)$ 和 $u(t)$ 分别为被控系统的状态变量向量（含一个或多个状态变量）和控制变量向量（含一个或多个控制变量）；f 为对应每一个状态变量的状态函数。通常来说，政策手段常被视为控制变量，而政策所影响的系统变量为状态变量。政策通过状态方程改变系统的演变过程，实现对系统的控制。因此，在这一阶段需要确定系统的状态变量和控制变量，并且对状态方程必须有精确的了解。

2. 确定容许控制范围，即各个状态变量和控制变量的取值区间

$$x(t) \in S, u(t) \in \Omega \tag{4.2}$$

式中，Ω 和 S 通常可以理解为不同政策选项的可调范围及系统变量在政策影响下的可行区间。

3. 确定被控系统的初始状态和终端状态

$$x(t_0) = x_0, x(t_f) = x_f \tag{4.3}$$

式中，t_0 和 t_f 分别为初始时刻和终端时刻；x_0 和 x_f 分别为系统初始状态和终端状态。

被控系统从一个状态到下一个状态的转移对应着该系统状态空间的一条轨线。在最优控制中，初始状态通常是已知的，即政策实施前的系统状态。终端状态需要根据实际问题来确定，可以理解为通过政策实施预期达到的最终结果，一般分为以下几种情况：①终时 t_f 和终态 $x(t_f)$ 均不限定；②终时 t_f 给定，终态

x（t_f）自由；③终时 t_f 自由，终态 x（t_f）给定；④终时 t_f 和终态 x（t_f）均有限定。终端状态也可以是一个范围。

以上三个步骤刻画了被控系统的基本特征，同时也对被控系统的可取轨线和演化路径进行了约束。接下来需要从众多可取轨线中寻找一条最优路径，即对性能指标进行定义。

4. 选定性能指标（目标函数）

$$J=\theta[x(t_f),t_f]+\int_{t_0}^{t_f}\phi[x(t),u(t),t]\mathrm{d}t \tag{4.4}$$

性能指标 J 用于评价被控系统的运动轨线，每一条轨线对应于一个数值。性能指标通常包含两部分：终端指标 $\theta[x(t_f),t_f]$ 和积分指标 $\int_{t_0}^{t_f}\phi[x(t),u(t),t]\mathrm{d}t$。这种综合性指标所对应的最优控制问题称为波尔扎（Bolza）问题；只包含终端指标的最优控制问题称为迈耶尔（Mayer）问题；只包含积分指标的最优控制问题称为拉格朗日（Lagrange）问题。性能指标 J 是状态变量和控制变量的函数，即函数 $x(t)$ 和 $u(t)$ 的函数。在数学上将这种以函数为自变量的函数称为泛函。因此，式（4.4）也称为性能泛函或目标泛函。至此，对最优控制问题的建模已经完成，接下来就是要求解最优的控制路径，选择控制变量 $u(t)$ 的轨线，使被控系统的性能指标达到最优。因此，最优控制问题的基本形式可以写为（以连续系统为例）

$$\begin{aligned}&\min_u J=\theta(x_{t_f},t_f)+\int_{t_0}^{t_f}\phi(x_t,u_t,t)\mathrm{d}t\\&\text{s. t.}\quad \dot{x}_t=f(x_t,u_t,t),x_{t_0}=x_0\end{aligned} \tag{4.5}$$

4.2 最优控制问题求解

通过前面的介绍可以看出，与政策评估方法不同，最优政策模拟借助于最优控制手段，直接从众多的可行路径中选取其中最优的一条路径，而非预先提出多个政策选项，通过评价和对比各个政策，最终挑选出一个最优政策。为此，如何求解最优控制问题来获得最优政策变得至关重要。

求解最优控制问题的算法一般分为两种：间接法（或解析法）和直接法（或数值法）。其中，间接法具有严格的证明过程，因此保证了计算结果的最优性与精确性，从而得到了广泛的应用。针对形如式（4.5）的最优控制问题，庞特里亚金等在古典变分法的基础上，区分状态变量与控制变量，推导最优化存在的必要条件，通过将最优控制问题推演为微分方程的边值问题，然后求解。该方法不对目标函数直接寻优，因此称为间接法。但是，随着系统复杂程度的提高，利用间接法进行求解将变得越来越困难，为了能够求解需要对研究问题进行高度简化，因此极大地限制了研究问题的深入。

与间接法相对的是直接法，直接法是将最优控制问题转化为非线性规划问题，在约束可行范围内，对目标函数不断寻优使之向最优值收敛，从而得到最优解。直接法有效克服了间接法对问题复杂度的苛刻要求，可以解决更为复杂的最优控制问题。但直接法对系统的初始状态有一定的要求，初始状态的位置决定了最终局部最优解的结果，初始状态设置不当可能导致无法求解。

4.2.1　间接法

间接法是将最优控制问题转化为有约束的泛函极值问题。求函数的极值要用到函数的微分，而求泛函极值则要用到泛函的变分。间接法就是在变分法的基础上通过泛函求极值得到最优控制时需要满足的必要条件，然后求解必要条件对应的微分方程边值问题。因此，间接法的关键就是必要条件的推导及如何求解微分方程。

与函数求极值类似，对于形如式（4.5）的连续最优控制问题，首先要通过 Lagrange 乘数将其化为无约束优化问题：

$$\min_u J^* = \theta(x_{t_f}, t_f) + \int_{t_0}^{t_f} \{\phi(x_t, u_t, t) + \lambda^{\mathrm{T}}[f(x_t, u_t, t) - \dot{x}_t]\} \mathrm{d}t \tag{4.6}$$

式中，λ^{T} 为 Lagrange 乘子向量的转置。

对泛函式（4.6）右边第一项取一次变分，有

$$\delta\theta = (\delta x)^{\mathrm{T}} \left.\frac{\partial \theta}{\partial x}\right|_{t_f} \tag{4.7}$$

式中，$\delta\theta$ 和 δx 分别为函数 θ 和变量 x 的一次变分。

若将式（4.6）中的积分项记为

$\mathbb{F} = \int_{t_0}^{t_f} F\ (\mathrm{x}_t,\ u_t,\ \dot{x}_t,\ t)\ \mathrm{d}t$，则对泛函式（4.6）右边第二项取一次变分，有

$$\begin{aligned}\delta\,\mathbb{F} &= \int_{t_0}^{t_f} \{(\delta x)^{\mathrm{T}} F_x + (\delta\dot{x})^{\mathrm{T}} F_{\dot{x}} + (\delta u)^{\mathrm{T}} F_u + (\delta\dot{u})^{\mathrm{T}} F_{\dot{u}}\} \mathrm{d}t \\ &= (\delta x)^{\mathrm{T}} F_{\dot{x}} \Big|_{t_0}^{t_f} + (\delta u)^{\mathrm{T}} F_{\dot{u}} \Big|_{t_0}^{t_f} + \int_{t_0}^{t_f} (\delta x)^{\mathrm{T}} \left(F_x - \frac{\mathrm{d}}{\mathrm{d}t} F_{\dot{x}}\right) \mathrm{d}t\end{aligned} \tag{4.8}$$

$$+\int_{t_0}^{t_f}(\delta u)^{\mathrm{T}}\left(F_u-\frac{\mathrm{d}}{\mathrm{d}t}F_{\dot{u}}\right)\mathrm{d}t$$

其中，式（4.8）第二个等号的推导用到了如下分部积分法：

$$\int_{t_0}^{t_f}(\delta\dot{x})^{\mathrm{T}}F_{\dot{x}}\mathrm{d}t=\int_{t_0}^{t_f}\left[\frac{\mathrm{d}(\delta x)}{\mathrm{d}t}\right]^{\mathrm{T}}F_{\dot{x}}\mathrm{d}t=\int_{t_0}^{t_f}[\mathrm{d}(\delta x)]^{\mathrm{T}}F_{\dot{x}}$$

$$=(\delta x)^{\mathrm{T}}F_{\dot{x}}\Big|_{t_0}^{t_f}-\int_{t_0}^{t_f}(\delta x)^{\mathrm{T}}\frac{\mathrm{d}F_{\dot{x}}}{\mathrm{d}t}\mathrm{d}t$$

联立式（4.7）和式（4.8），并定义 Hamilton 函数为

$$H(x_t,u_t,\lambda_t,t)=\phi(x_t,u_t,t)+\lambda^{\mathrm{T}}f(x_t,u_t,t)$$

则式（4.6）的一次变分为

$$\delta J^*=(\delta x)^{\mathrm{T}}\frac{\partial\theta}{\partial x}\Big|_{t_f}+(\delta x)^{\mathrm{T}}(-\lambda)\Big|_{t_0}^{t_f}+\int_{t_0}^{t_f}(\delta x)^{\mathrm{T}}\left(\frac{\partial H}{\partial x}+\dot{\lambda}\right)\mathrm{d}t+\int_{t_0}^{t_f}(\delta u)^{\mathrm{T}}\frac{\partial H}{\partial u}\mathrm{d}t \tag{4.9}$$

由于状态变量初值给定 $x(t_0)=x_0$，所以$(\delta x)|_{t_0}=0$，所以式（4.9）可进一步写为

$$\delta J^*=(\delta x)^{\mathrm{T}}\left(\frac{\partial\theta}{\partial x}-\lambda\right)\Big|_{t_f}+\int_{t_0}^{t_f}(\delta x)^{\mathrm{T}}\left(\frac{\partial H}{\partial x}+\dot{\lambda}\right)\mathrm{d}t+\int_{t_0}^{t_f}(\delta u)^{\mathrm{T}}\frac{\partial H}{\partial u}\mathrm{d}t \tag{4.10}$$

由于泛函极值存在的必要条件为 $\delta J^*=0$，为使式（4.10）等于零，需满足如下条件：

$$\left.\begin{aligned}&(\delta x)^{\mathrm{T}}\left(\frac{\partial\theta}{\partial x}-\lambda\right)\Big|_{t_f}=0 &&\text{（横截条件）}\\&(\delta x)^{\mathrm{T}}\left(\frac{\partial H}{\partial x}+\dot{\lambda}\right)+(\delta u)^{\mathrm{T}}\frac{\partial H}{\partial u}=0 &&\text{（欧拉方程）}\end{aligned}\right\} \tag{4.11}$$

在求解过程中，状态变量 x 和控制变量 u 可看作是彼此独立的，因此欧拉方程两项之和为零必然意味着两项各自为零。而状态变量 x 和控制变量 u 可以在实 n 维和实 m 维欧氏空间内任取，可以取 $\delta x\neq 0$，$\delta u\neq 0$，因此式（4.11）可以化为

$$\left.\begin{aligned}&(\delta x)^{\mathrm{T}}\left(\frac{\partial\theta}{\partial x}-\lambda\right)\Big|_{t_f}=0 &&\text{（横截条件）}\\&\dot{\lambda}=-\frac{\partial H}{\partial x} &&\text{（协态方程）}\\&\frac{\partial H}{\partial u}=0 &&\text{（耦合方程）}\\&\frac{\partial H}{\partial\lambda}=\dot{x}=f(x_t,u_t,t),\quad x(t_0)=x_0 &&\text{（状态方程）}\end{aligned}\right\} \tag{4.12}$$

式（4.12）中横截条件的使用可分为三种情况。

（1）终端状态 $x(t_f)$ 给定。由于此时 $x(t_f)=x_f$，所以$\delta x|_{t_f}=0$。于是式中的横截条件变为“零等于零”，即已失去意义，这时改用终端状态 $x(t_f)=x_f$ 代替横截条件。

（2）终端状态 $x(t_f)$ 自由。此时由于$\delta x|_{t_f}\neq 0$，故式中的横截条件化简为 $\lambda_f=\left.\frac{\partial\theta}{\partial x}\right|_{t_f}$。

（3）终端状态 $x(t_f)$ 某些分量给定，某些分量自由。若第 i 个分量给定，则 $x_i(t_f)=x_{fi}$为指定值；若第 j 个分量自由，则有 $\lambda_j(t_f)=\left.\frac{\partial\theta}{\partial x_j}\right|_{t_f}$。其中，终端状态给定的问题也称为终端控制器或调节器问题。在实际中，遇到更多的问题是第三种情况，即有些状态变量需要控制和调节，而有些不需要控制和调节。

式（4.12）中共有 $2n+m$ 个变量（n 个状态变量，n 个协态变量，m 个控制变量），方程也有 $2n+m$ 个（n 个状态微分方程，n 个协态微分方程，m 个耦合代数方程）。求解 $2n$ 个一阶微分方程会产生 $2n$ 个积分常数，它们刚好可以用 n 个初始条件和 n 个终端条件确定。所以式（4.12）可以解出最优控制向量 $\hat{u}$、最优状态向量 $\hat{x}$（最优轨线）和最优协态向量 $\hat{\lambda}$。

因此，求解形如式（4.5）的连续最优控制问题，可利用泛函极值的必要条件转化为式（4.12）所示的微分方程组来进行求解。然而，式（4.12）仍然是两点边值问题，比常微分方程的初值问题或终值问题（一点边值问题）要难，而且没有标准的解题程式。对于简单的问题，可以通过灵活地代入和代数运算求得解析解，稍微复杂的问题只能得到数值解。

4.2.2 直接法

直接法回避了对最优解存在的必要条件的推导，而是将动态最优控制问题转化为非线性规划（non-linear programming，NLP）问题，在约束条件下直接用数值方法对目标函数（性能指标）进行寻优。由于社会经济系统一般可以直接写为离散最优控制问题，时间离散点呈周期（如按年）均匀分布，所以无须进行离散化处理。对于连续动态最优控制问题，还需首先对其进行离散化。

连续最优控制问题转化为非线性规划问题的基本思想是，对离散时间点上的控制变量或状态变量与控制变量一起进行离散近似，使离散方法求得的状态变量（或其导数）与由状态方程计算的状态变量（或其导数）趋于零，即 Defect 向量趋于零，用该向量替代状态方程作为新的约束方程，原目标函数积分式也进行类似的离散化处理，二者一起构成非线性规划问题。其中，仅离散控制变量的方法称为直接打靶法，状态变量和控制变量均离散的方法称为配点法。该过程大致可以分为四步（以配点法为例）。

第一步，将时间离散。

$$t_0 = t_1 < t_2 < \cdots < t_N = t_f \tag{4.13}$$

各时点的选择一般根据状态变量的轨迹，斜率变化较大的地方时间间隔较小，反之间隔越大。通常采用 CGL（Chebyshev-Gauss-Lobatto）或 LGL（Legendre-Gauss-Lobatto）插值法。对应各离散时点的状态变量和控制变量分别记为（x_1，x_2，…，x_N）和（u_1，u_2，…，u_N）。

第二步，对各时点上的状态变量和控制变量进行离散近似。以 P 项 Legendre 展开式逼近为例，状态变量与控制变量及其导数具有如下形式（张稳，2009）。

$$\begin{aligned} x \approx x_P = \sum_{i=1}^{P} a_i L_i,\quad \dot{x} \approx \dot{x}_P = \sum_{i=1}^{P} b_i L_i \\ u \approx u_P = \sum_{i=1}^{P} c_i L_i,\quad \dot{u} \approx \dot{u}_P = \sum_{i=1}^{P} d_i L_i \end{aligned} \tag{4.14}$$

其中，离散化算子 L 由多种算法获取，如 Legendre 展开式、Hermite 多项式等。

第三步，计算配点处的 Defect 向量，令其为零，构成非线性规划问题的约束：

$$\begin{aligned} x - x_P = 0,\quad \dot{x} - \dot{x}_P = 0 \\ u - u_P = 0,\quad \dot{u} - \dot{u}_P = 0 \end{aligned} \tag{4.15}$$

第四步，对目标函数积分项进行逼近。同样以 Legendre 展开为例，积分式的 P 项展开离散形式为

$$\phi \approx \phi_P = \sum_{i=1}^{P} \hat{\phi}_i L_i \tag{4.16}$$

根据 Legendre 多项式的性质，积分值近似等于被积函数 Legendre 展开式首项系数的 2 倍，因此可以得到与问题式（4.5）对应的非线性规划问题形式为

$$\begin{aligned} & \min J_N = \theta(x_{t_f}, t_f) + 2\hat{\phi} \\ & \text{s.t.}\quad x - \sum_{i=1}^{P} a_i L_i = 0, \\ & \qquad \dot{x} - \sum_{i=1}^{P} b_i L_i = 0 \\ & \qquad u - \sum_{i=1}^{P} c_i L_i = 0 \\ & \qquad \dot{u} - \sum_{i=1}^{P} d_i L_i = 0 \end{aligned} \tag{4.17}$$

此外，对于一般离散最优控制问题，如果将依赖于时间的每一期的状态变量$x_k \in R^n$，$k \in [k_0, k_f]$和每一期的控制变量$u_k \in R^m$，$k \in [k_0, k_f - 1]$看作是相互独立的，该离散原问题可以看作在规划期内，在满足状态方程的约束下，对所有变量$\tilde{x} \in R^{n(k_f - k_0 + 1) + m(k_f - k_0)}$进行寻优的非线性规划问题。接下来就可以借助非线性规划来求解原最优控制问题。

首先，我们给出非线性规划问题的一般形式：

$$
\begin{aligned}
\min \quad & f(x) \\
\text{s.t.} \quad & c_j(x) = 0, \ j \in E = \{1, \cdots, l\} \\
& c_j(x) \geqslant 0, \ j \in I = \{l+1, \cdots, m\}
\end{aligned}
\tag{4.18}
$$

其中，自变量$x \in R^n$，c（•）为约束方程形式，可以为线性也可以为非线性；E和I分别为等式约束与不等式约束的下标集。

根据非线性规划求解过程中，从初始点向（局部）最优点收敛过程中得到的中间点是否始终满足约束条件，可以将非线性规划算法分为两大类，一类是以罚函数为技术工具的非可行点类方法，其思想是把非线性约束优化问题转化为无约束或简单约束优化进行求解的算法，其中间过程不保证满足约束条件，而最终结果一定可行；另一类为基于原目标函数为效益函数、可行下降方向为搜索方向的可行方向法，即在可行域内寻找最优方向的方法（简金宝，2010）。

罚函数法主要包括外罚函数法、内点法和乘子法等，它的优点是方法较简单，初始点可以任取，可直接借助于无约束优化的算法（如信赖域法、最速下降法、牛顿法、共轭梯度法、拟牛顿法等）来求解约束优化问题，并在较弱的条件下保证算法的收敛性。但是其缺点是需要求解一系列无约束优化问题，计算量大且收敛速度慢。更为严重的是，随着罚参数趋于其极限，相应的罚函数性质越来越差（如Hessian矩阵条件数变大），所得到的解往往不是可行点，从而很难对其进行高精度求解。

可行方向法保证在向最优解收敛的过程中是可行的，能够满足实际问题对可行性的严格要求。避免了罚函数与罚参数的使用，只用到目标函数的一阶导数信息，而且计算效果好，通常可以收敛到稳定点（KKT点）。然而，可行方向法存在一共同的缺点，即初始迭代点必须可行，为得到一个初始的可行点常常需要一个辅助程序完成，而求解非线性系统得到初始可行点的难度在很多情况下不亚于原问题的求解。

序列二次规划（sequential quadratic programming，SQP）算法最早用来解决凸集最优化问题，随后被用于一般非线性约束问题的求解而流行起来，尤其是在计算最优路径这类最优化问题上获得了很大的成功。SQP算法是求解非线性约束优化问题十分有效的常用算法，它不仅具有快速的理论收敛性，而且具有良好的数值表现。以此方法为基础发展出了很多改进算法，如可行 SQP 算法、次可行 SQP 算法、强次可行 SQP 算法、模松弛 SQP 算法、强收敛的模松弛强次可行 SQP 算法、超线性收敛的模松弛强次可行 SQP 算法等。

尽管针对 SQP 算法提出了很多的改进算法，但每种算法都有其自身的优势和劣势，目前使用最多、发展较为成熟的主要有 CONOPT、MINOS 和 SNOPT。由于对非线性规划问题的研究由来已久，在计算机数值计算能力不断提高的背景下，非线性规划软件也有了很大的发展。除了上面三种之外，还有 NLPQL、NPSOL、DONLP 等。

其中，MINOS 与 CONOPT 属于简约 Hessian 算法，与 SNOPT 类似，均利用一阶导数信息，适用于较低自由度的大型问题。对非线性约束，MINOS 利用线性约束 Lagrange 方法，因此需要通过频繁的函数计算对子问题进行求解；CONOPT 利用一般简约梯度方法，其优势在于可以维持非线性约束的近似可行性，同样需要对子问题进行大量的求解；SNOPT 的运算量稍小，而且通过对修正 Lagrange 度量函数的严格控制来保证解的全局最优性。

CONOPT 具有预处理模型的能力，对于动态方程这类需要逐步求解的方程而言，CONOPT 将对方程及变量迭代求解，通过把约束方程并入目标函数，将仅用于定义目标函数的所有中间变量从模型中去除，从而提高了求解效率。对有约束条件且非线性程度较高的模型 CONOPT 尤其适用，而且对于模型自由度较低的情况，可以快速得到初始可行解，因此也适用于约束条件与变量个数较为接近的模型。当变量个数远远超过约束条件时，CONOPT3 版本将使用约束方程的二阶导数信息进行求解，速度也快于 MINOS 与 SNOPT。

NLPQL、NPSOL 和 DONLP 一般可以从任意初始点出发，寻找到最优解，而且比传统的 MINOS 和 CONOPT 对函数值和梯度值的计算量要小。由于它们对计算过程中的 Hessian 矩阵仍采用密度矩阵形式存储，尽管具有上千个约束和变量的处理能力，但对于更大型的模型问题来说仍显得无能为力。SNOPT 在延续 NPSOL 算法有效性的基础上，采用稀疏矩阵存储 Hessian 矩阵，使其具有处理更大型、更复杂问题的能力。

对于非线性规划问题，一般很难预测哪种算法对哪类特定模型求解更为有效，因此在具体求解时从 CONOPT、MINOS 和 SNOPT 中选取较为稳定的求解算法是必要的。GAMS 软件以这些算法库为基础，提供了统一的建模语言，通过调用相应的求解器即可完成计算。用户无须纠结于不同求解算法的建模语言格式，只需关注最优控制问题本身，并选择适当的求解器。这就大大提高了求解效率，因此当前经济环境领域一些主流的最优控制模型均借助 GAMS 软件平台来计算。

4.3 最优经济增长模型

最优控制模型在政策模拟领域中的一个应用表现为经济增长政策的选择上。例如，如何对经济系统进行最优控制，以实现经济持续平稳增长？经济政策可以作用于哪些变量，如何对这些控制变量施加政策影响？在新古典经济增长理论中，最优经济增长是借助于“效用”指标来对经济政策和最优增长路径进行寻优的。

针对经济增长的上述若干问题，经济学家一直试图予以回答。关于最优经济增长的探讨始于 Ramsey 模型，但在此之前，以 Solow 模型为首的古典经济增长理论便试图给出经济增长的动力机制。Solow 模型认为，资本、劳动和知识存量等要素决定了生产部门的产出水平，并且生产函数具有边际产出递减的特性。同时，由于劳动与知识存量表征的技术水平，在模型中假设是以外生不变的增长率进行递增，所以经济增长的内生动力被认为来自资本的动态积累。而经济系统中唯一的状态变量——资本，其增加取决于以固定储蓄率确定的新增投资，因此 Solow 模型严格意义上并不是一个可控系统，原因在于模型没有提供对储蓄或投资施加影响的控制措施。但 Solow 模型具有很好的收敛稳定性：对其进行动态分析可以发现，无论经济系统初始状态如何，其总能收敛于平衡增长路径。但各个国家的经济系统参数不同，因此各经济系统将收敛于各自的平稳状态，而不会发生绝对收敛。

Ramsey 模型基于 Solow 模型框架，但是将储蓄内生，从而对资本累积过程施加控制，进而影响生产部门的产出水平。该模型通过将每期的产出在消费与储蓄之间进行分配，驱动经济系统发生动态演变，最终从不同的经济增长路径中选择一条最优的路径，以实现“社会福利最大”目标。因此，Ramsey 模型所描述的即为最优控制问题在经济增长领域的一个应用。随后的新古典经济增长模型及经济-能源耦合模型，基本上均是沿用 Ramsey 的最优控制问题框架。

Ramsey 模型是 Ramsey-Cass-Koopmans 模型的简称，属于新古典经济增长模型。该模型主要源于 Ramsey（1928）关于储蓄理论的探讨，随后 Cass

(1965) 和 Koopmans (1965) 对 Ramsey 模型进一步发展，从厂商、家庭等微观主体的最优化决策行为，来引出资本存量的演化，资本和其他生产要素的动态变化进而带动经济增长沿着相应的路径发展。储蓄作为控制变量，不再如 Solow 模型那样是外生且固定不变的了。

Ramsey 模型区分厂商和家庭两个经济主体：厂商利用家庭提供的劳动力与资本进行生产，并支付给家庭工资与资本收益，同时厂商生产出来的产品满足家庭的消费需求。但是，家庭并不将当期的所有收入全部用于消费，而是将部分作为储蓄用于增加资本存量，以保证经济的可持续增长。与 Solow 模型遵循同样的假设，经济系统存在大量相同的厂商，其在竞争性要素市场雇佣劳动、租借资本，并在竞争性产品市场销售产品。生产技术采用生产函数 $Y=F(K, AL)$ 的形式，其中劳动增加型技术进步 A 假设以外生给定的速率 g 增长。厂商最大化其利润，由于厂商由家庭所有，所以其产生的利润也归家庭所有。

另外，经济体中也存在大量相同的家庭，家庭的规模，即劳动力以速率 n 增长。每个家庭成员在每期可以供给一单位劳动力。家庭将其拥有的资本租借给厂商，资本折旧不予考虑。每期家庭都面临一个选择，将其收入（包括资本收入、劳动所得及从厂商处获得的利润）在消费与储蓄之间进行分配，以最大化其终生效用。

家庭效用函数采用如下不变相对风险厌恶（constant relative risk averse，CRRA）形式：

$$U=\int_{t=0}^{\infty}\mathrm{e}^{-\rho t}u(C_t)\frac{L_t}{H}\mathrm{d}t=\int_{t=0}^{\infty}\mathrm{e}^{-\rho t}\frac{{C_t}^{1-\theta}}{1-\theta}\frac{L_t}{H}\mathrm{d}t \tag{4.19}$$

式中，U 为效用函数；C_t 为每个家庭成员的消费；$u(\cdot)$ 为瞬时效用函数，反映了即期家庭每个成员从消费 C_t 中所获得的效用；θ 为相对风险厌恶系数；L_t 为经济的总人口；H 为经济体的家庭数量；L_t/H 即为每个家庭的成员人数。最后，为便于比较不同消费选择路径的优劣，家庭需将以后各期的效用贴现到现期，贴现率为 ρ。模型将家庭看作是永续存在的，尽管家庭中的成员个体会发生变化，因此考察周期为无限期。

在完全竞争假设下，厂商将获得零利润。其支付给家庭的工资和资本报酬分别对应劳动和资本的边际产出。将上述生产函数 $Y=F(K, AL)$ 写成人均的形式为

$$y=\frac{Y}{AL}=F\left(\frac{K}{AL},1\right)=f(k) \tag{4.20}$$

式中，y 和 k 分别为单位有效劳动对应的产出和资本存量；Y、A、L 分别为总产出、全要素生产率、劳动力总量；F 为生产函数。由于市场是竞争性的，资本的

真实报酬率等于其可以创造的边际产出：

$$r_t = \frac{\partial F(K_t, A_t L_t)}{\partial K_t} = f'(k_t) \tag{4.21}$$

劳动的真实工资等于劳动的边际产出，即

$$W_t = \frac{\partial F(K_t, A_t L_t)}{\partial L_t} = \frac{A_t \partial F(K_t, A_t L_t)}{\partial A_t L_t} = A_t [f(k_t) - k_t f'(k_t)] \tag{4.22}$$

家庭的预算约束反映了家庭的收支情况必须满足的假设条件，即其终生消费的贴现值不能超过其初始财富与其终生劳动收入的现值之和。由于每期利率是变化的，所以我们引入变量 R_t 来反映未来时刻收入贴现到 0 时刻的价值：

$$R_t = \int_{\tau=0}^{t} r_\tau \mathrm{d}\tau \tag{4.23}$$

在 0 时刻投资的一单位产出品将在 t 时刻获得数量为 e^{R_t} 的物品，等价地，在 t 时刻的一单位产出的价值用 0 时刻的产出表示即为 e^{-R_t}，反映了连续复利效应。每个家庭的预算为

$$\int_{t=0}^{\infty} \mathrm{e}^{-R(t)} C_t \frac{L_t}{H} \mathrm{d}t \leqslant \frac{K_0}{H} + \int_{t=0}^{\infty} \mathrm{e}^{-R(t)} W_t \frac{L_t}{H} \mathrm{d}t \tag{4.24}$$

对式（4.24）进行移项变换得

$$\frac{K_0}{H} + \int_{t=0}^{\infty} \mathrm{e}^{-R(t)} (W_t - C_t) \frac{L_t}{H} \mathrm{d}t \geqslant 0 \tag{4.25}$$

注意到在 s 时刻，家庭资本持有量为

$$\frac{K_s}{H} = \mathrm{e}^{R(s)} \frac{K_0}{H} + \int_{t=0}^{s} \mathrm{e}^{R(s)-R(t)} (W_t - C_t) \frac{L_t}{H} \mathrm{d}t$$

因此，式（4.25）可以写成如下等价的预算约束形式：

$$\lim_{s \to \infty} \mathrm{e}^{-R(s)} \frac{K_s}{H} \geqslant 0 \tag{4.26}$$

也就是说，在无限期形式下家庭所持有的资产现值不能是负的。这便是著名的非蓬齐博弈条件，它不允许终生消费现值超过其终生资源的现值。

再来看家庭的最优化问题。若定义 c_t 为每单位有效劳动的消费，则每个劳动者的消费 C_t 就等于 $A_t c_t$，定义 ω_t 为每单位有效劳动的工资，则每个劳动者的真实工资 W_t 就等于 $A_t \omega_t$。将 $A_t = A_0 \mathrm{e}^{gt}$，$L_t = L_0 \mathrm{e}^{nt}$ 代入原效用函数与预算约束方程，得到：

$$\begin{aligned} U &= \int_{t=0}^{\infty} \mathrm{e}^{-\rho t} \frac{C_t^{1-\theta}}{1-\theta} \frac{L_t}{H} \mathrm{d}t \\ &= \frac{A_0{}^{1-\theta} L_0}{H} \int_{t=0}^{\infty} \mathrm{e}^{-\rho t} \mathrm{e}^{nt} \mathrm{e}^{(1-\theta)gt} \frac{c_t^{1-\theta}}{1-\theta} \mathrm{d}t \end{aligned} \tag{4.27}$$

$$\equiv B\int_{t=0}^{\infty} \mathrm{e}^{-\beta t}\ \frac{c_t^{1-\theta}}{1-\theta}\mathrm{d}t$$

式中，g、n 分别为全要素生产率和劳动力的增长率。

$$\int_{t=0}^{\infty} \mathrm{e}^{-R(t)}\, c_t \mathrm{e}^{(n+g)t}\mathrm{d}t \leqslant k_0 + \int_{t=0}^{\infty} \mathrm{e}^{-R(t)}\, \omega_t \mathrm{e}^{(n+g)t}\mathrm{d}t \tag{4.28}$$

家庭的最优化行为即在满足预算约束式（4.28）的前提下，最大化效用式（4.27）。求解该最优控制问题，我们参照 4.2 节的方法，首先构造如下拉格朗日函数：

$$\begin{aligned} L = {} & B\int_{t=0}^{\infty} \mathrm{e}^{-\beta t}\ \frac{c_t^{1-\theta}}{1-\theta}\mathrm{d}t \\ & +\lambda\left[k_0 + \int_{t=0}^{\infty} \mathrm{e}^{-R(t)}\, \omega_t \mathrm{e}^{(n+g)t}\mathrm{d}t - \int_{t=0}^{\infty} \mathrm{e}^{-R(t)}\, c_t \mathrm{e}^{(n+g)t}\mathrm{d}t\right] \end{aligned} \tag{4.29}$$

式中，$B \equiv \dfrac{A_0{}^{1-\theta}L_0}{H}$，$\beta \equiv \rho - n -$（$1-\theta$）$g$。家庭需要选择其在每期的消费 c_t，以使各期组成的消费向量对应的效用最大。对于每期消费 c_t 对应的最大化一阶条件为

$$B\mathrm{e}^{-\beta t} c_t^{-\theta} = \lambda \mathrm{e}^{-R(t)}\, \mathrm{e}^{(n+g)t} \tag{4.30}$$

对式（4.30）两边取对数，并求时间的导数，可得

$$-\beta - \theta\frac{\dot{c}}{c} = -r_t + (n+g) \tag{4.31}$$

于是，单位有效劳动的消费增长率 $\dot{c}/c$ 可以表示为

$$\frac{\dot{c}}{c} = \frac{r_t - n - g - \beta}{\theta} = \frac{r_t - \rho - \theta g}{\theta} \tag{4.32}$$

根据 $C_t = A_t c_t$ 的关系式，每个家庭成员的消费增长率为

$$\frac{\dot{C}}{C} = \frac{\dot{A}}{A} + \frac{\dot{c}}{c} = \frac{r_t - \rho}{\theta} \tag{4.33}$$

式（4.30）便是求解这类最大化问题的著名的欧拉方程。直觉上，欧拉方程描述了在给定初始消费 c_0（或 C_0）时，其必须如何随时间变化的最优化路径。如果消费不按照最优化增长率［式（4.32）或（4.33）］进行演化，那么家庭将在不改变终生费用现值的前提下，重新安排其消费以提高终生效用。初始消费 c_0（或 C_0）的选择由如下条件决定：在所形成的最优路径上，终生消费现值等于初始财富与未来收入的现值之和。当初始消费 c_0（或 C_0）确定得太低，沿最优增长路径的消费支出并不会用尽其终生财富，因此家庭将提高其消费水平；相反当初始消费 c_0（或 C_0）确定得太高，消费支出大于其可用尽的终生财富，因此这种消费路径将不可行。

4.4　经济-能源耦合模型

随着工业革命的到来，机器工业代替传统的人力和畜力，在使生产率得到大幅提升的同时，生产活动对能源的依赖也显著增强。一方面，能源消费可以提高其他生产要素的生产率，从而带来经济的发展；另一方面，经济的发展也带来对能源消费的进一步需求。尤其是在 20 世纪 70 年代世界经历过能源危机之后，对能源重要性的认识得到进一步加强。

在此背景下，经济增长与能源投入之间的相互作用关系得到学术界的关注。继 Rashe 和 Tatom（1977）首次将能源投入引入生产函数，内生地揭示了能源投入在经济产出中的重要作用之后，Moon 和 Sonn（1996）在开放经济下，将资本与能源的投入内生化，构建了一个跨期的内生经济增长模型，重点研究了引入能源投入的最优投资行为和最优经济增长路径。

可以说，Ramsey 的最优增长模型旨在解决如何消费或储蓄以实现社会福利最大化的问题。Moon 和 Sonn（1995）则在 Ramsey 模型框架下引入了新的控制变量——能源投入，考虑了能源投入对其他要素生产率的促进作用，得出最优的能源强度和经济增长路径。与此同时，还探讨了能源强度与最优增长率、最优储蓄率之间的关系。

在王铮、朱永彬和刘昌新等（2010）的工作中，给出了能源强度下降的经验估计，然后结合朱永彬、王铮和庞丽等（2009）发展的经济增长模型，计算出中国碳排放需求的变化动态曲线。

4.4.1　模型介绍

自 Ramsey 提出并构建出内生经济增长模型很长一段时间以来，很多经济学家试图将内生增长理论应用于现实的经济发展问题研究。但是，却很少有人将其应用于能源与经济增长关系研究。虽然一些研究在处理资源要素时涉及能源，但也仅仅以一种间接的方法，来阐述“经济的快速增长将带来对能源需求的高速增长”这一论点，而没有明确地分析经济发展与能源需求增长二者之间的相互作用关系。

Moon 和 Sonn（1996）则指出，经济增长与能源需求之间存在两种截然不同的关系：一方面，经济增长将自然导致能源需求的扩张，进而提高其他生产要素的生产率，从而带来经济增长率的提高；另一方面，能源需求的扩张将减少用于投资的可支配收入，从而对经济增长产生负面效应。由此，在经济增长与能源需求之间存在一个最优的关系。通过对 Ramsey 的内生增长模型进行改进，Moon 和 Sonn 将其应用到一个特定虚拟经济体的研究中，来揭示经济增长如何影响能源消费及能源消费如何反向影响经济增长的动力机制。

延续 Ramsey 模型的基本假设：代表性经济主体拥有物质资本，并可提供 1 单位劳动力，因此可以利用资本、劳动力及资源投入等要素进行生产，得到相应的报酬。假设每个代表性经济主体仅提供固定的 1 单位劳动力，而且资源投入主要考察能源要素的投入，因此生产函数采用如下的简化形式：

$$Y(t) = AK^{\alpha}E^{1-\alpha}, 0 < A < 1 \tag{4.34}$$

式中，Y 为经济总产出；A 为全要素生产率；K 和 E 分别为资本和能源要素投入；α 为资本的边际产出弹性。

另外，代表性经济主体既是生产者也是消费者，其通过对生产出来的产品进行消费来获得效用。模型假设社会只生产一种产品，该产品既可用于消费也可用于投资。设代表性经济主体对消费品的偏好采用传统的贴现形式，即将未来每期消费所获得的效用贴现到当期并进行加总。社会计划者的目标即是使社会成员的累积效用之和最大，即

$$\max W = \int_0^{\infty} U[C(t)]\mathrm{e}^{-\rho t}\mathrm{d}t = \int_0^{\infty} \mathrm{e}^{-\rho t}\frac{C^{1-\sigma}-1}{1-\sigma}\mathrm{d}t \tag{4.35}$$

式中，W 为社会总福利；ρ 为贴现率；σ 为相对风险厌恶系数。

可见，该模型在 Ramsey 模型基础上的最大改进在于，将能源投入作为一个单独的要素引入生产函数。其背后的基本思想为资本与能源之间并不能完全相互替代，也就是说，能源是一种必需投入，在生产过程中不能由其他要素完全替代。由此，在经济增长与能源投入之间可以建立一种连接。另外，模型定义能源强度为能源投入与经济产出的比率，其物理意义为生产单位最终产品所需要投入的能源使用量，即

$$\tau(t) = E(t)/Y(t) \tag{4.36}$$

式中，τ 为能源强度。

将式（4.36）代入式（4.34），可以得到产出与能源强度之间的关系为

$$Y(t) = A(t)^{1/\alpha}\tau(t)^{(1-\alpha)/\alpha}K(t), 0 < \tau < 1 \tag{4.37}$$

模型进一步假设所考察的经济体为开放经济体，且不存在任何能源资源，即

其生产过程所需的能源投入完全依赖从其他国家的进口。为此，经济产出中的一部分需要支付这部分能源支出。尽管这是一个很强的假设，但与很多工业化经济体的大部分能源需求依赖石油出口国的现实情况是一致的。能源支出可以定义为

$$R(t)=\beta(t)E(t)=\beta(t)\tau(t)Y(t) \tag{4.38}$$

式中，R 为能源支出成本；β（t）为外生给定的世界能源市场上的能源价格。这里假设 $\beta\tau$ 的乘积小于 1，这样该经济体的可支配收入，即产出的（$1-\beta\tau$）部分，才可以进一步在消费与投资之间进行分配。同样，由于每期进行投资，资本存量可以不断增加，所以资本存量的动态方程可写为

$$\dot{K}(t)=Y(t)-R(t)-C(t)=(1-\beta\tau)Y(t)-C(t) \tag{4.39}$$

这里，Moon 和 Sonn 将资本折旧率假设为零。至此，模型构建完毕，其背后的经济含义是：一个经济体中存在很多相同的经济主体，每个代表性经济主体使用形如式（4.34）的生产技术进行生产；同时，假设它是一个价格接受者和能源进口者。因此，它需要确定多少用于当期消费，以及多少用于资本投资以最大化其效用。每期生产出来的产品将用于三种不同用途：一部分直接用于当期消费，一部分用于能源支出以满足当期生产的需要，还有一部分用于资本积累以满足未来生产的需要。其关键在于如何最优化地分配资源，显然这是一个最优控制问题。

4.4.2　模型求解

根据最优控制问题的求解方法，首先需要写出代表性家庭最优决策的现值 Hamilton 函数：

$$H(C,K,\lambda)=\frac{C^{1-\sigma}-1}{1-\sigma}+\lambda[(1-\beta\tau)A^{1/\alpha}\tau^{(1-\alpha)/\alpha}K-C] \tag{4.40}$$

式中，H 为 Hamilton 函数；λ 为 Lagrange 乘子。

该问题中，唯一的决策变量，即控制变量为消费 C。经济主体在给定能源价格和能源强度的情况下，选择最优的消费路径，以最大化其福利效用。根据 Hamilton 函数可以写出最优化的一阶必要条件为

$$\frac{\partial H}{\partial C}=C^{1-\sigma}-\lambda=0 \tag{4.41}$$

$$\dot{\lambda}=\rho\lambda-(1-\beta\tau)A^{1/\alpha}\tau^{(1-\alpha)/\alpha} \tag{4.42}$$

式中，λ 为消费的影子价格，横截性条件可写为

$$\lim_{t\to\infty}e^{-\rho t}\lambda(t)K(t)=0 \tag{4.43}$$

同时，经济的平稳增长也是求解过程所关心的问题。因此，需要保证消费与

资本存量以不变速率增长。以上两个独立的微分方程给出了经济的最优平稳增长路径，即

$$\hat{C}^* = g = -\frac{1}{\sigma}[\rho - (1-\beta\tau)A^{1/\alpha}\tau^{(1-\alpha)/\alpha}] \tag{4.44}$$

式中，$\hat{C}^*$ 为消费的最优增长率；g 为经济增长率。

根据经济平稳增长的定义，所有经济变量，如消费 C、资本存量 K、经济产出 Y 和能源投入 E 都将以式（4.44）的增长率变动，给定初期的资本存量 K（0），所有变量的初期水平及平稳最优增长路径即可确定。

从式（4.44）中可以看出，不同的能源强度水平对增长速率具有两种效应：一方面，提高能源强度将降低可支配收入，减缓资本积累速度，使经济增速下降；另一方面，能源强度的提高可提高资本的边际生产率，从而提高经济增长速度。因此，经济增长的具体表现取决于能源强度的大小。当前者效应大于后者时，具有负向的关系，反之，能源强度与经济增长则具有正向的关系。通常情况下，当能源强度较小时，能源强度对经济增长的负效应较强。这意味着此时能源利用效率较高，若提高能源强度，能源支出减缓经济增速的效应将起主要作用。

然而，能源强度的大小取决于技术水平，这不是社会计划者所能左右的。社会计划者仅仅是在给定能源强度的前提下选择最优的消费-投资路径，确定最优的生产要素配比（资本-能源比例）。随着技术水平的提高，能源利用效率不断提高，能源强度则不断降低，因此存在经济增长率随时间出现先增后降的可能性。将式（4.44）对能源强度求一阶导数，并令其等于零，可以得到经济增长率最高时所对应的能源强度值：

$$\frac{\mathrm{d}g}{\mathrm{d}\tau} = \frac{1}{\alpha\sigma}A^{1/\alpha}\tau^{(1-\alpha)/\alpha}\left(\frac{1-\alpha}{\tau} - \beta\right) \tag{4.45}$$

$$\frac{\mathrm{d}g}{\mathrm{d}\tau} = 0, \tau = \frac{1-\alpha}{\beta} \tag{4.46}$$

式（4.46）意味着，经济增长率最大时所对应的条件为能源支出与产出份额相等，即

$$\beta\tau^* Y = R^* = (1-\alpha)Y \tag{4.47}$$

最后，基于该模型与韩国的经济数据，Moon 和 Sonn 对模型进行了实证检验。模拟得到的平均储蓄率略高于 30%，经济平均增长率为 8%～9%，与实际数据基本一致，说明模型的设定是合理的。

4.5　能源需求（碳排放）展望模型

在 Moon-Sonn 模型基础上，朱永彬、王铮和庞丽等（2009），王铮、朱永彬和刘昌新等（2010）进一步考虑劳动力、技术进步等的影响，使模型更接近于中国的实际发展情况，在利用中国的历史数据对模型进行校准的基础上，对中国未来的最优经济平稳增长路径和能源消费、碳排放路径进行预测，模拟了各种政策对碳排放的调节作用。

虽然 Moon 和 Sonn 利用韩国的数据对其模型进行了校验，但该模型的目的仅仅是分析能源需求与经济增长之间的相互作用关系，在某些方面其假设过于强烈，与中国的经济发展特征存在不一致的地方。因此，若将其应用到对未来的预测，必须使其符合中国的国情，所以需要对其进行必要的改进。模型的框架仍是沿用 Ramsey 模型，对未来经济增长的模拟推演也是在效用最大化这一最优目标下求得的，因此该问题同样是一个最优控制问题，只是将最优经济增长模型扩展到能源与碳排放领域。

4.5.1　模型介绍

为简化起见，Moon-Sonn 模型并没有明确将劳动力引入模型，仅假设资本包含物质资本和人力资本。这一假设与我国经济发展特征不符。我国是人口大国，在发展初期劳动力过剩，而资本严重不足，随着改革开放和吸引外资政策的实施，这一局面开始转变。如今，随着城市化进程的加速和人口老龄化的发展，大量农村剩余劳动力进入城市，劳动人口总量也在下降，所以劳动力过剩的情况已经不复存在。因此，劳动力对经济增长的贡献在中国经济发展过程中是不断变化的，在模型中需要有所反映，因此改进后的模型将资本与劳动力要素分开，将劳动力显式地引入模型。这可以更准确地反映资本与劳动力的边际生产率的不同，而且在预测未来经济增长时将未来人口与劳动力的变化考虑进去，使预测更贴近现实。

此外，随着产业结构的升级，经济增长的动力已由劳动力和资本转向了科学技术，技术进步逐渐成为现代经济的第一大生产力。因此，改进后的模型将技术进步考虑进去，反映在全要素生产率随时间呈指数增长上，生产函数在之前模型基础上进行了改进：

$$Y(t)=A_0 e^{vt}K(t)^{\alpha}E(t)^{1-\alpha}L(t)^{\gamma},\ 0<\alpha<1 \tag{4.48}$$

式中，A_0 为初期全要素生产率；v 为全要素生产率的年增长速度，反映技术进步促进生产效率的提高；K 为资本存量；E 为能源投入量；L 为劳动力要素投入；α 和 γ 分别为资本与劳动力的边际产出弹性。

此外，能源完全依赖进口是一个很强的假设。由于我国既是能源消费大国也是能源生产大国，《中华人民共和国 2005 年国民经济和社会发展统计公报》有关数据显示，2005 年中国一次能源自给率达到 92.8%，进口依存度仅为 7.2%，这一假设显然不符合我国实际。在改进的模型中，能源部分依赖进口，其余部分来自国内供给，从而能源支出变为

$$R(t)=ab(t)E(t)=\theta(t)\tau(t)Y(t) \tag{4.49}$$

式中，a 为进口比例；b 为世界市场能源价格；θ 为进口比例与世界市场能源价格的乘积。与 Moon-Sonn 模型一致，这部分能源支出特指经济体向其自身以外的其他经济体流出的资源，不能用作自身的消费及投资。也意指能源进口的综合成本，而能源自给部分的投入可看作投资。于是，考虑资本折旧和能源部分依赖进口后的资本积累方程变为

$$\dot{K}(t)=(1-\delta)Y(t)-R(t)-C(t)=[1-\delta-\theta\tau(t)]Y(t)-C(t) \tag{4.50}$$

式中，δ 为最终产出中用于抵消折旧的比例。由于在改进的模型中加入了劳动力，所以有必要对社会总人口及劳动力进行区分。假设社会总人口为 N，就业人口占总人口的比重，即劳动参与率为 ω，未来人口平均年增长率为 n，则 t 年的人口与劳动力分别为

$$N(t)=N_0 e^{nt} \tag{4.51}$$

$$L(t)=\omega(t)N(t) \tag{4.52}$$

每个社会成员的效用 u 是其人均个人消费 c 的函数：

$$u[c(t)]=\frac{c(t)^{1-\sigma}-1}{1-\sigma} \tag{4.53}$$

社会福利最大化目标应为使所有社会成员的效用现值之和最大：

$$\max\int_0^{\infty}u[c(t)]N(t)e^{-\rho t}dt=\int_0^{\infty}\frac{1}{1-\sigma}[C(t)^{1-\sigma}N_0^{\sigma}e^{(n\sigma-\rho)t}-N_0 e^{(n-\rho)t}]dt \tag{4.54}$$

于是，改进后模型变为如下最优控制问题：

$$\max \int_0^{\infty} \frac{1}{1-\sigma}[C(t)^{1-\sigma} N_0^{\sigma} e^{(n\sigma-\rho)t} - N_0 e^{(n-\rho)t}] dt$$
$$\text{s.t.} \dot{K}(t) = [1-\delta-\theta\tau(t)]Y(t) - C(t) \tag{4.55}$$

4.5.2 模型求解

模型（4.55）也是一个典型的最优控制问题。要对其进行求解，首先由目标函数及状态方程构造 Hamilton 函数：

$$H = \frac{1}{1-\sigma}[C(t)^{1-\sigma} N_0^{\sigma} e^{(n\sigma-\rho)t} - N_0 e^{(n-\rho)t}] + \lambda[(1-\delta-\theta\tau)Y(t) - C(t)] \tag{4.56}$$

根据最优控制问题的必要条件，即耦合方程和协态方程可知，在消费路径和资本积累路径均最优的情况下，满足（在此省略时间下标）：

$$\frac{\partial H}{\partial C} = N_0^{\sigma} e^{(n\sigma-\rho)t} C^{-\sigma} - \lambda = 0 \tag{4.57}$$

$$\dot{\lambda} = -\frac{\partial H}{\partial K} = -\lambda(1-\delta-\theta\tau)\frac{\partial Y}{\partial K} \tag{4.58}$$

将能源强度式（4.36）代入式（4.48），得到生产函数新的形式：

$$Y(t) = (A_0 e^{\nu t})^{1/\alpha} \tau(t)^{(1-\alpha)/\alpha} (\omega N_0 e^{nt})^{\gamma/\alpha} K(t) \tag{4.59}$$

对式（4.59）求资本的偏导，得到：

$$\frac{\partial Y}{\partial K} = (A_0 e^{\nu t})^{1/\alpha} \tau(t)^{(1-\alpha)/\alpha} (\omega N_0 e^{nt})^{\gamma/\alpha} \tag{4.60}$$

对式（4.57）移项，然后对等式两边取对数，得到：

$$\sigma \ln(N_0) + (n\sigma - \rho)t - \sigma \ln[C(t)] = \ln[\lambda(t)] \tag{4.61}$$

对式（4.61）取时间的导数：

$$\frac{\dot{\lambda}}{\lambda} = (n\sigma - \rho) - \sigma \frac{\dot{C}}{C} \tag{4.62}$$

将式（4.60）代入式（4.58），并整理得到：

$$\frac{\dot{\lambda}}{\lambda} = -(1-\delta-\theta\tau)(A_0 e^{\nu t})^{1/\alpha} \tau^{(1-\alpha)/\alpha} (\omega N_0 e^{nt})^{\gamma/\alpha} \tag{4.63}$$

将式（4.62）和式（4.63）联立，整理解得

$$g_C = \frac{\dot{C}}{C} = \left(n - \frac{\rho}{\sigma}\right) + \frac{1}{\sigma}(1-\delta-\theta\tau)(A_0 e^{\nu t})^{1/\alpha} \tau^{(1-\alpha)/\alpha} (\omega N_0 e^{nt})^{\gamma/\alpha} \tag{4.64}$$

式（4.64）即为效用最大化目标下的消费最优增长率。根据经济增长理论，当经济保持平稳增长时，产出与消费需保持相同的增长速度，从而式（4.64）即经济

平稳增长路径下的最优经济增长率。

由式（4.64）可以看出经济增长率与能源强度之间的关系：一方面，能源强度τ增大，项$\tau^{(1-\alpha)/\alpha}$也随之增大［能源产出弹性（$1-\alpha$）>0］，即能源投入的增大会促进经济的增长，从而对经济增长有促进作用；另一方面，抵消折旧与能源支出后的产出项系数$1-\delta-\theta\tau$会随着能源强度τ的增大而减小，进而减少可用于当期消费与资本积累的产出总量，而资本积累的减少会带来下期产出的减少，从而使经济增长率趋于减小，又对经济增长存在抑制作用。由于能源强度对经济增长率的促进作用呈幂函数型增长，幂指数为（$1-\alpha$）/α，而抑制作用为线性下降，幂指数为1。因此当（$1-\alpha$）/$\alpha<1$时，前者的增长速度将小于后者的下降速度。此时，随着能源强度的增加，最终能源强度对经济增长率起到的综合效应为负。

此外，令式（4.64）对能源强度的导数为零，容易得出最优消费增长率达到最大时所对应的能源强度为

$$\tau=\frac{(1-\delta)(1-\alpha)}{\theta} \tag{4.65}$$

该值具有唯一性，说明式（4.64）具有唯一的极值点。综合上述两个特性：综合效应为负和极值点的唯一性，可以推断经济增长率随着能源强度将表现出先升后降的EKC曲线特征，且EKC曲线存在的必要条件为能源的产出弹性满足：

$$1-\alpha<0.5 \tag{4.66}$$

4.5.3 数据与参数

为了利用改进的模型对未来经济平稳增长路径下的能源消费量和碳排放量进行预测，需要首先对模型中的参数进行估计。其中，生产函数中各生产要素的产出弹性、初始技术水平和技术进步速率可由生产函数的统计模型估计得出。对式（4.48）进行变换，得到用于参数估计的统计模型：

$$Y'=a+\nu t+\alpha K'+\gamma L'+\varepsilon$$

式中，$Y'=\ln(Y/E)$，$a=\ln(A_0)$，$K'=\ln(K/E)$，$L'=\ln(L)$，ε为残差项。经济产出Y的数据采用中国GDP；劳动力采用历年《中国统计年鉴》中的年底从业人员数；能源消费量数据可从历年《中国能源统计年鉴》中获得。在对资本存量的核算上，由于没有直接数据，为此可采用Goldsmith（1951）开创的永续盘存法，沿用张军、吴桂英和张吉鹏（2004）对各变量意义的解释及对资本核算相关参数的测算进行重新计算。最终将GDP和资本存量换算为某年的可比价格，各变量均取1978年以来的时间序列作为样本数据。

模型中的人口增长率与劳动参与率 n、ω 的取值分为两个阶段，2009 年以前可由《新中国五十年统计资料汇编》和《中国统计年鉴》计算而来，2010 年及以后数据可根据联合国 *World Population Prospects*：*The 2010 Revision* 预测的人口数据同王金营和蔺丽莉（2006）预测的劳动力数据计算而来。

而对于效用函数（4.54）中的参数 σ 和 ρ，由于没有关于效用函数的具体量化指标，所以不能通过现有数据进行估算，只能根据中国的实际数据对其进行校准。

资本折旧率采用现有文献对固定资本折旧率的测算值。对于能源投入的单位成本 θ，由于不同时期世界市场的能源价格瞬息万变及国家对进口能源比例时刻不断地调整，对 θ 的估计变得十分复杂，简单的平均不能很好地适用于模型，因此参照 Moon 和 Sonn 的方法，即根据推导出的最优增长率与能源强度关系进行拟合得出。由最优经济增长率达到最大时所对应的能源强度式（4.65），选取近年来能源强度与经济增长率数据进行拟合，得出对应经济增长率最大时的能源强度，进而根据下式计算出能源进口价格的近似取值：

$$\theta = \frac{\varepsilon(1-\alpha)}{\tau} \tag{4.67}$$

4.5.4　政策情景分析

从最优经济增长率公式［式（4.64）］可以看出，在各经济参数确定的情况下，经济增长率是关于能源强度的函数。因此，在对未来能源强度进行预测的基础上可以计算出未来各期的最优经济增长率，以某年的 GDP 为基准，利用经济增长率可以得到未来各期的经济总量。在已知经济增长路径及能源强度演变趋势的情况下，可直接求得未来的能源需求量，进而根据能源的碳排放系数计算得到碳排放走势。具体预测流程如图 4.1 所示。

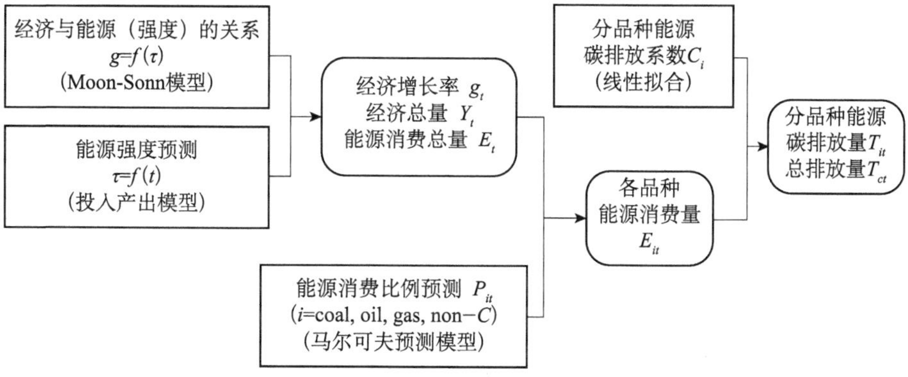

图 4.1　最优经济增长路径下的能源消费碳排放预测流程图

1. 能源强度预测

能源强度在模型中被看作是外生演化的，其与能源利用的技术进步速度有关。由此可知，如果经济产出因技术进步存在随时间的指数增长趋势，那么能源强度也将存在随时间的指数下降趋势。为此，可以根据能源强度的历史数据进行指数拟合，得到能源强度随时间变化的关系。考虑不同产业在能源依赖程度和能效提高速度上的差异，在产业结构细分的基础上需同时考虑不同产业内部能源强度的演化趋势以及未来产业结构本身的演化，进而更准确地测算未来能源强度的综合趋势。

2. 能源消费与碳排放路径展望

将预测得到的能源强度数据代入式（4.64），可以得到未来的最优经济增长路径，进而根据经济规模与能源强度得到未来能源需求总量。但由于不同能源品种的碳排放系数存在很大的差异，为使能源消费产生的碳排放得到更准确地核算，需要考虑各品种能源消费量在总能源消费中所占的比重，即考虑能源结构对最终碳排放的影响。与产业结构的预测方法类似，可以利用马尔科夫模型对能源结构的演化进行预测。结合各能源品种的碳排放系数及能源结构演化趋势可以计算出能源消费的综合碳排放系数，最后根据能源消费总量及综合碳排放系数可以计算出未来我国的碳排放走势。

3. 敏感性分析

在能源（碳排放）需求预测模型中，一些关键参数（如能源进口综合成本），以及外生变量的情景设定（如能源强度下降速率），甚至政策目标的实现（如可再生能源替代）等都会对未来的经济增长路径和碳排放趋势产生影响。为此，可以基于该模型对这些影响因素进行敏感性分析，研究它们对未来能源消费和碳排放路径的影响程度。

其中，能源进口综合成本既受国际能源价格影响，也与进口比例有关。一国经济体会根据国际市场价格调整进口比例，使进口综合成本基本保持稳定。价格的变动幅度一旦超过进口比例可调节范围（如价格上涨），若减少进口将无法满足经济对能源的需求，进而导致能源进口综合成本的增加。能源强度下降速度反映了能源利用技术进步的速度，未来节能技术如实现重大突破，将对能源消费需求产生重大影响，进而影响未来碳排放路径。可再生能源替代政策主要影响的是碳排放系数。通过可再生能源对传统化石能源的替代，可以在保证未来能源需求情况下大幅减少碳排放，这也是影响未来碳排放路径的重要政策。

参考文献

简金宝.2010. 光滑约束优化快速算法——理论分析与数值试验. 北京：科学出版社.

王金营，蔺丽莉，2006. 中国人口劳动参与率与未来劳动力供给分析. 人口学刊，28 (4)：19-24.

王铮，朱永彬，刘昌新，等，2010. 最优增长路径下的中国碳排放估计. 地理学报，65 (12)：1559—1568.

张军，吴桂英，张吉鹏，2004. 中国省际物质资本存量估算：1952—2000. 经济研究，10：35-44.

张稳.2009. 非光滑最优控制问题的一种数值解法. 高校应用数学学报（A辑)，24 (2)：207-220.

朱永彬，王铮，庞丽，等，2009. 基于经济模拟的中国能源消费与碳排放高峰预测. 地理学报，64 (8)：935-944.

Cass D. 1965. Optimum growth in an aggregative model of capital accumulation. The Review of Economic Studies，32 (3)：233-240.

Goldsmith R W. 1951. A perpetual inventory of national wealth. NBER Studies in Income and Wealth，New York：National Bureau of Economic Research.

Koopmans T C. 1965. On the concept of optimal economic growth. Amsterdam：The Econometric Approach to Development Planning.

Moon Y S，Sonn Y H. 1996. Productive energy consumption and economic growth：an endogenous growth model and its empirical application. Resource & Energy Economics，18 (2)：189-200.

Ramsey F P. 1928. A mathematical theory of saving. The Economic Journal，38 (152)：543-559.

Rashe R，Tatom J. 1977. Energy resources and potential GNP. Federal Reserve Bank of St Louis Review，59 (6)：68-76.

Solow R M. 1956. A contribution to the theory of economic growth. The Quarterly Journal of Economics，70 (1)：65-94.

第 5 章

最优减排控制模型与政策模拟

最优控制模型除了可以对未来经济增长和碳排放趋势进行预测之外，通过将减排目标约束引入最优控制模型，还可以对最优减排路径和政策进行研究。本章将首先对最优减排控制模型的类型进行介绍，然后针对减排目标模型的具体构建和模拟展开详细讨论。这里的内容，除了对被动排放过程的描述外，更多地研究了政策作为一种控制系统的手段如何调节经济系统。“控制策略”是政策的最常见形式。

5.1 最优减排控制模型

减缓温室气体排放是应对气候变化的重要手段之一，温室气体排放作为连接经济系统与气候系统的变量，对减排问题的研究往往是在经济-气候耦合集成评估模型（IAM）的框架下开展的。Weyant、Davidson 和 Dowlatabadi 等（1996）将气候变化 IAM 模型进行划分，即根据是否考虑政策的最优性，分为特定政策措施的政策评估模型与寻找最优政策的政策优化模型。前者主要用于评估特定外生政策的影响，属于描述性模型，且通常包含生态、经济与社会系统方面的细节，如 Rotmans（1990）的 IMAGE 模型等；而后者在一定意义上属于规范性模型，其以社会福利最大或社会成本最小为优化目标，试图寻找最为理想的应对政策，如 DICE 模型（Nordhaus，1994）和 MERGE 模型（Manne and Richels，

1992）等。

描述性政策评估模型虽然在刻画生态和经济系统的细节方面具有优势，但对政策的选取是任意的，无法得到满足目标要求的最优政策。而政策优化模型很好地克服了这一不足，因此对包含最优化与最优控制的经济增长-气候变化集成评估模型的研究逐渐增多，成为气候变化政策研究的主流方法。

很多学者（如 Gaertner，2001；Manne、Mendelsohn and Richels，1995；Manne and Richels，1992，2005；Nordhaus、Stavins and Weitzman，1992；Nordhaus，1994；Nordhaus and Yang，1996）在 Ramsey（1928）的最优经济增长模型基础上，提出了综合评估气候政策的集成评估模型，将最优控制思想应用于经济-气候耦合集成系统，发展出 Weyant、Davidson 和 Dowlatabadi 等（1996）所指的政策优化模型。

进一步地，Weyant、Davidson 和 Dowlatabadi 等（1996）将政策优化模型细分为三个主要类型，分别是成本-收益分析模型、减排目标模型和具有不确定性的随机优化模型。实际上，前面两类模型的主要差异在于是否考虑减排目标的约束，最后一类模型则侧重对不确定性特征的刻画，三者均是在不同条件下对政策的寻优研究。

5.1.1　成本-收益分析模型

成本-收益分析是将控制温室气体排放的边际成本与气候变化带来的边际损失进行比较，来对最优减排政策或减排政策实施的时间进行研究。其优化目标为减排时间路径所带来的减排收益（或所避免的气候损失）与减排成本之差，即减排净收益最大。

利用成本-收益分析对最优减排政策的研究始于 Nordhaus。Nordhaus、Stavins 和 Weitzman（1992）以及 Nordhaus（1994）将全球看作一个整体，把全球经济一般均衡模型与气候系统模型集成到一起，构建的 DICE 模型包含 IAM 模型的基本核心元素：①经济系统，将全球看成一个整体，在宏观层面利用一个生产函数刻画全球的经济行为；②气候系统，根据温室效应机制包含碳排放、碳循环、CO_2 大气浓度、辐射强迫、温度变化等；③耦合反馈机制，联系经济系统和气候系统，且反映二者的交互作用，包括经济系统如何影响气候系统，以及升温对经济系统生产率的反馈、气候损失和减排成本等作用机制，并以减排率（相对于不减排的基准情景的减排比例）为减排手段，即最优控制问题的控制变量，在减排净收益最大化目标下得到最优减排率的时间路径。

很多学者在此基础上展开了研究，如 Peck 和 Teisberg（1992）在 Nordhaus

的研究基础上进一步分析了不同减排成本函数和气候损失函数假设下的全球最优排放路径；Cline（1992）同样在全球尺度上研究了各种情景下的成本收益率。此外，Eykmans、Proost 和 Schokkaert（1992），Dowlatabati 和 Morgan（1993），以及 Hope、Anderson 和 Wenman（1993）从区域尺度上构建模型，对不同国际合作水平下的损失和收益进行了研究。

Nordhaus 和 Yang（1996）在 DICE 模型基础上又开发出了 RICE 模型，把全球分成几大区域，研究区域之间的博弈行为及区域尺度上的最优减排政策。与 RICE 模型类似，Manne 和 Richels（1992，2005），Manne、Mendelsohn 和 Richels（1995）也从区域尺度开发出了区域最优政策评估模型——MARGE 模型，并对减排政策的区域及全球影响进行了评价。

此外，Moslener 和 Requate（2001，2007）在对几种污染物的污染损失及减排成本研究基础上，对最优减排路径开展了局部均衡分析。Kavuncu 和 Knabb（2005）对实现《京都议定书》规定的温室气体排放控制目标下的成本与收益进行评估，并对承担成本与获取收益的各代人进行研究，构建了世代交叠经济增长模型。Gerlagh（2007）将世代交叠模型与 DICE99 模型结合，对 KK 的控制目标重新进行成本收益研究，使开始获益的年份从 2315 年提前到 2080 年。Bollen、van der Zwaan 和 Brink 等（2009）利用改进的 MERGE 模型对局地空气污染与全球气候变化进行了综合的成本收益分析，认为两者均是由能源生产和消费模式驱动的，因此存在紧密的联系，而且研究发现从改善空气污染中获得的收益要高于减缓气候变化所获得的收益。

成本-收益分析模型面临很大的不确定性。van den Bergh（2004）认为由于潜在的气候变化是未知的，气候政策的收益即所避免的气候变化损失也是不确定的，成本收益除了与减排措施和气候变化的经济影响有关以外，气候变化导致的生态变化、社会经济影响及人类健康等也存在如何进行价值衡量的问题。

5.1.2 减排目标模型

减排目标模型是为避免发生某种类型的风险，提出温室气体排放目标，或温室气体的大气浓度目标，或升温目标，针对这些目标来寻找最具成本有效性的排放时间路径，即确定怎样的减排路径是保证在减排目标得以实现的前提下成本最小。其最优目标仍是效用（福利）最大或成本最小（净收益最大），其与成本收益分析模型的最大区别在于增加了减排目标这一约束条件。

Manne、Mendelsohn 和 Richels（1995）分别提出将全球碳排放稳定在 1990

年水平和将 CO_2 大气浓度稳定在当前水平两种情景，并在此情景下对最优政策进行模拟；Doyen、Dumas 和 Ambrosi（2008）在“可承受的 CO_2 浓度上限”约束下，对最优和有效的减排率进行了研究，并得出了减排率如何随时间变化是成本有效和代际公平的；Bosetti、Carraro 和 Massetti 等（2009）利用 WITCH 模型模拟了将 CO_2 大气浓度稳定在 550ppm[①] 和 450ppm 目标情景下的最优政策；Nordhaus（2010）在 RICE 模型的基础上，对全球升温不超过 2℃的减排目标情景进行了最优政策模拟。

减排目标模型根据所研究的尺度又可区分为全球与区域层面的减排目标模型。在全球尺度上，所提出的目标一般为大气浓度或升温目标，由于大气浓度和升温涉及全球的碳循环与温室效应，也只有在全球尺度上才能进行研究。但是，具体减排政策的制定和实施是在国家或区域层面上进行的，决定能源与环境政策的主体也是单一国家而非“联合国”，因此任何减缓全球变化政策的设计必须转化为国家目标才有现实操作意义（Nordhaus and Yang，1996）。因此，区域尺度的减排目标模型提出的目标一般为温室气体排放目标，如碳排放强度目标或碳排放目标。

从模型的优化原理可以看出，这类模型模拟得到的最优气候政策需要优先满足减排目标的要求，对实现预定的减排目标具有十足的确定性。同时，得到的经济发展与环境演化路径也是减排约束下最优的，因此可以回答全球及各地区应该如何更好地实现自身减排目标的问题。

5.1.3 具有不确定性的随机优化模型

社会经济系统和自然系统的未来演化具有非常大的不确定性，因此出现了一类考虑不确定性的政策优化模型，如 Carraro 和 Filar（1995），Zapert、Gaertner 和 Filar（1998），Ambrosi、Hourcade 和 Hallegatte 等（2003），Haurie（2003）提出将随机控制模型应用于气候经济系统。

Zapert、Gaertner 和 Filar（1998）将随机动态系统引入气候模型，来检验气候系统不确定性随时间的传导机制。Ambrosi、Hourcade 和 Hallegatte 等（2003）通过一组随机最优控制模型验证了气候变化所带来的后果，这些模型包括给定升温上限的成本效率模型、现有气候制度偏好的成本-收益分析模型及全面的成本-收益分析模型。Haurie（2003）利用无限期的最优控制范式来解决有

① 1 ppm$=10^{-6}$。

关气候变化的代际公平性问题、技术进步与气候变化过程的不确定性问题，并认为环境损失及技术进步是一个随机跳跃过程。Bahn、Haurie 和 Malhamé（2008）将不确定性的气候敏感度及低碳经济的技术突破不确定性看作可控的随机跳跃过程，利用随机控制模型对温室气体减排的最优时点进行了研究。不确定性模型是模型数学性质的反映，在政策目标上，仍然应该归为成本-收益分析模型和减排目标模型。

针对中国减排目标下的最优路径问题，我们接下来详细介绍减排目标模型的建模与应用。对于一个国家而言，减排目标不再是升温或是大气浓度目标，因为升温和浓度目标除与特定研究对象中国有关以外，更多地受其他国家的减排政策和排放趋势影响。因此，探讨一个国家的减排目标，主要关注的是与排放量相关的指标；或者为实现全球升温目标，将全球未来允许排放总量按照某种分配原则，计算得到各国的排放配额，将配额作为累积排放总量控制目标等。

5.2～5.4 节将从以下几个方面来探讨最优减排路径：①实现排放强度目标下最优减排研发投资路径；②实现排放总量目标下最优减排研发投资路径；③实现排放总量目标下产业结构的优化调整路径。我们希望通过这几个简单的应用案例，帮助读者了解如何将最优控制模型引入环境经济学，尤其是气候政策问题的研究。抛砖引玉，读者可进一步对模型扩展，进行深入研究。

5.2　强度目标约束下最优减排路径

由于气候变暖被认为是经济发展过程中大量使用能源（化石燃料）造成的，所以减缓温室气体的排放必然会对经济产生一定的影响。减排目标的提出，本质上是通过放弃一定的经济发展空间来换取更好的环境。理论上，存在无数条实现减排目标的路径。如何在实现减排目标的同时，又能保证经济持续增长、社会福利不断增多是社会计划者关心的主要问题，即在众多的减排路径中，寻找到一条经济损失最小、社会福利最大的道路。

这是一个典型的有约束最优控制问题，在本节我们试图回答以下问题：①选用什么作为减排手段，即最优控制问题的控制变量；②减排手段的最优时间路径是什么，以实现减排目标的同时保证经济的最优平稳增长；③对应的经济增长、能源消费与碳排放路径是怎样的？

5.2.1 模型构建

传统的 Ramsey 模型认为，资本和劳动力两大生产要素是经济增长的动力。而随着人类生产活动对能源依赖程度的增强，能源也逐渐被学界认为是一种必要的生产要素，尤其是在经济-能源-环境框架下研究温室气体排放及气候变化时，能源通常作为经济与环境之间的纽带而引入模型。与 4.5 节的模型类似，这里仍沿用 C-D 形式的生产函数：

$$Y(t) = A(t)K(t)^{\alpha}E(t)^{1-\alpha}L(t)^{\gamma}, 0 < \alpha, \gamma < 1 \tag{5.1}$$

式中，$Y(t)$ 为 t 期的社会总产出；$K(t)$、$E(t)$ 和 $L(t)$ 分别为 t 期的资本、能源与劳动投入；$A(t)$ 可以认为是 t 期的技术水平，α 和 γ 分别为资本与劳动力的产出弹性。为简便起见，我们假设资本与能源投入具有规模报酬不变的特性，即在劳动投入不变的情况下若要产出增加 1 倍，必须使资本和能源投入同时增加 1 倍。在此假设下，能源的产出弹性为 $1-\alpha$。根据能源强度的定义 $\tau=E/Y$，则社会总产出可以写成关于能源强度的函数形式：

$$Y(t) = A(t)^{1/\alpha}K(t)\tau(t)^{(1-\alpha)/\alpha}L(t)^{\gamma/\alpha} \tag{5.2}$$

同样假设社会只存在一种产品，该产品既可用于消费，又可以作为投资。在模型中，我们将投资进一步分为物质资本投资和研发投资，其中物质资本投资可以增加下期的物质资本存量，进而投入下期的产品生产中，资本积累方程可写为

$$K(t+1) = (1-\delta)K(t) + i(t+1)Y(t+1), 0 < i < 1 \tag{5.3}$$

式中，δ 为资本折旧率；$i(t)$ 为 t 期资本投资占当期总产出的比重。

区别于自由排放控制问题，在该模型中，由于社会计划者在进行最优决策时，不仅要使社会成员效用最大化，还必须满足其所承诺的排放强度终期约束。排放强度与能源强度密切相关，能源强度的下降一般意味着能源利用效率的提高。而能效的提高必须通过技术进步，加强对节能减排技术的研发力度。因此在模型中，除物质资本投资以外，还将一部分投资投入旨在促进能效提高的研发领域，用于研发活动。将排放强度作为内生状态变量，其动态变化轨迹由研发投资控制。

基于经验曲线，能源强度下降的动力机制主要来自三个方面。一是当年的研发活动强度，可由研发投资占 GDP 的比重表征，研发投资越少，能源强度降低越不明显；二是技术水平，即知识存量水平，可由能源利用相关领域的专利授权数表征，知识存量水平越高，在较高技术水平上进行再研发的成功概率与效率也

会越高；三是技术进步潜力，即与能效较高国家存在的技术差距，由于在开放经济中，国家之间可以通过高能效产品的贸易进行“技术溢出”，且两国之间能效差距越明显，“溢出效应”越大。因此，能源强度的动态方程可写为

$$\tau(t+1) = BC_P^{\vartheta}(t)I_{\mathrm{RD}}^{\kappa}(t)G_{\tau}^{\phi}(t) \tag{5.4}$$

式（5.4）具有 C－D 函数形式，若将能源强度看作一种特殊的“能效产品”，其生产过程就是提高能源服务的效率、能源强度降低的过程。其中，B 可以看作“能效产品”的生产率；C_P（t）为 t 期的知识存量水平；I_{RD}（t）为 t 期的研发活动强度；G_τ（t）为 t 期与能效较高国家之间的技术差距；ϑ、κ、ϕ 分别为上述 3 个“生产要素”的能源强度弹性。

能源知识存量类似于资本存量，每期都会有一定比例的折旧，即落后知识或技术的淘汰，也会在每期产生新的知识。而新知识的产生既取决于现有知识水平，又受研发投资的影响。现有知识水平越高，新知识的创造越容易，研发投入越多也会刺激研发活动，从而产生更多的新知识。因此，知识资本累积方程可写为

$$C_P(t+1) = C_P(t)(1-\delta_P) + B_P I_{\mathrm{RD}}^{\psi}(t+1)C_P^{\phi}(t) \tag{5.5}$$

式中，δ_P 为知识折旧率；B_P 为知识生产率；ψ 和 ϕ 分别为研发活动强度与技术水平的知识创造弹性。

表征技术进步潜力的能效差距可定义为如下形式：

$$G_\tau(t) = \frac{\tau(t)}{\hat{\tau}} \tag{5.6}$$

式中，τ（t）为 t 期的能源强度；$\hat{\tau}$ 为能效较高国家的能源强度。能源强度由于技术进步与研发投入而不断下降，其与高能效国家之间的技术差距也逐渐缩小，当差距消失时，式（5.6）表征的技术差距取值为 1，从而不再对能源强度的下降有任何贡献。

社会计划者的目标仍沿用 Ramsey 的设定，是在所考虑的时间内，使社会成员的效用现值之和最大。本章模型采用的效用函数具有如式（5.7）的形式：

$$U = \sum_{t=1}^{t_f-1} \frac{\left[\dfrac{C(t)}{N(t)}\right]^{1-\sigma} - 1}{1-\sigma} N(t)\ (1+\rho)^{1-t} \tag{5.7}$$

式中，C（t）、N（t）分别为 t 期的社会总消费和总人口；σ 为风险厌恶系数；ρ 为时间偏好率；t_f 为所考虑时段的终时时刻。若定义消费占总产出的比重 $c=C/Y$，则效用函数可改写为

$$U = \sum_{t=1}^{t_f-1} \frac{N\ (t)^{\sigma}\ (1+\rho)^{1-t}}{1-\sigma}\left[c\ (t)^{1-\sigma}Y\ (t)^{1-\sigma} - N\ (t)^{1-\sigma}\right], 0 < c < 1 \tag{5.8}$$

此外，总产出中的一部分还将用来支付能源投入成本，与无排放控制模型一

致，假设能源进口综合成本为 θ，则能源支出占总产出的比重为 $\theta\tau$。因此，消费、资本投资、研发投资及能源支出应满足如下总量约束：

$$c(t)+i(t)+I_{\mathrm{RD}}(t)+\theta\tau(t)\leqslant 1 \tag{5.9}$$

排放强度目标与模型中的能源强度具有如下关系：

$$\omega=\frac{E\kappa}{Y}=\tau\kappa \tag{5.10}$$

式中，ω 为碳排放强度；κ 为反映能源结构演变的综合排放系数：

$$\kappa=\frac{\sum_e E_e\kappa_e}{E}, e\in\{\text{coal},\text{oil},\text{gas},\text{non}C\} \tag{5.11}$$

因此排放强度终端目标可以转化为能源强度终端目标。至此，整个终端控制最优化问题模型可以写为

$$\begin{aligned}
\max\quad & U \\
\text{s.t.}\quad & K(t+1)=(1-\delta)K(t)+i(t+1)Y(t+1), && K(0)=K_0 \\
& \tau(t+1)=BC_P^{\vartheta}(t)I_{\mathrm{RD}}^{\kappa}(t)G_\tau^{\phi}(t), && \tau(0)=\tau_0 \\
& C_P(t+1)=C_P(t)(1-\delta_P)+B_PI_{\mathrm{RD}}^{\psi}(t+1)C_P^{\phi}(t), && C_P(0)=C_{P,0} \\
& c(t)+i(t)+I_{\mathrm{RD}}(t)+\theta\tau(t)\leqslant 1 \\
& \tau(T)\leqslant(1-b)\frac{\kappa_0}{\kappa_T}\tau(0) \\
& i(t)\geqslant 0, c(t)\geqslant 0, I_{\mathrm{RD}}(t)\geqslant 0, \tau(t)\geqslant 0
\end{aligned} \tag{5.12}$$

其中，第五个约束关系式即排放强度终端控制约束条件——排放强度相对于基期的降低率；b 为减排目标设定的期末排放强度相对基年的下降比例。考虑经济平稳增长，即消费增长与经济增长同步，不存在消费过剩或不足的情况，则根据关系式 $c=C/Y$，有

$$g_c=\frac{\dot{c}}{c}=\frac{\dot{C}}{C}-\frac{\dot{Y}}{Y}=g_C-g_Y=0 \tag{5.13}$$

因此，平稳增长下消费在产出中的比重（以下简称消费产出比）c 需保持恒定。于是，社会计划者的任务是通过调整或控制消费、资本投资与研发投资的路径，使得排放强度指标在终期满足设定目标的同时，使社会成员的效用最大。式(5.12)中的状态变量为 $K(t)$、$\tau(t)$ 和 $C_P(t)$，控制变量为 $i(t)$ 和 $I_{\mathrm{RD}}(t)$。

5.2.2　模型求解

由于引入了排放目标这一终端约束条件，排放目标约束下的最优控制问题相

比自由无约束的最优控制模型在求解上更为复杂，通过间接法求解将非常困难。为此，对本章模型的求解我们采用直接法，从最优问题本身入手，将其转化为非线性约束优化问题，通过 SQP 算法进行求解。经济问题本身属于离散问题，在自由排放模型中虽然我们用连续形式表征，但在实际模拟过程中仍然采用 1 年的采样周期，而在本节的模型中，我们直接将问题写作离散的形式以方便求解。

模型求解在 GAMS 环境中实现，通过调用 MINOS、CONOPT 及 SNOPT 求解器求解，比较各求解器的效果，并选取求解效果最好的结果，模拟代码见本章附录。

5.2.3 数据与参数

由于本节介绍的模型是从 4.5 节的模型扩展而来的，其中生产函数参数、效用函数参数与能源进口综合成本等参数的估计方法相同，是通过历史数据回归和校准相结合的方法获得的。而本节模型新引入的方程，其参数估计方法介绍如下。

若要估计能源强度动态方程中的参数，首先需要对式（5.4）进行对数变换，得到参数估计统计模型：

$$\tau'_{t+1}=b+\vartheta C'_{P,t}+\kappa I'_{\mathrm{RD},t}+\phi G'_{\tau,t}+\varepsilon \tag{5.14}$$

式中，$\tau'_{t+1}=\ln[\tau(t+1)]$，$C'_{P,t}=\ln[C_P(t)]$，$I'_{\mathrm{RD},t}=\ln[I_{\mathrm{RD}}(t)]$，$G'_{\tau,t}=\ln[G_\tau(t)]$，$b=\ln B$，$\varepsilon$ 为残差项。同样地，若要估计能源知识资本积累方程的参数，首先要将能源领域的知识资本积累方程式（5.5）变换为统计模型形式：

$$P'_t=b'+\psi I'_{\mathrm{RD},t}+\phi C'_{P,t}+\varepsilon \tag{5.15}$$

式中，$P'_t=\ln P_t$，其中 $P_t=C_P(t+1)-C_P(t)(1-\delta_P)$ 为当年新增的知识资本，即当年能效专利授权数；$I'_{\mathrm{RD},t}=\ln[I_{\mathrm{RD}}(t)]$，$C'_{P,t}=\ln[C_P(t)]$，$b'=\ln(B_P)$，$\varepsilon$ 为误差项。

由式（5.14）和式（5.15）可知，对以上两个方程中的参数进行估计，需要能源强度数据、能源知识资本存量、研发投资比重、与最高能效国家之间的能效差距等数据。

其中，中国能源强度数据可根据《中国能源统计年鉴》和《中国统计年鉴》中的能源消费量与 GDP 数据计算得到；能源知识资本存量数据利用类似永续盘存法计算，知识资本折旧率参照已有研究取 5%，新增知识可采用历年国家知识产权局统计年报中能源利用领域专利授权数；研发投资比重来自科学技术部“中国主要科技指标数据库”；与最高能效国家之间的能效差距通过式（5.6）计算，其中各国的能源强度数据来自美国能源情报局 EIA 网站。

5.2.4 模拟应用

根据我国碳排放强度目标，利用前面介绍的模型，对排放强度终端控制目标下我国的最优经济增长路径及碳排放趋势进行模拟。

首先，根据历史数据进行参数估计，并基于最新的完整统计资料设定模拟起始点，基于减排目标的目标年份设定模拟终止点。例如，最新的统计资料为2020年，模拟2030年的减排目标，则模拟期为2020～2030年。为使模拟结果更符合实际，通常需要适当延长模拟时段，如模拟期为2020～2040年或设置更长的模拟期，但仅分析2020～2030年的模拟结果，由此可以避免一些不理性的情况发生。

模型中还有一些参数需要外生给定，如消费产出比。一般假设经济增长保持均衡平稳，即意味着消费产出比系数 c 在模拟期间恒定。从历史数据可以发现，我国1978～2000年消费产出比基本在60％～70％波动，从2000年开始出现了明显的下降趋势，到2007年降至49％，反映出“收入水平提高，居民消费意愿增强”的客观规律。为此，在模拟时需要将其作为外生情景，综合考虑我国消费产出比的国情特征以及发展趋势。

模型设定中，研发投资是降低排放强度的唯一可控变量，也是国家可以采取的有效应对措施，但该变量并不是随意可调的。近年来，随着我国综合国力的提升以及对科技创新的重视程度提高，我国研发投入强度持续增长，2022年一跃达到2.55％，与世界科技强国的差距进一步缩小，其中以色列和韩国的研发强度最高，约为4.5％。因此，研发投入强度的可及水平以及年际变化幅度均对最优减排路径和经济增长路径具有非常大的影响，在实际模拟过程中要对研发投入强度上限和增速进行合理限定，以使模拟结果更真实。

通过理论分析与实际模拟可以发现，随着消费产出比的增大，扣除掉能源投入花费以及用于实现减排目标的研发投入之后，可用于资本投资的产出剩余便会减少，从而导致资本增长速度随之下降，这也将带动经济增长速度放缓。同时，能源强度下降对经济增长也存在掣肘作用，但能源强度下降是实现碳排放强度降低目标所必需的。此外，研发投资作为提高能效、降低能源强度，间接降低排放强度所需采取的主动应对措施，最优研发投资路径的特点均表现为前缓后急，即规划期的期初不急于进行高强度研发投入，而到了减排的后期不得不投入高强度的研发投资以实现减排目标。这是由于一方面过早的降低能源强度会对经济增长产生一定的抑制作用，另一方面也会因大量的减排努力（高研发比重）使得用于消费和投资的比例减少，导致更偏好当期消费的社会成员效用下降。这也解释了我国部分地区减排实践中规划期初期的减排措施未取得预期成效，而到规划期末期通过各种手段突击完成减排目标的现象。

5.3 总量目标约束下最优减排路径

以排放总量为减排依据，意指从全球升温或大气浓度的控制目标出发，计算出至目标年全球允许排放的温室气体总量。进而根据某种准则将其分配到各个国家，即为各国的排放总量目标。

吴静、王铮和朱潜挺（2010）在人均排放权均等的原则下对全球 CO_2 排放进行了分配。在控制 2050 年 CO_2 大气浓度不超过 500ppm 的目标下，以不同历史排放起点分别计算了未来我国的排放配额，如表 5.1 所示。

表 5.1 不同排放起点下我国的排放配额 （单位：MtC）

项目	1860 年方案	1900 年方案	1990 年方案	2005 年方案
总配额	179 490	163 170	118 960	97 900
历史排放量	28 670	28 670	17 900	4 470
2008～2050 年配额	150 820	134 500	101 060	93 430

由表 5.1 可知，1860 年、1900 年及 1990 年方案下我国所获得的排放配额高于我国未来的排放需求，不存在排放控制问题。若设定 2050 年的 CO_2 大气浓度分别不超过 450ppm、460ppm、470ppm、480ppm、490ppm 和 500ppm，且以 2005 年为历史排放起点，则在人均排放权均等原则下，我国的排放配额如表 5.2 所示。

表 5.2 不同控制浓度下我国的排放配额 （单位：MtC）

项目	450ppm	460ppm	470ppm	480ppm	490ppm	500ppm
2005～2050 年总配额	51 490	60 810	70 130	79 450	88 760	97 900
历史排放量	4 470	4 470	4 470	4 470	4 470	4 470
2008～2050 年配额	47 020	56 340	65 660	74 980	84 290	93 430

资料来源：根据吴静、王铮和朱潜挺（2010）模型计算得到

表 5.2 给出了不同控制浓度下我国的排放配额。为使 2050 年 CO_2 的大气浓度不超过 450ppm，在人均排放权均等原则下，我国 2008～2050 年获得的排放配额为 47 020～93 430MtC。一旦在全球谈判中明确各国的排放配额，那么寻找在排放配额既定下的经济最优增长路径将是摆在各国政府面前的课题。

为此，我们需要建立新的模型。本节我们构造了排放总量控制下的最优经济增长路径模型，以期寻找排放配额约束下的最优研发投资路径，同时得到未来的经济增长路径及碳排放的未来走势。

5.3.1 模型构建

在5.2.1节中，我们以终期的排放强度作为约束控制目标，因此在模型中将与排放强度直接相关的能源强度作为状态变量，研发投资作为影响能源强度下降的控制变量。而在本节的总量控制模型中，累积排放总量将作为新的状态变量引入模型，而能源强度将不在模型中显式给出，研发投资通过提高能源利用效率而引入模型，能源实物投入与能源利用效率都可以提高能源的有效投入，进而促进最终生产，且能源实物投入与能源利用效率之间可以相互替代。因此，总量控制模型将在5.2节模型的基础上进行适当的修改。具体可以分为以下几个模块：生产模块、能源模块、技术进步模块、排放模块。

生产模块讨论产品生产必需的要素投入及生产函数嵌套形式。假设社会仅存在一种产品，生产过程需要投入资本、劳动力及能源服务三大要素。生产函数仍写为C-D形式：

$$Y(t)=A(t)K(t)^{\alpha}E_S(t)^{1-\alpha}L(t)^{\gamma} \qquad 0<\alpha,\gamma<1 \tag{5.16}$$

式中，K、L和E_S分别为资本、劳动力及能源服务，其中能源服务由能源部门提供，可以理解为有效能源投入。与5.2节模型中的能源实物投入不同，能源服务引入了能效提高带来能源服务水平提高的机制，具体将在能源模块中详细讨论。A、α和γ分别为全要素生产率、资本产出弹性和劳动力产出弹性。

能源模块主要刻画能源部门的能源服务生产过程。能源服务E_S是从WITCH模型引入的概念，指的是有效能源投入，它综合考虑了能源实物投入增多与能源效率提高两方面带来的能源服务产品的增加，从而更合理地反映了能源使用的真实情况。为此能源服务产品可以写成如下CES形式的复合函数（Bosetti、Massetti and Tavoni，2007）：

$$E_S=A_{\mathrm{ES}}(a_E E^{\rho_{\mathrm{ES}}}+a_H H_E^{\rho_{\mathrm{ES}}})^{1/\rho_{\mathrm{ES}}} \tag{5.17}$$

式中，A_{ES}为能源服务生产率；E为能源实物投入，即能源投入的实物量；H_E为技术进步带来的能源利用效率提高；a_E、a_H分别为能源实物投入和能源利用效率对能源服务产品的贡献份额；ρ_{ES}为能源实物投入与能源利用效率间的替代弹性参数（替代弹性为$\frac{1}{1-\rho_{\mathrm{ES}}}$）。

在排放强度控制模型中，研发投资对技术水平的改进体现为其直接促进能源强度的下降。而与此不同的是，在总量控制模型中，我们设定研发通过技术进步促使能源利用效率的提高，能源利用效率的提高可以替代部分的能源实物投入，从而使能源消费和经济增长之间实现脱钩（von Weizsäcker，1989；Enevoldsen、Ryelund and Andersen，2007）。

技术进步模块主要刻画研发投资对整个能源系统利用效率的提高，能源领域的研发投资所带来的技术进步有利于提高能源利用效率。模型中用知识资本来表征能源利用效率的提高，该知识资本通过研发投资不断积累（Popp，2004），进而促进能源利用效率的不断提高：

$$H_E(t+1)=A_{\mathrm{RD}}I_{\mathrm{RD}}(t+1)^{\psi}H_E(t)^{\phi}+H_E(t)(1-\delta_{\mathrm{RD}}) \tag{5.18}$$

式中，δ_{RD}为知识资本的折旧，即落后能源利用技术的淘汰，新增的知识主要由当年研发强度（研发投资比重）I_{RD}和现有知识存量水平 H_E 决定；A_{RD}为知识创造生产率；ψ 和 ϕ 分别为研发强度与知识存量的知识创造弹性。

碳排放主要来自于化石能源的使用。因此，碳排放核算方程可写为

$$M(t)=\kappa(t)E(t) \tag{5.19}$$

式中，M 为碳排放总量；κ 为反映能源结构变化的碳排放系数。累积排放量 M_Q 为

$$M_Q(t+1)=M_Q(t)+M(t+1) \tag{5.20}$$

最终生产的产品一部分用于物质资本投资 I。物质资本的动态累积方程为

$$K(t+1)=K(t)(1-\delta)+I(t+1) \tag{5.21}$$

此外，一部分用于研发投资 I'_{RD}及相应的能源支出 θE，剩余部分用来消费 C，因此预算约束方程可写为

$$C(t)=Y(t)-I(t)-I'_{\mathrm{RD}}(t)-\theta E(t) \tag{5.22}$$

式中，θ 为能源综合成本。由于在式（5.18）中，研发投资采用与产出之间的比值形式表示，而且为保持经济平稳增长，消费占产出的比重应保持恒定，因此也为比值形式。故而，预算约束需改写为如下形式：

$$I(t)=[1-c(t)-I_{\mathrm{RD}}(t)]Y(t)-\theta E(t) \tag{5.23}$$

式中，c 和 I_{RD}分别表示消费产出比和研发强度。最终，社会计划者的目标仍是使社会成员所获得的效用最大化，效用函数仍为

$$U=\sum_{t=1}^{t_f-1}\frac{(C_t/N_t)^{1-\sigma}-1}{1-\sigma}N_t(1+\rho)^{1-t} \tag{5.24}$$

式中，N_t 为人口数量；σ 和 ρ 分别为社会成员的风险厌恶系数和时间偏好率。在此模型中，研发投资通过技术进步实现能源利用效率的提高，增加有效能源投入量，从而在排放总量约束下可以对能源实物投入进行一定程度的替代。至此，排

放总量约束下的最优控制模型可写为

$$
\begin{aligned}
\max\quad & U \\
\text{s.t.}\quad & K(t+1)=K(t)(1-\delta)+I(t+1),K(0)=K_0 \\
& H_E(t+1)=A_{\mathrm{RD}}I_{\mathrm{RD}}(t+1)^{\psi}H_E(t)^{\phi}+H_E(t)(1-\delta_{\mathrm{RD}}),H_E(0)=H_{E,0} \\
& M_Q(t+1)=M_Q(t)+\kappa(t+1)E(t+1),M_Q(0)=M_{Q,0} \\
& I(t)\leqslant[1-c(t)-I_{\mathrm{RD}}(t)]Y(t)-\theta E(t) \\
& M_Q(T)\leqslant M_{Q,\mathrm{tar}} \\
& I(t)\geqslant 0,I_{\mathrm{RD}}(t)\geqslant 0,E(t)\geqslant 0
\end{aligned}
\tag{5.25}
$$

排放总量控制模型（5.25）中，资本存量 K、知识存量 H_E、累积排放量 M_Q 为状态变量，物质资本投资 I 和研发投资比重 I_{RD}为控制变量。同样，为保持经济平稳增长，需使消费产出比恒定，通过外生设定消费产出比，来模拟不同情景下满足累积排放总量既定下的最优经济增长路径，模拟代码见本章附录。

5.3.2 数据与参数

由于生产函数（5.16）中能源实物投入替代为能源服务，所以需要对其进行重新估计，此外，新增的能源服务生产函数也需估计参数。表 5.3 给出了 1987～2007 年我国能源消费量数据。

表 5.3 1987～2007 年我国能源消费量数据

年份	能源服务/万 toe	能源知识存量/个	能源实物投入/万 toe	年份	能源服务/万 toe	能源知识存量/个	能源实物投入/万 toe
1987	63 223	586	60 320	1998	175 747	25 790	91 690
1988	70 355	1 612	64 600	1999	189 138	31 085	93 410
1989	73 214	3 046	67 390	2000	205 085	36 012	96 670
1990	76 024	4 764	68 490	2001	222 108	40 177	100 000
1991	83 003	6 372	71 950	2002	242 280	44 347	105 780
1992	94 823	8 776	74 950	2003	266 569	49 796	122 870
1993	108 064	13 482	80 600	2004	293 453	55 011	142 350
1994	122 200	16 295	85 290	2005	324 068	60 415	155 400
1995	135 550	18 988	91 640	2006	361 660	68 624	172 389
1996	149 116	21 105	96 510	2007	408 676	81 838	185 908
1997	162 980	22 921	96 090				

表 5.3 中，能源服务是能源实物投入与能源利用效率两个因素共同作用的结果，假设能源利用效率提高是能源强度近几年下降的直接原因，那么能源服务量应该与能源强度不变条件下所需的能源投入量在数量上等价。由此得到能源服务

的计算方法为 GDP 与不变能源强度的乘积。

与 5.2 节模型采用的生产函数不同的是，式（5.16）中用能源服务取代能源实物投入作为新的生产要素。重新估计得到的资本及劳动力的产出弹性分别为 0.836 和 0.417。为使由关系式得到的 GDP 数据与 2007 年实际 GDP 数据一致，需要对全要素生产率重新校准，将能源服务数据代入式（5.16）解得校准后的全要素生产率 A 为 0.201。劳动力及人口数据、效用函数参数及资本折旧率仍沿用 5.2 节模型的设定值。

假设式（5.17）中，能源实物投入与能源利用效率之间的替代弹性为 1.25，从而 ρ_{ES}取 0.2。对式（5.17）变形得到对应的统计模型为

$$E'_S = a_E E' + a_H H'_E \tag{5.26}$$

式中，$E'_S = E_S^{\rho_{\mathrm{ES}}}$，$E' = E^{\rho_{\mathrm{ES}}}$，$H'_E = H_E^{\rho_{\mathrm{ES}}}$。能源实物投入数据采用历年《中国能源统计年鉴》中的能源消费总量数据，能源利用效率数据采用能源知识资本存量数据（表 5.3），能源服务数据根据能源强度不变条件下的等价能源需要量计算得到。通过回归分析，可以得到式（5.17）中各参数的估计值。

5.3.3 模拟应用

将不同的终端总量减排目标代入模型（5.25）进行求解，可以得到各模型变量在总量约束下的最优解，即未来的最优演进路径，包括控制变量研发强度，以及 GDP、能源消费和碳排放等变量。

通过理论分析与实际模拟可以发现，随着减排目标愈加严格，减排压力增大，为实现减排目标需要加大研发投入力度。从减排路径上看，同样表现为先缓后急的特征，即初期减排力度较小，后期为实现减排目标逐渐加大减排力度，这与排放强度目标的结果非常相似。究其原因，主要在于目标设定为终期目标，均存在突击完成目标的问题，解决途径是要转化为累积排放目标，或将终期目标分解为年度目标。

5.4 总量目标约束下产业结构优化路径

我国碳排放快速增长主要源于经济的快速发展，同时能源强度在很大程度上

降低了碳排放，而产业结构和能源结构变动对其贡献很小。相反，从减排的角度考虑，在经济增长仍为我国首要发展目标和能源利用效率提高潜力有限的情况下，调整产业结构则可以为我国减排目标的实现提供一个突破口。

5.4.1　模型构建

为了研究产业结构动态优化趋势，我们将最优经济增长理论与一般均衡模型相结合：以 Cass-Koopmans 为代表的新古典经济增长模型用动态优化思想描述经济体的发展路径选择问题，即在社会福利最大化目标下，对各期消费与投资进行抉择，寻找消费的时间路径，得到资本推动下的最优经济增长路径；一般均衡模型的优势在于对经济结构与部门之间的投入产出关系进行了详细刻画。为此，新构建的模型可用于模拟福利最大化目标下部门产出结构的动态调整趋势。与单部门的新古典增长模型不同，新模型的社会福利函数由各部门消费所带来的效用决定，因此消费者对各部门产品的消费偏好，即效用权重将影响最终的产业结构调整方向。此外，各部门之间的联系由投入产出关系刻画；经济动态演化表现为各部门的资本积累与新增投资在不同部门之间的分配过程。模型结构如图 5.1 所示。

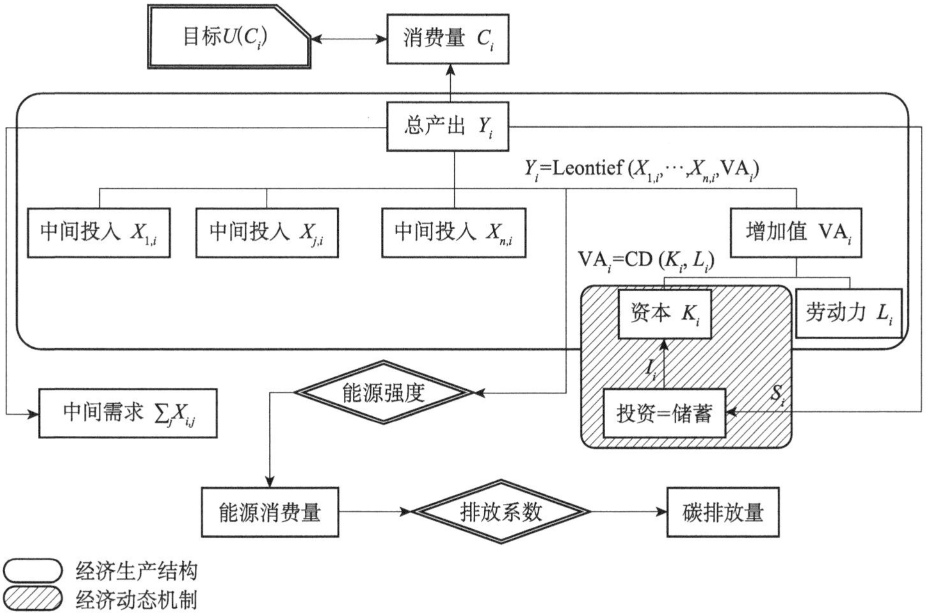

图 5.1　多部门跨期动态优化（MIDO）模型结构图

为了考察产业结构的演化趋势，需要对产业部门进行细分，进而分部门描述企业的生产行为及部门之间的投入产出关系。沿承单部门跨期优化模型框架，各部门的生产活动由各自的生产函数描述，在此我们采用简化的两层嵌套结构，即部门总产出由中间投入和增加值嵌套构成，并假设中间投入之间及中间投入与增加值之间不可替代；增加值采用 C-D 形式生产函数，由资本和劳动力要素生产出来：

$$Y_{i,t} = \min\left\{\frac{M_{1,i,t}}{a_{1,i}},\cdots,\frac{M_{k,i,t}}{a_{k,i}},\cdots,\frac{M_{n,i,t}}{a_{n,i}},\frac{V_{i,t}}{\nu_i}\right\},i,k=1,\cdots,n \tag{5.27}$$

$$V_{i,t} = A_{i,0}\exp(\upsilon_i t)K_{i,t}^{\alpha_i}L_{i,t}^{1-\alpha_i},i=1,\cdots,n \tag{5.28}$$

式中，Y、M、V、K 和 L 分别为总产出、中间投入、增加值、资本和劳动力；$a_{k,i}$和 ν 分别为直接消耗系数与各部门的增加值比例系数；A_0 和 υ 分别为初始时刻的全要素生产率及其年度增长率，用来表征技术进步驱动的生产率提高；α 为资本的产出弹性，在此假设规模报酬不变，因此劳动力的产出弹性为 $1-\alpha$；下标 k 和 i 对应各个部门，下标 t 表示时间，对应各个时期。

各部门生产出来的产品满足三方面需求——中间投入需求、投资需求和消费需求。其中，中间投入是保证产品生产的基本要素，投资通过增加资本存量促进经济增长，消费用于满足社会成员的各项需要，社会福利即用消费效用表征，模型的优化目标为

$$\max W = \sum_{t=0}^{T} U(C_1,\cdots,C_i,\cdots,C_n)\ (1+\rho)^{1-t} \tag{5.29}$$

$$U(\cdot) = \sum_{i=1}^{n} \omega_i \log C_i \tag{5.30}$$

式中，W、U 和 C 分别为社会福利、即期效用和消费量；ρ 和 ω 为时间贴现率和消费偏好权重。社会计划者在进行资源优化配置以使社会福利最大的过程中，还需满足以下预算约束条件：首先，各部门的总产出一部分以中间产品的形式投入其他部门的生产，另一部分则作为最终使用供消费者消费或用于新增资本投资。因此，最终使用量 F 为总产出与中间需求之差：

$$F_{i,t} = Y_{i,t} - \sum_{k=1}^{n} M_{i,k,t} \tag{5.31}$$

在此封闭经济体中，最终使用仅考虑投资与消费（包括居民消费、政府消费与净出口）。因此，最终使用扣除消费的部分即为各部门的投资供给量，即各部门的储蓄量 S 为

$$S_{i,t} = F_{i,t} - C_{i,t} \tag{5.32}$$

新增投资将增加部门的资本存量，具体投资流向由模型内生决定。可以预

见，在目标式（5.29）的优化过程中，新增投资将流向消费偏好权重较高或资本回报率较高的部门。各部门的资本积累过程可由式（5.33）表示：

$$K_{i,t+1} = (1-\delta)K_{i,t} + I_{i,t} \tag{5.33}$$

根据预算约束条件，投资供给量与投资需求量应始终保持均衡：

$$\sum_{i=1}^{n} S_{i,t} = \sum_{i=1}^{n} I_{i,t} \tag{5.34}$$

式（5.27）～式（5.34）构建了多部门的跨期动态优化模型，而经济产出与能源需求之间的关系由能源强度联系起来，能源需求与碳排放量之间的关系则通过碳排放系数联系起来：

$$E_{i,t} = \tau_{i,t} Y_{i,t} \tag{5.35}$$

式中，$\tau_{i,t}$为i部门t时刻的能源强度，作为模型的技术进步情景外生给定；$E_{i,t}$相应地为i部门t时刻的能源需求量。未来各期的碳排放量由当期的能源消费量决定：

$$Q_t = \kappa_t \sum_i E_{i,t} \tag{5.36}$$

式中，κ_t为t时刻的综合碳排放系数，其反映了能源结构的变化。而能源结构的变化由马尔可夫结构预测模型得到，该演化趋势是历史演变特征的延续。由于期末容易发生突击减排来实现减排目标的现象，如“十五”期间各地为完成能源强度降低20%的目标采取拉闸限电的手段。因此，我们选择累积排放量作为减排指标，来研究减排目标约束下的产业结构优化和经济增长路径问题。

$$M_t = M_{t-1} + Q_t \tag{5.37}$$

$$M_T \leqslant \overline{M} \tag{5.38}$$

式中，M_t为截至t时刻的累积排放量；T为规划期；$\overline{M}$为累积排放上限，即减排目标。此外，鉴于经济危机给减排努力及经济健康本身所带来的危害，我们希望经济增长过程是平稳可持续的。因此，对各种情景产业结构优化路径的模拟都是在经济平稳增长的前提下进行的。经济的平稳增长要求消费率恒定，即消费与最终使用保持同步增长，不会出现消费不足和过剩的现象，由此可以避免出现类似2008年美国信贷政策引发的经济危机，即

$$C_{i,t} = c_i F_{i,t} \tag{5.39}$$

5.4.2 数据与参数

根据经济部门的能源消耗特征，我们将经济体划分为14个部门。其中，高耗能行业共计8个部门，分别为煤炭（coal）、石油（oilProd）、天然气

(gasProd)、化工(chemic)、金属(metals)、采矿(mineral)、交通运输(transp)及电力(electric)部门;非高耗能行业有6个部门,分别为农业(agricul)、衣食制造(foodClo)、轻工业(lhtMnfc)、重工业(hvyMnfc)、建筑业(constr)和其他服务业(othServ)。

其中,经济结构由各部门的总产出比重计算得到,各部门的能源强度由能源消费量与总产出的比值计算而来。其中,各部门经济产出数据来自GTAP数据库(版本8,2007年数据,下同)中ASAM表的Total字段,能源消费量数据用国内供给与进口的用于中间投入的能源之和表示,分别来自GTAP数据库的EDF和EIF表。

在进行正式模拟之前,需要对模型的参数进行估计,确定初始时刻的经济变量数据。下面逐一对各参数估计方法和所用数据来源进行详细说明。

(1)直接消耗系数$a_{k,i}$:根据GTAP数据库提供的2007年ASAM表中对应国内部门行和活动部门列的数据表示直接投入量,Total对应列为各部门总产出量,通过A部门所需各种中间投入量与A部门的总产出之比计算得到直接消耗系数矩阵。

(2)增加值比例系数v_i:由各部门增加值占总产出的比重计算得到。同样基于GTAP数据库提供的2007年ASAM表中增加值与总产出数据,得到增加值比例系数。

(3)资本产出弹性α_i:根据资本边际产出等于资本回报率的关系$\frac{\partial V}{\partial K}=\alpha\frac{V}{K}=r$,可得出$\alpha=\frac{rK}{V}$,即资本产出弹性为资本报酬占增加值的比重。基于GTAP数据库提供的2007年ASAM表中增加值及各组成部分的数据,计算资本产出弹性。其中,对于部分部门增加值中包含土地和资源的情况,我们均将其视作资本。

(4)初期全要素生产率$A_{i,0}$:由于分部门数据最新最全的年份为2007年,所以本研究将2007年定为初期。全要素生产率的确定通过将增加值、资本和劳动力数据代入式(5.28)求得。其中,增加值数据如上所述来自GTAP数据库;2007年劳动力数据来自《中国统计年鉴》分行业就业人员表,但是部门分类与本研究不一致,处理方法是借助于“2007年中国投入产出表”135个部门的劳动者报酬数据,假设行业大类的工资率相同,将《中国统计年鉴》中行业大类的就业人数按照投入产出表行业小类的劳动者报酬比重进行分配,由此得到135个部门的劳动力数量,进而根据部门关系合并为本研究所需的数据。2007年资本存量数据同样根据“2007年中国投入产出表”的固定资产折旧与GTAP数据库给出的中国 2007 年资本存量，计算得出资本折旧率，假设各部门资本折旧率相同，将总资本存量按照各部门固定资产折旧量进行分摊，得到 135 个部门的资本存量数据，进而根据部门关系合并为本研究所需数据。通过代入式（5.28），得到初期全要素生产率。

（5）技术进步速率 υ_i：按照上述计算初期全要素生产率的方法，利用“2002 年中国投入产出表”计算得到 2002 年各部门全要素生产率，通过 2002 年和 2007 年的全要素生产率计算得到年均技术进步速率。

（6）消费偏好权重 ω：根据边际效用相等的假设，即理性消费者在选择消费哪个部门产品时，总是选择能给自己带来最大边际效用的产品，当达到均衡状态时，消费者从各个部门产品消费中所获得的边际效用应该相等，即 $U'_i = U'_k \Rightarrow \frac{\omega_1}{C_1} = \cdots = \frac{\omega_i}{C_i} = \cdots = \frac{\omega_n}{C_n}$。由此，根据 GTAP 数据库中 ASAM 表合并的消费数据（包括政府消费、私人消费和净出口），计算得到各部门的消费偏好权重，并对其进行标准化使其加和为 1。

（7）消费率 c_i：为保证经济平稳增长，需使各部门的消费率恒定。由 GTAP 数据库 2007 年中国各部门的消费量及最终使用量数据计算得到。

（8）能源强度 $\tau_{i,t}$：初期的能源强度由能源消费量与总产出的比值计算而来。二者数据均来自 GTAP 数据库，能源消费量数据为国内供给与进口的用于中间投入的能源之和，分别来自 GTAP 数据库的 EDF 和 EIF 表。未来各期的能源强度数据由假设的能源强度下降速率计算得到。

（9）综合碳排放系数 κ_t：该系数反映了能源结构的演化，通过 Markov 模型将历史演化趋势进行外推，得到未来各期的能源结构比重。进而将各能源品种的结构比重乘以相应的碳排放系数加总得到综合排放系数。其中，煤炭、石油和天然气的排放系数分别取 1.0052、0.753 和 0.6173（单位标准油所释放的单位碳等价物）。

（10）其他参数：根据“2007 年中国投入产出表”的固定资本折旧和 GTAP 数据库中给出的资本存量总额，计算得到资本折旧率 δ 为 5.1%，时间贴现率 ρ 取 0.05。

此外，对未来各部门劳动力的预测同时考虑了未来我国人口变化和劳动力在各部门之间的流动，具体方法如下：首先，根据我国未来人口预测数据与劳动力参与率，计算得到未来各期的劳动力总数。其中，人口预测数据来自联合国人口司发布的《世界人口展望》（*World Population Prospects*：*The 2010 Revision*）的高增长情景。根据《中国统计年鉴》分部门劳动力人口历史数据，利用 Markov

模型预测劳动力在各部门的比重变化。与劳动力总数的乘积即为各部门的劳动力人数。此时得到的是按照《中国统计年鉴》划分的部门劳动力数，仍需要在部门内部工资率相等的假设下，借助 2007 年投入产出表 135 个细类部门将部门劳动力数分配到 135 个部门，再合并为本研究所需的部门劳动力数。

5.4.3 情景设定

至此，满足社会福利最大化的平稳经济增长路径下产业结构优化模型构建完毕。从上述优化模型的构建过程可以发现，目标函数（5.30）中各部门消费效用权重的取值将影响产业结构调整的方向，即消费者对各部门产品的消费偏好需求将决定未来各部门的产出，产出的变化最终表现为产业结构的调整。

此外，由于各部门的能源密集程度及能源效率改进速度存在较大差异，所以各部门能源强度的变化趋势将随着产业结构的演化，最终对各部门能源需求和总的碳排放量产生很大影响。而对各部门能源强度的预测是较为困难的，为此可以设定不同的能源强度改进速度，分析不同情景下的能源需求和碳排放量。

在排放总量约束下，可以对满足福利最大化目标要求情况下的产业结构调整方向进行模拟研究。因此，模拟涉及以下三类重要情景参数：①消费偏好模式情景；②能源效率提高情景；③减排目标情景。

基于对我国与发达国家和地区（美国、欧盟和日本）在产业结构上的差异的分析，我们认为造成这种差异的原因在于消费者的消费偏好模式不同。这里所指的消费偏好是一个广义的概念，即包括政府部门、私人消费者和国外需求。如果消费者对部门 A 的消费偏好高于部门 B，他将增加对部门 A 产品的消费，进而对部门 A 的需求增加，带来该部门产出的增多，成为驱动产业结构演化的动力来源。

当消费达到均衡时，消费者从各部门获得的边际效用应该相等。为此，可以根据等式 $U'_i = U'_k \Rightarrow \frac{\omega_1}{C_1} = \cdots = \frac{\omega_i}{C_i} = \cdots = \frac{\omega_n}{C_n}$ 计算出中国、美国、欧盟和日本的部门消费偏好权重系数，并以此作为情景设定的依据。比较分析不同消费偏好模式下我国未来的产业结构演变趋势，以及对相应的能源消费和碳排放走势的影响。

根据我国各部门与能效最高国家的差距，可以设定不同的追赶策略作为能源效率提高情景。例如，假设到 2025 年、2030 年、2035 年、2040 年和 2050 年我国各部门能源强度达到当前对应部门参照国家的最高能效水平，则可以计算出不同技术进步速度下我国各部门能源强度的下降率，以此作为不同能源效率提高情景。

5.4.4 模拟应用

利用本节介绍的模型，可以模拟不同消费偏好模式驱动下我国未来的经济增长与产业结构优化路径；进一步地，在能源效率追赶策略的假设下可以得到未来的能源消费与碳排放趋势；最后设定减排目标，可以模拟给定减排目标约束下的产业结构优化路径，以及相应的经济增长、碳排放趋势。

通过组合“消费偏好情景”、“能效提高情景”以及“减排目标情景”，可以得到非常丰富的未来趋势路径，对其进行对比可以分析不同因素的影响方向和强度。可以预见的是，在减排目标约束下，高排放部门的产业比重将下降，且随着排放目标的趋紧，这一产业结构调整趋势将愈加明显。在能源效率预期会大幅提高的情景下，减排目标的实现可以由能源效率提升来部分实现。在此情况下，产业结构调整的幅度会有所回调。

参考文献

吴静，王铮，朱潜挺. 2010. 国际气候保护方案分析. 安全与环境学报，10 (6)：92-97.

Ambrosi P，Hourcade J C，Hallegatte S，et al. 2003. Optimal control models and elicitation of attitudes towards climate damages. Environmental Modeling and Assessment，8 (3)：133-148.

Bahn O，Haurie A，Malhamé R. 2008. A stochastic control model for optimal timing of climate policies. Automatica，44 (6)：1545-1558.

Bollen J，van der Zwaan B，Brink C，et al. 2009. Local air pollution and global climate change：a combined cost-benefit analysis. Resource and Energy Economics，31 (3)：161-181.

Bosetti V，Carraro C，Massetti E，et al. 2009. Optimal energy investment and R&D strategies to stabilize atmospheric greenhouse gas concentrations. Resource and Energy Economics，31 (2)：123-137.

Bosetti V，Massetti E，Tavoni M. 2007. The WITCH Model. Structure，Baseline，Solutions. Working Papers 2007. 10，Fondazione Eni Enrico Mattei.

Carraro C，Filar J A. 1995. Control and game theoretic models of the environment. New York：Birkhauser.

Cline W R. 1992. The economics of global warming. Washington D C：Institute of International Economics.

Dowlatabadi H, Morgan M G. 1993. A model framework for integrated studies of the climate problem. Energy Policy, 21 (3): 209-221.

Doyen L, Dumas P, Ambrosi P. 2008. Optimal timing of CO_2 mitigation policies for a cost-effectiveness model. Mathematical and Computer Modelling, 48 (516): 882-897.

Enevoldsen M K, Ryelund A V, Andersen M S. 2007. Decoupling of industrial energy consumption and CO_2-emissions in energy-intensive industries in Scandinavia. Energy Economics, 29 (4): 665-692.

Eykmans J, Proost S, Schokkaert E. 1992. Efficiency and distribution in greenhouse negotiations draft. Leuven: Katholieke Universiteit Leuven.

Gaertner P S. 2001. Optimization analysis and integrated models of the enhanced greenhouse effect. Environmental Modeling & Assessment, 6 (1): 7-34.

Gerlagh R. 2007. The level and distribution of costs and benefits over generations of an emission stabilization program. Energy Economics, 29 (1): 126-131.

Haurie A. 2003. Integrated assessment modeling for global climate change: an infinite horizon optimization viewpoint. Environmental Modeling & Assessment, 8 (3): 117-132.

Hope C, Anderson J, Wenman P. 1993. Policy analysis of the greenhouse effect: an application of the PAGE model. Energy Policy, 21 (3): 327-338.

Kavuncu Y O, Knabb S D. 2005. Stabilizing greenhouse gas emissions: assessing the intergenerational costs and benefits of the Kyoto Protocol. Energy Economics, 27 (3): 369-386.

Manne A S, Mendelsohn R, Richels R. 1995. MERGE: a model for evaluating regional and global effects of GHG reduction policies. Energy Policy, 23 (1): 17-34.

Manne A S, Richels R G. 1992. Buying Greenhouse Insurance: the Economic Costs of CO_2 Emission Limits. Cambridge: The MIT Press.

Manne A S, Richels R G. 2005. MERGE: an integrated assessment model for global climate change//Loulou R, Waaub J P, Zaccour G. GERAD 25th Anniversary Series, Energy and environment. Boston, M A: Springer.

Moslener U, Requate T. 2001. Optimal abatement strategies for various interacting greenhouse gases-is the global warming potential a useful indicator? . Discussion Paper No. 360. Department of Economics, University of Heidelberg.

Moslener U, Requate T. 2007. Optimal abatement in dynamic multi-pollutant problems when pollutants can be complements or substitutes. Journal of Economic Dynamics and Control, 31 (7): 2293-2316.

Nordhaus W D, Stavins R N, Weitzman M L. 1992. Lethal model 2: the limits to growth revisited. Brookings Papers on Economic Activity, (2): 1-59.

Nordhaus W D. 1994. Managing the Global Commons: the Economics of Climate Change. Cambridge: The MIT Press.

Nordhaus W D. 2010. Economic aspects of global warming in a post-Copenhagen environment. Proceedings of the National Academy of Sciences of the United States of America, 107 (26): 11721-11726.

Nordhaus W D, Yang Z. 1996. A regional dynamic general-equilibrium model of alternative climate-change strategies. American Economic Review, 86: 741-765.

Peck S C, Teisberg T J. 1992. CETA: a model for carbon emissions trajectory assessment. The Energy Journal, 13 (1): 55-77.

Popp D. 2004. ENTICE: endogenous technological change in the DICE model of global warming. Journal of Environmental Economics and Management, 48 (1): 742-768.

Ramsey F P. 1928. A mathematical theory of saving. The Economic Journal, 38 (152): 543-559.

Rotmans J. 1990. IMAGE: an Integrated Model to Assess the Greenhouse Effect. Dordrecht: Kluwer Academic Publishers.

van den Bergh J C J M. 2004. Editor, Handbook of Environmental and Resource Economics. Cheltenham: Edward Elgar.

von Weizsäcker E U. 1989. Erdpolitik: Ökologische Realpolitik an der Schwellezum Jahrhundert der Umwelt. Darmstadt: Wissenschaftliche Buchgesellschaft.

Weyant J, Davidson O, Dowlatabadi H, et al. 1996. Integrated assessment of climate change: an overview and comparison of approaches and results//Bruce J P, Lee H, Haites E F. Climate Change 1995: Economic and Social Dimensions of Climate Change. Cambridge: Cambridge University Press.

Zapert R, Gaertner P S, Filar J A. 1998. Uncertainty propagation within an integrated model of climate change. Energy Economics, 20 (5/6): 571-598.

附录：中国最优减排路线控制求解代码

(1) 强度目标下基于研发手段的最优路径（模型求解 GAMS 代码）

```
---------------------------------------- BEGIN ----------------------------------------
SETS
T               SIMULATION PERIOD                          /2007 * 2050/
TFIRST (T)      SIMULATION START YEAR
TLAST (T)       SIMULATION END YEAR;
```

```
SCALARS
C                  CONSUMPTION-OUTPUT RATIO
TAR                TARGET EMISSION INTENSITY R. T. BASE YEAR
TAR2
SIGM               ELESTICITY OF MARINAL UTILITY OF CONSUMPTION
RHO                SOCIAL TIME PREFERENCE RATE
TFP                TOTAL FACTOR OF PRODUCTIVITY
ALPH               ELASTICITY OF CAPITAL
GAMM               ELASTICITY OF LABOUR
DLTK               DEPRECIATION OF CAPITAL
BP                 TFP OF KNOWLEDGE
PSI                ELASTICITY OF R&D TO KNOWLEDGE
PHI                ELASTICITY OF STOCK TO KNOWLEDGE
DLTP               DEPRECIATION RATE OF KNOWLEDGE
BR                 TFP OF ENERGY INTENSITY DROPDOWN
ADJB               ADJUSTMENT COEFFICIENT
CQ                 ELASTICITY OF KNOWLEDGE STOCK TO EI
PH                 ELASTICITY OF TECH-GAP TO EI
KPP                ELASTICITY OF R&D TO EI
TH                 ENERGY COST
RLIM               EI OF HIGH-EFFCIENT COUNTRY (JAPAN)
RLOW               LOWER BOUND OF R&D INVESTMENT-GDP RATIO
RUP                UPPER BOUND OF R&D INVESTMENT-GDP RATIO
LPRT               LABOR PARTICIPATION RATE
COEFB              EMISSION COEFFICIENT IN BASE YEAR
K0                 PHYSICAL CAPITAL IN INITIAL YEAR (YI YUAN)
KP0                KNOWLEDGE STOCK IN INITIAL YEAR
R0                 EI IN INITIAL YEAR (TOE PER 10000 YUAN)
RB                 EI IN BASE YEAR;

SET
B_PAR         BASIC PARAM SET          /TFP, ALPH, GAMM, DLTK, BP, PSI,
                                        PHI, DLTP, BR, ADJB, CQ, PH,
                                        KPP, COEFB, K0, KP0, R0, RB/
ADJ_PAR       ADJUSTABLE PARAM SET     /C, TAR, tar2, SIGM, RHO, TH,
                                        RLIM, RLOW, RUP, LPRT/;
```

```
PARAMETERS
COEF (T)            EMISSION COEFFICIENT OF EACH YAER
POP (T)             POPULATION
LABOR (T)           LABOR
VALUEB (B_PAR)      BASIC PARAMETER VALUES
VALUEA (ADJ_PAR)    ADJUSTABLE PARAM VALUES;

POSITIVE VARIABLES
K (T)          PHYSICAL CAPITAL
KP (T)         KNOWLEDGE STOCK
R (T)          ENERGY INTENSITY
U (T)          INVEST-OUTPUT RATIO
V (T)          R&D-OUTPUT RATIO;

VARIABLES
Y (T)          GDP
PERIODU (T)    UTILITY FOR EACH PERIOD
UTILITY        UTILITY;

TFIRST (T) =YES$ (ORD (T) EQ 1);
TLAST (T) =YES$ (ORD (T) EQ CARD (T));

EQUATIONS
YGROSS (T)         GROSS PRODUCT OF GDP
UTILEQ (T)         UTILITY EQUATION OF EACH PERIOD
UTIL               UTILITY EQUATION
KC (T)             CAPITAL ACCUMULATION EQ
KC0 (T)            INITIAL CAPITAL STOCK
KPC (T)            KNOWLEDGE ACCUMULATION
KPC0 (T)           INITIAL KNOWLEDGE STOCK
EI (T)             ENERGY INTENSITY DYNAMIC
EI0 (T)            INITIAL ENERGY INTENSITY
CONS (T)           CONSTRAINT ON R&D
cons2 (t)
BUDGET (T)         BUDGET CONSTRAINT;
```

```
YGROSS (T) ..        Y (T) =E=TFP ** (1/ALPH) * K (T) * LABOR (T) **
                     (GAMM/ALPH) * R (T) ** (1/ALPH-1);
UTILEQ (T) ..
PERIODU (T) =E= ((C * Y (T) /POP (T)) ** (1-SIGM) -1) / (1-SIGM) *
POP (T) * (1+RHO) ** (1-ORD (T));
UTIL..               UTILITY=E=SUM (T, PERIODU (T));
KC (T+1) ..          K (T+1) =E=K (T) * (1-DLTK) +U (T+1) * Y (T+1);
KC0 (TFIRST) ..      K (TFIRST) =E=K0;
KPC (T+1) ..         KP (T+1) =E=KP (T) * (1-DLTP) +BP * V (T+1) ** PSI
* KP (T) ** PHI;
KPC0 (TFIRST) ..     KP (TFIRST) =E=KP0;
EI (T+1) ..          R (T+1) =E=BR * ADJB * KP (T) ** CQ * (R (T) /RLIM) **
PH * V (T+1) ** KPP;
CONS (T+1) ..        V (T+1) =L=V (T) +0.0025;
cons2 (t+1) ..       V (T+1) =G=V (T);
EI0 (TFIRST) ..      R (TFIRST) =E=R0;
BUDGET (T+1) ..      U (T+1) +V (T+1) +TH * R (T+1) =L=1-C;

MODEL          EIBASE          /ALL/;

EQUATIONS
EIT1 (T)             TERMINAL ENERGY INTENSITY
EIT2 (T)             TERMINAL ENERGY INTENSITY ;
EIT1 (" 2020") ..    R (" 2020") =L=TAR * RB * COEFB/COEF (" 2020");
EIT2 (" 2030") ..    R (" 2030") =L=TAR2 * RB * COEFB/COEF (" 2030");

MODEL          EITAR             /ALL/;

* Fetch Parameter Datafrom Excel File Named 'BASIC _ param. xlsx'
$CALL =GDXXRW. EXE  BASIC _ param. xlsx  output=EI _ basic _ param. gdx  trace=0
 par=VALUEBrng=EI _ PARAM! A2: B19  Rdim=1  par=COEF  rng=EI _ PARAM!
G3: H46  Rdim=1  par=POP  rng=EI _ PARAM! D3: E46  Rdim=1
$GDXIN  EI _ basic _ param. GDX
$LOAD  VALUEB  COEF   POP
$GDXIN
```

```
* Fetch Parameter Datafrom Excel File Named 'EI _ param. xlsx'
$CALL=GDXXRW. EXE  EI _ param. xlsx output=EI _ adj _ param. gdx   par=VALUEA
  rng=PARM!A2:B11  Rdim=1
$GDXIN  EI _ adj _ param. GDX
$LOAD   VALUEA
$GDXIN

C=VALUEA ('C');
TAR=VALUEA ('TAR');
TAR2=VALUEA ('TAR2');
SIGM=VALUEA ('SIGM');
RHO=VALUEA ('RHO');
TFP=VALUEB ('TFP');
ALPH=VALUEB ('ALPH');
GAMM=VALUEB ('GAMM');
DLTK=VALUEB ('DLTK');
BP=VALUEB ('BP');
PSI=VALUEB ('PSI');
PHI=VALUEB ('PHI');
DLTP=VALUEB ('DLTP');
BR=VALUEB ('BR');
ADJB=VALUEB ('ADJB');
CQ=VALUEB ('CQ');
PH=VALUEB ('PH');
KPP=VALUEB ('KPP');
TH=VALUEA ('TH');
RLIM=VALUEA ('RLIM');
RLOW=VALUEA ('RLOW');
RUP=VALUEA ('RUP');
LPRT=VALUEA ('LPRT');
COEFB=VALUEB ('COEFB');
K0=VALUEB ('K0');
KP0=VALUEB ('KP0');
R0=VALUEB ('R0');
RB=VALUEB ('RB');
```

```
LABOR (T) =POP (T) * LPRT;
R.LO (T) =RLIM*101/100;
V.LO (T) =RLOW;
V.UP (T) =RUP;
U.LO (T) =EPS;
U.UP (T) =1;

OPTION  NLP=CONOPT;
OPTION  BRATIO=1;

* Assuming Scenarios about Consumption-Output Ratios
SETS
J            USED FOR HOLDING RESULTS          /1*21/
JINDEX (J);
ALIAS (J, I);

SCALARS
INDEX        ITERATOR FOR STORING RESULTS                    /1/
CSTRT        STARTING POINT OF C TO SIMULATE                 /0.40/
CINCR        INCREMENT OF C BETWEEN EACH SIMULATION          /0.01/;

PARAMETERS
BASE_K (T, J)        IN 100M YUAN
BASE_KP (T, J)       IN UNIT
BASE_U (T, J)        IN %
BASE_V (T, J)        IN %
BASE_EI (T, J)       IN TOE PER 10000 YUAN
BASE_Y (T, J)        IN 100M YUAN
BASE_E (T, J)        IN MTOE
BASE_EM (T, J)       IN MTC
BASE_UTIL (J)
BASE_EEI (T, J)      IN TC PER 10000 YUAN
TAR_K (T, J)         IN 100M YUAN
TAR_KP (T, J)        IN UNIT
TAR_U (T, J)         IN %
TAR_V (T, J)         IN %
```

```
TAR _ EI (T, J)       IN TOE PER 10000 YUAN
TAR _ Y (T, J)         IN 100M YUAN
TAR _ E (T, J)         IN MTOE
TAR _ EM (T, J)        IN MTC
TAR _ UTIL (J)
TAR _ EEI (T, J)       IN TC PER 10000 YUAN ;

LOOP (J, C=CSTRT+CINCR * (INDEX-1);
       K.L (TFIRST) =K0;
       KP.L (TFIRST) =KP0;
       R.L (TFIRST) =R0;
       V.L (T) =RLOW;
       U.L (T) =1-C-TH * R0-RLOW;
         LOOP (T, Y.L (T) =TFP ** (1/ALPH) * K.L (T) * LABOR (T) **
         (GAMM/ALPH) * R.L (T) ** (1/ALPH-1);
           K.L (T+1) =K.L (T) * (1-DLTK) +U.L (T) * Y.L (T);
           KP.L (T+1) =KP.L (T) * (1-DLTP) +BP * V.L (T) ** PSI * KP.L
           (T) ** PHI;
           R.L (T+1) =BR * ADJB * KP.L (T) ** CQ * (R.L (T) /RLIM) ** PH
           * V.L (T) ** KPP;
       );
       SOLVE EIBASE MAXIMIZING UTILITY USING NLP;

       JINDEX (I) =YES$ (ORD (I) EQ INDEX);
       BASE _ K (T, JINDEX) =K.L (T);
       BASE _ KP (T, JINDEX) =KP.L (T);
       BASE _ U (T, JINDEX) =U.L (T);
       BASE _ V (T, JINDEX) =V.L (T);
       BASE _ EI (T, JINDEX) =R.L (T);
       BASE _ Y (T, JINDEX) =Y.L (T);
       BASE _ E (T, JINDEX) =BASE _ Y (T, JINDEX) * BASE _ EI (T, JINDEX)/
       100;
       BASE _ EM (T, JINDEX) =BASE _ E (T, JINDEX) * COEF (T);
       BASE _ UTIL (JINDEX) =UTILITY.L;
       BASE _ EEI (T, JINDEX) =BASE _ EI (T, JINDEX) * COEF (T);
```

```
        SOLVE EITAR MAXIMIZING UTILITY USING NLP;
        TAR_K (T, JINDEX) =K.L (T);
        TAR_KP (T, JINDEX) =KP.L (T);
        TAR_U (T, JINDEX) =U.L (T);
        TAR_V (T, JINDEX) =V.L (T);
        TAR_EI (T, JINDEX) =R.L (T);
        TAR_Y (T, JINDEX) =Y.L (T);
          TAR_E (T, JINDEX) = TAR_Y (T, JINDEX) * TAR_EI (T,
JINDEX) /100;
        TAR_EM (T, JINDEX) =TAR_E (T, JINDEX) * COEF (T);
        TAR_UTIL (JINDEX) =UTILITY.L;
        TAR_EEI (T, JINDEX) =TAR_EI (T, JINDEX) * COEF (T);
        INDEX=INDEX+1;
);

* Save Simulation Results of Base case and Policy case to Excel Files
$BATINCLUDE       OUTPUT_EI.GMS   EIBASE.XLS   EITAR.XLS
---------------------------------------- END ----------------------------------------
```

(2) 总量目标下基于研发手段的最优路径（模型求解 GAMS 代码）

```
---------------------------------------- BEGIN ----------------------------------------
SETS
T              SIMULATION PERIOD                              /2007 * 2050/
TFIRST (T)       SIMULATION START YEAR
TLAST (T)        SIMULATION END YEAR;

SCALARS
C              CONSUMPTION-OUTPUT RATIO
TFP            TOTAL FACTOR OF PRODUCTIVITY
ALPH            ELASTICITY OF CAPITAL
GAMM           ELASTICITY OF LABOUR
DLTK            DEPRECIATION OF CAPITAL
TFPES          TFP FOR ES PRODUCTION
AE             CONTRIBUTE SHARE OF ENERGY INPUT
AH             CONTRIBUTE SHARE OF ENERGY EFFICIENCY
RHES           SUBSTITUTE ELASTICITY FOR ES FACTOR
```

```
TFPRD           TFP OF KNOWLEDGE
THRD            ELASTICITY OF R&D INVESTMENT
PHRD            ELASTICITY OF R&D STOCK
DLTRD           DEPRECIATION RATE OF KNOWLEDGE
SIGM            ELESTICITY OF MARINAL UTILITY OF CONSUMPTION
RHO             SOCIAL TIME PREFERENCE RATE
LPRT            LABOR PARTICIPATION RATE
THLT            ENERGY UNIT COST
EVAR            LOWER BOUND OF ENERGY CONSUMPTION
K0              CAPITAL STOCK IN INITIAL YEAR
HE0             R&D STOCK IN INITIAL YEAR
MQ0             CUMULATED CARBON EMISSION IN INITIAL YEAR
E0              ENERGY INPUT IN INITIAL YEAR
IRD0            R&D INVESTMENT RATIO IN INITIAL YEAR
MQT             TARGET (CUMULATED) CARBON EMISSION;

SET
B_PAR           BASIC PARAM SET        /TFP, ALPH, GAMM, DLTK, TFPES,
                                        AE, AH, RHES, TFPRD,
THRD, PHRD, DLTRD, K0, HE0, MQ0, E0, IRD0/
ADJ_PAR         ADJUSTABLE PARAM SET   /C, SIGM, RHO, LPRT, THLT,
                                        EVAR, MQT/ ;

PARAMETERS
COEF (T)          EMISSION COEFFICIENT OF EACH YAER
POP (T)           POPULATION
LABOR (T)         LABOR
VALUEB (B_PAR)    BASIC PARAMETERS VALUES
VALUEA (ADJ_PAR)  ADJUSTABLE PARAM VALUES;

POSITIVE VARIABLES
K (T)           PHYSICAL CAPITAL
INV (T)         PHYSICAL CAPITAL INVESTMENT
ES (T)          ENERGY SERVICE
Y (T)           GDP
E (T)           ENERGY INPUT
```

```
HE (T)          TECH ADVANCE IN ENERGY EFFICIENCY
IRD (T)         R&D INVESTMENT-OUTPUT RATIO
M (T)           CARBON EMISSION IN PERIOD T
MQ (T)          CUMULATED CARBON EMISSION;

VARIABLES
PERIODU (T)   UTILITY FOR EACH PERIOD
UTILITY UTILITY;

TFIRST (T) =YES$ (ORD (T) EQ 1);
TLAST (T) =YES$ (ORD (T) EQ CARD (T));

EQUATIONS
YGROSS (T)          PRODUCTION FUNCTION
UTILEQ (T)          UTILITY FUNCTION OF PERIOD T
UTIL                CUMULATED UTILITY FUNCTION
KDYN (T)            CAPITAL DYNAMIC FUNCTION
ESCMP (T)           ES COMPOUND FUNCTION
HEDYN (T)           TECH ADVANCE FROM R&D INVESTMENT
EMEQ (T)            CARBON EMISSION FUNCTION
EMQEQ (T)           CUMULATED CARBON EMISSION FUNCTION
BUDGET (T)          BUDGET CONSTRAINT
CONS (T)            CONSTRAINT ON ENERGY VARIATION
CONS2 (T)
CONS3 (T)
KINT (T)            CAPITAL STOCK IN INITIAL YEAR
EINT (T)            ENERGY INPUT IN INITIAL YEAR
HEINT (T)           KNOWLEDGE STOCK IN INITIAL YEAR
MQINT (T)           CUMULATED CARBON EMISSION IN INITIAL YEAR ;

YGROSS (T) ..       Y (T) =E=TFP * K (T) ** ALPH * ES (T) ** (1-ALPH) *
                    LABOR (T) ** GAMM;
UTILEQ (T) ..
PERIODU (T) =E= ((C * Y (T) /POP (T)) ** (1-SIGM) -1) / (1-SIGM) *
POP (T) * (1+RHO) ** (1-ORD (T));
UTIL..              UTILITY=E=SUM (T, PERIODU (T+1));
```

```
KDYN (T+1) ..      K (T+1) =E=K (T) * (1-DLTK) +INV (T+1);
ESCMP (T) ..       ES (T) =E=TFPES* (AE*E (T) **RHES+AH*HE (T) **
                   RHES) ** (1/RHES);
HEDYN (T+1) ..      HE (T+1) =E=TFPRD*IRD (T+1) **THRD*HE (T) **
                    PHRD+HE (T) * (1-DLTRD);
EMEQ (T+1) ..      M (T+1) =E=COEF (T+1) *E (T+1);
EMQEQ (T+1) ..      MQ (T+1) =E=MQ (T) +M (T+1);
BUDGET (T) ..      (1-C-IRD (T)) *Y (T) =E=INV (T) +THLT*E (T);
CONS (T+1) ..      E (T+1) =L=E (T) * (1+EVAR);
CONS2 (T+1) ..      E (T+1) =G=E (T) * (1-EVAR);
CONS3 (T+1) ..      IRD (T+1) =G=IRD (T);
KINT (TFIRST) ..  K (TFIRST) =E=K0;
EINT (TFIRST) ..  E (TFIRST) =E=E0;
HEINT (TFIRST) ..HE (TFIRST) =E=HE0;
MQINT (TFIRST) .. MQ (TFIRST) =E=MQ0;

MODEL          EMSBASE       /ALL/;

EQUATION
ABTTRGT (T)                  ABATEMENT TARGET;
ABTTRGT (TLAST) ..            MQ (TLAST) =L=MQT;

MODEL           EMSTAR       /ALL/;

* Fetch Parameter Datafrom Excel File Named 'BASIC _ param. xlsx'
$CALL GDXXRW. EXE   BASIC _ param. xlsx   output=EMS _ basic _ param. gdx   par=
VALUEB rng=EMS _ PARAM! A2: B18  Rdim=1  par=COEF  rng=EMS _ PARAM!
G3: H46  Rdim=1 par=POP  rng=EMS _ PARAM! D3: E46  Rdim=1
$GDXIN  EMS _ basic _ param. GDX
$LOAD  VALUEB   COEF   POP
$GDXIN

* Fetch Parameter Datafrom Excel File Named 'EMS _ param. xlsx'
$CALL GDXXRW. EXE  EMS _ param. xlsx  output=EMS _ adj _ param. gdx  par=VAL-
UEA rng=PARM! A2: B10  Rdim=1
$GDXIN  EMS _ adj _ param. GDX
```

```
$LOAD   VALUEA
$GDXIN

C=VALUEA ('C');
TFP=VALUEB ('TFP');
ALPH=VALUEB ('ALPH');
GAMM=VALUEB ('GAMM');
DLTK=VALUEB ('DLTK');
TFPES=VALUEB ('TFPES');
AE=VALUEB ('AE');
AH=VALUEB ('AH');
RHES=VALUEB ('RHES');
TFPRD=VALUEB ('TFPRD');
THRD=VALUEB ('THRD');
PHRD=VALUEB ('PHRD');
DLTRD=VALUEB ('DLTRD');
SIGM=VALUEA ('SIGM');
RHO=VALUEA ('RHO');
LPRT=VALUEA ('LPRT');
THLT=VALUEA ('THLT');
EVAR=VALUEA ('EVAR');
K0=VALUEB ('K0');
HE0=VALUEB ('HE0');
MQ0=VALUEB ('MQ0');
E0=VALUEB ('E0');
IRD0=VALUEB ('IRD0');
MQT=VALUEA ('MQT');

LABOR (T) =POP (T) *LPRT;
IRD.FX ('2007') =IRD0;

OPTION   NLP=CONOPT;
OPTION   BRATIO=1;

SETS
J              USED FOR HOLDING RESULTS            /1*21/
```

```
JINDEX (J);
ALIAS (J, I);

SCALARS
INDEX        ITERATOR FOR STORING RESULTS                    /1/
CSTRT        STARTING POINT OF C TO SIMULATE                 /0.40/
CINCR        INCREMENT OF C BETWEEN EACH SIMULATION          /0.01/;

PARAMETERS
BASE_Y (T, J)         IN 100M YUAN
BASE_K (T, J)         IN 100M YUAN
BASE_KP (T, J)        IN UNIT
BASE_INV (T, J)       IN 100M YUAN
BASE_IRD (T, J)       IN %
BASE_ENRG (T, J)      IN MTOE
BASE_ES (T, J)        IN MTOE
BASE_EMS (T, J)       IN MTC
BASE_EMQ (T, J)       IN MTC
BASE_UTIL (J)
BASE_EI (T, J)        IN TOE PER 10000 YUAN
BASE_EEI (T, J)       IN TC PER 10000 YUAN
TAR_Y (T, J)          IN 100M YUAN
TAR_K (T, J)          IN 100M YUAN
TAR_KP (T, J)         IN UNIT
TAR_INV (T, J)        IN 100M YUAN
TAR_IRD (T, J)        IN %
TAR_ENRG (T, J)       IN MTOE
TAR_ES (T, J)         IN MTOE
TAR_EMS (T, J)        IN MTC
TAR_EMQ (T, J)        IN MTC
TAR_UTIL (J)
TAR_EI (T, J)         IN TOE PER 10000 YUAN
TAR_EEI (T, J)        IN TC PER 10000 YUAN ;

LOOP (J, C=CSTRT+CINCR* (INDEX-1);
      K.L (TFIRST) =K0;
```

```
HE.L (TFIRST) =HE0;
MQ.L (TFIRST) =MQ0;
E.L (T) =E0;
IRD.L (T) =IRD0;
LOOP (T, ES.L (T) =TFPES* (AE*E.L (T) **RHES+AH*HE.L (T)
**RHES) ** (1/RHES);
    Y.L (T) =TFP*K.L (T) **ALPH*ES.L (T) ** (1-ALPH) *LA-
    BOR (T) **GAMM;
    PERIODU.L (T) = ((C*Y.L (T) /POP (T)) ** (1-SIGM) -1) / (1
    -SIGM) *POP (T) * (1+RHO) ** (1-ORD (T));
    INV.L (T+1) = (1-C-IRD.L (T+1)) *Y.L (T) -THLT*E.L (T
    +1);
    K.L (T+1) =K.L (T) * (1-DLTK) +INV.L (T+1);
    HE.L (T+1) =HE.L (T) * (1-DLTRD) +TFPRD*IRD.L (T+1) *
    *THRD*HE.L (T) **PHRD;
    M.L (T) =COEF (T) *E.L (T);
    MQ.L (T) $ (ORD (T) >1) =MQ.L (T-1) +M.L (T)
);
UTILITY.L=SUM (T, PERIODU.L (T+1));
SOLVE EMSBASE MAXIMIZING UTILITY USING NLP;

JINDEX (I) =YES$ (ORD (I) EQ INDEX);
BASE_Y (T, JINDEX) =Y.L (T);
BASE_K (T, JINDEX) =K.L (T);
BASE_KP (T, JINDEX) =HE.L (T);
BASE_INV (T, JINDEX) =INV.L (T);
BASE_IRD (T, JINDEX) =IRD.L (T);
BASE_ENRG (T, JINDEX) =E.L (T) /100;
BASE_ES (T, JINDEX) =ES.L (T) /100;
BASE_EMS (T, JINDEX) =M.L (T) /100;
BASE_EMQ (T, JINDEX) =MQ.L (T) /100;
BASE_UTIL (JINDEX) =UTILITY.L;
BASE_EI (T, JINDEX) =E.L (T) /Y.L (T);
BASE_EEI (T, JINDEX) =M.L (T) /Y.L (T);

SOLVE EMSTAR MAXIMIZING UTILITY USING NLP;
```

```
        TAR_Y (T, JINDEX) =Y.L (T);
        TAR_K (T, JINDEX) =K.L (T);
        TAR_KP (T, JINDEX) =HE.L (T);
        TAR_INV (T, JINDEX) =INV.L (T);
        TAR_IRD (T, JINDEX) =IRD.L (T);
        TAR_ENRG (T, JINDEX) =E.L (T) /100;
        TAR_ES (T, JINDEX) =ES.L (T) /100;
        TAR_EMS (T, JINDEX) =M.L (T) /100;
        TAR_EMQ (T, JINDEX) =MQ.L (T) /100;
        TAR_UTIL (JINDEX) =UTILITY.L;
        TAR_EI (T, JINDEX) =E.L (T) /Y.L (T);
        TAR_EEI (T, JINDEX) =M.L (T) /Y.L (T);
        INDEX=INDEX+1;
);

* Save Simulation Results of Base case and Policy case to Excel Files
$BATINCLUDE      OUTPUT_EMS.GMS    EMSBASE.XLS    EMSTAR.XLS
---------------------------------------- END ----------------------------------------
```

(3) 总量目标下基于产业结构的最优路径（模型求解 GAMS 代码）

```
---------------------------------------- BEGIN ----------------------------------------
SETS
T          TIME PERIODS                    /2007*2050/
SEC        SECTORS      /Agricul, FoodClo, Coal, OilProd, GasProd, Chemic, Mineral,
                         Metals, LhtMnfc, HvyMnfc, Electric, Constr, Transp, OthServ/
TFIRST (T)          FIRST PERIOD
TLAST (T)           LAST PERIOD;
ALIAS (SEC, IND);

* DEFINE THE FIRST AND LAST TIME PERIOD
TFIRST (T) =YES$ (ORD (T) EQ 1);
TLAST (T) =YES$ (ORD (T) EQ CARD (T));

SCALARS
DEP               DEPRECIATION OF CAPITAL                    /0.051/
TPRF              TIME PREFERENCE                            /0.05/
```

```
MTAR                 EMISSION TARGET ;

PARAMETERS
EI2007 (SEC)         ENERGY INTENSITY OF EACH SECTOR IN 2007
EI_Drate (SEC)       DROPPING RATE OF EI OF EACH SECTOR
AL (T, SEC)          TFP OF EACH SECTOR
AL0 (SEC)            INITIAL TFP OF EACH SECTOR
AG (SEC)             TFP'S GROWTH RATE
GAMM (SEC)           GAMMA OF EACH SECTOR (CAPITAL ELESTICITY)
DIC (SEC, IND)       DIRECT INPUT COEFFICIENT
VAC (SEC)            SHARE OF VA IN OUTPUT
CF (SEC)             CARBON COEFFICIENT (CARBON CONTENT)
WGHT (SEC)           WEIGHT OF CONSMP OF EACH SECTOR
CRO (SEC)            CONSUMP. RATIO OF GDP BY EACH SECTOR
LABOR (T, SEC)       LABOR FORCE OF EACH SECTOR IN TIME T
EI (T, SEC)          ENERGY INTENSITY OF EACH SECTOR IN TIME T
PE (SEC)             ENERGY UNIT PER CONSUMPTION
CFC (SEC)            CARBON COEFFICIENT OF CONSUMPTION OF FINAL ENERGY USE
* INITIAL STATE OF VARIABLES
K0 (SEC)             INITIAL CAPITAL OF EACH SECTOR
Y0 (SEC)             INITIAL OUTPUT OF EACH SECTOR;

POSITIVE VARIABLES
C (T, SEC)           COMSUMPTION OF SECTOR GOOD IN TIME T
I (T, SEC)           INVESTMENT ON SECTOR IN TIME T
E (T, SEC)           ENERGY USED IN SECTOR OF TIME T
ETOT (T)             TOTAL ENERGY CONSUMPTION
K (T, SEC)           CAPITAL STOCK IN SECTOR OF TIME T
X (T, SEC, IND)      INTERMEDIATE INPUTS
VA (T, SEC)          VALUE ADDED
FU (T, SEC)          FINAL USAGE
Y (T, SEC)           GDP PRODUCED OF SECTOR IN TIME T
R (T, SEC)           RESIDUE OF GDP MINUS COMSUMPTION
M (T)                ANNUAL CARBON EMISSIONS
QM (T)               ACCUMULATED CARBON EMISSIONS UNTIL TIME T;
```

```
VARIABLES
PERIODU (T)          UTILITY OF TIME T
UTIL                 SUM OF PRESENT VALUE OF PERIODU;

EQUATIONS
VALADD (T, SEC)               VALUE ADDED FUNC.
PRODUCTION (T, SEC)           PRODUCTION FUNCTION
INTERMED (T, SEC, IND)        INTERMEDIATE INPUT FUNC.
ENRGDEMD (T, SEC)             ENERGY DEMAND FUNCTION
ENRGCONM (T)                  TOTAL ENERGY CONSUMPTION
FINALUSE (T, SEC)             FINAL USAGE FUNC.
CCONSM (T, SEC)               CONSUMPTION FUNC.
RESIDUE (T, SEC)              RESIDUE AVALABLE TO INVEST
BALANCE (T)                   BUDGET BALANCE
CAPINIT (T, SEC)              INITIAL CAPITAL STOCK
CAPCUM (T, SEC)               CAPITAL ACCUMULATION
CARBEMS (T)                   ANNUAL CARBON EMISSION
CARBQMS (T)                   ACCUM. CARBON EMISSION

PERDU (T)                     UTILITY FUNC OF EACH PERIOD
TOTUTL                        TOTAL PRESENT VALUE OF UTILITY;

VALADD (T, SEC) ..
VA (T, SEC) =E= AL (T, SEC) * K (T, SEC) ** GAMM (SEC) * LABOR (T,
SEC) ** (1-GAMM (SEC));
PRODUCTION (T, SEC) ..        Y (T, SEC) =E= (1/VAC (SEC)) * VA (T, SEC);
INTERMED (T, SEC, IND) ..     X (T, SEC, IND) =E= DIC (SEC, IND) * Y (T,
                              IND);
ENRGDEMD (T, SEC) ..          E (T, SEC) =E= Y (T, SEC) * EI (T, SEC);
ENRGCONM (T) ..               ETOT (T) =E= SUM (SEC, E (T, SEC)) + SUM
                              (SEC, C (T, SEC) * PE (SEC));
FINALUSE (T, SEC) ..          FU (T, SEC) =E= Y (T, SEC) - SUM (IND, X (T,
                              SEC, IND));
CCONSM (T, SEC) ..            C (T, SEC) =E= FU (T, SEC) * CRO (SEC);
RESIDUE (T, SEC) ..           R (T, SEC) =E= FU (T, SEC) - C (T, SEC);
```

```
BALANCE (T) ..              SUM (SEC, R (T, SEC)) =E=SUM (SEC, I (T,
                            SEC));
CAPINIT (TFIRST, SEC) ..   K (TFIRST, SEC) =E=K0 (SEC);
CAPCUM (T+1, SEC) ..        K (T+1, SEC) =E=K (T, SEC) * (1-DEP) +
                            I (T, SEC);
CARBEMS (T) ..              M (T) =E=SUM (SEC, CF (SEC) *E (T, SEC)) +
                            SUM (SEC, C (T, SEC) *CFC (SEC));
CARBQMS (T) ..              QM (T) =E=QM (T-1) +M (T);
PERDU (T) ..
                            PERIODU (T) =E=SUM (SEC, WGHT (SEC) *LOG
                            (C (T, SEC))) * (1+TPRF) ** (1-ORD (T));
TOTUTL..                    UTIL=E=SUM (T, PERIODU (T));
MODEL   BASELINE            /ALL/;

EQUATION
CARLIM (T)                  CARBON EMISSION LIMIT ;
CARLIM (TLAST) ..           QM (TLAST) =L=MTAR;
MODEL   LIMIT               /ALL/;

PARAMETERS
EI_Drate20 (SEC)
EI_Drate25 (SEC)
EI_Drate30 (SEC)
EI_Drate35 (SEC)
EI_Drate40 (SEC)
EI_Drate50 (SEC)
WGHT_CN (SEC)
WGHT_US (SEC)
WGHT_EU (SEC)
WGHT_JP (SEC);

* Fetch Parameter Datafrom Excel File Named 'CES_120612. XLSX'
* Put all Options in One File
$ONECHO > RXLSSETTINGS. TXT
output= CES_131015. gdx
par=AL0 rng=PARM! B1: O2        Cdim=1
```

```
par=AG rng=PARM! B4: O5          Cdim=1
par=GAMM rng=PARM! B7: O8          Cdim=1
par=DIC rng=PARM! T1: AH15       Cdim=1  Rdim=1
par=VAC rng=PARM! U18: AH19      Cdim=1
par=K0 rng=PARM! B10: O11        Cdim=1
par=WGHT_CN rng=PARM! B13: O14        Cdim=1
par=EI2007 rng=PARM! B16: O17        Cdim=1
par=EI_Drate20 rng=PARM! B19: O20        Cdim=1
par=EI_Drate25 rng=PARM! B21: O22        Cdim=1
par=EI_Drate30 rng=PARM! B23: O24        Cdim=1
par=EI_Drate35 rng=PARM! B25: O26        Cdim=1
par=EI_Drate40 rng=PARM! B27: O28        Cdim=1
par=EI_Drate50 rng=PARM! B29: O30        Cdim=1
par=LABOR rng=PARM! A33: O77       Cdim=1  Rdim=1
par=CF rng=PARM! B79: O80        Cdim=1
par=PE rng=PARM! B82: O83        Cdim=1
par=CFC rng=PARM! B85: O86        Cdim=1
par=CRO rng=PARM! U22: AH23       Cdim=1
par=Y0 rng=PARM! U25: AH26       Cdim=1
par=WGHT_US rng=PARM! U29: AH30       Cdim=1
par=WGHT_EU rng=PARM! U31: AH32       Cdim=1
par=WGHT_JP rng=PARM! U33: AH34       Cdim=1
$OFFECHO

$CALL GDXXRW.EXE  CES_131015.xlsx  @RXLSSETTINGS.TXT
$GDXIN  CES_131015.GDX
$LOAD  AL0 AG GAMM DIC VAC K0 WGHT_CN EI2007 EI_Drate20 EI_Drate25  EI_
Drate30
$LOAD  EI_Drate35  EI_Drate40 EI_Drate50 LABOR CF PE CFC CRO Y0 WGHT_US
WGHT_EU WGHT_JP
$GDXIN

AL(T, SEC) =AL0(SEC) *EXP(AG(SEC) *(ORD(T) -1));

* Initial State of Variables
K.L(T, SEC) =K0(SEC);
```

```
Y.L(T, SEC) =Y0(SEC);
X.L(T, SEC, IND) =DIC(SEC, IND) *Y.L(T, IND);
FU.L(T, SEC) =Y.L(T, SEC) -SUM(IND, X.L(T, SEC, IND));
C.L(T, SEC) =FU.L(T, SEC) *CRO(SEC);

*Scenario Settings on Consumption Weight and Energy Efficiency
EI(T, SEC) =EI2007(SEC) *EXP(EI_Drate25(SEC) *(ORD(T) -1));
WGHT(SEC) =WGHT_CN(SEC);

SOLVE BASELINE USING NLP MAXIMIZING UTIL;
SOLVELIMIT USING NLP MAXIMIZING UTIL;
$include OUTPUT_120612.gms
------------------------------ END ------------------------------
```

第 6 章

元胞自动机方法

前面几章采用的政策模拟方法，其基本算法是数值算法。20 世纪 90 年代以来，政策模拟方法的一个重要发展是非数值模拟方法的引入。与一般的数值型政策模拟不同，当政策模拟对象具有某种空间或者时间离散背景时，或者说面对的经济体、社会系统、地理系统等可以分解为单元、个体时，特别适合采用非数值模拟方法。这是因为非数值模拟方法具有两点优势适合于政策模拟。①非数值模拟方法不基于方程刻画模拟对象的动力学特征，而主要依靠算法规则来刻画动力过程。这种规则有时就是政策，有时是把政策作为算法规则刻画在模拟系统中。②非数值模拟方法不要求模拟对象的动力学过程具有连续背景，这对于许多人文过程是适合的。

常见的非数值模拟方法有三种代表性类型：一是元胞自动机（cellular automata，CA）；二是基于自主体的建模和模拟；三是神经网络、基因算法等，第三种方法主要是预测方法。对于政策模拟，适合的是前两种方法。本章主要讨论应用元胞自动机作政策模拟。

6.1 元胞自动机发展史

什么是元胞自动机？在抽象理解元胞自动机之前，或许我们可以想象一个由发光二极管组成的矩阵网格，如在商场或机场看到的滚动信息显示屏幕，在这些屏幕中每一个发光二极管有两种状态，开或者关，从而在大屏幕上显示出一定的图形或文字。现在，如果我们假设任何一个二极管的状态都直接取决于它上下左右四个二极管的状态，只有当周围有多于两个二极管处于开的状态时，中心二极管才开启。这样的二极管矩阵就构成了一个简单的元胞自动机。

元胞自动机的起源可以追溯到1948年计算机之父 von Neumann 关于构建一个具有自我复制功能机器的构想。在数学家朋友 Stanislaw Ulam 的建议下，von Neumann 开始考虑在由许多元胞构成的时空离散的框架下解决这个问题。最终，在20世纪50年代他建立了生物自我复制的原型，这个原型由约20万个二维网格所构成，每个元胞具有29个可选状态，元胞的演化规则取决于其自身的状态，以及其上、下、左、右方向上的邻居元胞的状态。von Neumann 的研究发现，在一定的规则作用下元胞可以产生新的、同样具有复杂性的个体，表明元胞自动机具有构造通用性（universal construction）能力（von Neumann and Burks，1966），即通过简单的元胞自动机规则能导致复杂的系统结果，这就是元胞自动机的雏形。

在20世纪60年代，Moore（1962）、Hedlund（1969）等对元胞自动机的理论进行了探索研究，此时元胞自动机作为建模的手段仍处于成长阶段，且受到计算机技术的限制，元胞自动机并未得到广泛应用。

真正推动元胞自动机普及的里程碑是1970年 John Conway 所构造的生命游戏（game of life），在生命游戏中，设想有一个类似于棋盘的二维网格空间，其中每个网格为一个元胞，元胞具有生或死的可能状态，元胞状态的转变受到上、下、左、右、左上、左下、右上、右下八个元胞状态的影响，若元胞状态为生，则当其有两个或三个活着的直接邻居时，该元胞状态保持为生，否则该元胞状态转换为死；若元胞状态为死，则当其刚好有三个活着的直接邻居，该元胞状态转换为生。图6.1展示了生命游戏的部分演化过程。Conway 的生命游戏模型可以演化成不同的结构，向人们证实了元胞自动机具有计算通用性（Berlekamp、Conway and Guy，1982），得到了普遍关注。但这个时期仍缺乏对元胞自动机作为科学方法的深入、分析和应用性研究。

进入20世纪80年代，元胞自动机的研究得到了迅速发展。1983年，物理学家、数学家 Stephen Wolfram 在《现代物理评论》上发表了题为"Statistical Mechanics of Cellular Automata"的论文，详细地分析了初级元胞自动机的构成，提出在简单的初始设置下，元胞自动机将演化到趋于均质的状态或产生自我类似的模式（Wolfram，1983），展示了元胞自动机以简单规则产生复杂结构的能力，使元胞自动机迅速引起了各个学科研究人员的浓厚兴趣。1984年，Santa Fe 研

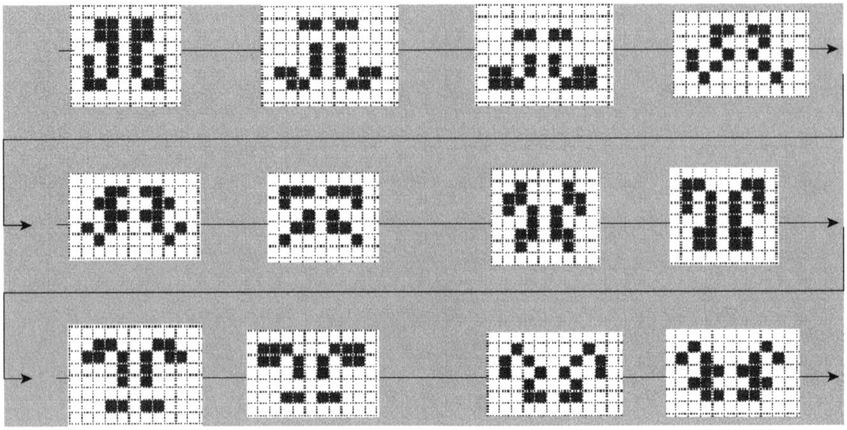

图 6.1 Conway 生命游戏

究所成立，这是第一个基于交叉学科研究复杂系统理论的研究中心，推动了基于复杂系统理论的元胞自动机理论与应用研究的深入与推广。同年，在 Farmer、Toffoli 和 Wolfram 的组织下，第一届元胞自动机大会在麻省理工学院召开，来自各个学科的研究人员积极与会。Wolfram（1984）认为，元胞自动机是由大量结构一致且简单的部件组成的，但将这些部件整合却能构造出复杂的行为，元胞自动机的这种特性使其作为科学的建模方法得到了普遍认可，被广泛应用于社会学、生物学、生态学、数学、地理学、军事学等各个领域。

2002 年，Wolfram 推出其著作 *A New Kind of Science*。在这本厚达 1200 页的恢宏巨著里，Wolfram 倡导以元胞自动机来解释自然现象，如时间为什么单向流逝、雪花的结晶、海螺的图案等。Wolfram 认为如果让计算机反复地计算极其简单的运算法则，那么就可以使之发展成为异常复杂的模型，并可以解释自然界中的所有现象（Wolfram，2002）。虽然我们现在还不能以元胞自动机完全取代传统的“科学语言”——数学公式，但这本书开辟了“简单的重复生成复杂”这种新的思维方式来观察、研究世界的新道路，有力地推动了元胞自动机作为一种新的科学方法的应用发展。

6.2 元胞自动机的定义

元胞自动机理论的产生得益于离散数学、物理学、计算机科学中的自动机理论、图灵机理论指引。关于元胞自动机的定义，从1951年计算机之父 von Neumann 提出至今，人们都具有较为统一的认识。von Neumann 认为，元胞自动机是一维或二维的同质自动机元胞网格，每个自动机元胞能够处理信息，并根据其接受到的环境信息和内部既定的行为规则展开行为活动。Wolfram（1983）认为，元胞自动机是自然系统的数学理想化模型，它由离散同质的网格构成，每个网格具有有限个状态值，在离散的时间节点上，网格状态值根据确定的演化规则及邻居网格的值进行转化。

可以看到，从 von Neumann 到 Wolfram，对元胞自动机的定义都强调了以下几个基本特征（Ilachinski，2001）。

（1）离散网格：元胞自动机系统的基底是一个一维、二维或三维的元胞网格。

（2）同质性：所有元胞具有等价性。

（3）离散状态：每个元胞均处于有限个可能的离散状态中的一个状态值。

（4）局部交互：每个元胞只与其局部的邻居进行交互。

（5）离散动态性：在每个离散的时间单元，所有元胞都根据自身当前状态及其邻居元胞的状态在转换规则的作用下更新其状态。

用数学符号可以对元胞自动机做出更精确的描述：

$$A = (G, S, I, f) \tag{6.1}$$

式中，A 为一个元胞自动机系统；G 为元胞；S 为元胞的有限离散状态集合；I 为元胞领域内的元胞；f 为元胞状态转换规则。其中每个元胞的动态状态转换可以进一步用数学符号表示为

$$S_{it+1} = f(S_{it}, I_{jt}^{h}) \tag{6.2}$$

式中，S_{it+1}为给定元胞 i 在 $t+1$ 时刻的状态；f（）为元胞状态转换规则；S_{it} 为元胞 i 在 t 时刻的状态；I_{jt}^{h} 为邻居元胞 j 在 t 时刻对元胞 i 的信息输入，其中 h 为元胞 i 的邻居规模（Torrens，2000）。

由式（6.2）可以看出，在任意时间点上，每个元胞都受到邻居元胞状态及自身前期状态的影响，在统一的转换规则作用下进行有限状态转换，且在同一时间截面上，元胞自动机中所有元胞的状态在整体上构成了系统的全局结构信息，如此，随着时间的推移，系统全局结构也在不断变化之中，这是元胞自动机自底向上的建模核心思想，也是元胞自动机动态化的实现途径。

图6.2描述了元胞自动机的基本结构，简单来说，元胞自动机是时间、空间、状态都离散的动力系统。这个系统包含若干个元胞，相邻的元胞之间存在相互作用，在一个时间点上，元胞根据自身当前状态及其邻居的状态在状态转换规则的作用下决定下一个时刻的状态值。

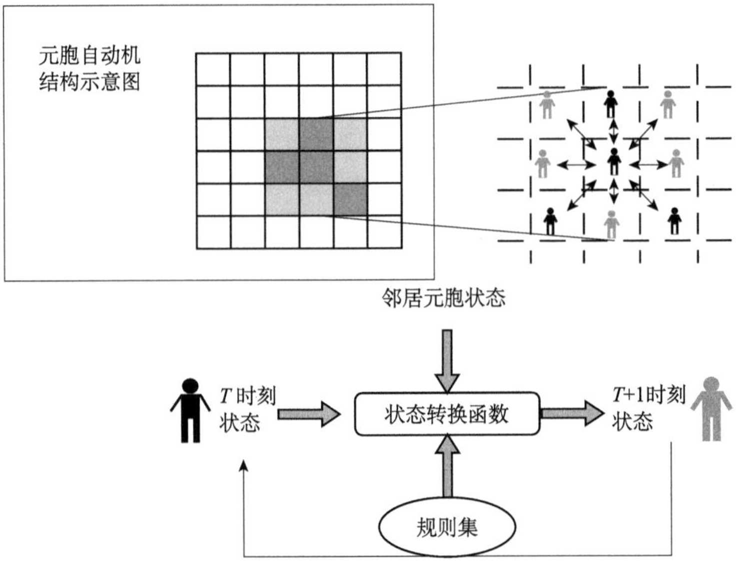

图 6.2　元胞自动机结构示意图

资料来源：根据 Huang、Sun 和 Hsieh 等（2004）修改

当然，无论哪种类型的元胞自动机，其本质都是由局部元胞的状态变化导致全局状态改变，是一个典型的自下而上的动态系统。由于元胞自动机具有自底向上的建模特点，在对复杂系统建模时，系统全局复杂的、难以用数学方程式描述的关系被分解到局部的、简单的元胞的状态和规则来表达，进而通过元胞的交互及元胞的状态转换最终实现复杂系统的动态演化过程。因此，元胞自动机对复杂系统的动态模拟具有十分强大的能力。Ahmed 和 Elgazzar（2001）认为元胞自动机是研究动态、非均衡、空间异质性系统的有力工具。需要指出的是，在用元胞自动机对复杂系统建模时，全局的复杂结构并不等于局部元胞的简单累加，元胞与元胞的交互在复杂性涌现的建模中起到了至关重要的作用。

6.3　元胞自动机的建模解析

针对具体研究问题我们该如何建立一个元胞自动机系统呢？这就需要进一步剖析元胞自动机的四个构成要素，即元胞（cellular）、状态（state）、邻居（neighbor）、规则（rule）。

6.3.1 元胞

元胞是元胞自动机最基本的组成部分。元胞自动机包含大量相同的元胞（通常几千个甚至上百万个），这些元胞排列在一个规则的网格里，最初的或者基本的元胞为矩形栅格，可以排列在一条线上形成一维的元胞自动机，或一个矩阵里形成二维元胞自动机，随着研究的不断深入也有学者将元胞分布在一个立方体中从而构成三维元胞自动机，图 6.3 分别展示了不同维数的元胞自动机。当确定元胞的排列方式之后，所有元胞在系统运行的过程中具有各自固定的空间位置，不可在空间中移动。

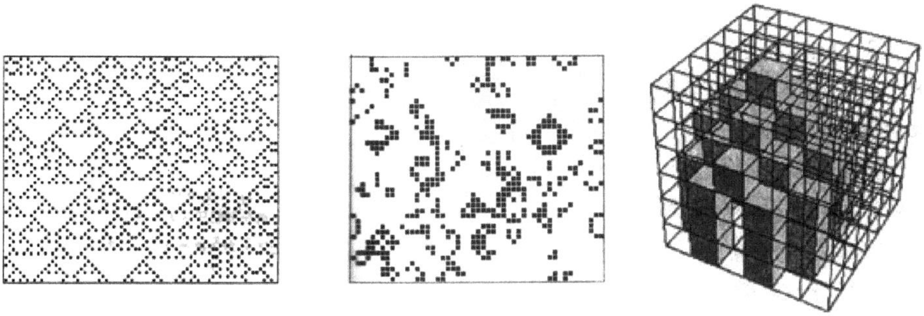

(a)　(b)　(c)

图 6.3　不同维数的元胞自动机

元胞可用于地理空间的表征，从一维元胞自动机到三维元胞自动机，在地理学研究中都有各自不同的应用。Di Gregorio、Festa 和 Gattuso 等（1996）基于一维元胞自动机模拟了高速公路交通流的变化；Ohgai 、Gohnai 和 Watanabe（2007）建立了用于模拟建成区火灾扩散的二维元胞自动机模型；Shyue、Sung 和 Chiu（2007）基于三维元胞自动机研究了海域中石油泄漏的扩散模型，将石油深入海水的深度作为垂直方向上的第三维。当然，相关类似的研究还有很多，这里不再一一列举。在具体操作中，可将地图栅格数据的每一个栅格作为一个元胞，这样既利用了地理信息系统（geographic information system，GIS）的地理空间信息表征功能，又融入了元胞自动机动态建模的特点，实现了元胞自动机与 GIS 的耦合。

随着元胞自动机应用的不断深入，元胞的形态也被不断拓展。最初始的元胞一般为矩形网格，但在地理学应用中，研究人员认为，当用元胞来表征地理空间时，这种地理空间不一定是规则的矩阵网格，有时不规则的地理空间需要被作为一个自动机来处理，这就需要有突破传统元胞的规则的划分办法。Benenson、

Omer 和 Hatna（2002）将实体对象作为元胞，如把一个地块、一座房子作为单个元胞来处理。Shi 和 Pang（2000），Semboloni（2000），Benenson、Omer 和 Hatna（2002）均采用了以 Voronoi 图的空间划分办法来建立元胞的空间范围，如图 6.4 所示，这种空间划分也被认为能更自然和有效地表征人类所感知的空间（Shi and Pang，2000）。

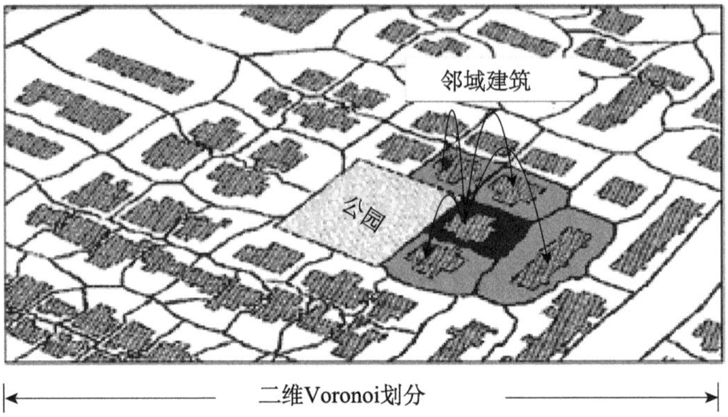

图 6.4　二维 Voronoi 空间划分

6.3.2　状态

元胞的状态是系统在局部可能经历的属性集，每个元胞都具有有限个状态，在任意时间节点上元胞处于其中的某个状态，如“1”或者“0”，“活着”或“死亡”等。一般来说，在一个时间点上，每个元胞只能具有唯一的状态值。当然，在前后两个时间点上，元胞的状态可能保持不变，这说明该元胞的当前状态及其邻居元胞的状态还未能符合状态转换规则的条件。

元胞在空间上不具有可移动性，因此在使用元胞自动机进行建模时，系统的动态性主要通过元胞状态的改变来实现，局部元胞的状态改变最终形成系统全局空间格局的变迁。图 6.5 展现了元胞自动机在两个时间点上由局部状态改变形成全局空间格局的变化（不同颜色代表了不同的状态）。

同时，我们需要关注元胞状态转换时间点的问题，其实这也是元胞自动机中时间维度的问题。我们知道元胞自动机系统是一个时间离散的动力系统，在系统运行的过程中，所有元胞都将经历从时间 T_0 到时间 T_n 的全过程，那么根据元胞状态更新是否同步，可以分为同步元胞自动机（synchronous cellular automata）和异步元胞自动机（asynchronous cellular automata）。在同步元胞自动机中，所有元胞在每个时间 T_i 上进行同步的状态更新，当所有元胞状态更新之后系统进

(a)　　　　(b)

图 6.5　两个时间点上元胞的局部和全局状态比较

入下一个时间 T_{i+1}。在异步元胞自动机中，需要在一个元胞自动机中嵌入不同的时钟，即不同的元胞采用不同的时间间隔进行状态更新，如在 Uljee、Engelen 和 White（1996）的研究中，在低洼地区用了以月为时间间隔的时钟，而在高地势地区用了以年为时间间隔的时钟。

6.3.3　邻居

邻居是中心元胞周围将与其发生相互作用的其他元胞。在式（6.2）和图 6.2 中，可以看到，任一元胞的邻居元胞的状态都是其执行状态转换规则的一个不可缺少的输入条件之一。因此，要实现元胞自动机的动态化，在建模中必须确定元胞邻居判断的准则。

在一维元胞自动机中，通常将距离 r 内的所有元胞定义为该元胞的邻居，这是比较简单的情况。而在二维元胞自动机中，邻居的确定有多种形式，常见的有两种。

（1）von Neumann 型邻居：当邻居半径为 1 时，von Neumann 型邻居是把中心元胞的上、下、左、右四方向上的元胞定义为其邻居；当邻居半径大于 1 时，von Neumann 型邻居是以其自身为中心的菱形范围内的元胞，如图 6.6 所示。我们可以将 von Neumann 型邻居用数学表达式记为

$$N^{V}_{(x_0,y_0)} = \{(x,y): |x-x_0|+|y-y_0| \leqslant r\} \tag{6.3}$$

式中，x_0、y_0 为中心元胞的行列值；x、y 为中心元胞周围其他元胞的行列值；r

为邻居半径，取值为任一整数。对于 von Neumann 型邻居来说，当取定元胞半径 r，则中心元胞邻居元胞的个数为 $2r\ (r+1)$。

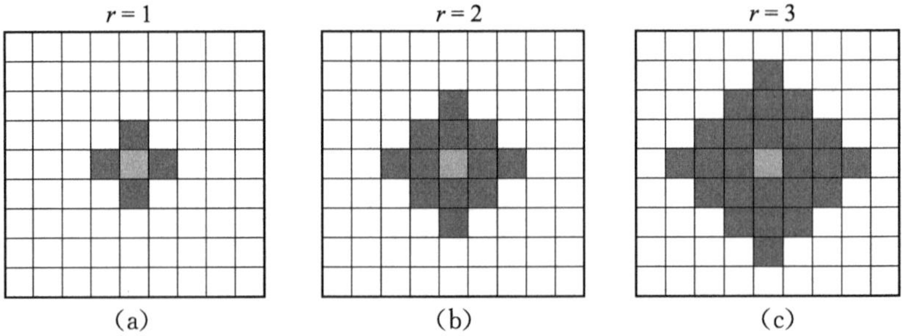

图 6.6 von Neumann 型邻居

（2）Moore 型邻居：Moore 型邻居是把与中心元胞行列值差的绝对值为 1 的 8 个元胞定义为其邻居，此时邻居半径为 1；当邻居半径为大于 1 的整数时，我们将与中心元胞行列值的绝对值小于邻居半径的元胞都确定为邻居，这也被称为扩展的 Moore 型邻居，如图 6.7 所示。我们可以将 Moore 型邻居用数学表达式记为

$$N^{M}_{(x_0,y_0)}=\{(x,y):|x-x_0|\leqslant r,\ |y-y_0|\leqslant r\} \tag{6.4}$$

其中的符号与式（6.3）中各符号含义相同。此时，对于任一中心元胞来说，其半径为 r 的邻居元胞个数为$(2r+1)^2-1$。

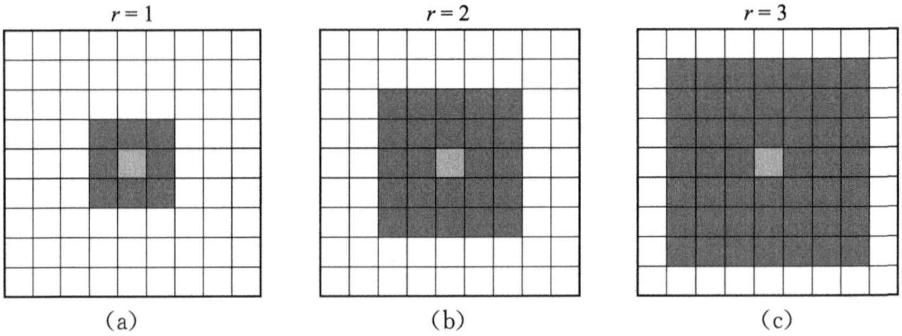

图 6.7 Moore 型邻居

6.3.4 规则

规则指定了系统中的元胞如何从一个状态转换到下一个状态，是元胞自动机系统动态化的源泉，只有在规则的作用下，元胞才能实现状态的转换，整个系统才能得以运转。针对具体的应用，需要为元胞自动机制定不同的规则，从而演化出不同的整体格局。因此，规则的提取是元胞自动机建模的关键步骤，也是基于

元胞自动机建模的难点所在。黎夏和刘小平（2007）分析了规则获取的多种方法，如多准则判断、Logistic 回归、遗传算法等。

从计算机编程语言的角度来看，元胞自动机中的规则其实就是基于 IF THEN 的条件判断语句。IF 所要判断的是每个元胞当前的状态及其邻居元胞的状态是否达到了规则所规定的状态转换条件，若判断结果为真，则执行 THEN 之后的状态转换动作。这里以我们在 6.1 节中的生命游戏为例，在 IF THEN 语句的框架下对规则用伪代码进行描述见代码段 6.1。需要注意的是，完全满足 IF THEN 规则转换条件的为确定型元胞自动机；而与之相对的，当 IF 条件满足，状态以一定的随机概率发生转换，称之为随机型元胞自动机。随机型元胞自动机反映了现实世界中系统运行的复杂性，其演化的方法并不一定完全符合预期的设想，而表现为混沌的特性。

代码段 6.1　生命游戏伪代码

```
IF 元胞状态为“生”AND 其 Moore 型邻居元胞中有两个或三个元胞状态为“生”
  THEN 元胞状态保持为“生”
IF 元胞状态为“生”AND 其 Moore 型邻居元胞中状态为“生”的元胞个数小于两个或大于三个
  THEN 元胞状态从“生”转换为“死”
IF 元胞状态为“死”AND 其 Moore 型邻居元胞中状态为“生”的元胞个数为三个
  THEN 元胞状态从“死”转变为“生”
```

在具体应用中，我们还需要注意问题解决方案中的规则与所建模型的时间间隔所代表的真实时间间隔相适应，也就是说对于同一个问题在不同的时间尺度上可能具有不同的状态转换规则。例如，用元胞自动机模拟一片树林的生长（以树的高度作为元胞的状态），此时时间间隔取一个月与取一年，在计算树在两个时间点上的高度变化时，其计算的方程（即元胞状态转换的规则）是不同的。

6.4　元胞自动机分类

基于对元胞自动机构成的认识，我们知道即使在一个简单的元胞自动机中，元胞状态转换规则的不同将导致系统产生完全不同的宏观结构。1985 年，Wolfram 发表了关于元胞自动机的 20 个公开问题的论文，其中第一个问题就是“元胞自动机应该如何分类”。对这个问题的思考，就是试图在不同规则作用下将系统演变过程及全局状态的变化特性加以区分。Wolfram（1986）在详细分析了一维元胞自动机的演化行为与计算机实验的基础上，将所有元胞自动机的动力学行为归纳为四大类。

（1）W1：演化至同质的固定点。

（2）W2：演化至简单的分离的周期结构。经过一定时间运行后，元胞空间趋于一系列简单的固定结构或周期结构。

（3）W3：产生混沌的非周期模式。自任何初始状态开始，经过一定时间运行后，元胞自动机表现出混沌的非周期行为，所生成结构的统计特征不变化，通常表现为分形分维特征。

（4）W4：产生局部结构的复杂模式。出现复杂的局部结构，或者说是局部的混沌，其中有些会不断传播。

这种分类是定性的分类，但是也存在使它们定量化的方法，我们可以精确地对这四种类型进行定义。Wolfram（1985）认为连续动力学系统可以为元胞自动机的分类行为展开模拟：第一类元胞自动机可以被看成是极限点；第二类元胞自动机可以被看成是演化为极限环；第三类元胞自动机展现了具有奇异吸引子的混沌行为；第四类元胞自动机实际上具有长时间的瞬变，因此很难用连续动力学系统对其进行模拟。图 6.8 展示了 Wolfram 的四种典型分类。

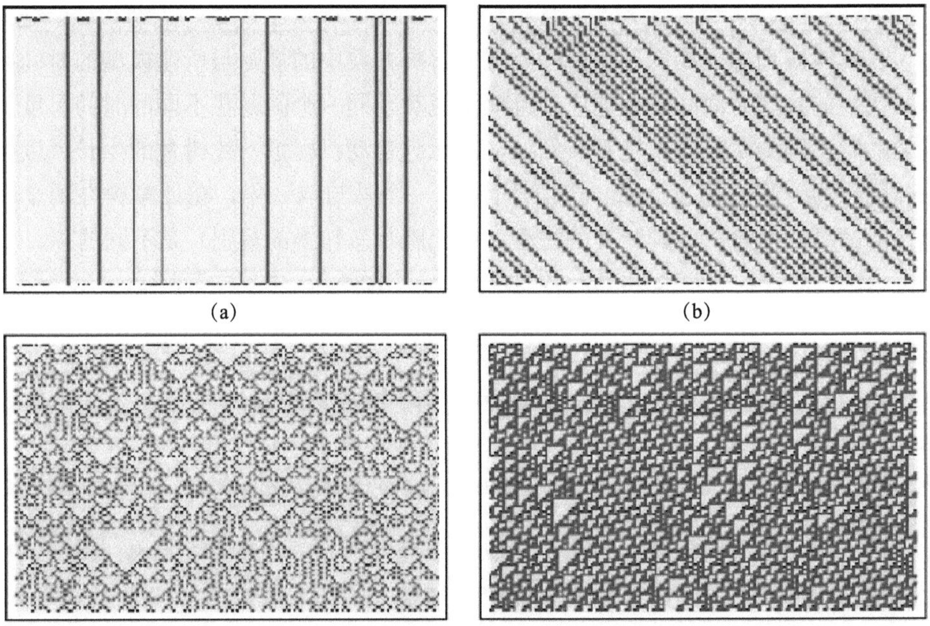

(a) (b) (c) (d)

图 6.8　Wolfram 的元胞自动机分类

资料来源：Wolfram（1985）

在Wolfram分类的基础上，Li和Packard（1990）对Wolfram分类稍微做了调整，将元胞自动机划分为6类，具体如下。

（1）LP1：演化至空间均质的固定点。

（2）LP2：演化至空间非均质的固定点，或者是一个固定模式的全局转变。

（3）LP3：演化至周期结构或者转变的周期行为。具有区域界限的局部范围具有周期行为，且可能具有转变现象。

（4）LP4：产生局部混沌行为。具有界限分离的区域混沌行为，可能导致转变。

（5）LP5：演化至空间上没有界限的混沌模式。

（6）LP6：复杂的演化。长时间的瞬变导致复杂的非单调的时空结构。

大致上，Li和Packard（1990）的第一类对应于Wolfram（1986）的第一类；Li和Packard（1990）的第二类、第三类、第四类对应于Wolfram（1986）的第二类；Li和Packard（1990）第五类对应于Wolfram（1986）的第三类；Li和Packard（1990）第六类对应于Wolfram（1986）的第四类。

6.5　异步元胞自动机

在元胞自动机的动态演化过程中，元胞在自身当前状态及邻居元胞状态的基础上，在特定的转换规则作用下进行状态更新。那么，细究其中状态更新的动态过程，我们不禁要问在一个系统中所有元胞究竟是同时更新还是按一定的顺序先后更新？不同的更新时序将产生完全不同的状态转换结果。

举一个简单的例子，来展示不同更新时序对系统宏观结果的影响。假设有一个一维的元胞自动机，其初始状态分布如图6.9所示，元胞的状态分为黑或白，元胞的邻居为其左右两个元胞，而每个元胞状态转换的规则如图6.10所示。那么，若所有元胞都同步更新，则系统状态变化如图6.11所示。这里所谓同步更新，是指在初始状态基础上所有元胞均在状态规则的作用下同时更新，更新的过程瞬间完成，所有元胞的状态变化不存在时间差。在本例中，13个元胞均在上一期末系统状态的基础上，根据转换规则来改变自身的状态。但是，如果所有元胞的状态变化不是同时进行的，而存在时间差，后一个元胞的状态更新依赖于前一个元胞的状态更新结果来转换自身的状态，这种状态更新称为异步更新。在本例中，若元胞 1 至元胞 13 按照从左至右的顺序依次更新状态，那么结果将发生巨大的变化，见图 6.12。因此，在元胞自动机中，简单的更新时序差别将导致系统状态的极大差别。

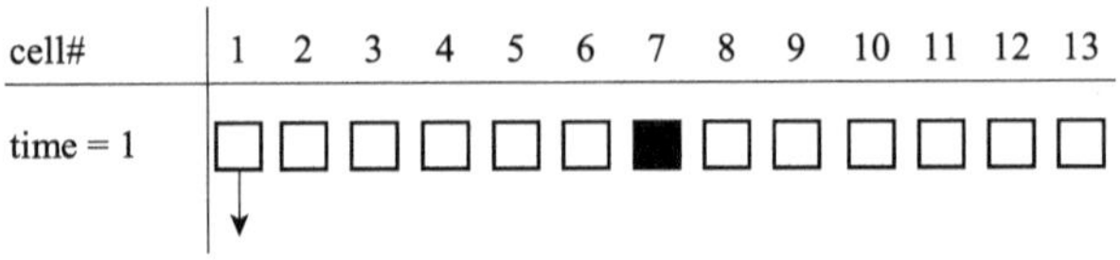

图 6.9　一维元胞自动机的初始状态分布

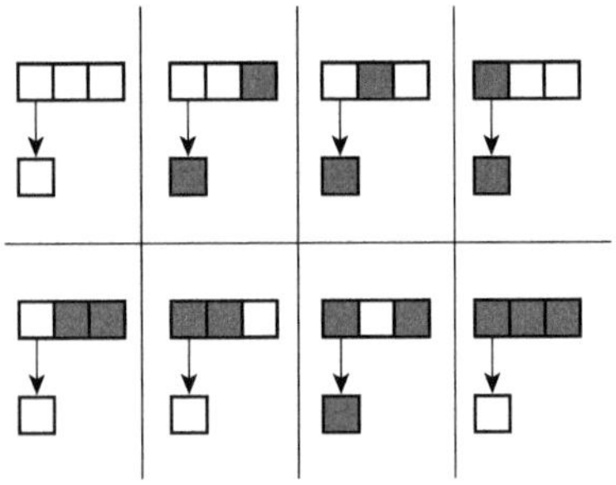

图 6.10　一维元胞自动机的假设转换规则

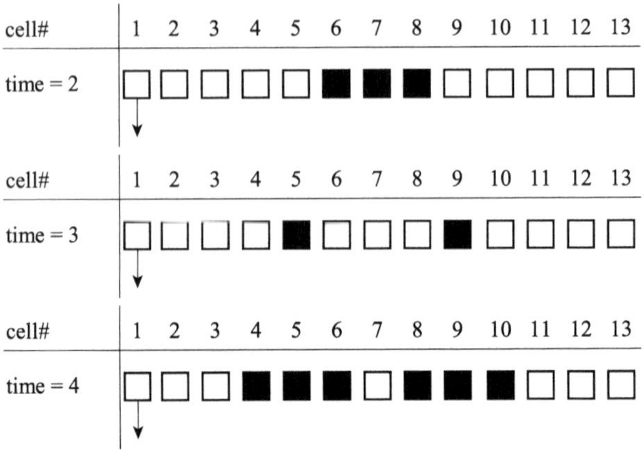

图 6.11　同步状态更新

当前，大多数研究是基于同步更新的元胞自动机展开建模研究，但随着研究的深入和现实系统的模拟需求，异步更新的元胞自动机也逐渐受到越来越多的关注。在现实中，存在大量需要异步状态更新的系统。例如，在森林火灾的元胞自动机模拟中，若将整片森林分割为若干个斑块对应于元胞的构成，那么当一个斑块被点燃时，火势在空间的蔓延是每个斑块根据其邻居斑块是否被点燃来判断自身是否被点燃，由于每个斑块的地形条件及植被类型的差别，火势在每个斑块燃

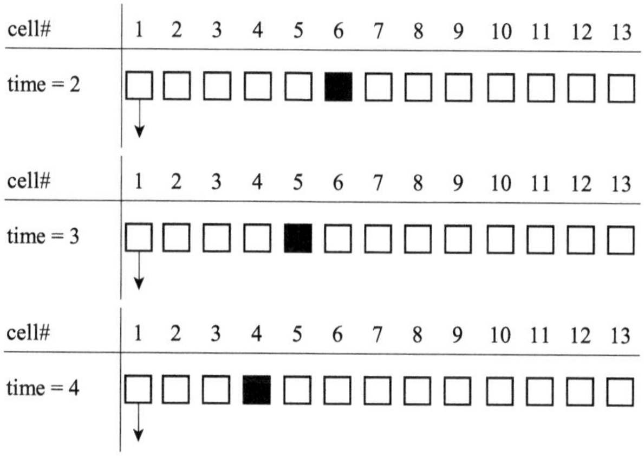

图 6.12 异步状态更新

烧的时间也不同，所以火势的扩散也是一个异步的过程。

在异步元胞自动机中，对于更新时序的设计是其中的关键。如在前文给出的一维元胞自动机中，我们假设元胞 1 至元胞 13 将从左到右依次更新状态，这就是一种更新的时序设计。根据元胞间更新顺序的不同，Cornforth、Green 和 Newth 等（2002）总结了异步更新时序包括以下几种类型。

（1）时钟型策略：每个元胞被赋予一个时钟，而初始化时每个时钟的周期阈值是随机的。在系统演化的过程中，在每个时间步骤上每个时钟的值按一定步长增长，当某个时钟值超出其周期阈值时，它的状态将被更新，同时将其时钟值复位为零。

（2）周期型策略：根据模型初始化给出的一个随机排序，在每个时间步骤上选择一个元胞更新其状态。

（3）随机独立策略：在每个时间步骤上，随机选择一个元胞进行更新。后续的选择是相互独立的。

（4）随机顺序策略：在每个时间步骤上建立一个元胞清单，并将之随机排序。然后采用这个清单来决定对哪个元胞进行更新。在这种方法中，每个元胞在每个时间步骤上只更新一次，但是其更新的顺序是随机的。

（5）同步更新策略：作为异步更新策略的特殊情况，在每个时间步骤上，我们需要计算每个元胞的新状态，但是计算完成的元胞新状态被暂时保存，直至所有元胞的新状态计算完毕才将所有元胞状态同步更新。

Cornforth、Green 和 Newth 等（2001）基于 Conway 生命游戏并采用规则 38，在同一初始状态下，根据上述 5 种不同的异步更新时序，模拟得到了不同的系统状态演化，见图 6.13。可以看到，在时钟型策略下，系统呈现混沌的状态；

在周期型策略和同步更新策略下，系统接近周期性状态；而在随机独立策略和随机顺序策略下，系统的演化趋势有所类似，都呈现较为复杂的系统状态。

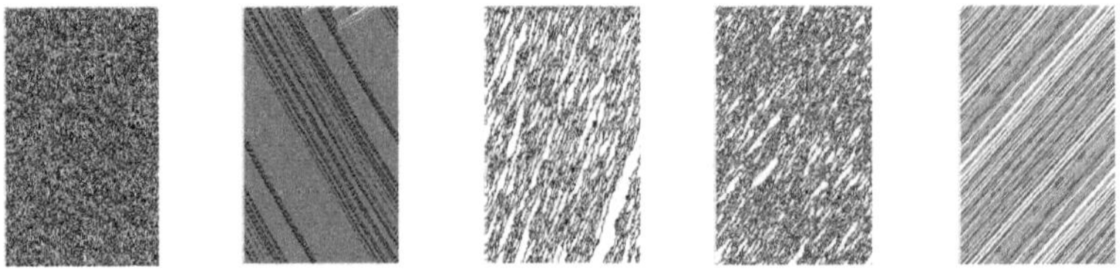

(a) 时钟型策略 (b) 周期型策略 (c) 随机独立策略 (d) 随机顺序策略 (e) 同步更新策略

图 6.13 不同异步更新时序下模拟得到的生命游戏状态演化

资料来源：Cornforth、Green 和 Newth 等（2001）

6.6 面向城市演化模拟的元胞自动机

在了解了上述基础内容后，我们可以看到，元胞自动机通过简单规则模拟重现了复杂地理现象或者自组织系统的模式和行为，这构成了用元胞自动机模拟政策的基础。由于元胞自动机由一组离散的元胞空间所组成，构成了一个二维的平面空间，这与地理学对空间的表征较为一致，因此也使得元胞自动机在城市演化政策模拟研究中得到了深入和广泛的应用，而规则的改变，则可以体现政策的变化。

在面向城市演化的元胞自动机中，我们可以将通过 GIS 获取的地理数据与元胞自动机叠加，将地理信息空间属性赋值于元胞自动机的每个元胞。而随着城市的发展演化，元胞的状态将发生变化。那么，根据地理信息数据的不同类型，Portugali 和 Benenson（1995）提出了城市演化模拟中元胞可能的 4 种状态：①二进制值（城市或非城市）；②表征土地利用类型的定性值；③表征空间属性的定量值，如人口密度、发展度或建筑物数目等；④多个属性的矢量。

元胞自动机的背景约束，使得元胞自动机模拟现实复杂的地理现象存在一定的不足。因此，面向城市政策分析的元胞自动机模型，需要充分考虑城市现象的特殊性，并对原始的元胞自动机做一定的改造。Sante、Garcia 和 Miranda 等（2010）提出了在城市演化中应用元胞自动机需要改进的八个方面。

第一，不规则的元胞空间。正规的元胞自动机假设一个元胞空间由一个正方形网格来表征，也有一些作者提出以六边形网格来表征以获得更均质的邻域（Iovine、D'Ambrosio and Di Gregorio，2005）。另外，元胞的空间也可以由三维矩阵所构成，这样就能以高度来表征城市面积的增长。规则的网格空间可以被改造为不规则的斑块，如 Voronoi 多边形。不规则的空间单元可能更真实地反映被建模的对象。例如，以宗地替代规则元胞是更接近现实的表征（Stevens and Dragićević，2007），但是，使用宗地单元可能使对邻域的定义复杂化。

White 和 Engelen（1994，1997）提出以中心元胞为圆心做圆，一定半径范围的元胞被确定为中心元胞的邻居。而 Benenson 和 Torrens（2004）认为在地理学中基于人工网络的节点连通性、元胞之间的可达性、可视性都可以作为邻居确定的方法。另外，当元胞空间划分不是矩形时，也可采用 Voronoi 图划分空间，如图 6.4 所示。

第二，非均质的元胞空间。在标准的元胞自动机中，元胞空间是均质的，如所有元胞都是完全相同的只是通过状态不同加以区分。然而，土地利用类型变化主要依赖其他土地属性，如坡度、海拔、可达性等。政策因素可以通过修改这些土地属性来实现，如修建道路的政策。因此，元胞空间不是均质的，一些土地利用政策的选取可能更适合某种利用类型。

第三，扩展的邻域。在严格的元胞自动机中，每个元胞的邻域必须是一样的，而且必须由地理空间临近的元胞集合所构成（如 Moore 型邻域或 von Neumann 型邻域）。在城市系统中，必须对局部邻域加以扩展以考虑来自一定距离的元胞的影响作用。当邻域范围得到扩展，我们就可以在模型中纳入距离衰减影响，即随着两个元胞之间距离的增加其相互的影响力将减弱。在不规则单元构成的空间中，邻域可以被定义为邻接的单元，如在一定距离以内的单元或者使用 Voronoi 空间模型。当实验迁移政策时，或者计算公共福利的政策时，可以采用这种模型。

第四，非平稳邻域。每个元胞的邻域空间定义都有所差别。虽然这种邻域处理方式被广泛认可，但是很少得到应用。在模型中，根据元胞状态和位置设置权重的做法，允许通过将权重设置为零来引入不同大小和形状的邻域。

第五，更复杂的转换规则。正规元胞自动机的转换规则仅仅考虑元胞的自身及其邻域的当前状态。但是，在城市演化过程中，多种要素影响着城市的发展，如土地利用的可持续性、可达性、社会经济条件或城市规划等。因此，城市元胞自动机可以考虑更多外部因素，而不是一个如元胞自动机形式化语言所定义的封闭系统。我们可以通过不同的方式设计城市元胞自动机的转换规则，并反映微观经济规划理论、中心性理论或潜力模型等不同的城市理论。

第六，非平稳转换规则。在严格的元胞自动机模型中转换规则是静态的，但是城市土地利用变化可能随时间和空间的不同而不同。因此，我们需要对不同的时间和空间采用不同的转换规则以满足不同的特性。空间和时间的变异可以通过校准来实现。在 SLEUTH 模型中，元胞在每个时间节点上根据自身结构和外部参数来修改转换规则，这即是转换规则随时间变化的一个典型。

第七，增长约束。在传统元胞自动机中，改变状态的元胞数目是由转换规则内生的。但是，城市土地需求通常是由外生社会、经济或环境约束所决定的，如约束城市增长的人口演化或城市规划等。

第八，不规则的时间步长。在很多城市元胞自动机中，不同的元胞需要遵从不同的时间步长。一个较为普遍的变化是模拟特定事件在不同时间步长上的差异。Cecchini 和 Rizzi（2001）建议应用两种类型的规则：在每次迭代中应用结构规则，而仅当某个事件发生时才应用联结规则。

总之，城市发展的公共政策，可以通过元胞自动机的分析来完成，特别是实行某种空间封闭政策的后果，可以通过定义不同性质的元胞来完成政策模拟。

6.7 基于元胞自动机的政策模拟案例

这里以基于元胞自动机的林火模拟为例（邱荣旭，2007），从建模到实现给出完整的介绍，希望能对读者基于元胞自动机建模有所启发。

6.7.1 基于元胞自动机的林火模拟建模

随着计算建模技术的发展，元胞自动机建模在林火模拟中已经被普遍应用（Finney，2004）。林火蔓延模型是在各种简化条件下，进行数学上的处理，导出林火行为（蔓延速度）与各种参数（如可燃物的理化性质、地形、气象因子等）间的定量关系式，使人们可以利用这些关系式去预测林火蔓延的行为，利用它去指导扑火工作和日常的林火管理。

基于元胞自动机的林火模拟的建模空间被定义在一个二维的表面格网空间上。本案例以东北林业大学帽儿山十堰林场的部分区域为实验对象，采用 1∶10 000的 DEM 数据源，网格单元大小为 50 米×50 米。选用林相图的小班数据和部分地形数据，建立树种因子数据源，这也是一个栅格数据，其网格单元大小、图幅大小、位置与 DEM 完全一致。

元胞的邻居采用标准 Moore 型邻居定义，每个元胞以 8 个相邻元胞作为其邻居元胞。邻居元胞的燃烧（burning）状态根据时间的演进分为五种：未燃烧＝0；刚被点燃＝1；剧烈燃烧＝2；开始熄灭＝3；已经燃烧过＝4。状态 1、2、3 分别赋予给定的最大燃烧时间 RT1、RT2、RT3。

当区域内出现火种以后，林火的蔓延与多种自然因素相关，如植被类型、森林郁闭度、湿度、地形（坡度、坡向、海拔）等。①易燃树种起火概率相对较大；②湿度越大郁闭度越大，温度越低起火概率相对较低；③阳坡、阴坡对起火概率也有影响。因此，我们需要综合考虑这些自然因素对元胞的点燃概率进行模拟。

根据 Rothermel（1983，1990），本模型共考虑五种因素：邻居元胞燃烧状态 N、元胞坡度 S、元胞树种可燃性 Q、风速 W 和湿度 H。假设只有这几种因素最能影响本元胞点燃概率，每一个邻居元胞对本元胞的点燃概率 $P_i = f(N_i, S_i, Q, W_i, H)$，并且包含一个常量因子 B，K_1、K_2、K_3、K_4 分别指对应参数的权重。

$$P_i = \left\{\begin{array}{l} K_1 \times Q \times (B + K_2 \times S_i + K_3 \times \\ \quad W_i + K_4 \times H), N_i = \text{burning} \\ 0, \text{其他} \end{array}\right\} (i = 1,2,3,4,5,6,7,8) \tag{6.5}$$

每个元胞被点燃的可能性等于其被各个相邻元胞点燃的概率之和：$P = \sum_{i=1}^{8} P_i$。在得到当前元胞被点燃的可能性 P 之后，根据 P 的大小，结合随机数确定元胞的状态：①元胞是否被点燃；②刚被点燃的元胞迁跃到剧烈燃烧状态所需的最大时间。下面将分别介绍点燃概率中各因素的建模。

1. 坡度因子

通过计算邻居元胞与当前元胞之间的高程差，即可求得两个元胞之间的相对坡度，通过相对坡度的大小与正负，可以确定林火蔓延的方向。

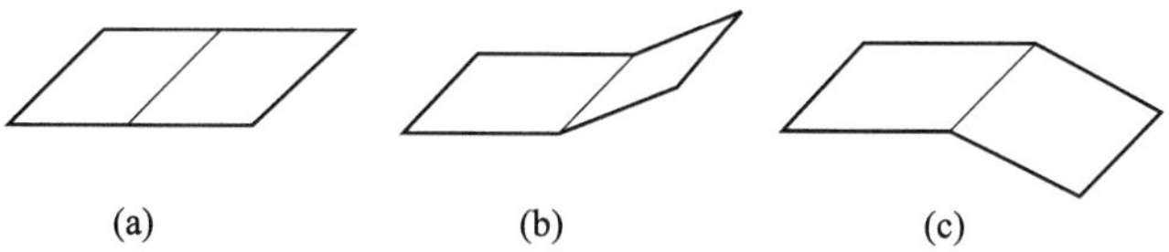

图 6.14　相对坡度三种类型

图 6.14 中，蔓延类型（a）是平坡，点燃概率与平地一致；类型（b）是上坡，点燃概率大，并与坡度大小有关；类型（c）是下坡，点燃概率小。

根据相对坡度，可以根据如下规则进行归一化获得坡度影响因子。

（1）如果点燃类型为不可燃，则 $S_i=0$。

（2）如果坡度大于 80°，则 $S_i=1$。

（3）如果坡度大于 60°，则 $S_i=0.9$。

（4）如果坡度大于 45°，则 $S_i=0.8$。

（5）如果坡度大于 30°，则 $S_i=0.6+\tan(S_c)/5$。

（6）如果坡度小于 30°，则 $S_i=0.5+\tan(S_c)/5$。

2. 可燃度因子

基于小班优势树种分布和树种可燃性获得树种可燃因子。

树种可燃性参照森林火险等级进行分类。森林火险等级的分级方法比较复杂，目前世界上各个国家的划分方法不尽相同。本书采用全国森林火险区划等级技术规定的树种（组）燃烧类型划分标准（王正非，1992），将优势树种（组）归并为难燃、可燃、易燃三类；在三类中，以蓄积比例大于等于 55％者确定为树种（组）燃烧类型，若三类中比例均在 55％以下，则定为可燃类。将这些信息入库，并量化成可燃度指数，量化标准如下。

（1）没有树木覆盖的水系、道路、建筑物等点燃的可能性为 0。

（2）难燃类属性值在 0～0.33。

（3）可燃类属性值在 0.33～0.54。

（4）易燃类属性值在 0.54～1。

因此，可以根据每个元胞的燃烧物类型，确定每个元胞的可燃度系数。

3. 风速因子

通过研究确定每个邻居元胞对当前元胞的相对风速，进行归一化处理，便可以得到每个元胞的风速可燃度系数。

（1）如果风速为 0，则系数为 0。

（2）如果风速小于 2 米/秒，则系数为 0.01。

（3）如果风速小于 4 米/秒，则系数为 0.1。

（4）如果风速小于 6 米/秒，则系数为 0.3。

（5）如果风速小于 8 米/秒，则系数为 0.5。

（6）如果风速小于 10 米/秒，则系数为 0.7。

（7）如果风速小于 12 米/秒，则系数为 0.8。

（8）如果风速小于 14 米/秒，则系数为 0.85。

（9）如果风速小于 18 米/秒，则系数为 0.9。

（10）如果风速小于 20 米/秒，则系数为 0.95。

（11）如果风速大于等于 20 米/秒，则系数为 1。

4. 湿度因子

湿度因子 H 是描述大气湿度的一个归一化因子，其值在 0～1。H 越大表示湿度越大，元胞被点燃的概率就越小；反之，元胞被点燃的概率就越大。H 由当时的天气预报获得的湿度进行归一化得出。

5. 常量因子

常量因子用来微调点燃概率，其值通过实验得到，它的范围一般为−0.5～0.5。

至此，区域内的元胞在坡度、可燃度因子、风速因子等作用下，以一定的概率被点燃，而各元胞在不同燃烧状态下的转换规则如下。

（1）如果元胞可以被点燃，并且有状态为 2 的邻居元胞，点燃概率 $P>0.5$，下一步该元胞状态就变为 1，否则仍是 0。

（2）状态为 1 的元胞，如果燃烧时间大于指定燃烧时间 RT1，下一步状态变为 2，否则保留原来状态，燃烧时间增加 1。

（3）状态为 2 的元胞，如果燃烧时间大于指定燃烧时间 RT2，下一步状态变为 3，否则保持状态为 2，燃烧时间增加 1。

（4）状态为 3 的元胞，如果燃烧时间大于指定燃烧时间 RT3，下一步状态变为 4，否则保持状态为 3，燃烧时间增加 1。

（5）状态为 4 的元胞，不可能再被点燃。

6.7.2 系统开发及实现

作为一个计算模型，在完成建模后，需要将基于元胞自动机的林火蔓延模型开发成为可以运行的计算机模拟系统。

根据基于元胞自动机的林火模型，其系统流程图如图 6.15 所示。

基于对元胞自动机的林火模拟系统的流程设计，在 Visual Basic 6.0 环境下展开了系统开发，最终建立了元胞自动机的林火模拟系统，其系统主界面如图 6.16 所示。该主界面提供了数据导入、环境参数设置、燃烧状态示例、运行速度控制等功能，用户在进行林火蔓延模拟之前，需在该窗体中设置系统运行的相关参数。

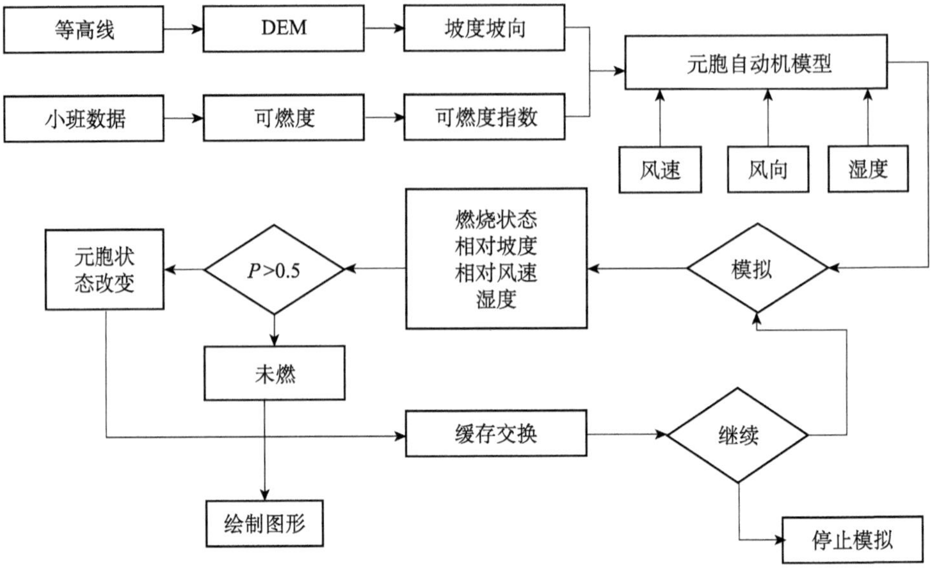

图 6.15　林火模拟的技术流程图

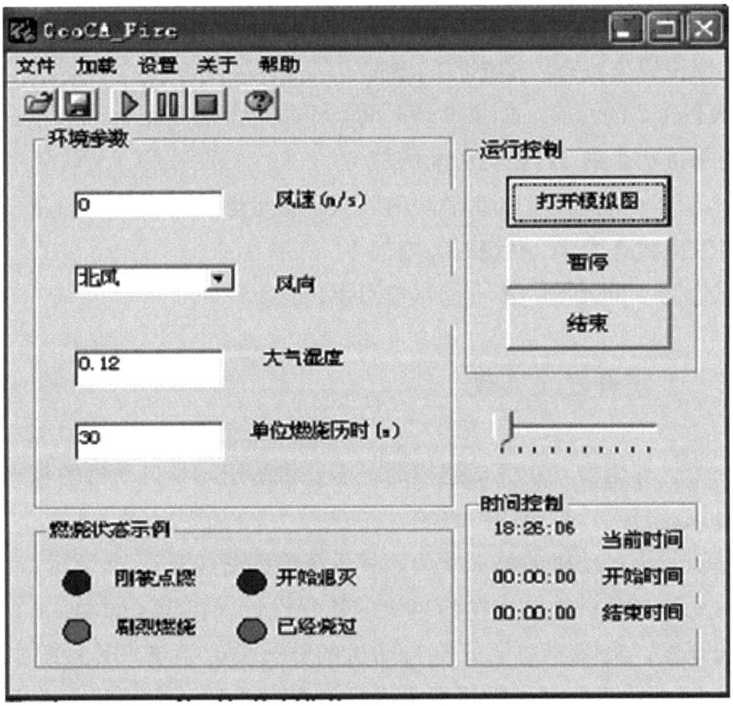

图 6.16　系统主界面

对于自然火点，起火点通常是最易着火的地方，也就是说火险程度最高的地方；对于人为火点，起火点往往具有较大的随意性。通过对我国东北地区林火的研究发现，我国东北地区的火灾主要是由人为因素引起的。因此，基于元胞自动机的林火蔓延模拟系统采用手动的方法输入起火点。图 6.17 为选择的起火点，图 6.18 为林火的动态蔓延模拟。

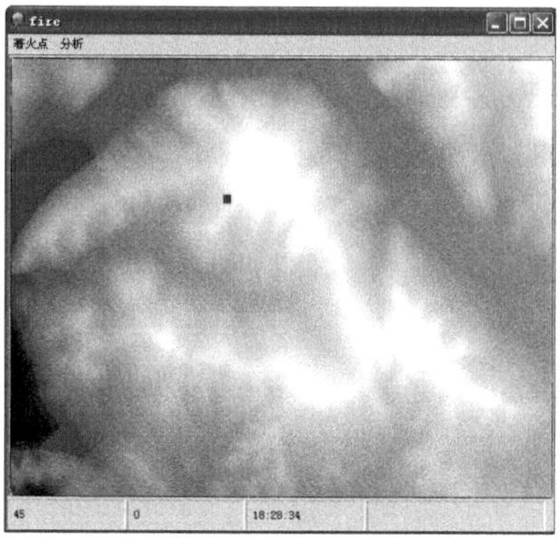

图 6.17　起火点的选择图

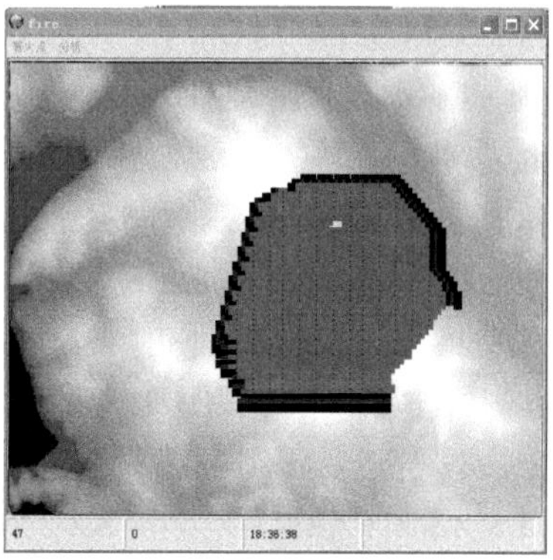

图 6.18　林火蔓延模拟图

通过对不同地点林火蔓延的模拟，证实了基于元胞自动机的林火蔓延模拟系统能实现对森林火灾蔓延的有效模拟。它与传统的林火蔓延模拟系统相比具有更大的灵活性，林火的边缘比较碎，这反映了系统对林火蔓延模拟的真实性。另外，系统中起火点的自由设置使得用户可以在森林火灾发生时及时地展开实时模拟，预测林火蔓延的方向及林火蔓延的速度，有利于我们采取有效的灭火措施，具有较强的现实意义。

参考文献

黎夏，刘小平．2007. 基于案例推理的元胞自动机及大区域城市演变模拟．地理学报，62（10）：1097-1109.

邱荣旭．2007. 基于元胞自动机的林火模拟研究．东部林业大学学士学位论文．

王正非．1992. 通用森林火险级系统．自然灾害学报，1（3）：39-44.

Ahmed E，Elgazzar A S. 2001. On some applications of cellular automata. Physica A：Statistical Mechanics & Its Applications，296（3/4）：529-538.

Benenson I，Omer I，Hatna E. 2002. Entity-based modeling of urban residential dynamics—the case of yaffo，tel aviv. Environment & Planning B：Planning & Design，29（4）：491-512.

Benenson I，Torrens P M. 2004. Geosimulation：object-based modeling of urban phenomena.

Computers, Environment & Urban Systems, 28 (1/2): 1-8.

Berlekamp E R, Conway J H, Guy R K. 1982. Winning Ways for Your Mathematical Plays, Volume 1: Games in General. New York: Academic Press.

Cecchini A, Rizzi P. 2001. The reasons why cellular automata are a useful tool in the working-kit for the new millennium urban planner in governing the territory. Honolulu: CUPUM 2001 Proceeding.

Cornforth D, Green D, Newth D, et al. 2001. Ordered asynchronous processes in natural and artificial systems. In Proceeding of the Fifth Australia-Japan Joint Workshop on Intelligent and Evolutionary Systems. Dunedin, New Zealand: The University of Otago.

Cornforth D, Green D, Newth D, et al. 2002. Do artificial ants march in step? ordered asynchronous process and modularity in biological systems//Standish R, Abbass H, Bedau M. Artificial Life Ⅷ. Cambridge: The MIT Press: 28-32.

Di Gregorio S, Festa D, Gattuso D, et al. 1996. Cellular automata for freeway traffic simulation //Artificial worlds and urban studies. Venice: DAEST: 365-392.

Finney M A. 2004. FARSITE: Fire Area Simulator-Model Development and Evaluation. USDA Forest Service, Rocky Mountain Research Station.

Hedlund G A. 1969. Endomorphisms and automorphisms of the shift dynamical system. Mathematical Systems Theory, 3 (4): 320-375.

Huang C Y, Sun C T, Hsieh J L, et al. 2004. Simulating SARS: small-world epidemiological modeling and public health policy assessments. Journal of Artificial Societies & Social Simulation, 7 (4): 1-28.

Ilachinski A. 2001. Cellular Automata. Singapore: World Scientific.

Iovine G, D'Ambrosio D, Di Gregorio S. 2005. Applying genetic algorithms for calibrating a hexagonal cellular automata model for the simulation of debris flows characterised by strong inertial effects. Geomorphology, 66 (1/2/3/4): 287-303.

Li W, Packard N. 1990. The structure of the elementary cellular automata rule space. Complex Systems, 4 (3): 281-297.

Moore E F. 1962. Machine models of self-reproduction. Proceedings of Symposia in Applied Mathematics, 14 (5): 17-33.

Ohgai A, Gohnai Y, Watanabe K. 2007. Cellular automata modeling of fire spread in built-up areas—a tool to aid community-based planning for disaster mitigation. Computers, Environment & Urban Systems, 31 (4): 441-460.

Portugali J, Benenson I. 1995. Artificial planning experience by means of a heuristic cell-space model: simulating international migration in the urban process. Environment & Planning A: Economy & Space, 27 (10): 1647-1665.

Rothermel R C. 1983. How to Predict the Spread and Intensity of Forest Fire and Range

Fires. Ogden：USDA Forest Service.

Rothermel R C. 1990. Modelling Fire Behavior. Coimbra：International Conference on Forest Fire Research.

Sante I，Garcia A M，Miranda D，et al. 2010. Cellular automata models for the simulation of real-world urban processes：a review and analysis. Landscape & Urban Planning，96（2）：108-121.

Semboloni F. 2000. The growth of an urban cluster into a dynamic self-modifying spatial pattern. Environment & Planning B：Planning & Design，27（4）：549-564.

Shi W，Pang M Y C. 2000. Development of Voronoi-based cellular automata：an integrated dynamic model for geographical information systems. International Journal of Geographical Information Science，14（5），455-474.

Shyue S，Sung H，Chiu Y. 2007. Oil Spill Modeling Using 3D Cellular Automata for Coastal Waters. Lisbon：Proceedings of Seventeenth International Offshore and Polar Engineering Conference（ISOPE-2007）.

Stevens D，Dragićević S. 2007. A GIS-based irregular cellular automata model of land-use change. Environment and Planning B：Planning & Design，34（4）：708-724.

Torrens P M. 2000. How cellular models of urban systems work. https：//discovery. ucl. ac. uk/id/eprint/1371/1/paper28. pdf.

Uljee I，Engelen G，White R. 1996. RamCo Demo Guide（Workdocument CZM-C 96. 08）. The Hague：Coastal Zone Management Centre，National Institute for Coastal and Marine Management.

von Neumann J. 1951. The general and logical theory of automata//Jeffress L A. Cerebral Mechanismsin Behavior—The Hixon Symposium. New York：Jone Wiley & Sons.

von Neumann J，Burks A W. 1966. Theory of Self-Reproducing Automata. Urbana：University of Illinois Press.

White R，Engelen G. 1994. Cellular dynamics and GIS：modelling spatial complexity. Geographical Systems，1（3）：237-253.

White R，Engelen G. 1997. Cellular automata as the basis of integrated dynamic regional modelling. Environment and Planning B：Planning & Design，24（2）：235-246.

Wolfram S. 1983. Statistical mechanics of cellular automata. Reviews of Modern Physics，55（3）：601-644.

Wolfram S. 1984. Cellular automata as models of complexity. Nature，311（5985）：419-424.

Wolfram S. 1985. Twenty problems in the theory of cellular automata. Physica Scripta，T9：170-183.

Wolfram S. 1986. Theory and Application of Cellular. Singapore：World Scientific.

Wolfram S. 2002. A New Kind of Science. Champaign IL：Wolfram Media.

第 7 章

基于自主体模拟方法

基于自主体的模拟方法是非数值模拟的常用方法，与元胞自动机方法不同，模拟的基本单元不必定义出特定的空间位置，因此更有灵活性，也更能表现经济体社会单元乃至于地理单元的性质，从而更适合政策模拟的需要。通常政策在这种模拟方法的建模中表现为规则，或者更数学化地说，政策可以表达为算法规则。

7.1 ABS的理念与技术

7.1.1 ABS的建模理念

基于自主体模拟（agent-based simulation，ABS）的基本构成单元是自主体。自主体具有明确的属性特征，自主体处于一定的环境中并能与其他自主体进行交互，具有目标导向性。自主体还具有自主体性、自我导向性、灵活性，能通过记忆和学习来改变自身的行为规则①。图7.1给出了自主体的构成（Macal and

① 多数作者将agent翻译为主体，这种翻译有很多合理性，但是弱化了agent强调的自主行为特征，而从统计力学的角度看这种自主性是agent区别于一般particle的本质特征，这个“区别”带来了agent-based强调的分析功能。也有人把agent翻译为智能体，就像把computer翻译为电脑一样，完全没有体现翻译对象的原义和本质。

North，2005），需要注意的是，自主体具有修改自身行为规则的能力，即图 7.1 中“行为规则的修改规则”，这表明在系统发展的不同阶段，自主体将对外界给予不同的决策反应，包括对其他自主体的反应和对环境的反应，这种行为规则的改变提升了自主体决策能力的老练程度，同时也对它们的自身属性、记忆能力、所掌握的资源数量等多方面产生影响。

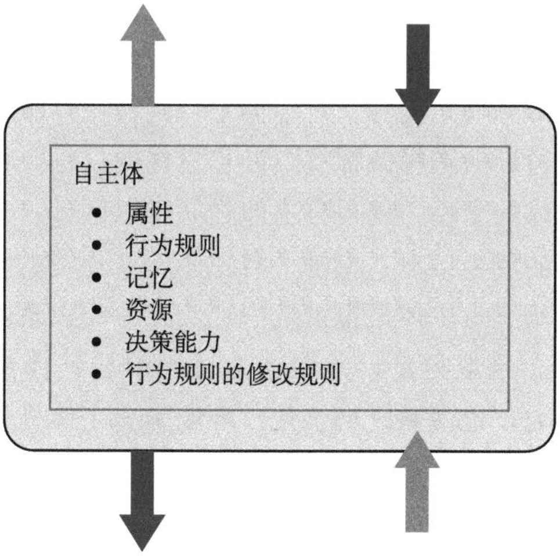

图 7.1　自主体的描述

资料来源：Macal 和 North（2005）

任何自主体在系统演化过程中的任一时刻，都具有唯一的属性值，表征该自主体当前的状态，且其状态将在自主体行为规则及环境的共同作用下发生转移，从一个状态转移到另一个状态。单一的自主体具有以下几点基本属性：①自主性，自主体的操作无须人类或其他实体的直接干预，能对自身的行为和内部状态进行直接控制；②社交性，自主体通过某种由开发者定义的自主体通信语言与其他自主体进行交互；③反应性，自主体能感知它们所处的环境，并及时对环境的变动做出相应的反馈；④主动性，自主体不仅能对环境变化做出反馈，而且能通过主动性展开目标引导下的行为决策。

基于对自主体的了解，基于自主体模拟就是以若干自主体模拟客观世界个体，以自主体间的交互模拟系统动态性和复杂性的建模方法。ABS 的核心理论指导思想是 Holland（1995）提出的复杂适应系统（complex adaptive system，CAS）理论，即系统的复杂性起源于其中个体的适应性。个体与环境，以及与其他个体之间的相互作用，不断改变着个体自身，同时也改变着环境。因此，ABS 是一种自下而上的建模规则，将系统的宏观复杂表现分解为诸多微观层次上具有局部规则的自主体或子部件，它们被设定在特定的环境中，通过自主体间的交互及自主体与环境的交互来完成系统建模。

基于自主体模拟的关键部件应该包括三个方面：①自主体；②环境；③交互。图 7.2 描述了这三个部件之间的联系。环境是自主体存在和活动的空间，在这个空间中包含了若干类自主体，系统的交互发生于自主体之间及自主体与环境之间。具体地说，在基于自主体模拟的系统中，任何一个自主体其构成都包括特征属性和行为能力两个基本元素。其中，特征属性又分为自主体内部属性和外部属性两个方面。①内部属性是指在系统建模中，当自主体被定义完之后系统设计者为了刻画自主体的特征所选择的标签，如自主体的目标、信仰等。内部属性的不同取值刻画了自主体的个性，使得自主体之间得以区分。②外部属性是自主体在所处系统中所获得的环境信息，刻画了自主体所处环境的特征和状态。自主体的行为能力实际上是基于自主体模拟系统中"交互"的表现，使得自主体能在系统中自主地进行决策、采取行动，并在这个过程中与其他自主体及环境进行交互，赋予自主体生命力，也使系统动态化。环境为自主体提供活动的空间及该空间中的其他属性特征，在带有空间属性的模拟中，自主体在环境中具有自身对应的空间位置，这需要借助 GIS 技术进行模拟，而除空间属性以外的环境属性，可以表现为市场的交易价格、社会的政策变化等。

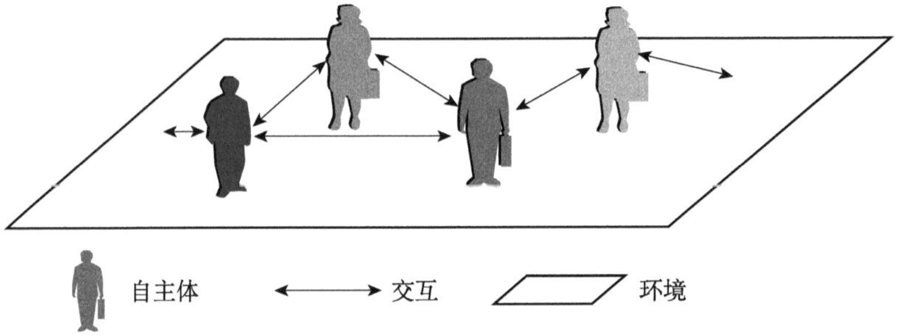

图 7.2　基于自主体模拟的结构图

ABS 把一个复杂问题分解为多个子问题分配给处于相同环境的若干个自主体，个体自主体之间功能相对独立，同时又通过社交性开展信息交流，从而解决复杂问题。在高度复杂的系统中，个体的交互共同作用获得全局的结果，这种结果不能归功于任何一个个体（Katare and Venkatasubramanian，2001；Park and Sugumaran，2005），但又离不开任何一个自主体。多个自主体相互作用的效用远远超出了这些自主体效用的简单累加。因此，ABS 对解决复杂性问题的能力非常强大。

7.1.2 多层ABS理论

ABS是对现实世界的抽象仿真，它把现实世界中不同的个体抽象为众多的具有独立行为能力的自主体，这些自主体与自主体、自主体与环境之间存在交互作用，从而推动了仿真系统的演化。然而，现实世界高度复杂，不论经济系统还是社会系统，都存在多层性，不同层面的个体具有不同的属性和行为特征，甚至不同的层次之间具有控制与被控制的关系。例如，在经济系统中，在世界层面上，国家与国家之间存在经济的联系，如国际贸易等，而在每个国家内部，其所包含的不同的省或州之间又存在相互的经济联系，再进一步，每个省内的市之间的经济联系又属于不同的层面。因此，在ABS建模的过程中，我们需要对自主体区分不同的层次，从而实现多层次建模，这就需要多层的ABS建模理论。

基于现实世界的多层次属性，在ABS建模中，自主体可被区分为个体自主体和组自主体。个体自主体是对现实世界中任何具有独立行为能力的个体的抽象，如个体的人、社会组织、家庭、企业等。组自主体也是对现实世界中具有独立行为能力的个体的抽象。但与个体自主体相比较，组自主体的特殊性在于两个方面。

一方面，一个组自主体的内部可以包含若干个个体自主体或组自主体，如果说个体自主体是对微观个体的模拟，那么组自主体更多的是对现实世界中组织或区域的模拟，但在模型中，组自主体的外部表现仍是一个独立完整的个体，组自主体和个体自主体分别属于不同的层面，两者之间具有嵌套的层次性。例如，一个家庭组自主体，它包含多个家庭成员个体自主体。在实际建模中组自主体和个体自主体之间的层次嵌套可以包括三层、四层或更多层次，这就形成了政策模拟研究中的多层次性。例如，一个国家组自主体中包含多个省区组自主体，省区组自主体又包含多个市组自主体，而市组自主体再包含多个人口个体自主体。因此，组自主体不仅可以包含多个个体自主体，也可以是多个组自主体的集合，适应具有多层次复杂系统的模拟。

另一方面，从自主体在空间中的位置看，在任何一个时间截面上，个体自主体总是处在一个特定的地理空间位置上，而组自主体则有所不同。组自主体包含若干个个体自主体，因此，组自主体可能涵盖一定的空间范围，表征组自主体作为组织或区域的概念。由此，在空间尺度上，组自主体也与其所包含的个体自主体形成空间的层次性，适合区域经济的研究模拟。

一个组自主体对个体自主体的包含关系，不是简单集合的作用，在信息交流上，组自主体和个体自主体是对等的两个模型对象，即组自主体与个体自主体之间存在对等的信息流动。同一层次的自主体间也具有信息的交互，形成横向的信息流通网络，包括组自主体层的信息网络和个体自主体层的信息网络，而不同层次的主体间也存在信息流通，形成纵向的信息网络，最终形成多层次立体的信息流通网络，如图 7.3 所示。

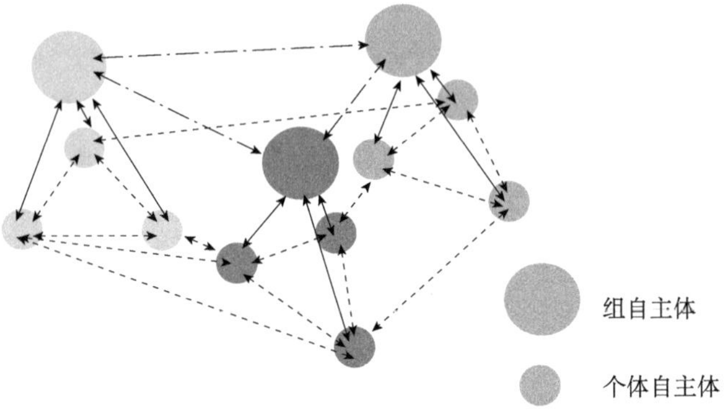

图 7.3　不同层次个体自主体与组自主体间的信息交流

组自主体与个体自主体之间不仅存在信息交互，而且组自主体作为比个体自主体高一个层次的自主体，它对其所包含的个体自主体具有信息监督的作用。所谓信息监督，是指个体自主体的属性信息对组自主体是透明可见的，在一定的研究问题中，组自主体会在目标引导下，通过采样个体自主体的属性信息进行相应的统计分析并做出反馈干预，从而改变个体自主体的行为规则。例如，一个省级政府组自主体包含多个市级政府自主体，那么省级政府组自主体将会对市级政府自主体的多种信息（如人口信息、环境信息、经济数据等）进行监督，一旦有超标的情况发生，则组自主体会根据自身的行为规则对个体自主体进行行为干预。

特别要强调的是，从物理上看，个体自主体有时表现为组自主体。这是复杂系统的混杂性导致的。

7.2　ABS 的政策模拟

7.2.1　ABS 政策模拟的必要性

政策设计是一个极为复杂的问题。它涉及很多不同的交互主体，如家庭、商业、工业、政府、环境等。每个主体包含相互依赖的经济、环境、政策和社会行为。采用何种分析工具是解决这些复杂问题的关键。

传统用于政策模拟的方法可分为三大类：①基于数据统计方法的建模；②基于经济学局部均衡和一般均衡 CGE 的建模；③基于动力学的建模。然而这些方法在政策模拟中已经被广泛应用，但鉴于政策模拟问题的复杂性和不确定性，传统建模方法的不足也较为明显，主要体现在两个方面：①在传统的政策模拟中，模型的构建以经济主体为核心，通过方程来描述主体的经济行为，但是对经济或社会中主体间的交互未能在模型中得到充分的体现（Marcy and Willer，2002）；②在传统的建模方法中，经济主体往往被处理成为具有普适性的“代表性”主体，而抹杀了异质性在经济系统中可能导致的突变，同时也无法展现系统演变的全过程。

因此，基于现实经济系统发展的复杂性和不确定性，有必要引入非数值计算的 ABS 建模技术。比较传统基于方程建模与 ABS，两者最大的差别在于：前者由一组方程构成，系统执行即是对方程的求解，但在保证方程可解的前提下，系统的构建受到了较大的约束；ABS 建模由一系列具有特定行为规则的自主体构成，而模型系统的运行则是由这些自主体的属性及其行为演化仿真所构成，充分体现了个体异质性及个体间的交互。由于摆脱了经典方程的构建和求解，ABS 的仿真建模能力凸显，可以解决方程建模困难的问题。2009 年，圣塔菲（Santa Fe）研究所的 Farmer 和 Foley，在 *Nature* 上撰文认为在非线性行为模拟方面，ABS 的处理能力远大于传统的基于方程建模（Farmer and Foley，2009），当前的经济模拟需要基于自主体模拟展开研究。

基于 ABS 建模，现实世界中众多的异质个体（如家庭、个人、企业、政府等）能被分别抽象模拟为独立的自主体。每个自主体具有环境、政治、经济、社会等方面的行为能力，基于这些行为能力从而完成自身与环境、其他自主体的交互，最终实现一个虚拟的现实世界。因此，ABS 模型封装了现实系统的仿真及其内部细节，提供了一个微观行为的模拟。另外，众多自主体交互结果的涌现就构成了宏观层面的状态表现。基于微观行为模拟，分析人员能对不同的政策进行测试（如贸易机制和市场规则等），并能更深刻地理解系统的内部机制，了解政策对社会、经济和环境的影响。

7.2.2　基于 ABS 政策模拟的研究热点

自 20 世纪 90 年代以来，ABS 与政策模拟相结合的应用得到了长足的发展，研究热点主要集中在以下几个方面。

（1）环境政策模拟。宏观环境政策刺激或阻碍了微观个体在环境保护行动中的积极性，最终影响环境政策实施的成败，这是一个由微观行为影响宏观状态变化的过程，因此适合于采用ABS进行模拟。Lee、Yao和Coker（2014）采用ABS建立了英国能源政策分析模型，认为当前的能源补贴政策对某些节能技术过分扶持，从而导致一些可能更加节能的技术被忽视，建议重新审视当前的补贴水平。Gerst、Wang和Rovenini等（2013）建立了用于气候政策分析的ABS模型，并在模型中纳入了两层博弈机制，从而实现了企业、家庭自主体如何在经济、能源技术、气候变化的演化系统中做出反馈。Desmarchelier、Djellal和Gallouj（2013）基于ABS建模分析了环境政策如何影响服务业企业的生态创新，研究认为生态税是一个有效的途径。类似的研究还包括Mialhe、Becu和Gunnell（2012），Nannen、van den Bergh和Eiben（2013）等。

（2）货币财政政策模拟。顾高翔和王铮（2013），顾高翔、王铮和姚梓璇（2011）建立了基于自主体的经济危机模拟系统，研究发现过分宽松的金融政策是经济危机产生的重要原因，而危机发生之后可适当采取货币宽松政策。Dosi、Fagiolo和Napoletano等（2012）基于ABS模型分析了收入分布与货币财政政策的关系，研究发现越不均衡的经济越容易导致经济周期波动，产生更高的失业率并具有更高的危机风险。Neveu（2013）构建了异质主体的宏观经济模型，研究表明赤字财政税的削减能有效地缩短经济衰退周期，而赤字财政税的扩展将延长经济的复苏过程。类似的研究还包括Dosi、Fagiolo和Roventini（2006），张世伟和冯娟（2007）等。货币财政政策模拟涉及宏观经济各部门的联动作用，ABS可以将经济系统中的部门、企业、政府分别提取为多个层次上的自主体，构成多层结构的ABS模型，而金融自主体的存在更加剧了ABS的复杂性，但ABS通过对微观自主体的行为及其经济交互展开模拟，有效地化解了系统的复杂性，很好地再现了宏观经济结构的涌现过程。

（3）技术扩散模拟。Rixen和Weigand（2014）采用ABS研究了政策制定者将如何有效地影响智能电表的创新扩散路径，通过市场自由化、信息政策、补贴等不同的政策设置，分析了政策将如何影响智能电表被采用的速度和水平。Sopha、Klöckner和Hertwich（2011）通过ABS建模分析了在挪威推广木质颗粒燃料的政策选择，研究认为财政支持（如稳定木质燃料价格）和技术发展（如改进功能可靠性）是木质颗粒燃料市场推广成功的必要条件，而对居民的劝说并不能驱动木质燃料使用的扩散。Chappin和Afman（2013）构建了一个ABS模型用于模拟分析欧盟淘汰白炽灯泡的政策影响，研究认为禁令将引起消费者的购买热潮，但由此产生的能源成本节约超出了购买节能灯的开支。戴霄晔、刘涛和王铮（2007），Wang、Liu 和 Dai（2010），张焕波和王铮（2010）将企业作为自主体，研究了企业研发、创新及知识产权制度选择对高技术产业发展的影响。基于 ABS 展开技术扩散模拟，重现了技术在空间或市场传播的各个环节，可以使决策者观察到各个环节上的反应，相对传统基于方程建模仅关注技术扩散的结果而言，基于 ABS 的技术扩散更注重扩散的全过程。

（4）土地利用类型变化政策模拟。在早期的土地利用类型变化模拟中，元胞自动机模拟是主要的建模方法，但是这种方法的不足在于忽视了人类活动在其中的影响，因此 ABS 逐渐被引入该研究领域，形成了 ABS 模拟土地利用类型变化的研究热点。刘小平、黎夏和叶嘉安（2006）基于自主体模拟以广州海珠区为例研究了该区 1995～2004 年的土地利用动态变化情景。Arsanjani、Helbich 和 Noronha Vaz（2013）采用 ABS 方法构建了德黑兰的城市扩张模拟，研究提取了开发商自主体、政府自主体及居民自主体，通过自主体间的交互模拟了城市 2016 年和 2026 年的城市发展布局情景。Murray-Rust、Rieser 和 Robinson 等（2013）构建了基于土地利用类型演变的城市扩展模型，认为工业和商业发展是高质量农田遗失的一个重要原因，且将导致居民感知的生活质量的不均衡性有所增长。ABS 在土地利用类型变化政策领域的应用，反映了 ABS 不仅能解决经济系统的宏观结构涌现，且对空间格局的涌现过程同样具有强大的模拟能力，为空间发展研究领域的政策模拟提供了支撑。

由这些研究热点可以看出，ABS 在政策模拟中的异质性主体建模、空间扩散过程、复杂行为交互、空间格局演变等方面都具有突出的模拟能力。当然，除了以上几个研究热点以外，ABS 还在交通政策模拟、电力政策模拟等领域有广泛的发展，由于篇幅有限，不再一一介绍。

7.3　ABS 的建模过程

传统自上而下的建模方法主要是把握宏观变量，构建各宏观变量之间的联系。与之不同，自下而上的 ABS 建模方法主要是借助微观个体的属性和行为规则开展建模。总结文献和笔者的建模经验，结合 Wu、Mohamed 和 Wang（2011）关于中国历史人口空间分布的建模研究，我们将政策模拟中的 ABS 建模主要分为以下几个步骤。

1）确定研究目标

毋庸置疑，现实世界的原型系统是极其复杂的，而任何一种建模方法都不可能与现实原型完全一致，因此这就需要对现实原型进行抽象。在 ABS 建模中，首先，需要确定研究的目标，在目标的指引下对现实原型进行抽象、简化，明确模型的边界，把握原型系统对研究目标有贡献的本质要素和基本构成，确定建模的假设条件。例如，在 Wu、Mohamed 和 Wang（2011）的研究中，首先确定的研究目标是对中国 2000 年以来的历史人口空间分布展开模拟，在这个目标下，假设人口匀速递增，而不考虑由战乱或自然灾害造成的人口剧烈波动；同时，在该研究中，考虑到辛亥革命之前经济要素对人口分布的影响甚小，因此主要从自然资源禀赋差异方面来研究人口的空间分布变化，这就是研究的边界问题。

2）自主体识别

如同在传统基于方程建模中需要确定模型的变量一样，在 ABS 建模中，需要从原型系统中提取出模型涉及的各自主体，即是对系统中实体对象的抽象。进一步，更重要的是要对各自主体赋予属性特征和行为规则。属性特征表征了各自主体在某些方面的外在表现，如教育水平、收入等，而行为规则则是使自主体真正“活”了起来，使其具备了行为能力，其中包括自主体的学习方式构建。需要注意的是，自主体是对现实对象的抽象，因此其潜在属性或规则有很多，而在建模中，只提取与研究目标密切相关的属性或规则。例如，在 Wu、Mohamed 和 Wang（2011）中，系统识别得到的自主体包括以省区为基础的组自主体和以个人为基础的人口自主体，其中组自主体具有计算省区人口总数信息、历史气候变化信息、农业生产潜力变化信息和与其他组自主体之间的空间相互作用等信息的行为能力，而人口自主体能获知自身所在的地理位置及所在的组自主体，并具有计算迁移率、选择合适的迁移点等行为能力。

3）自主体交互方式识别

在上一步骤识别了各自主体的属性和行为之后，需要构建各自主体之间、自主体与环境之间的交互方式，这是实现系统演化的重要途径。政策模拟中 ABS 建模的自主体交互方式包括两种。①简单交互：一个自主体将自身的某个属性特征值作为信息传递给其他自主体。②复杂交互：一个自主体在感知环境信息及其他自主体决策行为的基础上做出自身的反馈，这种反馈可能涉及自主体间的博弈，即当自主体间存在竞争关系时，一个自主体的决策依赖于其他自主体的决策。在 Wu、Mohamed 和 Wang（2011）中，当历史温度与历史降水发生变化时，这种环境的信息将作用于组自主体对空间相互作用力的计算，从而进一步影响到人口自主体在空间上的迁移，这就是自主体与环境之间的交互。

4）模型实现

完成 ABS 模型的设计，就可以选取一个 ABS 软件平台，对模型进行开发实现。目前，国际上广泛应用于 ABS 开发的平台可分为两大类：一类是提供类库的平台，这类平台可被嵌入与其开发语言相匹配的开发环境中，使用时通过类库中的函数接口来调用类库中封装的函数进行基于自主体的模拟开发，具有代表性的平台包括 Swarm、Repast 等（Gilbert and Bankes，2002）；另一类是提供完整的开发环境，这类平台是一个可以独立运行的系统，它们不依赖于其他的底层编程开发环境，只需简单安装即可方便使用，这类平台主要以 LOGO 家族的 NetLogo、StarLogo 为代表。相对而言，对于没有太多编程经验的研究人员来说，选择能独立运行的 ABS 开发软件将大大降低开发的难度。研究人员在开发中应注意系统输入输出的友好性，提高系统的可用性。Wu、Mohamed 和 Wang（2011）采用 Delphi 实现了历史人口迁移的模型。

5）模型检验、验证、校准

开发完成的 ABS 软件并不能马上被使用展开政策模拟，一个关键的步骤是模型的检验、验证、校准（Xiang、Kennedy and Madey，2005；Kennedy、Xiang、Cosimano et al.，2006）。模型检验（verification）的目的是确认编程实现的软件正确地实现了抽象所得的模型。这个过程主要是对软件的调试。在确保软件无误的基础上，就要展开模型的验证（validation），这个阶段的主要目的是确认抽象的模型是否真实地、正确地反映了现实世界的本质特征，且模型模拟所得的结果与现实观测能保持一致。当模型与现实不一致时，需要基于软件对模型参数进行反复微调，提高系统数据的一致性，这个过程称为模型的校准（calibration）。至此，所开发的 ABS 模型软件才是具有可靠性的，才可以被使用。Wu、Mohamed 和 Wang（2011）以 2003 年中国省区人口分布为基础，以软件模拟得到的 2003 年人口分布与实际统计数据进行校准，使模型具有较好的准确性。

6）模拟分析

最终，基于验证的模型系统，可以展开情景模拟分析。在情景分析中，将由步骤 5）验证后的模型输出作为基准情景，这是与现实观测最一致的模拟输出，是模拟分析其他情景的参照情景。为了分析不同政策选择可能产生的影响，需要对系统的输入变量进行调整假设，运行系统以获得假设情景条件下的系统输出，该输出与基准情景输出的差异即是假设情景对系统的影响结果。基于上述对比分析，可以展开政策评价、政策设计等一系列工作，提高了政策模拟的可适用范围。在 Wu、Mohamed 和 Wang（2011）的研究中，基于永嘉之乱、安史之乱、靖康之乱等历史事件设置了不同的迁移情景，如表 7.1 所示，从而分析不同迁移情景对中国历史人口分布的影响。

表 7.1 历史人口迁移中的情景设置

大规模人口迁移	时间	迁移规模	迁出地	迁入地
永嘉之乱大迁移	公元 307～312 年	90 余万人	黄河流域	江苏、安徽、湖北、四川
安史之乱大迁移	公元 755～763 年	100 余万人	中原地区	长江流域、珠江流域
靖康之乱大迁移	1127～1137 年	500 万人	黄河流域	浙江、江苏、湖北、四川
湖广填四川大迁移	1671～1776 年	623 万人	湖南、湖北、广东	四川

7.4 ABS 的建模方法解析

随着 ABS 在政策模拟研究中的应用不断深入，政策模拟领域中 ABS 建模主要形成了以下三种建模方法：①基于自主体的计算经济学（agent-based computational economics，ACE）；②ABS 与 CGE 模型相结合；③ ABS 与投入产出模型相结合。其中，ACE 是将 ABS 与经济学紧密结合，将经济系统各主体直接提取为自主体，完全依托 ABS 来构建社会经济系统模型；后两种建模方法是将 ABS 与传统经济学、政策模拟方法相结合，既保留传统建模方法对宏观经济系统的描述能力，又纳入 ABS 对微观主体行为的模拟能力，将自上而下与自下而上两种建模方法紧密结合。

7.4.1 基于自主体的计算经济学

ACE 是对经济系统的可计算研究，它把经济系统模拟成一个由自主体交互构成的进化系统（Tesfatsion，2002）。相比较传统的建模，ACE 更具扩展性和现实性（Tesfatsion，2001）：首先，ACE 实现了经济系统中异质性主体的交互，且交互由个体偏好或行为规则所驱动。其次，自主体为实现自身的目标而适应所处的环境，包括对其他自主体决策的适应和对环境的适应。最后，ACE 模型融合了进化和自然选择的思想，系统中的自主体需要不断适应环境，经济主体优胜劣汰。基于 ACE 的建模能力，Tesfatsion（2002）认为 ACE 主要可被用于 4 个方面的研究。

（1）经验的学习：挖掘观察到规则下潜在的内部原因。

（2）规范的理解：基于模型的构成展开市场设计、财政或货币政策的设计等。

（3）定性的洞察与理论的产生：更好地理解经济系统中规则之所以被选择的原因。

（4）方法的发展：验证基于实验获得的理论与现实数据的兼容性。

在 ACE 的建模中，经济系统中的主体被抽象为自主体，包括个人自主体（生产者、消费者等）、社会团体自主体（家庭、公司、政府等）、机构自主体（市场、监管体系等）、生物实体自主体（森林、牲畜等）或物理实体自主体（基础设施、地理区域等）等。在提取自主体之后，建模者需要为每个自主体赋予其初始的数据和行为方法，以及其他自主体对这些数据和方法的可访问性，以此作为自主体演化和交互的基础。具体而言，ACE 中，自主体的数据可能包括（Dawid，2006）：自主体的类型属性（如消费者、企业等）、自主体的结构属性（如地理位置、效用函数等）、有关其他自主体的信息属性（如地址等）；自主体的行为方法可能包括社会性的行为方法（如反垄断规则、市场协议等）和私有行为方法（如生产策略、价格策略、学习策略等）。与传统基于理性经济人假设不同的是，在 ACE 中，自主体不一定做出最优的选择，而是根据自身的决策规则及以往的行为经验做出反馈，这种反馈可能不是最优的，但体现了自主体的自主性和异质性。

美国桑迪亚（Sandia）国家实验室设计开发的美国宏观经济模拟系统 ASPEN（Basu、Pryor and Quint，1998）可以说是基于 ACE 开展政策模拟的典范。在这个系统中，自主体表征了现实经济系统中的决策个体，而宏观经济的量则由微观个体的行为交互得到。在 ASPEN 系统中，经济系统中的自主体包括：①家庭自主体；②企业自主体；③政府自主体；④金融自主体。以上所描述的四大类自主体不仅具有相互间的交互作用，同时各自主体均具有进化的学习能力，自主体能根据自身所处的经济环境条件及以往活动的经验累积而改变自己的行为决策，从而实现了经济系统的微观模拟和宏观演化。关于该模型的具体结构将在 7.5 节中详细介绍。

ACE 技术不仅可以用于模拟长期经济政策，而且可以用于模拟应急经济政策。这方面的例子来自顾高翔、王铮和姚梓璇（2011），在他们的工作中，假设经济系统包含若干个企业个体，赋存于地方，地方又作为某种一致性的区域，构成自主体模拟的组，因此这个自主体系统带有层次结构，地方个体具有自主性但是不全同，而且进一步划分出金融企业作为一类特殊自主体，构成混杂系统。这种模拟系统能够从个体的创新行为，模拟出在一定政策条件下是否可能发生宏观经济危机。混杂系统是实际存在的经济系统的抽象，一般的经济过程方程难以描述，ABS 模型成功地解决了这种经济系统的模拟难题。

7.4.2 ABS 与 CGE 模型的整合

众所周知，CGE 模型已经成为经济政策分析领域主要的模型工具，能用于分析一个政策变化对其他个体产业部门的影响冲击。然而，一些学者也对 CGE 模型中微观经济学的基本假设质疑，包括代表性主体假设、均衡假设、完全和免费信息假设、有效市场假设、规模报酬不变假设、完全理性主体假设等（Parris，2005）。仅仅有 CGE 不足以支撑全面的、高效的社会经济分析。然而 ABS 提供了更高程度的个体建模，能够实现对经济部门或过程更接近现实的模拟，两种建模方式具有互补特性，都将在今后的政策模拟中发挥重要作用，二者缺一不可。

基于 ABS 与 CGE 两者各自具备的建模特性，目前一些学者的观点是将两种建模耦合，试图保留 CGE 对宏观经济综合模拟的强大能力，同时融合 ABS 对微观异质个体建模的特点，从而实现宏观与微观的强强结合。基于 ABS 与 CGE 建模整合深度的不同，可以将 ABS 与 CGE 的整合分为数据整合、结构整合、建模思想整合。

数据整合是指对 ABS 与 CGE 的输入输出进行连接，包括两种类型（Parris，2005）：①ABS 至 CGE，这种结合方式是将 ABS 的结果作为宏观层面 CGE 模型的输入，如将通过基于自主体行为观察得到的参数估计提供给 CGE 模型。②CGE至 ABS，这种方法是将 CGE 模型的结果作为现实冲击或约束输入 ABS 中。ABS 可以用来模拟某个产业部门、收入群体等的动态响应。这种方法适合于预测经济改革对产业创新所带来的影响。基于数据整合的 ABS 与 CGE 整合，两个系统仍是独立运行的，并没有将两者形成集成的动态反馈系统，而要建立 ABS 与 CGE 相互动态影响的整合系统，需要展开结构层面的紧密耦合。

结构整合可以分为两种类型（Parris，2005）：①在 CGE 中嵌套 ABS，在这种方式下，ABS 模型被封装到 CGE 模型中，系统的宏观动态由 CGE 控制，并将宏观结构作用于 ABS。Smajgl、Morrist 和 Heckbert（2013）采用这种途径构建了一个大堡礁地区 CGE 与 ABS 耦合的水政策影响评价系统，其中，CGE 用于模拟宏观政策作用引起的商品价格波动，而 ABS 用于模拟价格波动后微观农户对土地利用的决策选择，这又进一步影响了下一周期中CGE系统的农业产出状况，从而形成CGE与ABS的动态耦合。②在ABS中嵌套CGE，相对于第①类而言，这种方式的整合更具可扩展性。在这种情况下，系统是基于ABS结构的，但是其某个子系统是基于CGE的。例如，在一个开放经济模型中，研究世界贸易组织（World Trade Organization，WTO）农业贸易自由化对农业创新与农民贫困的影响，此时可以用ABS来模拟创新行为和收入分布，而国家经济、世界商品价格等外部环境由CGE系统模拟得到。可以看到，上述两种方式是紧耦合的，ABS（CGE）模拟得到的结果作用于CGE（ABS），而CGE（ABS）在政策影响下所产生的结果又将反作用于ABS（CGE）的下一步运行，如此反复，使ABS与CGE模型形成一个整体。

虽然数据整合或结构整合在不同程度上实现了ABS与CGE的整合，但从最根本的建模思想上来说，要将ABS与CGE整合，是要以ABS模拟的社会经济系统的异质个体取代CGE模型中的“代表性”个体（Peter and Brassel，2000）。每个个体不再在效用最大化的目标下遵循统一的生产、消费行为选择，而是为每个个体赋予了各异的属性特征和行为特征，当经济环境条件发生变化时，同为生产者（或消费者）的异质自主体具有差异化的反馈行为选择，从而体现个体差异在社会经济系统中的本质决定作用。从模型构建看，主要涉及对CGE模型中各综合方程的重建（Peter and Brassel，2000）。例如，对于劳动力需求综合方程的构建，在传统CGE模型中，劳动力需求方程的构建是基于企业生产最优化条件得到的，但是在结合ABS后，由于存在多个异质个体，且各个个体不一定均能达到最优化条件，基于ABS建模时各企业可能根据企业自主体的行为规则决定自身的劳动力需求，所以这里的劳动力综合需求方程被改写为基于各个异质企业对劳动力需求的总和。然而，这种将ABS和CGE耦合的方式看似解决了微观与宏观的整合模拟，但是问题仍然存在，即如何保证总和式方程在原有的CGE方程体系中存在收敛解（Peter and Brassel，2000），这也是ABS与CGE建模耦合的主要障碍之一，目前仍未见相关的理论证明。也正是由于这个原因，这种形式的ABS与CGE建模耦合的应用研究也鲜见报道。

7.4.3　ABS与投入产出模型的整合

投入产出表作为描述国民经济各部门、各产业结构内在联系的工具，清晰定量地展现了各部门之间的相互依赖，在分析各部门、各产业的生产与分配等方面发挥着重要作用。但同其他传统的分析工具一样，投入产出表是对宏观结构的抽象，而未能反映微观企业在宏观政策影响下可能产生的异质性反馈，因此也就忽视了微观企业行为可能对下一阶段宏观结构演化的影响。

一个解决的办法就是将 ABS 与投入产出模型相结合。Lorentz 和 Savona（2010）将 ABS 与投入产出表整合进行建模研究，获得了较好的研究效果。在投入产出模型的宏观结构下，将部门分解为有众多微观企业所构成的 ABS，微观企业对其他部门的初始中间投入需求系数由投入产出表给定，以此保证在宏观层面的投入和产出仍然保持与投入产出表的结构一致。当宏观政策扰动时，企业由于自身规模、技术水平等方面的差异，在就业需求、中间投入需求、技术进步等多方面产生具有差别的响应；而宏观各部门的总需求则基于所对应的微观企业的量累加得到，基于微观企业技术进步或中间需求的变动，导致宏观层面的产业结构也随之改变，从而达到宏观与微观的交互整合，如图 7.4 所示，关于该模型的具体结构将在 7.5.3 节中详细介绍。

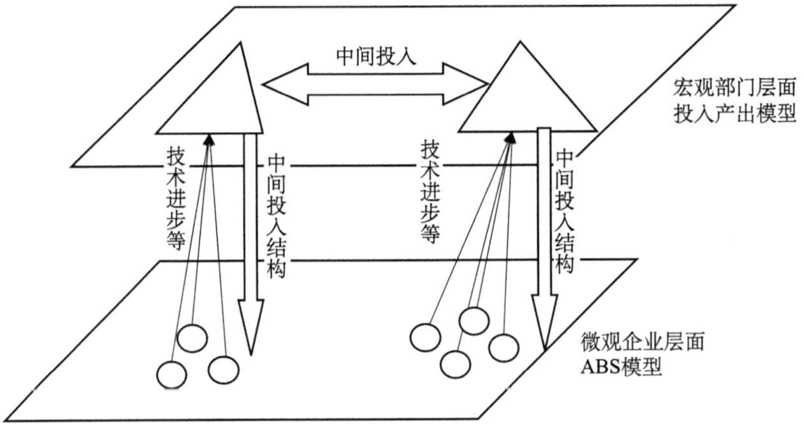

图 7.4　ABS 与投入产出模型的整合

除了上述通过构建部门内部异质性企业的方法之外，de Andrade、Monteiro 和 Camara（2010）也提出了一种将 ABS 与投入产出模型相整合的方法。在他们的研究中，投入产出表中各部门直接被抽象为对应的自主体，而在最终使用中涉及的各主体被看成是外生自主体，同时构建了一个政府自主体负责税收及公共政策等的支出。对于自主体间关联度的构建，主要是基于投入产出表的资金流标准化计算得到。最终使用的主体被看成是外生给定，因此由最终使用需求的变动来驱动部门自主体的产出变动，引起系统的动态演化。这种方法的不足之处在于，它实际上仍是对宏观层面的建模，只是将部门抽象为自主体，而没有体现微观企业在经济演化中的作用。

7.5　政策模拟中 ABS 的案例评介

7.5.1　面向产业创业创新政策模拟的 ABS 建模

1. 模型设计

戴霄晔、刘涛和王铮（2007）构建了面向产业创业创新政策的 ABS 模型，他们的模型主体框架主要引用了 Zhang（2003）关于市场运行和企业发展的基本规则，模拟企业成长中的创业、生产、研发行为，并在同一个市场背景下互动。不过 Zhang（2003）是把个体技术拥有者放在空间网格上进行研究，每个个体都与其相邻的个体相联系，这意味着相邻个体两两之间的联系是对等的。然而从事实来看，个体往往是以某种组织形式存在的：在相同的组织中，个体之间彼此存在着较为紧密的联系，而在组织与组织之间，彼此的联系则相对薄弱。因此，本模型跳出地理上空间相互作用的影响，不沿用“邻居”的概念，而是将整个市场的个体按照一定的属性划分成“组”，个体的行为（无论是是否创业，还是技术的学习与进步）都更多地受到本组成员的影响，而受到其他组人员的影响较小。这种处理更适合产业创业创新的情况。

模型中定义了企业从创业到发展实现技术增长整个过程中的四种行为，即市场行为、创业行为、生产行为和研发行为。四种企业行为反映了企业的独立行为、企业与企业间的交互作用、企业的社会环境这三个层次的胶着关系。

1）市场行为

产品作为企业生产的对象，每一时期的产品价格由市场供需决定，t 期的产品价格定义为

$$P_t = \frac{D_t}{S_t} \tag{7.1}$$[1]

式中，P_t 为 t 期的产品价格；D_t 为 t 期的市场需求，在模型中定义为外生变量；S_t 为 t 期的市场供给，为 t 期市场各企业产出产品 $Y_{i,t}$ 的总和，$S_t = \sum_i Y_{i,t}$。

需求模型中定义了衰减函数 g_t、周期函数 b_t 和随机扰动项 ε_t 来反映需求的

---

① 式（7.1）为经济学理论下的供需关系与价格之间的示意性表示，在实际计算中需再添加调整系数。

增长率在生产周期内随时间衰减的规律：

$$g_t=\begin{cases}0.03, & D_t<2\,000\\ 0.02, & 2\,000\leqslant D_t<10\,000\\ 0.01, & 10\,000\leqslant D_t<20\,000\\ 0.005, & D_t\geqslant 20\,000\end{cases} \tag{7.2}$$

$$b_t=\frac{1}{100}\sin\left(\frac{2\pi t}{50}\right) \tag{7.3}$$

$$\varepsilon_t\in U(-0.02,0.02) \tag{7.4}$$

由此，这个外生的动态需求函数定义为

$$D_{t+1}=D_t(1+g_t+b_t+\varepsilon_t)$$

2）创业行为

根据创业过程中的路径依赖性，即当组内有较多的个体发展较好，那么其他个体就更乐意去创业，也可以说该组内个体的创业概率就较大。模型中定义在非均质市场上的创业概率为

$$\mathrm{Pr}_{i,j,t}=\frac{1}{500}\sum_{j=1}^{100}\frac{K_{i,j,t-1}}{a_{i,j,t-1}}+p_0 \tag{7.5}$$

式中，$\mathrm{Pr}_{i,j,t}$为 i 组第 j 个个体在 t 期创业的概率，它由创业的路径依赖和初始基本创业概率 p_0 决定。这里路径依赖定义为组内成功创业企业的资本增长率总和，K 为企业的资本，a 为企业的存活年限。

3）生产行为

对于一个已经创业的企业，它需要筹集资金并投入生产，在这里定义 C－D 形式的生产函数

$$Y_t=h_tK_t^{\alpha},\quad \alpha<1 \tag{7.6}$$

式中，Y_t 为该企业 t 期的产出产品；h_t 为该企业 t 期的技术水平；K_t 为该企业 t 期的资本存量。

企业生产产品，将产成品投入市场，记入市场总供给，由市场供需决定产品统一的市场价格，在这个过程中就产生了利润：

$$\pi_t=P_tY_t-cY_t \tag{7.7}$$

式中，π_t 为 t 期的利润；Y_t 为 t 期的产出；P_t 为 t 期产品的市场价格；c 为产品成本。

4）研发行为

模型中定义了两种研发行为：自主创新和模仿学习。研发行为本身选择存在一个比例，两种研发行为的选择决策也存在一个比例，模型中的规则定义为

（1）当 $\pi_t>0$ 时：

$$\mathrm{IN}_{t+1} = \mathrm{IN}_t + m \cdot n \cdot \pi_t \tag{7.8}$$

$$\mathrm{IM}_{t+1} = \mathrm{IM}_t + (1-m) \cdot n \cdot \pi_t \tag{7.9}$$

$$K_{t+1} = K_t(1-d) + (1-n) \cdot \pi_t \tag{7.10}$$

（2）当 $\pi_t \leqslant 0$ 时：

$$K_{t+1} = K_t(1-d) + \pi_t \tag{7.11}$$

式中，IN 为投入创新研发的资本；IM 为投入模仿研发的资本；m 为研发行为中自主创新的比例；n 为投入研发的比例；d 为资本折旧。

研发资本的投入会得到成果，从而获得技术进步，规则定义为

（1）当 $\mathrm{IN}_{i,j,t} \geqslant f\ (K_{i,j,t})$ 时：

$$h_{i,j,t+1} = \max(h_{i,j,t}, h'_{i,j}), h'_{i,j} = \left(\frac{h_{\mathrm{all},t}}{h_{\mathrm{all},t-1}}\right)\left(\frac{h_{i,t}}{h_{i,t-1}}\right)h_{i,j,t} + \mathrm{Rnd} \cdot 0.2 - 0.1 \tag{7.12}$$

$$\mathrm{IN}_{i,j,t+1} = \mathrm{IN}_{i,j,t} - f(K_{i,j,t}) \tag{7.13}$$

（2）当 $\mathrm{IM}_{i,j,t} \geqslant g\ (K_{i,j,t})$ 时：

$$h_{i,j,t+1} = \max(h_{i,j,t}, h'_{i,t(\max)}) \tag{7.14}$$

式中，Rnd 为随机数生成函数；$h'_{i,t(\max)}$ 为企业所在 i 组内的最大技术水平。

$$\mathrm{IM}_{i,j,t+1} = \mathrm{IM}_{i,j,t} - g(K_{i,j,t}) \tag{7.15}$$

定义 $f\ (K)\ =\beta K^3$，$g\ (K)\ =\gamma K^3$ 为研发成果的门槛值，β、γ 分别为创新和模仿的难度系数。

另外，定义了当企业资金存量过小时，企业宣告破产。

根据基于自主体模拟的特点及模型定义的规则，本研究通过运用 Visual Basic 语言编程建立企业技术发展研究系统，目的在于通过模拟企业创业、研发等行为来研究企业的初始条件和研发政策倾向对企业技术发展的影响，以及在不同的知识保护强度下企业技术发展的变化情况。系统主要模型结构框架如图 7.5 所示。

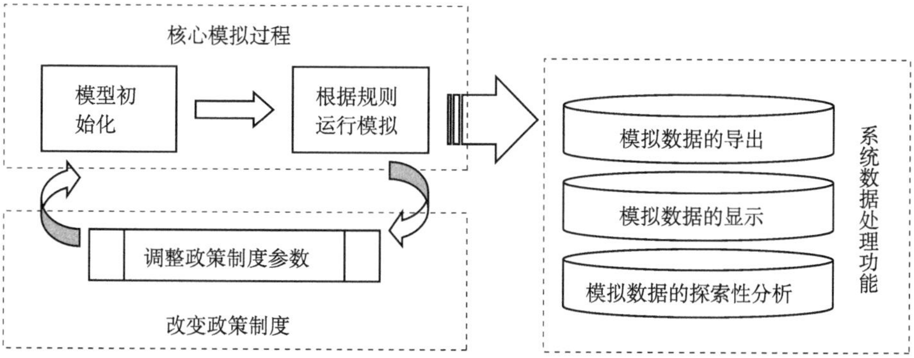

图 7.5　系统主要模型结构框架

2. 系统设计

根据理论模型，系统模拟基本对象的组织形式如下。

（1）模拟对象：参与创业过程的个人，研究中把拥有技术（水平高低不等）的独立个人作为自主体，投身于自主创业过程。

（2）对象相互作用：相互作用空间可以有多种形式，可以是具有逻辑关系的虚拟空间，也可以是具有区位意义的地理空间。本研究中是以一定的属性确定对象的相互关系，把具有相同属性的自主体定义为一“组”，从而弱化了地理上的空间相互关系。值得说明的是，弱化空间相互关系并不是绝对地放弃地理上的相邻，当属性被确定为空间距离时，对象的相互作用也就是对象之间的空间相互作用。

（3）处理方式：虽然对象的相互作用是以属性确定的非地理空间，但是为了便于处理和逻辑明确，在处理中采用二维数组形式进行模拟，并把“行”定义为“组”，组内成员相互作用。

本研究建立了一个由 150 个组、每组有 100 个技术持有者构成的市场环境，为了使模拟数据相对较为稳定，模拟周期跨度定在 500 期。多样本、长时间段的模拟可以减少随机作用对模拟结果造成的误差。

系统不仅对模拟结果做截面数据分析，同时也要对时序数据做保存参与进一步分析，所以系统模拟过程中需要对每一个 Agent 的各个属性的每一期数值，以及市场环境的时序属性数据做记录，在系统运行中这些记录属性值的变量都是全局的。模拟结果得到的数据如表 7.2 所示。

表 7.2　模拟结果得到的数据

变量类别	全局变量
市场环节	每期的市场需求 D、市场供给 S 和产品的市场价格 P
市场发展	每期市场的总资本 sum$K$、企业最大资本 max$K$、组最大资本 max _ sum _ k、平均技术 average$H$、最大技术 max$H$
企业发展	企业每期的技术水平 h、资本存量 K、产出 Y、利润 L、创新资本 IM、模仿资本 IN、企业的存活年限 a

为了能够对模拟数据做全面的探索性研究，系统可以将这些完整记录模拟过程中产生的数据输出到文本文件。

模型中涉及很多待定参数，对于这些外生的参数，可以在系统运行的同时给定，但是有些参数的设定对模拟结果有重要意义。考虑到系统参数的实际意义及在不同参数下模拟结果的比较，系统采用人机交互的方式确定参数，当然参数的数值有范围限制，以避免由参数的不合理导致的运行错误和结果失真。本系统模拟的参数初始值设定如表 7.3 所示。

表 7.3　模型中参数的确定

参数	初始值	参数	初始值
市场初始需求	$D_0=10$	基本创业概率	$p_0=1/50\ 000$
创业初始资本	组基本创业资本 $K_{oi}\in U\ (0,\ 5)$ $K_{i,j,0}\in K_{oi}$ $[1+U(-0.05,0.05)]$	创业初始技术	$h_0\in[U(0,1)]^2$
		自主创新研发比例	$m\in U(0,1)$ 组内 m 相同
资本弹性指数	$\alpha=0.995$	企业投入研发比例	$n=0.8$
成本系数	$c=0.1$	折旧系数	$d=0.05$
研发难度系数	$\beta=0.1$，$\gamma=0.3$	企业破产条件	$K<0.5$

3. 模型过程设计

模拟过程包括个体独立的行为模式、个体与个体之间的交互关系及个体所在整个市场环境，三个层次共同作用构成了 Agent 模型的基本框架。

在该模型中，每个自主体存在于市场环境要依次作用于创业行为、生产行为、市场行为和研发行为。而这四种行为之间又通过生产和市场定价来交互，生产的产量影响市场价格，价格决定利润，从而影响投入研发的资本。三个层次下的四种行为相互影响，个体的行为通过市场环境而发生相互作用。图 7.6 给出了模拟的流程图。

系统对于模拟结果的处理可分为三个层次，模拟数据的导出、模拟数据的显示和模拟数据的探索性分析。

1）模拟数据的导出

为了便于对数据的整体把握和适应不同的分析，系统根据需要将模拟的数据导出成文本文件。导出的形式可以是某一期的截面数据，也可以是模拟中某个变量的时序数据。导出数据能用 Excel 打开，也可以导入 Matlab 中进行分析。

2）模拟数据的显示

导出的数据虽然全面，但仍然还是数据，没有图像直观，若要从导出的数据中获得进一步的统计数据还需要人工通过软件进行。因此，系统将一些模拟过程中能够反映问题的统计量提取出来供显示（如价格的波动、总资本的时序变化等），以图表的形式将模拟结果的统计值展现出来，变化情况一目了然。

3）模拟数据的探索性分析

仅仅对数据做表面的统计值分析还是不够的，要了解各变量之间的关系必须通过进一步的统计手段，探索性地来挖掘数据之间的相互影响。

本系统中的探索性分析主要采用回归分析，即根据研究目的对模拟得到的数据结果，选取适合的变量做回归分析。

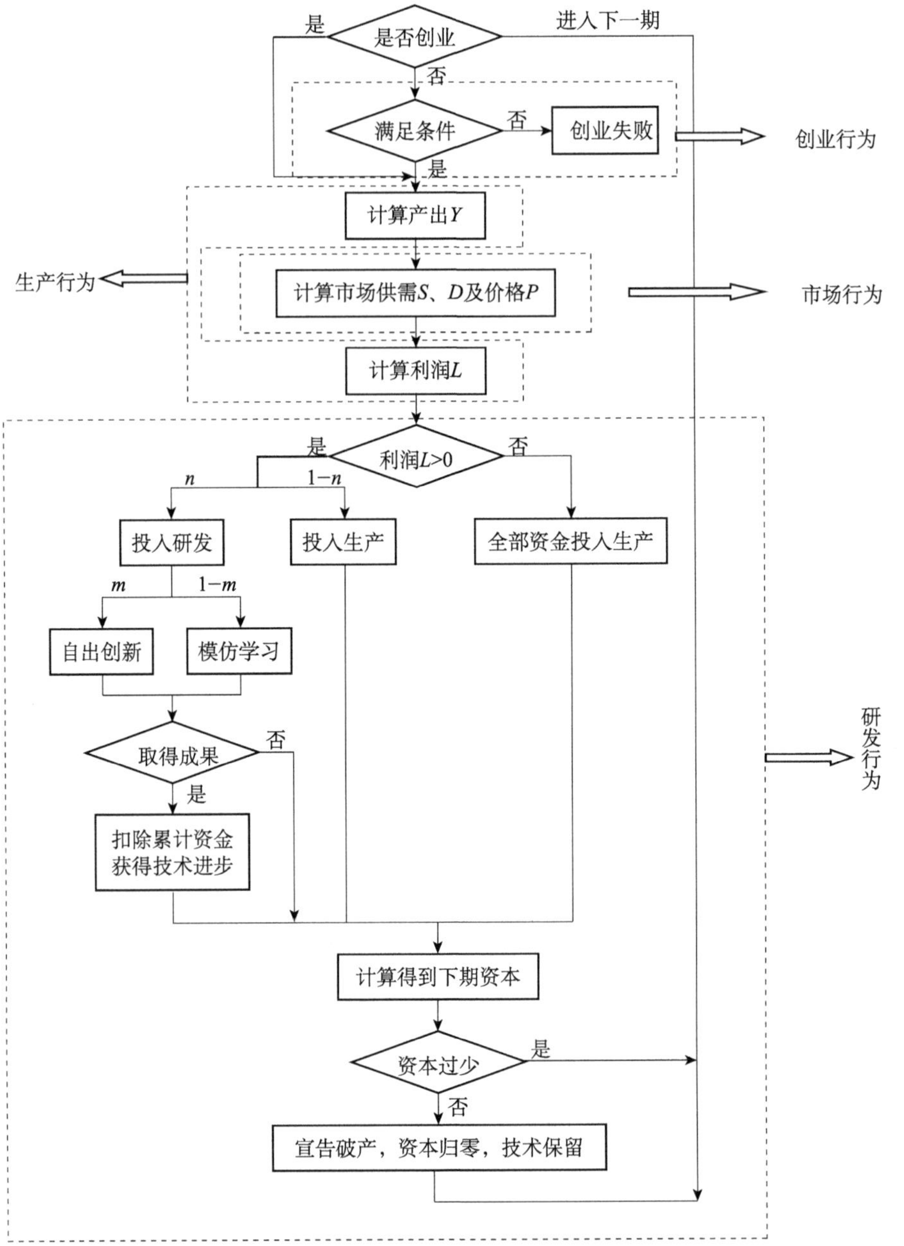

图 7.6 模拟流程图

模拟数据具有随机性和不确定性，直接对模拟数据进行分析会产生很多噪声数据，可能会使得分析结果有所偏差，所以在进行分析前要对模拟数据做预处理。研究中将创业自主体的组内平均水平作为回归变量，这样可以消除一部分随机性，同时在组发展的整体水平上研究变量之间的影响关系更有意义。

在该模拟系统中，自主体之间不同的条件包括其初始资本、初始技术和研发政策，因此我们初步认为企业的发展受到这三方面的影响。然而，三者是否同时影响，影响程度如何，这就需要对数据做探索性分析，合理地选取或确定因变量和自变量，建立回归模型。探索性分析模块的处理内容和步骤如下。

系统的回归分析报告将返回回归模型的解释度，以及自变量的回归系数、t 检验值和相应的显著水平。数据的探索性分析模块如图 7.7 所示。

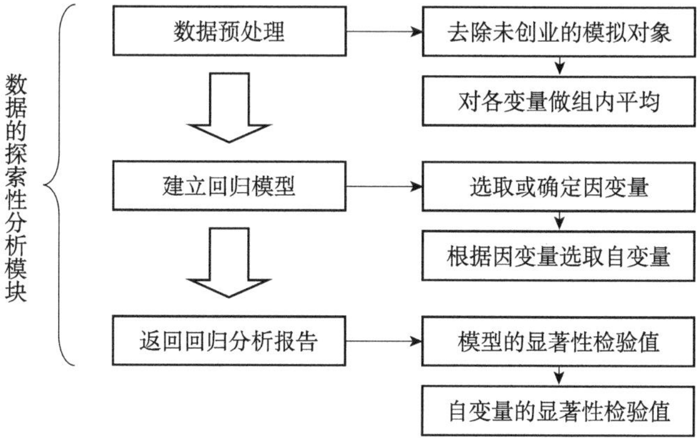

图 7.7　数据的探索性分析模块

4. 系统模拟与结果分析

遵循模型的各个环节，根据系统的主要框架，按照模拟过程的设计，在 Windows 环境下，用 Visual Basic 语言开发了基于 Agent 模拟的企业技术发展研究系统。系统核心模拟过程的运行界面如图 7.8 所示。

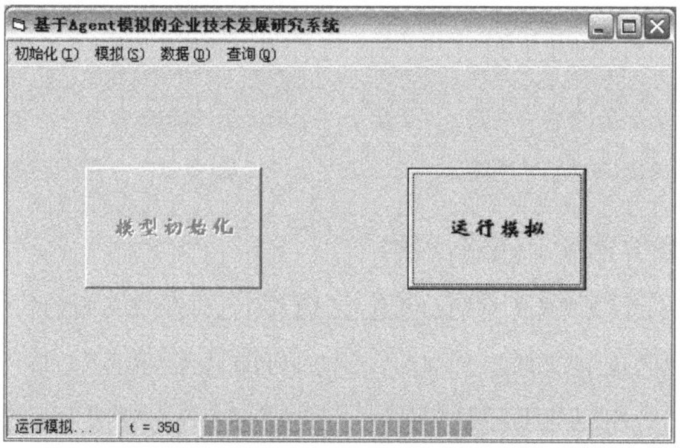

图 7.8　系统核心模拟过程的运行界面

1）模拟数据的时序变化

根据规则和有关的参数设定，通过运行该系统，得到模拟数据。模拟得到市场产品随时间的价格曲线见图 7.9；市场最大技术及平均技术水平随时间变化曲线分别见图 7.10、图 7.11；资本首位度（即最大企业资本占市场总资本的比例）随时间的变化曲线见图 7.12。

从图中可以看到，整个市场的最大技术水平的提高呈阶梯式上升，而非连续的过程；市场的平均技术水平随着时间则呈稳定的提升状态；资本首位度也在呈逐渐上升的趋势，在模拟到 500 期时，首位度达到 10%，这表示发展最好的企业其资本规模占整个市场的 10%，充分反映了资本的集聚效应。

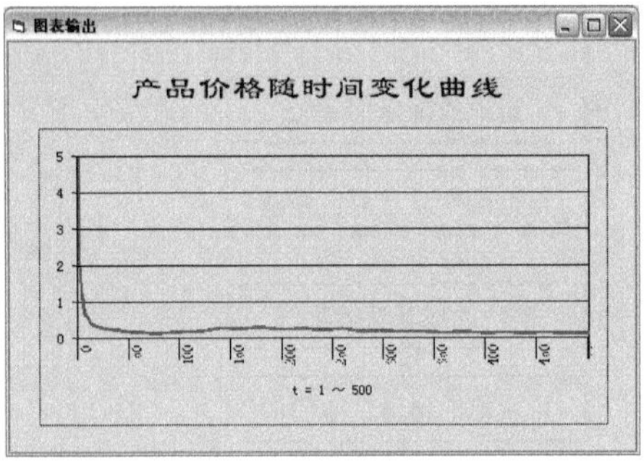

图 7.9　产品价格的时序变化

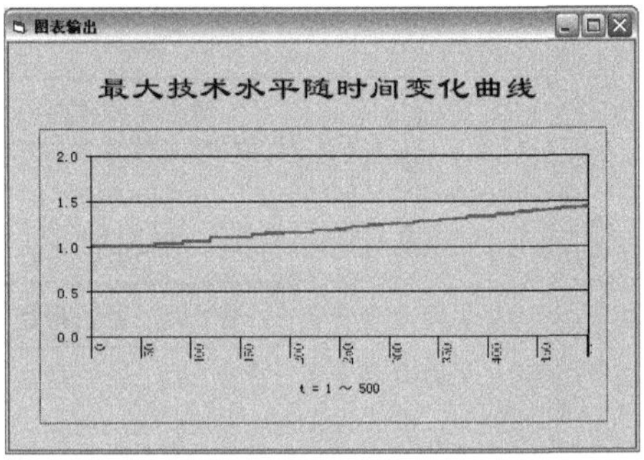

图 7.10　最大技术水平的时序变化

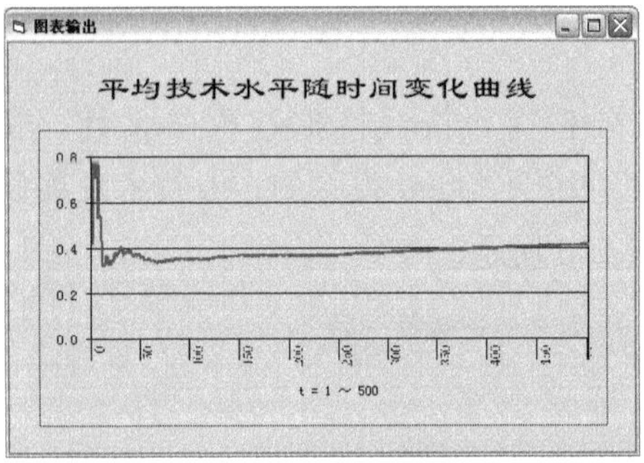

图 7.11　平均技术水平的时序变化

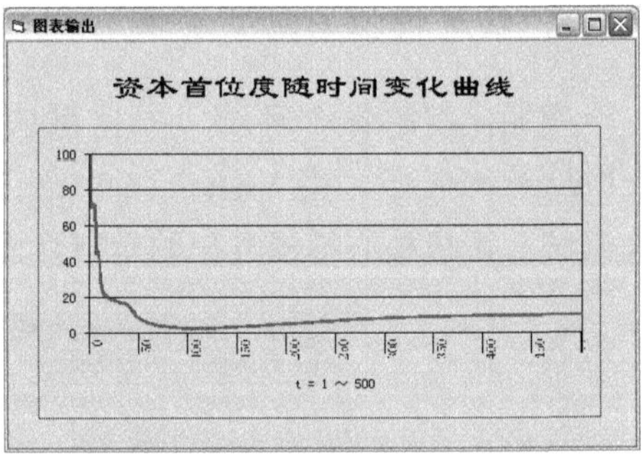

图 7.12　资本首位度的时序变化

2）不同知识保护强度下的技术水平

为了进一步研究知识保护强度对企业技术发展及市场技术进步的影响，我们改变政策环境，即改变 $g(K)=\gamma K^3$ 中 γ 的值重新模拟，令 $\gamma=0.1$、0.5 分别表示低知识保护强度和高知识保护强度。改变知识保护强度后的模拟结果如下。

图 7.13 是高中低三种知识保护强度下市场最大技术的发展曲线，可以看到三种知识保护强度下最大技术都呈阶梯式提升，且知识保护强度的大小不会影响

市场的最大技术水平，引领市场的尖端技术绝不会因为广泛被学习模仿而失去领先地位。

图 7.14 是三种知识保护强度下市场平均技术水平的发展曲线。三条曲线稳步提升，但从图中可以看到（当模拟到 500 期）低知识保护强度下平均技术水平最高，只是知识保护强度越大，平均技术水平越低。知识保护不利于高技术的扩散，不利于市场整体技术水平的提升，使得高技术集中在少数最初拥有较高技术的企业中从而形成集聚效应和技术垄断。

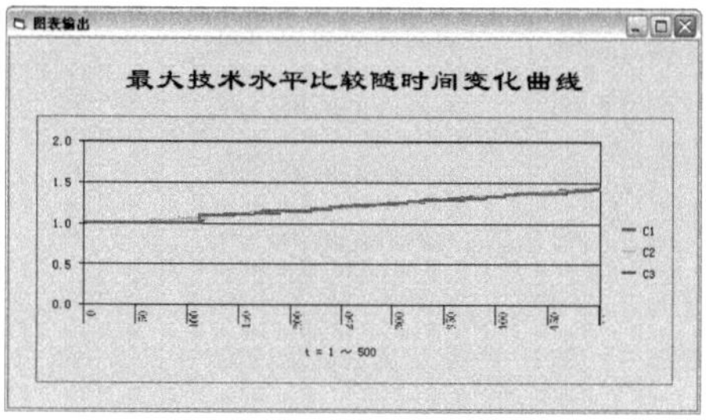

图 7.13　不同知识保护强度下的最大技术水平比较

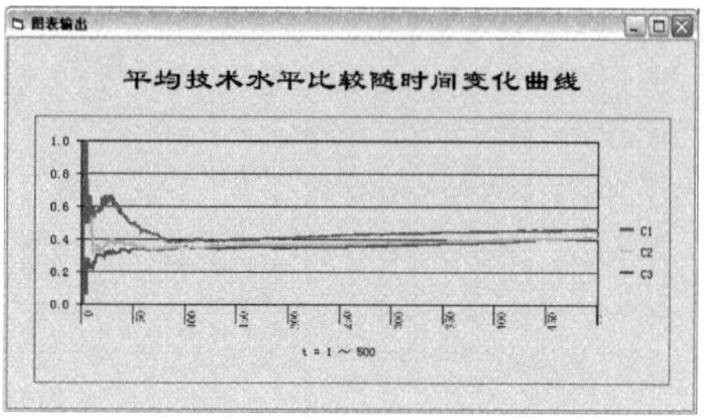

图 7.14　不同知识保护强度下的平均技术水平比较

3）企业技术增长率与初始条件的关系

本研究采用回归分析研究企业的初始条件，即初始资本、初始技术、研发政策倾向对企业技术发展的作用，首先要确定合理的自变量和目标变量。

为了更好地描述创业者群的表现，这里我们定义 r 为技术增长率，并存在：

$$(1+r)^a = h_t/h_0$$

式中，a 为企业存活年限，h_0、h_t 分别为企业的创业技术和终期技术水平，整理得到技术增长率 $r=\mathrm{e}^{\ln(h_t/h_0)/a}-1$，以此作为研究分析对象，反映企业的技术发展状况。

使用系统提供的探索性数据分析功能，建立回归模型：

$$r = b_1K_0 + b_2h_0 + b_3a + b_4m + b_5m^2$$

其中，K_0 为企业创业资本；b_i（$i=1$，…，5）为各个变量的系数；m 为研发政策。

回归结果（图 7.15）显示，初始技术和研发政策对企业技术进步有极其显著的影响（在 0.01 水平上），而初始规模并不显著。进一步，引人注意的是研发政策 m，其一次项和二次项系数都显著且方向相反，也就是随着对创新性研发活动投入的增多，有可能带来负效应。这说明存在一个 m 使得技术增长率最高，也就意味着存在最优的技术发展路径。

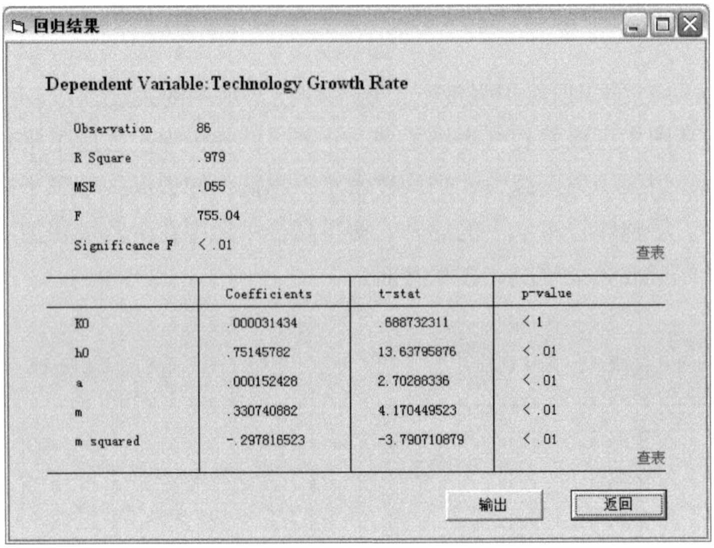

图 7.15　模拟数据回归分析结果

同样，我们对低知识保护和高知识保护两种强度下模拟的结果进行回归分析，也能得到相类似的结论，并且研发政策 m 对技术进步的影响也呈现出非单调性。

根据回归模型的建立，研发政策 m（即创新研发比例）与企业技术增长率存在抛物线关系，回归结果又显示了二次项系数为负抛物线开口向下，那么最优创新研发比例即为 $-\frac{b_4}{2b_5}$，表 7.4 给出了企业群在低中高三种知识保护强度下技术增长率对各个因素的回归系数及计算得到的最优创新研发投入比。从表 7.4 中可以看到，随着知识保护强度的增大，最优创新研发投入比随之变大，研发政策在向创新性投入偏移。这说明增强对知识产权的保护，阻碍了知识在市场和企业中的扩散，增大了企业学习他人技术的难度，使得创业者不得不通过自己的努力创新以提高技术水平，从而获得最大的技术增长速度。

表 7.4　三种知识保护强度下的回归系数和最优创新研发投入比

项目	低保护强度	中等保护强度	高保护强度
K_0	0.000 00	0.000 03	0.000 02
h_0	1.054 24**	0.751 46**	0.685 11**
a	−0.000 14	0.000 15**	0.000 11
m	0.123 97*	0.330 74**	0.402 68**
m_2	−0.121 18*	−0.297 82**	−0.321 79**
最优创新研发投入比	0.511 5	0.555 3	0.625 7

*、**分别表示回归系数在 0.05 和 0.01 水平下显著

5. 讨论与总结

基于 Agent 模拟是通过单个个体间的差异性和交互性，以及其所处的背景环境构成的多层次规则模型，可以通过模拟不同个体的行为、关注大量微观个体间的交互作用来探究其整体的总量特征。

研究中，我们建立了基于 Agent 模拟的企业技术发展研究系统，系统是一个由 150 个组、每组有 100 个技术持有者构成的市场环境，为了使模拟数据相对较为稳定，模拟周期跨度定在 500 期。多样本、长时间段的模拟可以减少随机作用对模拟结果造成的误差。系统运行在 Windows 环境下。本系统将统计功能与 ABS 相结合，更好地通过个体特征反映整体的统计规律。系统不仅提供了模型参数设定的人机交互功能，模拟数据结果的导出和图形显示功能，还提供了探索性数据分析功能，以实现对模拟数据的统计分析。

本系统结合北京 IT 研发产业的发展对产业政策进行模拟，可得到如下结论。

（1）企业群的初始规模并不能对企业的技术发展产生作用，然而随着企业的不断壮大，会出现资本的集聚效应。

（2）企业群的创业技术和研发政策对其技术发展有显著作用：初始技术水平越高技术增长越快；研发政策的作用则呈现出非单调性。

（3）创新研发比例与技术增长率呈抛物线关系，且存在最优创新研发投入比以实现最大的技术增长。

（4）知识产权保护的加强阻碍了知识在市场的扩散，不利于市场整体技术水平的提高，它增加了模仿学习的难度，使得企业不得不自主创新以获得技术进步，企业最优研发政策向创新研发投入偏移。

7.5.2 基于 ACE 建模的 ASPEN 模型

ASPEN（an ayent-sased simulation model of the O. S. economy）模型（Basu、Pryor and Quint，1998）是较早将基于自主体模拟应用于大规模经济政策模拟的成功案例。在 ASPEN 模型中，各类自主体对应于现实经济系统中的决策者，通过微观自主体行为来驱动系统宏观状态的变化。由于自主体数量多、计算量大，它需要在大规模的并行计算机上运行。当前，ASPEN 模型已经被应用于税收、技术转移、金融市场等政策分析。

在 ASPEN 模型中，涉及的自主体包括家庭自主体、银行自主体、政府自主体及联邦储蓄自主体，以及四种类型的企业自主体，这些企业包括食品生产商、其他非耐用品生产商、汽车制造商及房地产商。除此之外，还有三个特殊的自主体，分别为房地产经纪商、资本品生产商及金融市场自主体。自主体间的相互关联如图 7.16 所示。

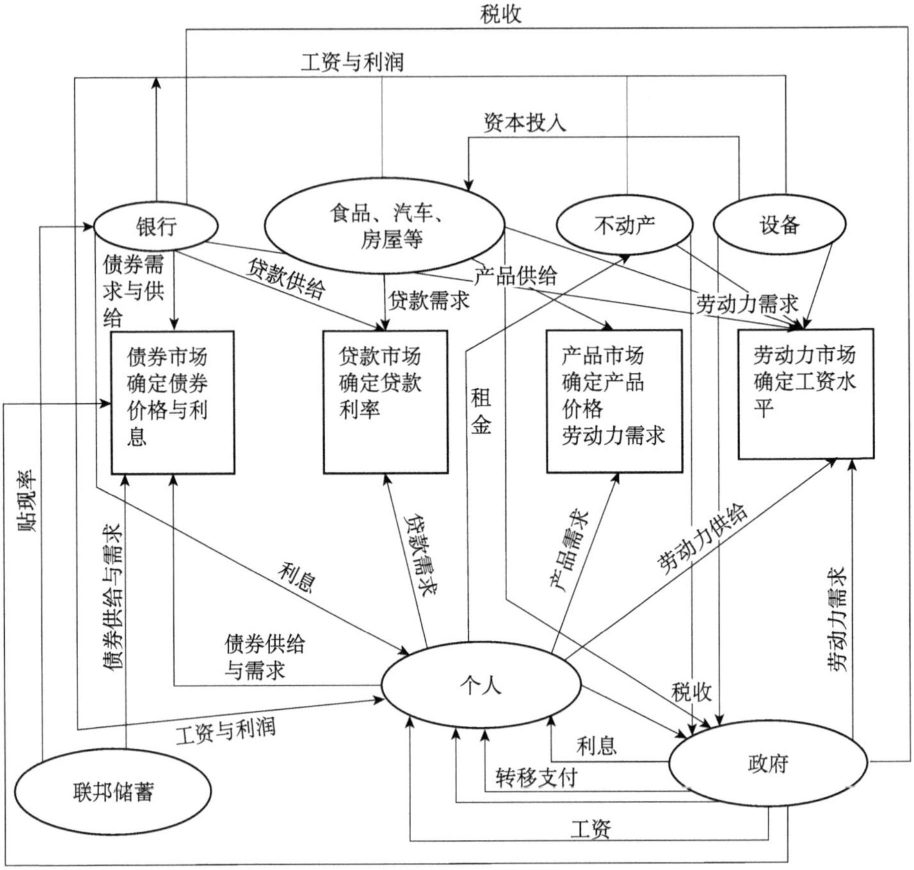

图 7.16 ASPEN 模型的自主体关联

1. 家庭自主体

家庭自主体是 ASPEN 模型中数目最庞大的群体。这些自主体通过为企业、银行、房地产经纪商、资本品生产商或政府工作获得收入。如果在任何时刻，家庭自主体没有获得工作，那么他们将从政府自主体处领取福利金，而福利金的多少取决于家庭的人口规模。高级居民还将获得社会保障金。家庭自主体的其他收入还来源于债券和储蓄账户。

在支出方面，家庭每天都将消费各种商品——食品、非耐用品、汽车及住宅。其中，对食品的需求是每天必需的，需求量取决于家庭规模。在购买食品的过程中，家庭自主体首先咨询食品的价格，食品企业每天都会给出单位食物价格的广播信息。如果企业 f 提供价格 $p(f)$，家庭的购买概率为 $k\times[p(f)]^{-q}$，其中 q 是一个外生参数，k 为标准化常数。因此，企业提供的价格越低，其满足家庭自主体向其购买的机会将越大。家庭自主体对食品的询价行为同样适用于其对非耐用品及汽车的购买。当家庭自主体的汽车损坏，需要购买新汽车时，汽车制造商将给出单位汽车的价格，如果家庭自主体的储蓄足够，其将购买价格较为昂贵的汽车，否则将从利率较低的银行贷款。因此，市场的汽车需求是关于个人收入、个人储蓄及利率的一个函数。家庭自主体对房屋的需求也是类似的，在系统初始化时，家庭自主体被指派为承租人或房屋拥有者。承租人每天向房地产经纪商缴纳租金，而承租人也存在购买房屋的概率，而房屋拥有者在系统运行中存在改善房屋的概率。家庭自主体除了用于四种消费品的支出，还将其剩余的资产用于零花钱和投资（用于购买政府债券）。

另外，系统每运行 90 天，家庭自主体将决定是否将其储蓄从一个银行转移到另一个银行。这主要取决于另一个银行的储蓄利率是否高于当前银行。

2. 企业自主体

在 ASPEN 模型中，四种企业都使用资本和劳动力进行生产，具有相同的生产函数：

$$y=cK^{a}L^{b}$$

式中，y 为产出；K 为企业具有的机器数量；L 为雇佣劳动力数量；a、b、c 为常数，c 在同一行业取值相同，即同一行业的全要素生产率是相同的。

每年，企业可以决策是否通过商业贷款来购买新机器，如果购买机器带来的增加产值高于购买机器费用及贷款费用，那么企业将贷款来购买新机器。同时，企业每天通过比较近期平均日需求量与库存水平来制定雇佣决策：如果库存低于一定的水平，企业将雇佣新劳动力；如果库存高于一定的水平，企业将解雇劳动力。

在 ASPEN 模型中，企业自主体采取遗传算法进行商品定价。每天，企业将对四个因素做出趋势判断：①价格是否上升或下降；②销售量是否上升或下降；③利润是否上升或下降；④企业自身的价格是否高于或低于行业平均水平。基于对这四个要素的判断，企业将构建 16 个状态。

在每个状态，企业的价格变化决策依赖于基于遗传算法的概率决策矢量（p^{D}，p^{I}，p^{C}），其中 p^{D} 为企业降价的概率，p^{I} 为企业提价的概率，p^{C} 为企业保持价格不变的概率。当企业进入一个状态时，企业根据决策矢量来判断其价格的变化。例如，假设某一时刻企业处于状态 n，(p^D，p^I，p^C) = (0.1，0.6，0.3)，企业通过产生一个随机数决定提价，同时假设提价后利润下降。概率决策矢量 (p^D，p^I，p^C) 将变为 (0.15，0.5，0.35)。这样企业就能在这个过程中学习到在状态 n 提价是不利于企业获利的，因此修改概率决策矢量 (p^D，p^I，p^C) 的各个概率，体现了在状态 n 下提价概率的下降。

最后，企业还必须纳税。企业在纳税之后的利润根据企业性质而有不同的流向。若企业为私营性质，则所有税后利润归属于家庭自主体；若企业为工人所有制，则税后利润在所有雇佣劳动力之间平分；根据一般均衡模型的思路，我们也可以将税后利润在经济系统中的所有家庭自主体间平分。

3. 银行自主体

在 ASPEN 模型中，银行自主体具有四种功能：①维持家庭自主体的储蓄账户；②购买或出售政府债券；③提供贷款；④雇佣一部分劳动力。

如前文所述，家庭自主体将根据各银行储蓄利率决定是否调换储蓄银行。为此，银行每天将根据债券有效获利来计算储蓄利率。同时，银行也提供贷款业务。每个银行的贷款利率基于两个要素的综合：一为债券价格和贷款违约率的一个函数；二为基于贷款利率和贷款额的遗传算法计算结果。当银行收到一个贷款申请时，若出现以下几种现象，银行将拒绝发放贷款：①相对申请者的收入贷款额度过高；②近期的债务违约率过高；③申请者近期有违约。

4. 政府自主体

每天，政府自主体将收取税费，主要用于三方面的支出：①支付老年人和失业者的补助；②支付债券的分红；③雇佣劳动力。如果税收所得不够支付以上三方面支出，则政府将发放债券。

5. 金融市场自主体

每天，政府自主体、家庭自主体及银行自主体将决定自己出售或购买的债券数量。这些“订单”被发送到金融市场自主体。在收集所有订单后，市场自主体将判断是买方多还是卖方多，并将该信息发送到联邦储备自主体，用于联邦储备决策实施扩张、紧缩或稳定的货币政策。

6. 联邦储备自主体

如果银行不能满足其存款准备金率，它将发送一个消息给联邦储备自主体，而联邦储备自主体给它一定的折现，折现率外生给定。同时，如果政府希望发放债券却没有买方，则联邦储备自主体将购买所有债券。

最后，美国联邦储备系统可以实施任何扩张性、紧缩性或稳定性的货币政策。这些政策选择是在使用系统时可选的。

7. 房地产经纪商自主体和资本品生产商自主体

房地产经纪商收集租客的租金，并用于雇佣劳动力。资本品生产商生产机器，且在这个过程中仅使用劳动力。

房地产经纪商和资本品生产商都不是"公司"，在这个意义上，他们不设定自己的价格，并不通过工人的雇佣和解雇来改变他们的生产。但是，他们同样可以获得利润，支付税费并将对税后利润进行分配。

基于对APSEN模型中各类自主体的介绍我们可以看到，ASPEN模型在宏观上不如CGE模型那样要求保持一般均衡，而是根据微观各类不同主体的自主行为决定经济系统未来的变化。

7.5.3 基于ABS与投入产出的建模

在7.4.3节中，我们简单介绍了由Lorentz和Savona（2010）建立的基于ABS与投入产出模型，这里将针对该模型的具体方程构建给出介绍。首先，该模型的总体思路为：在宏观层面上，经济体具有J个部门，$j\in[1;J]$，部门之间具有投入产出关系；在微观层面上，每个部门j拥有I个企业，$i\in[1;I]$，企业的生产活动需要消耗其他部门的产品，同时企业通过技术创新改变与其他部门的关联强度；在系统运行的时间t上，微观企业的创新行为将导致宏观部门间投入产出关系的演变。

1. 宏观部门建模

基于投入产出结构，可以将产出分解为三个部分，即中间消费、最终国内消费和净出口，见式（7.16）。

$$\begin{pmatrix} Y_{1,t} \\ \vdots \\ Y_{j,t} \\ \vdots \\ Y_{J,t} \end{pmatrix} = \begin{pmatrix} I_{1,t} \\ \vdots \\ I_{j,t} \\ \vdots \\ I_{J,t} \end{pmatrix} + \begin{pmatrix} C_{1,t} \\ \vdots \\ C_{j,t} \\ \vdots \\ C_{J,t} \end{pmatrix} + \begin{pmatrix} X_{1,t} \\ \vdots \\ X_{j,t} \\ \vdots \\ X_{J,t} \end{pmatrix} - \begin{pmatrix} M_{1,t} \\ \vdots \\ M_{j,t} \\ \vdots \\ M_{J,t} \end{pmatrix} \tag{7.16}$$

式中，$Y_{j,t}$为t时刻j部门的产出；$I_{j,t}$为t时刻j部门的中间消费；$C_{j,t}$为t时刻j部门的最终国内消费；$X_{j,t}$为t时刻j部门的出口量；$M_{j,t}$为t时刻j部门的进口量；因此$X_{j,t}-M_{j,t}$就代表了净出口。为表述简便，下文公式中下标t均表示t时刻，不再赘述。

j部门的中间消费由$k\in[1,\cdots,J]$部门所有企业对该部门产品的总需求所构成：

$$I_{j,t}=\sum_{k=1}^{J}Y_{j,k,t}^{D}=\sum_{k=1}^{J}a_{j,k,t}Y_{k,t} \tag{7.17}$$

式中，$Y_{j,k,t}^{D}$为k部门对j部门的需求；$Y_{k,t}$为k部门的产出水平；$a_{j,k,t}$为k部门对j部门的直接消耗系数，该系数由k部门各企业对j部门的消耗系数加权计算得到：

$$a_{j,k,t}=\sum_{i}z_{k,i,t}a_{j,k,i,t} \tag{7.18}$$

式中，$a_{j,k,i,t}$为k部门i企业对j部门的直接消耗系数；$z_{k,i,t}$为k部门i企业的市场份额，市场份额将受企业竞争力的影响。基于直接消耗系数，可以将中间消费表示为

$$I_t\equiv\begin{pmatrix}I_{1,t}\\ \vdots\\ I_{j,t}\\ \vdots\\ I_{J,t}\end{pmatrix}=\begin{pmatrix}a_{1,1,t} & \cdots & a_{1,k,t} & \cdots & a_{1,J,t}\\ \vdots & & \vdots & & \vdots\\ a_{j,1,t} & \cdots & a_{j,k,t} & \cdots & \\ \vdots & & \vdots & & \vdots\\ a_{J,1,t} & \cdots & a_{J,k,t} & \cdots & a_{J,J,t}\end{pmatrix}\begin{pmatrix}Y_{1,t}\\ \vdots\\ Y_{k,t}\\ \vdots\\ Y_{J,t}\end{pmatrix} \tag{7.19}$$

最终消费水平和出口水平均在基期消费水平的基础上随时间以指数形式增长：

$$C_{j,t+1}=C_{j,t}\exp^{[\upsilon_c+\exp(-\delta_c t)]} \tag{7.20}$$

$$X_{j,t+1}=X_{j,t}\exp^{[\upsilon_x+\exp(-\delta_x t)]} \tag{7.21}$$

式中，υ_c、υ_x分别为最终消费水平和出口水平的初始增长率；δ_c、δ_x分别为最终消费和出口水平增长率的年变化率。同时，假设进口水平与中间消费和最终国内消费成正比，即

$$M_{j,t}=m_j(I_{j,t}+C_{j,t}) \tag{7.22}$$

其中，m_j为j部门进口占中间消费与最终国内消费的比例。

因此，将式（7.14）、式（7.22）代入式（7.16），得

$$\begin{pmatrix}Y_{1,t}\\ \vdots\\ Y_{j,t}\\ \vdots\\ Y_{J,t}\end{pmatrix}=\begin{pmatrix}1-\alpha_{1,1,t} & \cdots & -\alpha_{1,k,t} & \cdots & -\alpha_{1,J,t}\\ \vdots & & \vdots & & \vdots\\ -\alpha_{k,1,t} & \cdots & 1-\alpha_{j,k,t} & \cdots & -\alpha_{k,J,t}\\ \vdots & & \vdots & & \vdots\\ -\alpha_{J,1,1} & \cdots & -\alpha_{1,k,t} & \cdots & 1-\alpha_{J,J,T}\end{pmatrix}^{-1}\begin{pmatrix}X_{1,t}+(1-m_1)C_{1,t}\\ \vdots\\ X_{j,t}+(1-m_j)C_{j,t}\\ \vdots\\ X_{J,t}+(1-m_J)C_{J,t}\end{pmatrix} \tag{7.23}$$

$$\alpha_{j,k,t} = (1 - m_j)a_{j,k,t} \tag{7.24}$$

2. 微观企业建模

宏观层面产业结构的进化源于微观层面企业的动态变化。企业的行为活动实际上是宏观层面状态变化的核心，因此我们需要针对微观企业展开建模。在本研究中，每个企业被模拟为一个自主体，每个自主体具有异质性的经济、资源属性和行为特征。在系统的演化过程中，企业每一期都将开展创新活动，一方面驱动企业自身的技术进步，另一方面引发宏观结构的变化。

企业的产出满足 C-D 生产函数，且企业的物质资本在基期水平上逐年累积：

$$Y_{k,i,t} = A_{k,i,t}K_{k,i,t}^{\alpha_k}L_{k,i,t}^{1-\alpha_k} \tag{7.25}$$

$$K_{k,i,t+1} = K_{k,i,t}(1 - \delta_k) + Y_{k,i,t}\eta_k \tag{7.26}$$

式中，$Y_{k,i,t}$为 k 部门 i 企业的产出；$A_{k,i,t}$、$K_{k,i,t}$、$L_{k,i,t}$分别为 k 部门 i 企业的劳动生产率、物质资本、劳动力；α_k 为 k 部门资本弹性；δ_k 为 k 部门物质资本折旧率；η_k 为 k 部门投资率。因此，每个时期的劳动力需求由总产出和物质资本水平决定：

$$L_{k,i,t} = \left(\frac{Y_{k,i,t}}{A_{k,i,t}K_{k,i,t}^{\alpha_k}}\right)^{\frac{1}{1-\alpha}} \tag{7.27}$$

劳动力的工资水平在部门层面决定，即一个部门的所有企业具有相同水平的工资率，工资水平的变化基于菲利普斯曲线修改得到：

$$\omega_{k,t+1} = \omega_{k,t}\left[1 + \gamma_k\left(\frac{L_{k,t+1}}{L_{k,t}} - 1\right)\right] \tag{7.28}$$

式中，$\omega_{k,t}$为 k 部门工资率；γ_k 为劳动力变化对工资影响的敏感系数。

企业的产品生产投入主要包括对其他部门产品的中间消耗及劳动力的工资支出，在这两方面支出的基础上进行一定幅度的加成计算得到产品的价格 $p_{k,i,t}$：

$$p_{k,i,t} = (1 + \mu_k)\left(\sum_{j=1}^{J} a_{j,k,t-1}p_{j,t} + \frac{\omega_{k,t}L_{k,i,t}}{Y_{k,i,t}}\right) \tag{7.29}$$

式中，μ_k 为 k 部门的价格加成幅度。基于此，企业的利润 $\pi_{k,i,t}$可表示为

$$\pi_{k,i,t} = \mu_k\left(\sum_{j=1}^{J} a_{j,k,t-1}p_{j,t} + \frac{\omega_{k,t}L_{k,i,t}}{Y_{k,i,t}}\right)z_{k,i,t}Y_{k,t} \tag{7.30}$$

企业在不同的产品定价水平下，其市场竞争力 $E_{k,i,t}$也各有不同：

$$E_{k,i,t} = \frac{1}{p_{k,i,t}} \text{ 且 } E_{k,t} = \sum_{i} z_{k,i,t-1}E_{k,i,t} \tag{7.31}$$

式中，$E_{k,t}$为部门 k 的综合竞争力；$z_{k,i,t}$为 k 部门 i 企业的市场份额，$z_{k,i,t}$受企业市场竞争力变化的影响：

$$z_{k,i,t}=z_{k,i,t-1}\left[1+\phi\left(\frac{E_{k,i,t}}{E_{k,t}}-1\right)\right] \tag{7.32}$$

式中，ϕ为影响系数。企业的市场份额决定了企业在部门中所贡献的产出：

$$Y_{k,i,t}=z_{k,i,t}Y_{k,t} \tag{7.33}$$

基于企业的利润所得，企业将进行研发创新活动。在进化经济学的思想下，企业的研发活动将推动企业的技术进步，包括直接消耗系数的改进和劳动生产率的改进。企业进行研发活动成功的概率$P_{k,i,t}$定义为

$$P_{k,i,t}=1-\mathrm{e}^{-\beta\left[\mu\left(\sum_{j=1}^{J}a_{j,k,t-1}p_{j,t}+\frac{\omega_{k,t}L_{k,i,t}}{A_{k,i,t}}\right)z_{k,i,t}Y_{k,t}\right]} \tag{7.34}$$

式中，β为企业利润对企业研发成功的影响系数。若$P_{k,i,t}$大于一定的阈值，则研发成功，否则研发失败。当研发成功，企业对其他部门的直接消耗系数$a_{j,k,i,t}$及劳动生产率$A_{k,i,t}$都将受到服从正态分布的随机冲击：

$$A_{k,i,t}=A_{k,i,t-1}+\max\{0;\varepsilon_{k,i,t}\},\varepsilon_{k,i,t}\sim N(0;\sigma) \tag{7.35}$$

$$a'_{j,k,i,t}=a_{j,k,i,t-1}+\xi_{j,k,i,t},\xi_{j,k,i,t}\sim N(0;\rho) \tag{7.36}$$

基于式（7.36），企业得到随机冲击下新的直接消耗系数矩阵（$a'_{1,k,i,t}$，…，$a'_{j,k,i,t}$，…，$a'_{J,k,i,t}$）。如果新的直接消耗矩阵降低了企业的生产成本，则企业接受此次冲击，即更新直接消耗系数，否则保持上一期的系数不变，这体现了企业在发展过程中的进化策略，企业总是朝着更有利于自身利益发展的方向发展：

$$(a_{1,k,i,t},\cdots,a_{J,k,i,t})=\begin{cases}a'_{1,k,i,t},\cdots a'_{j,k,i,t},\cdots a'_{J,k,i,t} \\ \sum_{j=1}^{J}a'_{j,k,i,t}p_{j,t}<\sum_{j=1}^{J}a_{j,k,i,t-1}p_{j,t} \\ (a_{1,k,i,t-1},\cdots,a_{j,k,i,t-1},\cdots,a_{J,k,i,t-1}),\text{其他}\end{cases} \tag{7.37}$$

参考文献

陈世松．2005．“湖广填四川”研究平议．天府新论，(3)：103-107．

戴霄晔，刘涛，王铮．2007．面向产业创业创新政策模拟的 ABS 系统开发．复杂系统与复杂性科学，4（2）：62-70．

葛剑雄，曹树基，吴松弟．1993．简明中国移民．福州：福建人民出版社．

顾高翔，王铮．2013．基于三个生产部门的经济危机 ABS 动力学模拟．复杂系统与复杂性科学，10（2）：1-12．

顾高翔，王铮，姚梓璇．2011．基于自主体的经济危机模拟．复杂系统与复杂性科学，8（4）：27-35．

刘小平，黎夏，叶嘉安．2006．基于多智能体系统的空间决策行为及土地利用格局演变的模拟．

中国科学D辑：地球科学，36（11）：1027-1036.
王铮，等.2004. 中国国家环境经济安全的政策模拟分析. 北京：科学出版社.
吴松弟.2001. 南宋人口的发展过程. 中国史研究，(4)：107-124.
张焕波，王铮.2010. 政府支持企业R&D的政策模拟研究：基于改进的Nelson-Winter模型. 科技进步与对策，27（23）：100-104.
张世伟，冯娟.2007. 经济增长与收入差距：一个基于主体的经济模拟途径. 财经科学，(1)：41-49.
Arsanjani J J，Helbich M，Noronha Vaz E. 2013. Spatiotemporal simulation of urban growth patterns using agent-based modeling：the case of tehran. Cities，32：33-42.
Basu N，Pryor R，Quint T. 1998. ASPEN：a microsimulation model of the economy. Computational Economics，12（3）：223-241.
Chappin E，Afman M. 2013. An agent-based model of transitions in consumer lighting：policy impacts from the E. U. phase-out of incandescents. Environmental Innovation and Societal Transitions，7：16-36.
Dawid H. 2006. Agent-based models of innovation and technological change//Tesfatsion L，Judd K L. Handbook of Computational Economics，Agent-based Computational Economics，vol. 2. Amsterdam：Elsevier：1235-1272.
de Andrade P R，Monteiro A，Camara G. 2010. From input-output matrixes to agent-based models：a case study on carbon credits in a local economy. Second Brazilian workshop on social simulation：58-65.
Desmarchelier B，Djellal F，Gallouj F. 2013. Environmental policies and eco-innovations by service firms：an agent-based model. Technological Forecasting & Social Change，80（7）：1395-1408.
Dosi G，Fagiolo G，Napoletano M，et al. 2012. Income distribution，credit and fiscal policies in an agent-based Keynesian model. Journal of Economic Dynamics & Control，37（8）：1598-1625.
Dosi G，Fagiolo G，Roventini A. 2006. An Evolutionary Model of Endogenous Business Cycles. Computational Economics，27（1）：3-34.
Farmer J D，Foley D. 2009. The economy needs agent-based modelling. Nature，460（7256）：685-686.
Gerst M D，Wang P，Rovenini A，et al. 2013. Agent-based modeling of climate policy：an introduction to the ENGAGE multi-level model framework. Environmental Modelling & Software，44：62-75.
Gilbert N，Bankes S. 2002. Platforms and methods for agent-based modeling. Proceedings of the National Academy of Sciencesof the United States of America，99（suppl _ 3）：7197-7198.
Holland J. 1995. Hidden Order：How Adaptation Builds Complexity. Boston，MA：Addison-

Wesley Longman Publishing.

Katare S，Venkatasubramanian V. 2001. An agent-based learning framework for modeling microbial growth. Engineering Application of Artificial Intelligence，14（6）：715-726.

Kennedy R C，Xiang X，Cosimano T F，et al. 2006. Verification and validation of agent-based and equation-based simulations：a comparison. Simulation Series，38（2）：95.

Lee T，Yao R，Coker P. 2014. An analysis of UK policies for domestic energy reduction using an agent based tool. Energy Policy，66：267-279.

Lorentz A，Savona M. 2010. Structural Change and Business Cycles：An Evolutionary Approach. Papers on Economics & Evolution，43（2）：1-4.

Macal C M，North M J. 2005. Tutorial on agent-based modeling and simulation//Kuhl M E，Steiger N M，Armstrong F B，et al. Proceedings of the 2005 Winter Simulation Conference.

Marcy M W，Willer R. 2002. From factors to actors：computational sociology and agent-based modeling. Annual Review of Sociology，28（1）：143-166.

Mialhe F，Becu N，Gunnell Y. 2012. An agent-based model for analyzing land use dynamics in response to farmer behaviour and environmental change in the Pampanga delta（Philippines）. Agriculture，Ecosystems & Environment，161：55-69.

Murray-Rust D，Rieser V，Robinson D T，et al. 2013. Agent-based modelling of land use dynamics and residential quality of life for future scenarios. Environmental Modeling & Software，46：75-89.

Nannen V，van den Bergh J，Eiben A E. 2013. Impact of environmental dynamics on economic evolution：a stylized agent-based policy analysis. Technological Forecasting & Scial Change，80（2）：329-350.

Neveu A R. 2013. Fiscal policy and business cycle characteristics in a heterogeneous agent macro model. Journal of Economic Behavior & Organization，92：224-240.

Park S，Sugumaran V. 2005. Designing multi-agent systems：a framework and application. Expert Systems with Application，28（2）：259-271.

Parris B W. 2005. Trade and industrial policy in developing countries：what scope for interfaces between agent-based models and computable-general equilibrium models//ACEPOL05：Proceedings of the International Workshop on Agent-Based Models for Economic Policy Design. Bielefeld：1-25.

Peter I，Brassel K H. 2000. Integrating computable general equilibrium models and multi-agent systems—why and how//Sarjoughian H S. AI Simulation and Planning in High Autonomy Systems. Tucson：Springer.

Rixen M，Weigand J. 2014. Agent-based simulation of policy induced diffusion of Smart Meters. Technological Forecasting & Social Change，85：153-167.

Ruiz Estrada M A. 2011. Policy modeling：definition，classification and evaluation. Journal of

Policy Modeling，33 (4)：523-536.

Ruiz Estrada M A，Yap S F. 2013. The origins and evolution of policy modeling. Journal of Policy Modeling，35 (1)：170-182.

Smajgl A，Morris S，Heckbert S. 2009. Water policy impact assessment-combining modelling techniques in the Great Barrier Reef region. Water Policy，11 (2)：191-202.

Sopha B M，Klöckner C A，Hertwich E G. 2011. Exploring policy options for a transition to sustainable heating system diffusion using an agent-based simulation. Energy Policy，39 (5)：2722-2729.

Tesfatsion L. 2001. Introduction to the special issue on agent-based computational economics. Journal of Economic Dynamics & Control，25 (3/4)：281-293.

Tesfatsion L. 2002. Agent-based computational economics：growing economies from the bottom up. Artificial Life，8 (1)：55-82.

Wang Z，Liu T，Dai X Y. 2010. Effect of policy and entrepreneurship on innovation and growth：an agent-based simulation approach. Studies in Regional Science，40 (1)：19-26.

Wu J，Mohamed R，Wang Z. 2011. Agent-based simulation of the spatial evolution of the historical population in China. Journal of historical geography，37 (1)：12-21.

Xiang X，Kennedy R，Madey G et al. 2005. Verification and validation of agent-based scientific simulation models. Proceedings of the 2005 Agent-Directed Simulation Symposium，37：47-55.

Zhang J F. 2003. Growing Silicon valley on a landscape：an agent-based approach to high-tech industrial clusters. Journal of Evolutionary Economics，13 (5)：529-548.

第 8 章

博弈论模型

在微观经济学中，古典经济学总是假设有大量的同质个体（或企业），每个个体（或企业）在给定资源约束下追求效用最大（利润最大），并且个体（或企业）之间相互不直接影响，他们的行动只受到市场信号（一般是价格）的引导。这种假设虽然使得古典经济学建立了一套完整的理论体系，可以解决和分析许多经济现象，如垄断、产权、税收等。但是又有很多问题它无法解释或者解决，如囚徒困境、二手车市场问题等。这一现象产生的根本原因在于，分析多个个体的行为时，某个个体做决策时往往会考虑另一个体可能采用的决策。囚徒困境的例子就说明了如果不考虑决策者之间的交互影响，那么所得到的结果将可能与实际情况截然相反。博弈论则是一种基于每个博弈参与者的利益最大化，并考虑博弈参与者的决策对利益交互影响的理论。由此可见，博弈论是经济学领域用于解决实际问题的一种重要理论。对现实经济问题、社会问题、地理问题博弈的策略通常就是一种政策，本章将介绍博弈论相关理论、模型，以及相关的政策模拟方法。

8.1 博弈论基本概念

8.1.1 博弈模型的表述

简单地看，博弈模型有三点必须说清楚：谁在参与博弈，要做什么决策，决策对应的收益是多少。当然，作为一个理论，博弈论有它自己的一套概念和结构，本节也将结合例子做相关说明。在分析博弈的基本结构前，先以囚徒困境为例，对博弈模型做简单说明。模型如图 8.1 所示。

例 8.1 囚徒困境

现有囚徒 A 和囚徒 B 面临法官的审问。在现有证据下，两人将被判 5 年，现有另一个不十分明确的证据需要法庭去判断，如果证据成立，两人将被追罚，如果不能证明证据成立，将维持原判。法官将分别审问两个囚徒，囚徒之间看不到对方，当然也不能交流。面对法官的拷问，每个囚徒要么坦白事实，要么抵赖事实，只要有一个囚徒坦白事实，那么证据将被证明成立。每个囚徒都被告知坦白事实和抵赖事实的处罚情况。如果自己坦白，对方也坦白，那么两人都将面临被判入狱 6 年。如果自己抵赖，对方坦白，自己将面临被重罚，被判入狱 10 年，而对方将被减刑，被判 4 年。如果自己坦白，对方抵赖，自己将被减刑，被判 4 年，而对方将获重罚，被判 10 年。对于这样一种情况，我们用图 8.1 所示的图来描述。

囚徒A \ 囚徒B	坦白	抵赖
坦白	−6，−6	−4，−10
抵赖	−10，−4	−5，−5

图 8.1 囚徒困境

图中第一行第一列格中两个数据，表示在囚徒 A 坦白下，囚徒 B 也坦白二者各自的收益，其余类推

如图 8.1 所示的表格式模型，我们将囚徒 A 的策略坦白和抵赖写在图 8.1 的左边，并标明囚徒 A；把囚徒 B 的策略写在图 8.1 的上方，并标明囚徒 B。A 和 B 的收益由两个人的博弈策略组合决定，如果用 {A 的策略，B 的策略} 表示博弈参与者 A 和 B 的博弈策略组合，{A 的策略，B 的策略} ＝（A 的收益，B 的收益）来表示对应策略组合下的收益情况，就能得到如下所示的不同决策情况下的各自收益：

{A 坦白，B 坦白} ＝（−6，−6）

{A 坦白，B 抵赖} ＝（−4，−10）

{A 抵赖，B 抵赖} ＝（−5，−5）

{A 抵赖，B 坦白} ＝（−10，−4）

数据−6 表示被判罚 6 年。将这样的结果用图 8.1 所示的矩阵形式来描述，就能看到在对应策略组合下的收益情况，如图 8.1 中的矩阵左上角对应的策略组合为 {A 坦白，B 坦白}，相应的收益为（−6，−6），表示 A 和 B 都被判罚 6

年。右上角对应的策略组合为{A坦白，B抵赖}，相应的收益为（-4，-10），表示A被判罚4年，B被判罚10年。

当所有博弈方在不同策略组合下收益之和为常数或者0时，就称该博弈为常和博弈或者零和博弈。

囚徒困境这个例子给出的是策略离散的博弈，实际中也存在着策略是连续的或无限的博弈模型。最著名的就是古诺均衡模型。

例 8.2 古诺均衡

设一个市场有A、B两个厂家生产同样的产品。厂家A的产量为q_1，厂家B的产量为q_2，则市场的总产量$Q=q_1+q_2$。市场均衡价格$P=8-Q$。两厂家无固定成本且边际成本$c_1=c_2=2$。现在假设如果A、B不知道对方的产量，那么A、B将会如何决策自己的产量使得自己的利益最大？

对于这个博弈，显然博弈参与者即为厂家A和B。博弈的策略就是各自的产量q_1和q_2的选择。厂家A的博弈收益$u_1=q_1P-c_1q_1=6q_1-q_1q_2-q_1^2$；厂家$B$的博弈收益$u_2=q_2P-c_2q_2=6q_2-q_1q_2-q_2^2$。博弈的均衡就是要求解问题

$$\begin{cases}\max\limits_{q_1} u_1 = q_1P - c_1q_1 = 6q_1 - q_1q_2 - q_1^2 \\ \max\limits_{q_2} u_2 = q_2P - c_2q_2 = 6q_2 - q_1q_2 - q_2^2\end{cases} \tag{8.1}$$

需要补充说明，虽然也有很多研究有限理性下的博弈论，但是本书所探讨的博弈论仍然是在完全理性假设前提下开展的。完全理性假设的一个显著特点就是博弈参与者一定是追求自己利益最大化的。

博弈论分析和理论的发展，需要借助数学分析。尽管博弈模型的种类繁多，但是我们可以将其抽象出来，用数学符号表达。

我们常用G表示一个博弈；如果G有n个博弈方，每个博弈方的全部可选策略的集合称为策略空间，分别用S_1，…，S_n表示；$s_{ij}\in S_i$表示博弈方i的第j个策略，博弈方i的收益用u_i表示，u_i是定义在策略集S_1，…，S_n上的函数。博弈G可以写成：$G=\{S_1, \cdots, S_n; u_1, \cdots, u_n\}$。在囚徒困境的例子中，博弈方分别为囚徒$A$和囚徒$B$，他们的策略空间分别为$S_A=${坦白，抵赖}，$S_B=${坦白，抵赖}，则收益函数可以表示为$u_A$（$A$坦白，$B$抵赖）$=-4$，$u_B$（$A$坦白，$B$抵赖）$=-10$。

8.1.2 纳什均衡的定义

博弈的结果就是要寻求博弈参与者最可能采取的策略组合。在博弈论理论

中，有一个极为重要的概念，它用于表述博弈参与者最有可能采取的策略组合，这就是纳什均衡（Nash equilibrium）。

在博弈 $G=\{S_1, \cdots, S_n; u_1, \cdots, u_n\}$ 中，如果在各个博弈方的某一个策略组合（s_1^*，…，s_n^*）中，任一博弈方 i 的策略 s_i^* 满足：

$$u_i(s_1^*, \cdots, s_{i-1}^*, s_i^*, s_{i+1}^*, \cdots, s_n^*) \geqslant u_i(s_1^*, \cdots, s_{i-1}^*, s_{ij}, s_{i+1}^*, \cdots, s_n^*)$$

对任意的 $s_{ij} \in S_i$ 都成立，则称（s_1^*，…，s_n^*）是博弈 G 的一个纳什均衡。

纳什均衡可以简单地理解为：在某个策略组合中，博弈参与者中没有谁愿意离开当前的策略。该策略组合即是纳什均衡（Thomas，2011）。

显然，在囚徒困境的例子中，（坦白，坦白）就是一个纳什均衡。因为无论囚徒 A 还是囚徒 B，只要从当前的策略“坦白”转移到另一个策略“抵赖”中，那么他的收益将会受到损失。换言之，当博弈双方处于策略组合（坦白，坦白）时，大家都没有动机离开当前的策略。

8.2 纳什均衡求解

纳什均衡的概念很重要。因此，我们需要回答纳什均衡一定存在吗？如果存在，应该如何求解该均衡。

8.2.1 解的存在性

纳什均衡的存在性条件是比较宽泛的。事实上，如果考虑混合策略纳什均衡的存在，给出一个纳什均衡不存在的例子比给出一个纳什均衡存在的例子的难度要大得多。这里给出一个纳什均衡存在的充分条件，即只要博弈参与者数量是有限的，策略集是有限的，那么一定存在纳什均衡。对于连续策略（无限策略）的情况，也有相关的定理，此处不再详细表述，详细可参见 Fudenberg 和 Tirole（2010）、吉本斯（1999）。纳什定理是关于纳什均衡存在性的一个十分有用的定理。其详细表述如下。

纳什定理（Nash，1950）：在一个有 n 个博弈方的博弈 $G=\{S_1, \cdots, S_n; u_1, \cdots, u_n\}$ 中，如果 n 是有限的，且 S_i 都是有限集，则该博弈至少存在一个纳什均衡（混合策略纳什均衡）。

有关混合策略纳什均衡的定义我们将在 8.2.2 节具体讨论。

8.2.2 纳什均衡的解法

1. 绝对占优策略与绝对劣策略

在某个博弈中，某个博弈参与者 A 不管其他博弈参与者选择什么策略，A 的某个策略 s 带来的收益始终高于其他策略。显然，无论何种情况，A 必然选择策略 s，则称 s 策略为绝对占优策略。

同理，如果某个博弈中，博弈参与者 A 不管其他博弈参与者选择什么策略，A 的某个策略 s 带来的收益始终低于其他策略。显然，无论何种情况，A 必然不会选择策略 s，则称 s 策略为绝对劣策略。

对于绝对占优策略的博弈，基本思路就是将占优策略选择出来。而对于绝对劣策略的博弈，基本思路就是将劣策略剔除。以下结合两个例子来说明。这两个例子抛开具体的问题，直接抽象出来说明求解方法。

例 8.3 有 2 个博弈参与者，博弈方 1 有｛上，下｝两种策略。博弈方 2 有｛左、右｝两种策略。各种策略组合下的收益见图 8.2。

		博弈方2	
		左	右
博弈方1	上	10,10	5,5
	下	7,8	3,4

图 8.2 具有绝对占优策略的博弈

分析：对于博弈方 1 来说，当博弈方 2 采取策略“左”时，博弈方 1 通过比较他的收益大小（10＞7），可知他应该采取策略“上”；当博弈方 2 采取策略“右”时，通过比较收益大小（5＞3），博弈方 1 仍应该采取策略“上”。因此，博弈方 1 具有绝对占优策略“上”。

对于博弈方 2 来说，当博弈方 1 采取策略“上”时，通过比较收益大小（10＞5），博弈方 2 知道他应该采取策略“左”；当博弈方 1 采取策略“下”时，通过比较收益大小（8＞4），博弈方 2 应该采取策略“左”。因此，博弈方 2 具有绝对占优策略“左”。

综合以上分析，可知策略集（上，左）是稳定的博弈结果。很明显，此时没有一个博弈参与者愿意离开当前的策略。根据纳什均衡的定义，该策略是一个纳什均衡。

例 8.4　博弈参与者 A 与 B 博弈，A 的策略集为｛上，下｝，B 的策略集为｛左、中、右｝。各种策略组合下的收益情况见图 8.3。

博弈方A \ 博弈方B	左	中	右
上	2,3	2,4	1,2
下	1,5	0,2	3,1

图 8.3　具有绝对劣策略的博弈

分析：可知，在该博弈中，无论是 A 还是 B 都不存在一个绝对占优的策略。但是，对于 B 来说，无论 A 选择策略“上”还是策略“下”，B 都不会去选择策略“右”。显然，策略“右”就是 B 的绝对劣策略，是 B 在任何情况下都不会考虑的策略。而 A 也必然十分清楚这一点。因此，可以去掉最后一列。博弈可以简化为图 8.4 所示形式。

博弈方A \ 博弈方B	左	中
上	2,3	2,4
下	1,5	0,2

图 8.4　绝对劣策略博弈的第一次简化

在图 8.4 所示的博弈中，对博弈方 A 来说，无论博弈方 B 选择何种策略，博弈方 A 都不会去选择策略“下”。因此，可以继续简化博弈，见图 8.5。

通过观察图 8.5 可知，最后的均衡策略为（上，中）。可以验证，（上，中）也满足纳什均衡的条件。因此，（上，中）为纳什均衡。

博弈方A \ 博弈方B	左	中
上	2,3	2,4

图 8.5　绝对劣策略博弈的第二次简化

其实，无论参与者人数多少，策略多少，只要是有限的博弈参与者和有限的策略，理论上都可以找到纳什均衡。最笨的办法就是将策略组合一一套用纳什均衡的定义，即看是否有博弈参与者愿意离开当前的策略。如果没有，那么当前的策略组合就是纳什均衡，否则就不是。

以上方法可以解决部分博弈问题，但还不能解决全部问题。对于多重均衡问题和具有混合策略的博弈问题，还需要有其他的处理办法。

2. 混合策略解法

上述两种解法不能解决所有的问题，如在“石头、剪刀、布”的博弈中，并不存在绝对占优策略和绝对劣策略。那么也就不能采取“选择”和“剔除”的思路了。实际上，在“石头、剪刀、布”的博弈中，最佳的策略是完全随机地分别以 1/3 的概率使用“石头”、“剪刀”和“布”。以某种概率随机地使用策略也是一种策略，我们称之为混合策略。与混合策略相对的就是纯策略，例 8.3 和例 8.4 的纳什均衡都是纯策略。这里，我们对混合策略给出一个正式的定义。

混合策略：在博弈 $G=\{S_1, \cdots, S_n; u_1, \cdots, u_n\}$ 中，博弈方 i 的策略空间 $S_i=\{s_{i,1}, s_{i,2}, \cdots, s_{i,k}\}$，则博弈方 i 以概率分布 $p_i=(p_{i1}, p_{i2}, \cdots, p_{ik})$ 随机地在其 k 个策略中选择策略，称为一个“混合策略”，其中 $0\leqslant p_{ij}\leqslant 1$ 对 $j=1, \cdots, k$ 都成立，且 $p_{i1}+\cdots+p_{ik}=1$。

实际上，根据混合策略的定义，混合策略完全可以看成是纯纳什均衡的推广。纯策略实际就是概率为 1 的混合策略。

混合策略的纳什均衡计算思路也可以沿袭纯策略的纳什均衡计算思路，即要选择出混合策略的组合，使得博弈参与者在既定的收益函数下都没有动机去调整策略选择的概率。换言之，博弈参与者要同时实现收益最优。以下给出一个算例。

例 8.5 博弈方 A 与 B 博弈，A 的策略集为 {上，下}，B 的策略集为 {左，右}。各种策略组合下的收益情况见图 8.6。

		博弈方B 左	博弈方B 右
博弈方A	上	2,3	5,2
博弈方A	下	3,1	1,5

图 8.6 具有混合策略的博弈

分析可知，在该博弈中，对博弈双方 A、B 来说都没有绝对占优策略和绝对劣策略。现在假设 A 选择策略“上”的概率为 p，B 选择策略“左”的概率为 q。那么 A 选择策略“下”的概率就为 $1-p$，B 选择策略“右”的概率为 $1-q$。

则 A 的期望收益为

$$\pi_A = 2pq + 5p(1-q) + 3(1-p)q + 1(1-p)(1-q)$$

B 的期望收益为

$$\pi_B = 3pq + 2p(1-q) + (1-p)q + 5(1-p)(1-q)$$

现在求解使得 A、B 同时取得最大收益的混合策略组合，即

$$\begin{cases}\dfrac{\partial \pi_A}{\partial p}=2q+5(1-q)-3q-(1-q)=0\\ \dfrac{\partial \pi_B}{\partial q}=3p-2p+(1-p)-5(1-p)=0\end{cases}$$

求解此方程组，可得 $p=0.8$，$q=0.8$，即此博弈的纳什均衡为 A 以 80%的概率使用策略“上”，20%的概率使用策略“下”。B 以 80%的概率使用策略“左”，以 20%的概率使用策略“右”。

以上求解纳什均衡的方法是选择一个策略组合点，使得博弈参与者同时达到局部最优。这种方法的优点是意义比较直接明了，但计算显得有些繁杂。这里提供一种简便的计算方法。其思路是：选择每种策略的概率一定要恰好使得博弈对方不能形成绝对占优策略。举个例子，在“石头、剪刀、布”的游戏中，如果 A 以 2/3 的概率使用“石头”，并分别以 1/6 的概率使用“剪刀”和“布”，那么 A 的对手 B 只要概率为 1 地使用“布”就可以获得收益。在这种情况下，B 就有了概率意义上的绝对占优策略。这将有悖于我们假设博弈参与者完全理性的假设。这也显然不是纳什均衡，因为 A 可以通过调整当前的概率来使自己的利益得到改善。

基于这个原则，例 8.5 可以这样求解。对于博弈方 A 来说，选择策略“左”和选择策略“右”的概率一定要使得博弈方 B 选择策略“上”和策略“下”的期望收益相等，即

$$3p+1(1-p)=2p+5(1-p)$$

可以求得 $p=0.8$，同理可求得 $q=0.8$。这个结果与之前的方法求得的结果一致。

补充说明一点，用求解混合策略纳什均衡的方法去求解具有纯策略博弈的纳什均衡，得到的结果是博弈双方概率为 1 的去选择纳什均衡点。

3. 连续策略博弈解法

以古诺均衡为例，即要求解例 8.2 中的式（8.1）：

$$\begin{cases}\max\limits_{q_1} u_1=q_1P-c_1q_1=6q_1-q_1q_2-q_1^2\\ \max\limits_{q_2} u_2=q_2P-c_2q_2=6q_2-q_1q_2-q_2^2\end{cases}\tag{8.1}$$

显然，纳什均衡即是要寻找一个均衡产量组合（q_1^*，q_2^*），无论是厂家 A 还是厂家 B 都不远离当前的产量。

当给定厂家 B 的产量为 q_2 时，厂家 A 的最佳产量为 $\max\limits_{q_1} u_1=q_1P-c_1q_1=6q_1-q_1q_2-q_1^2$，通过一阶条件，$\dfrac{\partial u_1}{\partial q_1}=0$，可得

$$6-q_2-2q_1=0 \tag{8.2}$$

当给定厂家 A 的产量 q_1 时，厂家 B 的最佳产量 $\max\limits_{q_2} u_2=q_2P-c_2q_2=6q_2-q_1q_2-q_2^2$，通过一阶条件，$\dfrac{\partial u_2}{\partial q_2}=0$，可得

$$6-q_1-2q_2=0 \tag{8.3}$$

显然，纳什均衡就是要求解（q_1^*，q_2^*），使得方程（8.2）与方程（8.3）同时成立。容易求解此古诺均衡为（q_1^*，q_2^*）＝（2，2）。容易验证，在这样一组产量组合下，厂家 A、B 都不愿意离开该产量组合。该均衡即为纳什均衡。

8.2.3 多重均衡的分析

在许多博弈问题中，往往会出现多个纳什均衡。如果博弈中存在纯策略的多重纳什均衡，往往会伴随着混合策略的出现。多个纳什均衡的求解方法并没有什么特殊之处，前面已经介绍的方法就可以将多重均衡找出来。但是对于多重均衡的分析却要十分谨慎。不同的问题，对于多重均衡的分析也不一样。

例 8.6 博弈参与者 A 与 B 博弈，A 的策略集为 $\{U, D\}$，B 的策略集为 $\{L, R\}$。各种策略组合下的收益情况见图 8.7。

		博弈方B	
		L	R
博弈方A	U	2,1	0,0
	D	0,0	1,2

图 8.7 具有多重均衡的博弈

很明显，该博弈存在两个纯策略的纳什均衡（U，L），（D，R）。此外，还存在一个混合策略。博弈方 A 以（2/3，1/3）的概率分别选择 U、D；博弈方 B 以（1/3，2/3）的概率选择 L、R。而在混合策略下，A、B 的期望收益分别为

$$\pi_A=\frac{2}{3}\times\frac{1}{3}\times2+0+0+\frac{1}{3}\times\frac{2}{3}\times1=\frac{2}{3}$$

$$\pi_B=\frac{2}{3}\times\frac{1}{3}\times1+0+0+\frac{1}{3}\times\frac{2}{3}\times2=\frac{2}{3}$$

通过比较可以发现，A、B 在混合策略下，其收益都要比另外两个纯策略均衡小。但是从收益的角度分析，A 偏向于均衡（U，L），而 B 更偏向于（D，R）。因此，如果 A、B 能够协商去解决问题，即便是一方完全迁就另外一方，其收益都将至少是 1，大于混合策略的收益。

这种情况，在现实中可以找到对应的情况，如“夫妻之争”。假设 A、B 分

别代表丈夫和妻子，U、L 代表观看足球比赛，D、R 代表逛街。那么，夫妻之间协商达成一致的结果要好于各自单独决策。又如，厂家之间关于统一产品标准的问题。假设 A、B 分别代表两个厂家，U、L 代表采用标准 1，D、R 代表采用标准 2。很明显，厂家都有自己的标准偏好，但采用统一的标准会使双方受益。

这个例子说明，在多重均衡中，有些均衡之间没有优劣之分，需要博弈双方协商解决。然而，在有些情况下，多重均衡有优劣之分。这种优劣可能体现在收益方面，也有可能是对博弈策略的风险比较。

1. 帕累托上策的多重均衡

有些多重均衡的博弈中，存在着明显的收益更优越的均衡。帕累托上策均衡就是这样一类均衡。下面举例说明。

例 8.7　两个国家 A、B 有两种策略选择，分别是战争、和平。相应策略组合下的收益情况见图 8.8。

		国家B 战争	国家B 和平
国家A	战争	−5，−5	8，−10
	和平	−10,8	10,10

图 8.8　帕累托上策均衡

该博弈有两个纯策略的纳什均衡，即（战争，战争）和（和平，和平）。还存在一个混合策略，即 A、B 均以（2/7，5/7）的概率分别选择战争与和平，其对应的期望为 30/7。在这些均衡中，很明显（和平，和平）策略组合使得 A、B 的收益均为 10，这一定优于其他的均衡。我们称在多个纳什均衡中收益处于绝对优越地位的均衡为帕累托上策均衡。一般而言，在面临多重均衡时，博弈方都会选择帕累托上策均衡。

2. 风险规避的多重均衡

在有些均衡中，即便出现了帕累托上策均衡，有时出于决策风险的考虑，也未必会采取帕累托上策均衡。我们这里以猎鹿博弈为例说明。

例 8.8　两个人 A、B 同时发现一头鹿和两只兔子，如果两人合力抓鹿，则可以把价值为 12 的鹿抓到，兔子逃掉，合作猎获 1 头鹿后双方会平分；如果两人都去抓兔子，则各可以抓到一只价值为 3 的兔子；如果一个人选择抓兔子而另一个人选择抓鹿，那么选择抓兔子的人可以得到一只兔子，但是选择抓鹿的人则什么也得不到。两人的决策必须在瞬间做出。因此，形成如图 8.9 所示的博弈格局。

		B 鹿	B 兔
A	鹿	6,6	0,3
A	兔	3,0	3,3

图 8.9　风险上策均衡

该博弈有两个纯策略纳什均衡，即（鹿，鹿）和（兔，兔）。还存在一个混合策略的纳什均衡——两人均以 0.5 的概率去猎兔和猎鹿，此时的期望收益是 3。显然，混合策略在收益上不会优于两个纯策略均衡，而且还存在着风险，因为随机地去选择策略很有可能会导致自己猎鹿，对方猎兔，从而自己一无所获。我们关注两个纯策略均衡。很明显，（鹿，鹿）是一个帕累托上策均衡。

但是，决策者一定会去猎鹿吗？我们可以考察一下这个均衡所面临的风险。从 A 的角度出发来说明这个问题。如果 A 选择猎鹿，B 也选择猎鹿，A 的收益是 6，但如果 B 选择猎兔，那么 A 的收益将是 0；如果 A 选择猎兔，无论 B 怎么决策，那么 A 将能肯定地得到收益 3。显然，如果 A 选择猎鹿，将面临着 B 选猎兔的风险，此时收益为 0；如果 A 选择猎兔，那么他一定会获得收益为 3 的报酬。因此，A 选择猎鹿的风险明显将大于猎兔的风险。而从收益上讲，A 选择猎鹿的期望值也是 3（按照混合策略的概率去估计 B 的策略选择）。在这种情况下，从风险角度分析，A 选择猎兔的可能性更大一些。

这个例子说明，在期望收益相等、风险不等的情况下，决策者就未必一定选择帕累托上策决策，因为还需要考虑决策背后的风险问题。

8.3　相关均衡

前文已经提到，在博弈中，如果出现多重均衡，有时难以比较均衡的优劣，需要博弈各方去协商解决。那么如何协商解决问题？以“夫妻之争”为例，可以抛掷硬币，如果出现正面，则夫妻双方都去看球；如果出现反面，则大家都去逛街。这样做的好处是，可以避免陷入混合策略带来的不利，从而提高大家的期望收益。这种在博弈外设置的一种“信号”用于改善大家收益的做法，称为相关均衡。以下通过一个例子来说明。

例 8.9　博弈参与者 A 与 B 博弈，A 的策略集为 $\{U, D\}$，B 的策略集为

$\{L, R\}$。各种策略组合下的收益情况见图 8.10。

		博弈方B	
		L	R
博弈方A	U	5,1	0,0
	D	4,4	1,5

图 8.10 相关均衡

这个博弈有三个均衡（U，L）、（D，L）和一个混合策略均衡，即 A、B 均以 0.5 的概率去选择各自的两个策略，且期望收益为 2.5。

现在，我们来设计一种机制可以提高大家的期望收益。但是需要明确的是，这种机制只起引导作用，不带任何强制措施。博弈双方仍然是追求各自的利益最大化。

假设有一种装置，可以发出 X、Y 和 Z 三种状态信号。假设 A 只能看到信号 X，不能分辨信号 Y 和 Z。而 B 只能看到信号 Z，却不能识别信号 X 和 Y。现在制定一种信号规则，当 A 看到信号 X 时，采取策略 U，而看到不是信号 X 时（即信号 Y、Z 之一）采取策略 D。当 B 看到信号 Z 时，采取策略 R，而看到不是信号 Z 时，采取策略 L。两人同时看到信号的状态，并同时做出决策。表 8.1 中展示了各种信号状态下 A、B 的策略选择情况。现在分析这种信号装置将导致 A、B 双方都愿意遵守规则，而不愿意改变。这意味着，这种带有信号反应式的策略组合就是纳什均衡。

表 8.1 信号机制下的决策规则

信号状态	A 的策略	B 的策略
X	U	L
Y	D	L
Z	D	R

首先证明 A 不愿意违背这个规则。如果信号状态显示 X，那么 A 知道 B 看到不是 Z，B 会选择 L。此时，那么 A 肯定会选择 U。如果信号状态显示 Y 或者 Z，那么 A 将看到信号不是 X，因此 A 不能明确 B 一定会采取何种措施，故 A 以他的信息基础分析，B 会以 0.5 的概率分别选择 L 和 R。此时，对于 A 来说，选择 U 和 D 的期望都是 2.5，但是选择 D 的收益方差会小于选择 U 的收益方差。所以 A 选择策略 D。这表明 A 从自身利益最大的角度出发，会根据信号规则行动。

对于 B，也有同样的情况。如果信号状态显示 X 或 Y，那么 B 由于无法辨别信号，他无法确定 A 的决策，以 B 的信息基础，B 将判断 A 分别以 0.5 的概率选择U和D，此时与A类似，B将选择L。如果信号状态显示Z，那么B知道A肯定会选择D，此时B一定会选择R。同样，B也会根据信号规则行动。

假设信号状态X、Y、Z完全随机等概率出现，那么策略组合（U，L）、（D，L）和（D，R）会分别以1/3的概率出现。而比较差的结果（U，R）则永远不会出现。在这种信号规则下，每个人的决策被信号相互关联起来，导致期望收益为3.33。这个期望值要比混合策略高，也比通过投掷硬币选择两个纯策略均衡的期望3要高。而且在该机制下，A、B都没有动机去违背信号机制下的决策规则。这种带有信号控制的决策组合也满足纳什均衡，我们称之为相关均衡。

8.4 合作博弈

可以看到，博弈的纳什均衡并不一定能给博弈双方带来最优的收益，很多时候都陷入了囚徒困境之中。本节我们将讨论合作博弈的问题。前面提到的相关均衡可以在某种程度上提升博弈参与者的利益，但是它并不能归为合作博弈，有一个本质的问题是，合作博弈一定是带有“强制手段”的，否则在各自追求利益最大化的原则下，将又回到纳什均衡。而相关均衡则不需要“强制手段”的介入，在给定信号规则下，大家追求自己利益最大的同时就是在避免最坏的情况，实现合作。

8.4.1 合作博弈简介

合作博弈要讨论的重点问题将不再是在追求自身利益最大化的情况下各自如何行动，而是要研究如何合作来增加共同利益，以及如何分配这些利益。以下是一个带有经济外部性的例子，用以说明合作博弈所能解决的问题。

例8.10 假设存在两个经济体，即工厂A、B。二者的经济活动都会造成具有外部性的副产品——污染物。经济产出可以给A、B带来福利$e_i x_i^{a_i}$，而污染物将减少它们的福利$(z_1+z_2)^{d_i}$。污染物的排放量与经济产出水平有关$z_i=c_i x_i^2$。那么，如果不考虑合作，两个工厂的福利水平是多少？合作情况下的福利又会是多少？我们可以具体分析，当两个工厂单独考虑自己效用最大时的效用情况。也可以分析当二者将外部性内部化，采取合作后的最大效用情况。

各自考虑自己利益最大时的模型（纳什均衡解）：

$$
\begin{aligned}
&\text{Max} \quad U_i \\
&\text{s. t.} \quad U_i = e_i x_i^{a_i} - (z_1 + z_2)^d \\
&z_i = c_i x_i^2
\end{aligned} \tag{8.4}
$$

式中，U_i 表示第 i 个工厂的福利；x_i 为第 i 个工厂的产量（$i=1$ 表示工厂 A，$i=2$ 表示工厂 B）；z_i 为第 i 个工厂产生的污染物；a_i、d 为相应的参数；e_i 为参数。

合作时的模型为

$$
\begin{aligned}
\text{Max} \quad & W = (\varphi_1 U_1 + \varphi_2 U_2) \\
& \varphi_1 + \varphi_2 = 1; \\
\text{s. t.} \quad & U_i = e_i x_i^{a_i} - (z_1 + z_2)^d, i = 1, 2 \\
& z_i = c_i x_i^2, i = 1, 2
\end{aligned} \tag{8.5}
$$

式中，W 为两个工厂的整体福利；φ_i 为 i 个工厂的福利权重。

为了分析以上问题，可以给定参数的取值并求其解，作图 8.11 进行分析。横坐标表示工厂 1 的效用，纵坐标表示工厂 2 的效用。图中两条直线的交点 A 即是纳什均衡点。曲线表示的是两个工厂在不同福利权重的情况下采取合作的效用。通过观察图形，我们可以得出两个结论。

首先，从图 8.11 上看，采取合作获得的利益将比各自追求自己利益最大的情形要好，即有一部分曲线位于垂直直线 AC 右边及水平直线 AB 的上方，此时采取合作将使每个工厂的获益都大于纳什均衡情形下的值。合作是应对该问题的一个帕累托改进的办法。

其次，并不是所有的合作都是可取的。在图 8.11 中，位于 AC 直线左侧的曲线部分及位于 AB 直线以下的曲线将不会同时得到两个工厂的认可。因为，这两段曲线意味着总有一个工厂的福利值要低于纳什均衡的结果，即合作带来的福利还不如不合作带来的福利值大。在这个问题中，这种情况产生的原因在于福利权重分配不合理，过分地偏向于某个工厂。

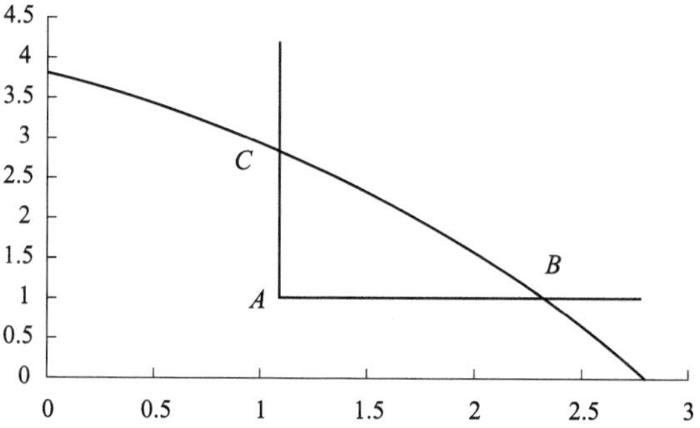

图 8.11 追求各自利益最大与寻求合作时的最优利益关系图

需要注意，虽然该例中没有提及保障博弈各方参与合作的强制措施，但是合作博弈的合作机制是需要类似于合同或条约来保障的，我们举合作博弈的例子总是假设合作方案是受到条约强制保护的，尽管很多时候我们不提及强制条约，这与相关均衡有着本质的区别。相关均衡由于博弈方各自的利益驱动，能保持机制不被破坏，但是对于合作博弈来说，如果没有合同或条约的约束，博弈方有很大的积极性去违背合作。换句话说，相关均衡是纳什均衡，而合作博弈下的策略组合不一定是纳什均衡。全球最大的石油组织石油输出国组织（Organization of the Petroleum Exporting Countries，OPEC），为了提升全球油价，曾多次达成协议，约定了各个成员国的产油量，这能保证它们少产油的同时收入增加。但是这样的约定屡次被破坏，最大的原因就在于 OPEC 的成员国知道如果它们违背合约，增加产量，往往可以获得更多的收益（因为它认为其他成员国会保持合约的产量，只有自己的产量增加，不会导致价格出现大的波动）。也就是说，在追求自己利益最大化的情形下，博弈方不一定有积极性去维持合作方案，“搭便车”总是能带来额外的好处。

8.4.2 纳什讨价还价问题

在合作博弈中，有一类经典的博弈问题，即纳什讨价还价问题。本节将介绍两人纳什讨价还价问题。纳什讨价还价问题的本质是博弈参与者双方对合作之后能得到的利益进行分配（或对共建成本的分摊）。

两人纳什讨价还价问题定义：两个参与人（$i=1$，2）间的一个讨价还价问题是一个组合（F，v），其中 $F\subset R^2$ 是可行的分配方案（配置）的集合，$v=(v_1, v_2)$ 是两个参与人的谈判破裂点（disagreement point，一般为非合作的纳什均衡）。我们假定 F 是闭的、有界的凸集，$v\in F$，并且存在 $x\in F$ 满足 $x_i>v_i$，$i=1$，2。

求解讨价还价问题（F，v），最终目的就是从 $F\cap\{(x_1, x_2) \mid x_1\geqslant v_1$ 且 $x_2\geqslant v_2\}$ 中找出一个合理的配置。不妨把这样的配置记为 $\phi(F, v)=(\phi_1, \phi_2)$，这就是讨价还价问题的解函数。对于这个解函数，在给定以下几个公理的情况下，有一个明确的解。

公理 8.1　个体理性（individual rationality）

$$\phi(F,v) > v,\text{即 } \phi_1 > v_1,\phi_2 > v_2$$

这个公理是显然易见的，它表示讨价还价中的每个人在合作方案下获得的收益都要比不合作情形下的收益大。

公理 8.2 Pareto 强有效性

对于 F 中的任何一个配置 $x=(x_1, x_2)$，若有 $x \geqslant \phi(F, v)$，则必有 $x_1=\phi_1$，$x_2=\phi_2$。

这个公理说明，一旦 $\phi(F, v)$ 是解，那么在 F 中一定找不到其他配置，使得任何一个局中人都能获得更大的收益。

公理 8.3 对称性

如果对于任意 $(x_1, x_2) \in F$ 也满足 $(x_2, x_1) \in F$，且 $v_1=v_2$，那么 $\phi_1=\phi_2$ 成立。这个公理是显然的。在讨价还价博弈中，处于完全相等地位的参与者必然会有相同的博弈结果，这体现了公平性。

公理 8.4 等价盈利描述的不变性（刻度同变性）

对任意的 $\alpha_1>0$、$\alpha_2>0$、β_1、β_2，F 中的任何一个配置 $(x_1, x_2) \in F$ 仿射变换映像为 $(\alpha_1 x_1+\beta_1, \alpha_2 x_2+\beta_2)$，所有的仿射映像构成一个新的可行配置集合 F^*，其意见不一致点 $v^*=(\alpha_1 v_1+\beta_1, \alpha_2 v_2+\beta_2)$。如果 $\phi(F, v)$ 是 (F, v) 的解，那么 $(\alpha_1 \phi_1+\beta_1, \alpha_2 \phi_2+\beta_2)$ 必定是 (F^*, v^*) 的解。

公理 8.5 无关选择的独立性

假设 (F, v) 和 (F^*, v^*) 分别是两个两人讨价还价问题，如果 $v=v^*$，$F^* \subseteq F$，且 $\phi(F, v) \in F^*$，那么 $\phi(F, v)=\phi(F^*, v^*)$。

这个公理说明，当我们把讨价还价解和意见不一致点保留下来时，删除可行配置 F 中的任何其他点形成的新的讨价还价问题的解仍然是原问题的解。

定理 8.1 对于两人讨价还价问题，存在满足公理 8.1～8.5 的唯一讨价还价解，它使得纳什积 $(x_1-v_1)(x_2-v_2)$ 达到最大，或者说，纳什讨价还价解是如下问题的解：

$$\varphi(F, v)=\max_{x_1, x_2}(x_1-v_1)(x_2-v_2)$$
$$\text{s.t.}\ x \geqslant v, x \in F$$

定理的详细证明略。详细证明过程可参见施锡铨（2012）。

8.4.3 合作博弈应用举例

例 8.11 现有两个保险公司 A、B。它们准备协商将各自的业务相互交换，来增强抵抗风险的能力。假设 A 公司拥有均值为 5、方差为 4 的保险业务，B 公司拥有均值为 10、方差为 8 的保险业务。现在，A 公司准备将其业务转移一定比例 $\alpha \in [0, 1]$ 到 B 公司，让 B 公司经营；同样，B 公司将转移其一定比例的业务 $\beta \in [0, 1]$ 到 A 公司。风险互换按照现行风险互换形式进行。记 A 公司转移

前的业务量为 x_1，转移后的业务量为 y_1；B 公司转移前的业务量为 x_2，转移后的业务量为 y_2。求纳什讨价还价解。

分析：根据线性风险互换形式，可得

$$\begin{aligned} y_1 &= (1-\alpha)x_1 + \beta x_2 + K \\ y_2 &= \alpha x_1 + (1-\beta)x_2 - K \end{aligned} \tag{8.6}$$

式中，K 是常数，用于保障交易前后期望收益不发生变化。据 $E(x_1)=E(y_1)=5$ 可得 $K=5\alpha-10\beta$。易知：

$$\begin{aligned} \mathrm{Var}(y_1) &= 4(1-\alpha)^2 + 8\beta^2 \\ \mathrm{Var}(y_2) &= 4\alpha^2 + 8(1-\beta)^2 \end{aligned} \tag{8.7}$$

假设 $\alpha=0.2$，$\beta=0.3$，可得 $\mathrm{Var}(y_1)=3.28<4$，$\mathrm{Var}(y_2)=4.08<8$。显然，通过交换业务，可以在一定程度上降低风险。但是，双方对于交换的偏好却有明显不同，对于 A 公司而言，最理想的情况是将全部的业务转移到 B 公司，收取期望的收益，但同时不接受 B 公司的业务，即 $(\alpha, \beta)=(1, 0)$，而 B 公司则恰好相反，它期望 $(\alpha, \beta)=(0, 1)$。当合作能明显改进两个公司的风险状况，但利益又不趋同时，就会出现讨价还价的博弈。

首先我们需要分析这个讨价还价问题的博弈双方的底线。一般来说，我们将纳什均衡作为谈判的底线。通过求解发现，这个问题并不存在一个纯策略的纳什均衡，但这并不妨碍我们去判断底线。一个很明显的底线就是，业务交换之后的风险不能高于交换之前的风险，令

$$\begin{aligned} p_1 &= \mathrm{Var}(x_1) - \mathrm{Var}(y_1) = 4(2\alpha - \alpha^2) - 8\beta^2 \\ p_2 &= \mathrm{Var}(x_2) - \mathrm{Var}(y_2) = 8(2\beta - \beta^2) - 4\alpha^2 \end{aligned} \tag{8.8}$$

易知，p_1、p_2 表示交易带来的风险的降低程度。一个显然易见的底线就是 $(p_1, p_2)=(0, 0)$，即大家不合作。

现求解帕累托最优曲线，根据公理 8.1，可行配置集合 F 应该满足：

$$F = \{(p_1, p_2) \mid p_1 \geqslant 0, p_2 \geqslant 0\}$$

帕累托最优曲线应该是 F 的边界。因此，我们可以通过给定 p_1，求解最大化的 p_2 来刻画 F 的边界。利用拉格朗日原则，可以得到：

$$\alpha + \beta = 1$$

若以 p_1 为横坐标，p_2 为纵坐标，那么得到的帕累托最优曲线的参数方程为

$$\begin{cases} p_1 = 4[1 - 3(1-\alpha)^2] \\ p_2 = 4(2 - 3\alpha^2) \end{cases} \tag{8.9}$$

根据定理 8.1，讨价还价的解应为纳什积 $p_1 p_2$ 达到最大。即

$$\max_{\alpha} p_1 p_2 = 16(2 - 3\alpha^2)[1 - 3(1-\alpha)^2] \tag{8.10}$$

求得 $\alpha=0.613$，$\beta=0.387$。

需要说明的是，我们给出了纳什讨价还价解，但这并不意味着最终的合作一定是这个结果。实际上，根据不同的原则，还可以求解其他的合作解。纳什讨价还价解只是建立在公理 8.1～公理 8.5 上的一个合理的解，但不是合作的唯一解。

8.5　演化博弈简介

演化博弈最早在生物领域应用较多，它主要用于描述大量种群的基因选择策略的动态演化趋势。经济学家发现，当把大量社会经济群体的行为策略看作基因时，群体的行为也可以用演化博弈做出解释。

本节将以一个例子简单说明演化博弈的一些知识。这个例子用以表达同行业企业之间的合作竞争行为。由于一个行业的企业数量是非常多的，所以可以把它们看作种群。企业的策略可以选择合作，或者选择竞争。不同策略下的收益见表 8.2 的支付矩阵。

表 8.2　企业博弈支付矩阵

		企业 1	
企业 2		合作	竞争
	合作	$a+v-m$，$a+v-m$	$a-m$，$a+\lambda$
	竞争	$a+\lambda$，$a-m$	a，a

表 8.2 反映了企业之间的博弈情况。每个企业都有两种决策策略：合作或者竞争。a 表示企业均采取竞争策略时的收益情况；m 表示企业合作时的投入成本；v 表示企业合作的收入；λ 表示当对方采取合作，企业自己采取竞争策略时获得的额外收入。

假设企业采取合作策略的比例为 x，显然，$x=1$ 意味着全部参与合作，$x=0$ 意味着全部采取竞争策略。企业采取合作时的期望收益为

$$\pi_c = x(a+v-m)+(1-x)(a-m) = a-m+vx \tag{8.11}$$

企业采取竞争时的期望收益为

$$\pi_s = x(a+\lambda)+(1-x)a = a+\lambda x \tag{8.12}$$

企业总的期望收益为

$$\pi = x\pi_c + (1-x)\pi_s = (v-\lambda)x^2 + (\lambda - m)x + a \tag{8.13}$$

根据动态复制方程，详细可参见威布尔（2006），企业采取合作策略的比例为 x 的动态变化过程满足如下方程：

$$\begin{aligned}\frac{\mathrm{d}x}{\mathrm{d}t} &= x(\pi_c - \pi) = x[(\lambda - v)x^2 + (v + m - \lambda)x - m] \\ &= x(x-1)[(\lambda - v)x + m]\end{aligned} \tag{8.14}$$

动态复制方程反映了策略类型的比例变动趋势，是演化博弈的核心。上述比例动态变化的速度取决于博弈方学习的速度。通常情况下，博弈方学习模仿的速度取决于两个因素：一是模仿对象的数量（比例大小）；二是模仿的收益程度。这将决定策略选择的激励大小。

令$\frac{\mathrm{d}x}{\mathrm{d}t}=x(x-1)$ $[(\lambda-v)$ $x+m]$ $=0$，可得 3 个临界值。

$$x = 0, x = 1, x = \frac{m}{v-\lambda} \tag{8.15}$$

（1）当 $\lambda+m<r$ 时，意味着合作带来的总收益要高于背离合作时的收益，从策略上看，就是当对方选择合作时，我方选择合作要比选择竞争时的收益大。此时，企业选择合作的比例与合作演化趋势如图 8.12 所示。可知 $x=\frac{m}{v-\lambda}$不稳定，是鞍点。

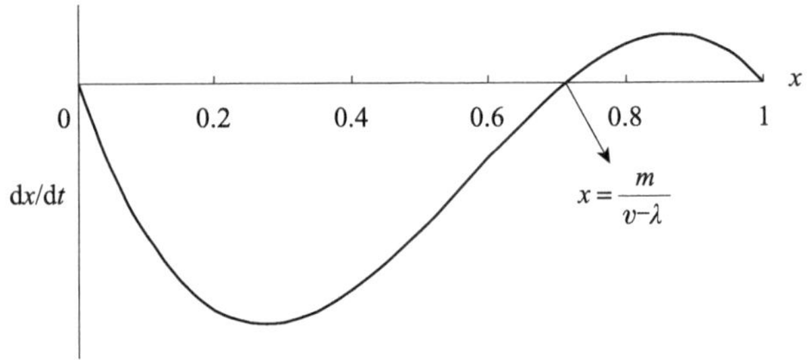

图 8.12　合作演化路径

在（1）的情况下，若 $x<\frac{m}{r-\lambda}$，则可以得到随时间的推移参加合作的比例的演化趋势，见图 8.13。含义：如果初始参与合作的比例小到一定程度，那么最终的演化结果将是大家都采取竞争策略。

在（1）的情况下，若 $x>\frac{m}{v-\lambda}$，则可以得到随时间的推移参加合作的比例的演化趋势，如图 8.14 所示。含义：如果初始参与合作的比例大到一定程度，那么最终的演化结果将是大家都采取合作策略。

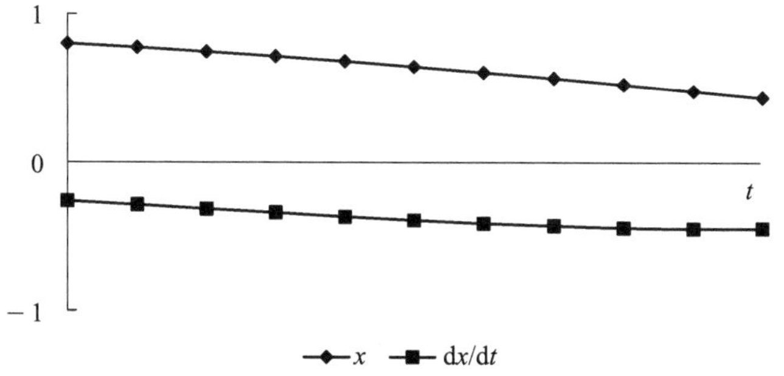

图 8.13　合作随时间动态演化趋势 1

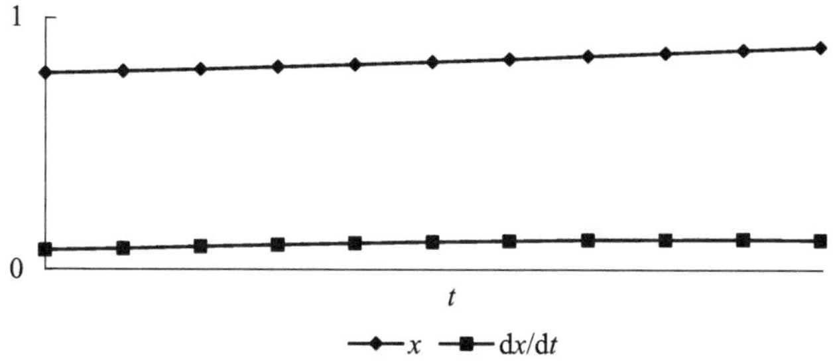

图 8.14　合作随时间动态演化趋势 2

图 8.15 显示的是，在（1）的情况下初始合作比例对动态演化趋势的影响。横坐标是时间，纵坐标是参加合作的比例。可以看到，当初始合作比例大于$\frac{m}{v-\lambda}$时，合作比例最终的演化结果都为 1，如果低于该值，则演化结果都趋于 0。

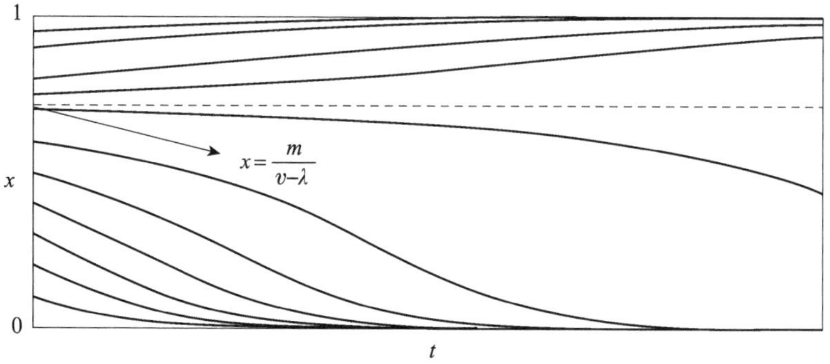

图 8.15　初始比例对动态演化的影响

（2）当 $v<\lambda+m$ 时，此时，随时间推移，企业之间合作的概率 x 将逐渐降低至 0，并稳定在 0 点，企业最终的稳定策略将是竞争，如图 8.16 所示。

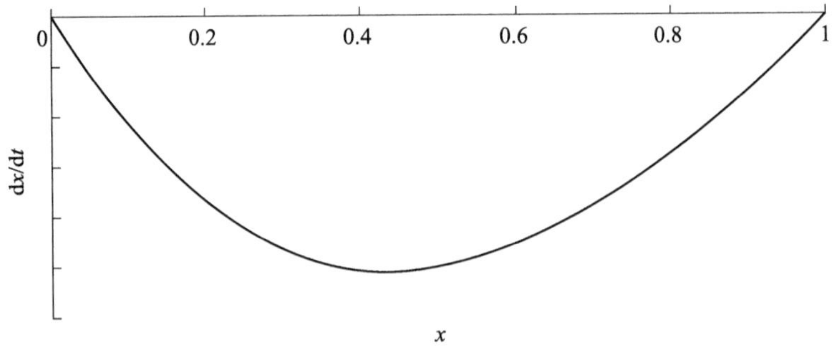

图 8.16 横向合作演化路径

8.6 博弈论与气候政策模拟*

8.6.1 问题描述

随着《京都议定书》第一承诺期的结束，应对气候保护的全球合作的前期工作几乎可以宣告失败。然而，有关全球减排合作的议题将贯穿整个气候保护的议程，不可回避。根据 2011 年气候变化会议德班大会的决议，成立德班平台，并计划在 2015 年前达成一个适用于《联合国气候变化框架公约》所有缔约方的法律文件或法律成果，作为 2020 年后各方加强《联合国气候变化框架公约》实施、减控温室气体排放和应对气候变化的依据。而在 2013 年的华沙气候变化会议中，欧盟就拟订了一份全球温室气体排放协议时间表，但该提议遭到发展中国家的抗议和不满而未能通过。那么能否找到一个能让大家都满意的减排方案，并实现温度控制目标？显然，在减排目标的设定上，各个国家之间为了争取各自利益，形成了一个复杂的博弈格局。本节将通过集成评估模型寻找这样的合作减排方案。

气候保护是个全球范围问题，许多国外学者都对气候保护做了深入的研究，在建立科学模型的基础上，各学者也提出了自己的减排方案，并进行了气候保护方案的模拟。目前，国际上已经有著名的 Stern 方案（Stern，2006）、Nordhaus 方案（Nordhaus，2007）等。国内学者也为应对气候变化做了大量努力。在对模型进行讨论和研究的基础上，国内学者也提出了相应的减排原则和方案，其中陈

* 此节参考刘昌新、王铮和田园（2016）内容。

文颖等提出了全球未来碳排放权“两个趋同”的分配方法（陈文颖、吴宗鑫和何建坤，2005）；丁仲礼等提出了累积人均碳排放均衡原则（丁仲礼、段晓男和葛全胜等，2009）；王铮等提出了自己的方案，他们以人均排放权均等的原则为基础进行有调整碳排放配额的分配（王铮、吴静和李刚强等，2009）。但这些方案都存在一些问题：有的过分强调减排而忽视发展中国家利益，如 Stern 方案。有些不能实现气候变化的控制目标，即 2100 年实现全球升高温度控制在 2℃以内，如累积人均碳排放均等原则（丁仲礼、段晓男和葛全胜等，2009）。更为主要的是，这些方案的设计原则都没有从全球各个国家都能接受的角度去考虑，即没有考虑帕累托改进的原则。这显然不易在全球范围内实现减排合作。基于此，国内已经有学者开始注意该问题，并结合中国古代哲学思想提出“以和为贵”和“明分使群”的原则（王铮、刘筱和刘昌新等，2014），但研究尚处于理论探索阶段，还没有具体的计算实施。本书将从帕累托改进的原则出发，设计能实现全球认可的减排合作方案。

8.6.2 模型 EMRICES 介绍

增强的多因子多区域气候经济集成系统（enforeced muilt-factor regional integrated climate and economy system，EMRICES）发展于 RICE（regional integrated model of climate and the economy）模型。RICE 最初是由 Nordhaus 和 Yang（1996）开发的。RICE 是一个气候变化的 IA（integrated assessment）模型。在过去的几十年中，RICE 模型在 IA 模型中扮演了很重要的角色。在 IPCC 第二至第四次评估报告中均能找到 RICE 模型的影子。尽管 RICE 模型也一直在弥补自身的不足。但 RICE 模型一直存在的一些重要问题却没有得到解决。首先是区域之间的经济缺乏联系，而实际上全球经济一体化已经将各个国家的经济发展绑定在一起，任何一个国家或地区都不可能脱离世界其他国家的发展而发展。同时，RICE 模型也没有考虑技术的内生进步，从而忽视了经济发展可以推进发展中国家降低能耗，减少全球碳排放。在 RICE 模型开发者完善模型的同时，世界其他科研人员也在不断地完善着 RICE。王铮、吴静和李刚强等（2009）把 RICE 发展为包含 GDP 溢出机制和干中学机制的 MRICES。王铮、张帅和吴静（2012）进一步改进 RICE，引入全球经济一体化思想、合作减排理念，为了反映全球经济相互作用，他们把 GDP 溢出模块嵌入原来的系统，实现了多国参与的模拟系统（MRICES）。朱潜挺（2012）在 MRICES 的基础上发展出了包括贸易行为在内的 MRICES－TRAD 模型，用于研究碳交易机制下的碳配额分配问题。刘昌新

(2013) 将经济部门细化，采用 CGE 来刻画经济系统，并开发了具有中国 CGE 的 EMRICES 模型。这样 EMRICES 发展为多个专门模型，形成了模型体系，统称 EMRICES，其是一个典型的政策模拟系统。本书的模拟都基于 EMRICES 系统计算得到。

8.6.3 全球减排合作形势分析

根据德班平台的要求和 IPCC 的目标，我们可以分析一下全球的减排形势及中国的减排形势，并设计全球减排方案。德班平台要求《联合国气候变化框架公约》的缔约方于 2015 年前达成全球减排二氧化碳的协议。IPCC 提出了全球气候变化的控制目标，即 2100 年全球升温不超过 2℃。

如果要控制 2100 年全球升温不超过 2℃，那么全球未来还有多少排放空间?

采用 EMRICES 气候模块，并假设每年的全球碳排放量线性变化，通过模拟可知，如果要控制 2100 年全球升温不超过 2℃，那么至 2100 年全球碳排放量为 3.18GtC，低于目前的碳排放水平（据世界银行统计，2010 年全球碳排放量为 9.17GtC）。

不同的全球减排方案代表了不同的利益划分格局。中国也应该积极参与减排方案的设计，为将来气候谈判提供依据。

在总的减排目标下，减排方案总的原则有两点：第一，方案能被全球各个国家和地区接受；第二，从公平角度出发，尽可能维护中国的利益。如果不能被全球大多数国家所接受的方案实际是没有意义的，不具备可行性。显然，能被全球接受的减排方案的一个显著特性是：全球各个国家和地区都能从该方案中获益，即满足帕累托改进原则。或者换句话讲，各国的利益都不能因为该方案而受到损害。

二氧化碳是全球最大的公共品，一个国家排放二氧化碳将会损害全球的利益，反之，某国减少二氧化碳排放将会使全球收益。从福利经济学角度看，全球减排的目的是增进人类的福利。对于一个国家来说，也是如此。一个国家参与减排的动力是，该国能从减排方案中获益。那么，如何判断一个国家是否能从减排方案中获得利益或者福利改进?

一个国家会通过比较没有全球减排合作方案时和参与全球减排合作方案的福利变化情况，来确定本国福利是否得到了改善。鉴于二氧化碳的公共品特性，在没有全球减排约束的情况下，各国的减排策略实际是一个非合作的纳什均衡博弈问题，即各个国家的减排策略会相互影响福利变化，同时各个国家都会为了自己的福利最大而决策，选择自己的最优减排策略。因此，判断一个国家能否从减排方案中获益的标准是：减排方案能比纳什均衡给该国带来更大的福利。本书称满足此标准的方案为满足帕累托改进原则的方案。

通过以上标准，可以寻找很多种满足帕累托改进原则的方案。但是，我们的目标是要在这些满足帕累托改进原则的方案中，进一步寻找对中国最有利的方案，即最大限度地改善中国的福利。这也是从公平角度出发，尽可能考虑发展中国家的利益。

综上所述，本书设计减排方案的原则有三点：第一，满足减排要求，具体为2100年全球升温不超过2℃；第二，满足帕累托改进原则；第三，尽可能公平。

8.6.4 全球减排博弈

1. 模型

基于上述分析可以发现，全球减排合作问题政策模拟首先需要明确各个国家或地区比较自己合作与不合作的利益评判标准是什么。在经济学中，习惯采用福利作为利益最大的追求目标。而福利一般被定义为消费量的函数。为简明起见，设 $y=U(C)$ 表示福利。其中 C 表示消费量，则 $U(C)$ 满足

$$\frac{\partial U}{\partial C}>0,\frac{\partial U^2}{\partial^2 C}<0$$

本书也遵循这一原则，具体的形式为

$$U(C)=\frac{(C/L)^{1-\tau}}{1-\tau},\tau<1$$

式中，τ 为风险厌恶系数，τ 值越大，则消费增加带来的福利上升就越不明显；L 为人口数。

减排的收益体现为未来相当长的一段时间的利益总和。实际上在减排初始阶段，各个国家的利益总是会下降的，但减排带来的气候变化的收益在未来能得到很好的体现。因此，本书将福利值定义为起始年至2100年的累积福利值，并通过折旧与贴现的办法将未来的福利值贴现到当前，计算累积福利的现值。同时，本书计算的是相应国家或地区总人口的福利值。具体形式为

$$U_i(n)=\sum_{t=1}^{n}(1+\rho)^{-t}L_{i,t}\frac{(C_{i,t}/L_{i,t})^{1-\tau}}{1-\tau} \tag{8.16}$$

式中，n 为总的时间长度，年；t 为第 t 年；ρ 为贴现率。

前面已经论述，由于全球气候变化控制目标为2100年升温不超过2℃，无论是全球还是具体到中国都应采取总量减排。因此，将博弈的策略设为：相对于基

准年份，至2050年，各个国家或地区的总量减排率。各个国家或地区的基准年份见表8.3。

表8.3 各个国家或地区的基准年份

国家或地区	基准年份	国家或地区	基准年份
中国	2005年	高发展中国家或地区	2005年
美国	1990年	中发展中国家或地区	2005年
日本	1990年	低发展中国家或地区	2005年
欧盟	2005年	发达国家或地区	1990年

设博弈G有8个博弈参与者，即对应于EMRICES中的8个国家或地区。每个博弈参与者的策略空间为S_1，S_2，…，S_8，$s_{ij}\in S_i$表示博弈方i的第j个策略。其中，$j\in\{1, 2, \cdots, 11\}$；$S_i=\{0, 0.1, 0.2, \cdots, 0.9, 1\}$。若$s_{i2}=0.1$，则表示博弈参与者$i$的第2个策略为：至2050年，该国或地区的碳排放总量比基准年份减少10%。博弈方的收益为u_i，表示第i个国家或地区至2100年的累积福利值。此博弈可以写作$G=\{S_1, \cdots, S_8; u_1, \cdots, u_8\}$。由于有8个博弈主体参与者，很难采用传统的二维表格反映博弈结构。为了更形象地说明博弈结构，本书将博弈主体简化为中国与世界其他国家或地区两个主体，通过二维表格说明问题。如表8.4所示，中国、世界其他国家或地区是博弈参与者，减排率是博弈策略，博弈的收益为博弈参与者的累积福利值。

表8.4 博弈结构

		中国				
	减排率	0	0.1	0.2	…	1
世界其他国家或地区	0 0.1 0.2 ⋮ 1	（中国累积福利，世界其他国家或地区累积福利）				

2. 纳什均衡求解及结果

由于EMRICES的系统复杂，很难从解析的角度给出该博弈的纳什均衡解，需要重新设计该问题的求解算法。本书设计算法如下：首先给定任意一组策略（s_1^0，s_2^0，…，s_8^0）作为初始解。然后在（s_{ij}，s_2^0，…，s_8^0）中计算最优减排策略s_1^1，使得第1个国家或地区的福利值 u_1 最大，并依次对第2、第3直至第 n 个国家或地区采取同样的办法计算最优减排策略。如果该轮计算后，策略没有发生变动，即（s_1^1，s_2^1,…，s_8^1）=（s_1^0，s_2^0,…，s_8^0），则停止计算。否则开始新一轮的计算。直至（s_1^k，s_2^k,…，s_8^k）=（s_1^{k-1}，s_2^{k-1},…，s_8^{k-1}）。那么，此时的纳什均衡为（s_1^*,s_2^*，…，s_n^*）=（s_1^k，s_2^k，…，s_8^k）。计算算法流程如图8.17所示。

本书以EMRICES为平台，采用如图8.17的计算算法，分别以初始值（0，0，0，0，0，0，0，0），（0.1，0.1，0.1，0.1，0.1，0.1，0.1，0.1），（0.2，0.2，0.2，0.2，0.2，0.2，0.2，0.2），…，（1，1，1，1，1，1，1，1）计算该博弈的纳什均衡解。最后计算发现，在这些给定的初始值下，最后的稳定解均为（0，0，0，0，0，0，0，0），即所得的纳什均衡解都是各个国家或地区不采取总量减排。

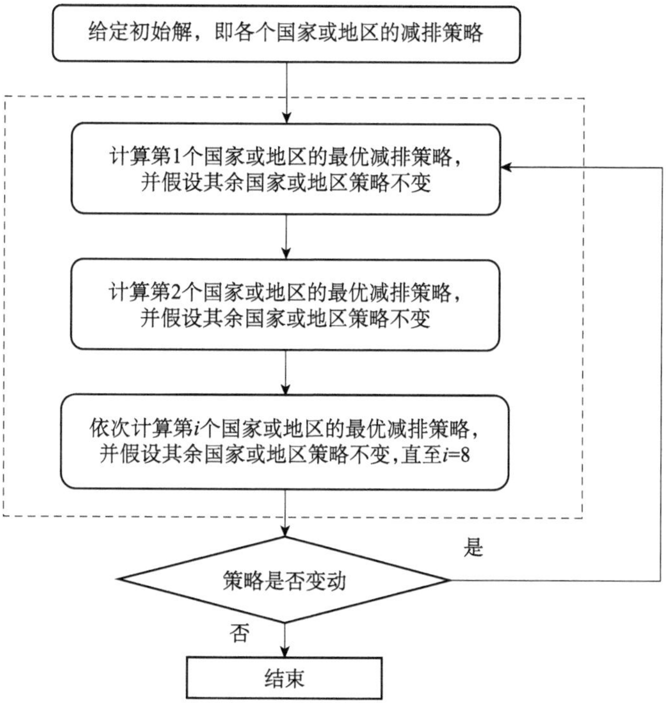

图8.17 求解博弈的计算算法流程图

为了防止漏解，本书将每个国家或地区的策略集丰富为 $S_i=\{0，0.05，0.1,…，0.95，1\}$，其最后计算结果仍然为（0，0，0，0，0，0，0，0）。这个博弈的结果说明，如果各个国家或地区都为了各自的利益最大，其结果将是大家都不会采取总量减排策略。然而，采取合作可以使得各个国家或地区的状况得到改善。因此，如果全球不能通过协商解决气候保护问题，各国或地区势必会陷入一种囚徒困境的状态中。

3. 最终方案的确定

通过在 EMRICES 平台上搜寻，得到有效帕累托方案。在该方案下，2100 年地表温度上升 1.996℃。因此，全球升温可以控制在 2℃以内。图 8.18 反映了该方案下的地表温度及海洋温度变化趋势。

需要说明的是，由于美国当前的福利值较高，当美国的减排率过高时，至 2100 年其累积福利得不到改善。而中国的减排率低于高发展中国家的减排率主要是考虑到中国在世界经济中的地位及中国目前较低的人均碳排放量水平。如果中国的减排率过高，不仅中国的人均碳排放量水平得不到改善，也会使世界经济受到影响。

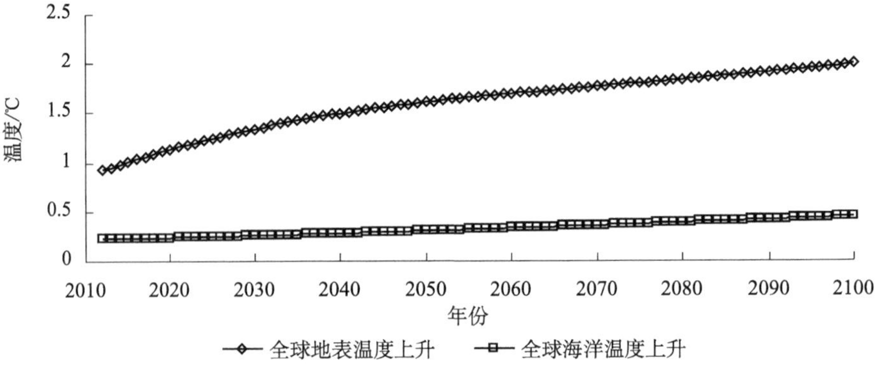

图 8.18　有效帕累托方案的温度变化趋势图

从累积福利变化角度看，具体见图 8.19 和图 8.20，至 2100 年，中国的累积福利值比纳什均衡时高出 1.84%；美国的累积福利值也高出 0.01%；日本高出 0.38%；欧盟高出 0.19%；高发展中国家或地区高出 0.88%；中发展中国家或地区高出 1.66%；低发展中国家或地区高出 3.21%；发达国家或地区高出 0.001%，即各个国家或地区的福利值均好于非合作的纳什均衡的福利值，因此该方案满足帕累托最优。

EMRICES-E 的计算结果显示，合作的方案比大家都不减排的效果要好。从经济学理论上讲，这是“囚徒困境”的有效解决途径，是合情合理的。

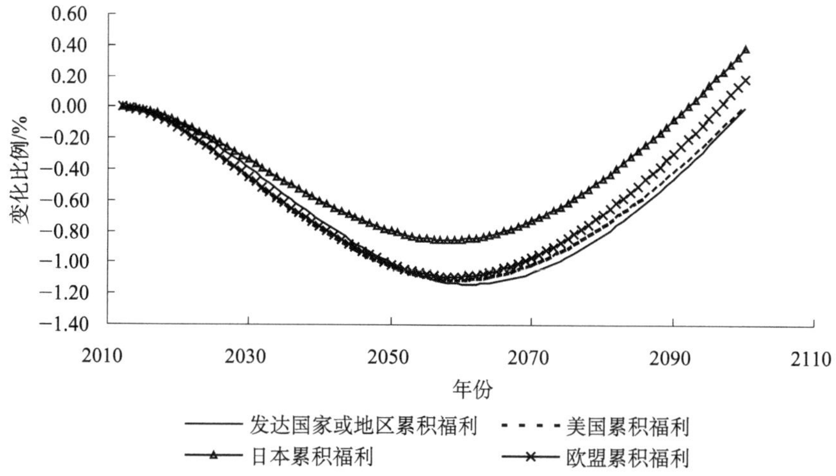

图 8.19 发达国家或地区累积福利变化趋势图

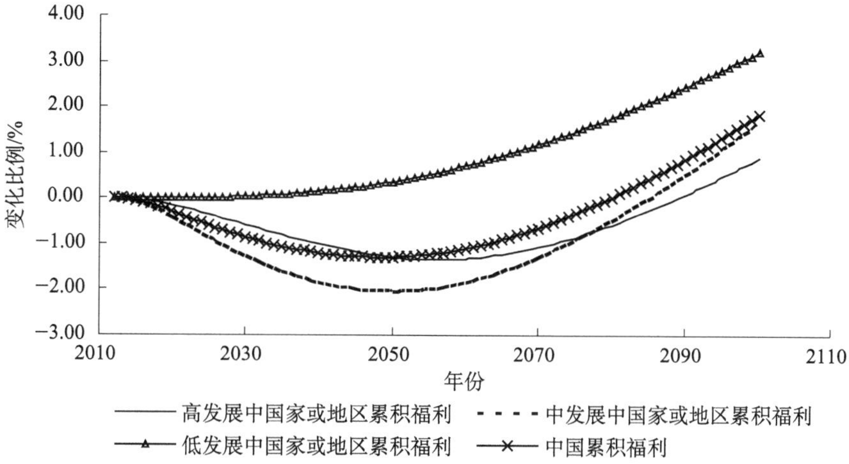

图 8.20 发展中国家或地区累积福利变化率

参考文献

陈文颖，吴宗鑫，何建坤．2005．全球未来碳排放权“两个趋同”的分配方法．清华大学学报（自然科学版），(6)：324-346.

丁仲礼，段晓男，葛全胜，等．2009．2050 年大气 CO_2 浓度控制：各国排放权计算．中国科学：D 辑，39 (8)：1009-1027.

吉本斯 R．1999．博弈论基础．高峰，译．北京：中国社会科学出版社．

刘昌新．2013．新型集成评估模型的构建与全球碳减排合作方案研究．中国科学院大学博士学位论文．

刘昌新，王铮，田园 .2016. 基于博弈论的全球碳减排合作研究 . 科学通报，61（7）：771-781.

施锡铨 .2012. 合作博弈引论 . 北京：北京大学出版社.

王铮，刘筱，刘昌新，等 .2014. 气候变化伦理的若干问题探讨 . 中国科学：地球科学，44（7）：1600-1608.

王铮，吴静，李刚强，等 .2009. 国际参与下的全球气候保护策略可行性模拟 . 生态学报，29（5）：2407-2417.

王铮，张帅，吴静 .2012. 一个新的 RICE 簇模型及其对全球减排方案的分析 . 科学通报，57（26）：2507-2515.

威布尔 Q W. 2006. 演化博弈论 . 王永钦，译 . 上海：上海人民出版社 .

朱潜挺 .2012. 含碳交易环节的气候保护集成评估模型研究 . 中国科学院科技政策与管理科学研究所博士学位论文 .

Fudenberg D，Tirole J. 2010. 博弈论 . 黄涛，译 . 北京：中国人民大学出版社 .

Nash J F Jr. 1950. The bargaining problem. Econometrica，18（2）：155-162.

Nordhaus W D. 2007. A review of the "stern review on the economics of climate change" . Journal of Economic Literature，45（3）：686-702.

Nordhaus W D，Yang Z. 1996. A regional dynamic general-equilibrium model of alternative climate-change strategies. The American Economic Review，86（4）：741-765.

Stern N. 2006. Review on the Economics of Climate Change. London：HM Treasury.

Thomas L C. 2011. Games，Theory and Applications. New York：Dover Publications.

Wang Z，Li H Q，Wu J，et al. 2010. Policy modeling on the GDP spillovers of carbon abatement polices between China and the United States. Economic Modelling，27（1）：40-45.

第 9 章

集成方法：货币政策

在第2～7章，我们介绍的都是以计算为主的政策模拟方法，在实际的经济分析、地理分析中，解析分析也是常用的方法，因为解析分析可能通过数学认识揭示更多的政策关键。进一步地，许多情况下，政策模拟是结合解析分析与计算分析的，我们称其为集成方法，因为这种分析方法，需要涉及多种分析方法。在本章中，我们将以货币问题为例，来讨论这种方法。

货币与金融在现实经济发展中扮演着重要的角色。金融所涉及的领域非常广泛，包括货币、债券、期货、股票等。限于篇幅，本章只对货币经济做重点阐述。本章将从建立模型的角度介绍货币需求理论、物价变动、汇率，以及银行与政府债务等内容，并结合货币政策做讨论。

货币政策的主要作用是控制一般价格水平，它通常以通货膨胀的形式表示。一般来说，货币在长期是超中性的，即永久性的货币冲击只影响像一般价格水平这样的名义变量，不影响消费、产出等实际变量。在短期，由于存在价格黏性，货币政策可能会有实际影响，这使得我们可以利用货币政策来调整产出。

货币政策可以使用不同的政策工具以不同的方式执行，基本方法是控制货币供给水平或其增长率，控制利率或者通过维持固定汇率来控制名义汇率。对于这些方法的选择取决于所控制的目标是价格水平还是通货膨胀率，除此之外还要考虑政策工具的有效性：它的控制能力、传导机制的强度和可预测性、时间期限等。还有一个问题是，货币政策的决策方式是相机抉择还是规则导向。这不仅仅只是政府偏好的差异，在实际中，其政策执行的效果也是不一样的。这些问题，我们都将在本章中探讨。本章中所涉及的模型主要参考Champ、Freeman和Haslag（2011），科普兰（2002），McCandless（2011）。

9.1 货币与物价

货币有什么价值？或者说人们为什么需要货币？很多学者给出了不同的解释。亚当·斯密和马克思政治经济学理论都将货币的产生归结为人们生产生活中对交换媒介的需求，即人们需要一个便于交易的交换媒介用以交换各自的物品，这个物品便于携带，容易分割而且具有价值。然而，这只是货币的一种交换功能。经济学家并不满足于定性的解释，他们需要定量地刻画现实中的人们受到哪些因素的影响而需要货币，这种需求会怎样变化。本节将介绍几种重要的货币需求模型。首先，介绍将货币作为存储媒介功能的代际交叠模型。然后，介绍将货币作为支付手段的现金先行模型。最后，介绍与货币密切相关的货币通胀模型。

9.1.1 货币需求的代际交叠模型

代际交叠（overlapping generations，OLG）模型是经济学家萨缪尔森于1958年提出的。OLG模型是一个无穷期的模型，它假定时间是离散的，每个个体只能生活两期——青年时期和老年时期。每个个体在青年期时被赋予一定量的消费品，而老年时期时则没有，且消费品不能从青年时期保存到老年时期。不同代的个体无法进行直接交易，货币的引入使得不同代的个体之间能够进行代际借贷活动，代际交易得以顺利完成。青年人在青年时期将消费品卖给老年人，并获得货币。当青年人变为老年人时，再用货币从下一代青年人手中购买消费品，如此循环。这就要求人们需要在青年时期储藏货币以备老年时期使用。

设 N_t 为 t 时期的青年人数量，t 时期的老年人数量为 N_{t-1}。人口以固定的增长率增长，即 $N_t = nN_{t-1}$，n 为人口增长率，每个个体之间是同质的，它们以相同的方式决策。每个青年人在青年时期会获得初始禀赋 y；青年时期的消费为 c_1；老年时期的消费为 c_2；m_t 为个体在 t 时期所需要的货币；M_t 为社会的总货币，存在增长率 $M_t = \mu M_{t-1}$，M 为名义货币增长率；v_t 为 t 时期用商品衡量的单位货币的价值，即价格 P_t 的倒数。

那么，对于每个个体而言，在青年时期，他需要将一部分消费品换成货币，因此他将面临消费预算：

$$c_1 + v_t m_t \leqslant y \tag{9.1}$$

在老年时期，由于需要消费 c_2，且只能通过货币换取，所以他此时面临的预算约束是

$$c_2 \leqslant v_{t+1} m_t \tag{9.2}$$

整理式（9.1）和式（9.2），可得个体一生所面临的预算：

$$c_1 + \frac{v_t}{v_{t+1}} c_t \leqslant y \tag{9.3}$$

而$\frac{v_t}{v_{t+1}}$又由什么决定呢？它由整个宏观经济决定。从整个社会来说，t 时期总的消费需求应该等于总的货币。因此，有式（9.4），它也说明了人口的增加会导致货币需求量的增加。

$$v_t M_t = N_t(y - c_1) \tag{9.4}$$

容易知道：

$$\frac{v_t}{v_{t+1}} = \frac{M_{t+1}}{M_t} \frac{N_t}{N_{t+1}} = \frac{\mu}{n} \tag{9.5}$$

式（9.5）实际上是反映通胀的方程。将其代入式（9.3），可得

$$c_1 + \frac{\mu}{n} c_2 \leqslant y \tag{9.6}$$

式（9.6）是消费者个体面临的预算约束，个体将最大化其效用 $U(c_1, c_2)$。根据拉格朗日条件，可知个体一生最优的分配应当满足式（9.7）：

$$\frac{\partial U}{\partial c_2} \bigg/ \frac{\partial U}{\partial c_1} = \frac{\mu}{n} \tag{9.7}$$

式（9.7）就是 OLG 模型，可以发现，对于一个增长的经济（这里主要指人口增长）来说，货币的需求也是增加的。它也表明，如果增发货币，将导致通货膨胀。

9.1.2 货币需求的现金先行模型

当代西方宏观经济学中广泛使用的模型之一是现金先行（cash in advance，CIA）模型。CIA 模型由 Clower 于 1967 首先提出，其前提是消费必须用货币来购买。从技术上讲，这相当于给模型增加了一个现金约束。CIA 模型的优点在于，它在保持动态最优分析的同时可以很容易地推导出货币需求。

该模型的前提是消费必须使用货币来购买。为了达到这一目的，Clower 在模型中假设了一个货币先行约束，即物品购买量受先前换取的货币量的约束。这

是人们预算约束之外的另一约束。它隐含着两种限制：其一，货币为购买物品的唯一媒介；其二，货币必须在物品交换之前换取。

在 CIA 模型中，假定消费者只持有两种类型的资产，t 时期的货币 M_t 和 $t-1$ 期期初发行的期限为 1 期的债券 B_t。那么，现在具有名义预算约束：

$$\Delta B_{t+1}+\Delta M_{t+1}+P_t c_t=P_t w_t+r_t B_t \tag{9.8}$$

式中，P_t 为 t 时期的价格水平；c_t 为 t 时期的实际消费量；w_t 为 t 时期的实际工资；r_t 为 t 时期的债券收益率。$\Delta B_{t+1}=B_{t+1}-B_t$，$\Delta M_{t+1}=M_{t+1}-M_t$。等式左边表示资产需求，右边表示资产收入。

用一般价格水平 P_t 去除预算约束，可以得到实际预算约束：

$$(1+\pi_{t+1})b_{t+1}-b_t+(1+\pi_{t+1})m_{t+1}-m_t+c_t=w_t+r_t b_t \tag{9.9}$$

式中，$\pi_{t+1}=\dfrac{\Delta P_{t+1}}{P_t}$为通货膨胀率，$b_{t+1}=\dfrac{B_{t+1}}{P_{t+1}}$，$m_{t+1}=\dfrac{M_{t+1}}{P_{t+1}}$。

名义货币的需求约束实际就是 CIA 模型的核心思想，即消费必须通过货币支付完成。

$$M_t=P_t c_t \tag{9.10}$$

$$m_t=c_t \tag{9.11}$$

消费者的目标是最大化消费效用 U（c）。U（c）为连续可微、严格递增的凹函数。消费者通过消费和资产选择使目标函数极大化。

$$\max_{c_t,m_t,b_t}\sum_{t=0}^{+\infty}\beta^t U(c_t) \tag{9.12}$$

式中，β^t为贴现率。

该问题是一个动态规划问题。需要优化的变量为 m_t、c_t 和 b_t，约束为式（9.9）和式（9.11）。构建其拉格朗日函数为

$$\begin{aligned}\zeta=\sum_{t=0}^{+\infty}\{\beta^t U(c_t)+\lambda_t[(1+\pi_{t+1})b_{t+1}-b_t+(1+\pi_{t+1})m_{t+1}\\-m_t+c_t-w_t-r_t b]+\gamma_t[m_t-c_t]\}\end{aligned}$$

式中，λ_t、γ_t 为拉格朗日乘数。

其一阶条件为

$$\begin{cases}\dfrac{\partial\zeta}{\partial c_t}=\beta^t U'(c_t)-\lambda_t-\gamma_t=0\\[2ex]\dfrac{\partial\zeta}{\partial b_t}=\lambda_t(1+r_t)-\lambda_{t-1}(1+\pi_t)=0\\[2ex]\dfrac{\partial\zeta}{\partial m_t}=\lambda_t-\lambda_{t-1}(1+\pi_t)+\gamma_t=0\end{cases}$$

式中，$U'(c_t)$ 为边际消费效用。

求解此一阶条件，可得欧拉方程：

$$\frac{\beta U'(c_{t+1})}{U'(c_t)}\frac{1+\gamma_t}{1+\pi_{t+1}}=1 \tag{9.13}$$

如果给定效用函数的具体形式，则可以根据式（9.13）求解出最优消费路径。在长期均衡中，所有实际的存量都为常数。此时，$\Delta m=\Delta b=0$，且名义货币增长率 μ 与通货膨胀率 π 之间存在关系：

$$\frac{\Delta m}{m}=\frac{\Delta M}{M}-\frac{\Delta P}{P}=\mu-\pi=0$$

即如果货币增长是外生给定的，那么长期均衡时，通货膨胀率就等于货币增长率。这与弗里德曼的货币经济学理论是相一致的，即通胀在长期来看，就是多发货币导致的。

9.1.3 最优通货膨胀目标

通货膨胀，就是物价上涨，与其相对应的是通货紧缩。一般来说，长期内，一个国家的通胀率取决于政府货币政策的选择，如果政府选择增加货币供给，将导致通胀；反之，如果政府设定了通货膨胀率目标，那么在长期来看它就表现为货币供给的增长率。政府的另外一种选择是通过开放经济，将本国货币与另外一个国家货币的汇率固定，即直接挂钩，从而也就将本国的膨胀率交给汇率挂钩的国家来制定。然而在短期，由于存在诸多的不确定因素，这种货币政策与通胀率之间的关系要复杂许多。

关于通货膨胀的理论有很多，本书关注的是，政策制定者如何将通胀目标设定得更为合理。理论上，我们追求通货膨胀为零，此时供给与需求正好相等。但至少有两点理由使得通货膨胀率为零的目标不实际。第一，很难保证经济运行中供需完全处于均衡，如果过于追求零通胀率，那么有可能会导致通货紧缩。第二，货币政策是刺激经济的一种手段，换句话说，多发货币有时会促进产出的增加，至少在短期，货币政策带动产出被证明是有效的。正是这些原因，我们要需要探讨如何设定最优的通货膨胀目标。我们将首先介绍费雪方程（Fisher equation），它是构建绝大部分通货膨胀目标的重要基石，进而介绍最优通胀目标的确定模型。

费雪方程是反映名义利率和实际利率关系的方程。名义利率，是指没有考虑通货膨胀因素，按照承诺的货币价值计算的利率。实际利率，是对名义利率按货币购买力的变动修正后的利率。由于借贷双方更关心货币的实际购买力而不是货币的名义额，所以实际利率能更准确地衡量借贷的成本和收益。

通货膨胀率 π 与实际利率 r 和名义利率 R 之间存在如下关系。式（9.14）的含义是，实际利率应当剔除名义利率中的通胀水平。

$$1+r=\frac{1+R}{1+\pi} \tag{9.14}$$

整理式（9.14）可得

$$R=\pi r+\pi+r \tag{9.15}$$

在不出现较高通货膨胀率的情况下，式（9.14）中的 πr 可以忽略不计。于是得到费雪方程：

$$R=\pi+r \tag{9.16}$$

费雪方程是由美国经济学家费雪提出的。该方程式表明，名义利率必须包含一个通货膨胀溢价，以弥补预期的通货膨胀给贷款人造成的实际购买力损失。当实际利率保持稳定时，名义利率就会随着预期通货膨胀率的提高而提高。

费雪方程也可以有另一种写法，它反映了短期的价格水平与利率之间的关系。如果做一个近似变换 $\log\frac{P_{t+1}}{P_t}=\log\left(\frac{P_{t+1}-P_t}{P_t}+1\right)\approx\frac{P_{t+1}-P_t}{P_t}=\pi_t$，可以得到：

$$R_t=r_t+\Delta p_{t+1} \tag{9.17}$$

式中，$\Delta p_{t+1}=p_{t+1}-p_t=\log P_{t+1}-\log P_t$。$P_t$ 为第 t 期的价格水平。

一般来说，一个国家的名义利率制定存在一定的规则。我们假定名义利率的制定规则如下：

$$R_t=\alpha_0+\alpha_1 p_t+\alpha_2\Delta p_t \tag{9.18}$$

其中，在以价格水平为目标时，$\alpha_2=0$；以通货膨胀为目标时，$\alpha_1=0$。联立方程（9.17）和方程（9.18）可得价格水平决定方程：

$$r_t+\Delta p_{t+1}=\alpha_0+\alpha_1 p_t+\alpha_2\Delta p_t \tag{9.19}$$

如果 $\alpha_1=0$，即以通货膨胀为目标时，可以解得

$$\Delta p_t=\frac{\Delta p_{t+1}}{\alpha_2}+\frac{r_t-\alpha_0}{\alpha_2}=\sum_{s=0}^{\infty}\frac{r_{t+s}-\alpha_0}{\alpha_2^{s+1}} \tag{9.20}$$

如果 $\alpha_2=0$，即以价格水平为目标时，可以解得

$$p_t=\frac{p_{t+1}}{1+\alpha_1}+\frac{r_t-\alpha_0}{1+\alpha_1}=\sum_{s=0}^{\infty}\frac{r_{t+s}-\alpha_0}{(1+\alpha_1)^{s+1}} \tag{9.21}$$

式（9.20）和式（9.21）说明价格水平和通胀率实际上由未来实际利率与名义利率的政策参数 α_0 的偏差的贴现值决定。

现在我们来分析政府如何制定最优的通货膨胀政策。我们已经从理论上论

证了通货膨胀在长期与实际产出没有关系，只与货币发行量有关。然而在短期，通货膨胀与产出之间确实存在关系，经济体面临着通货膨胀与产出之间的权衡。我们假定通货膨胀和产出之间的关系由菲利普斯方程给出，写成供给函数形式为

$$y = y_n + \alpha(\pi - \pi^e) + \varepsilon \tag{9.22}$$

式中，y 为实际产出；y_n 为潜在的均衡产出；π^e 为经济体对通货膨胀的理性预期；ε 为产出冲击，满足期望 $E(\varepsilon)=0$。$\alpha>0$ 为参数。

政府在制定货币政策时，有两种决策方式。一种是规则导向型，即总是按照既定的货币政策规则执行，如式（9.18）所示，并将这种规则公布给大众。另一种是相机抉择，即没有明确的政策执行规则，总是根据实际情况调整，大众不了解政府下一步将会采取怎样的措施。我们先分析相机抉择时的情形。

政府无法直接控制通货膨胀率，总是要依赖于货币政策工具来实现目标。定义 z 表示货币政策工具，它可以是名义利率 R，也可以是货币供给增长率 Δm，我们假定 z 对通胀的影响受到随机干扰项的影响。

$$\pi = z + v \tag{9.23}$$

式中，v 为随机干扰项，且期望 $E(v)=0$，方差 $D(v)=\sigma^2$。则通货膨胀的理性预期 $\pi^e=E(\pi)=z$。

宏观经济政策有四大目标，即持续的均衡经济增长、充分就业、物价稳定和国际收支平衡。

为了简化分析，我们这里主要考察经济增长和通胀，假定央行的目标函数如下：

$$U = \lambda(y - y_n) - \frac{1}{2}(\pi - \pi^*)^2 \tag{9.24}$$

式中，π^* 为目标通货膨胀率，$\lambda>0$ 为参数，该函数最早由 Barro 和 Gordon 于 1983 年提出，表明政府的目标是保持目标通货膨胀率，并争取更高的产出水平。

政府要使用政策工具 z 来最大化央行的目标函数，即式（9.24）。而式（9.22）和式（9.23）为约束条件。这是一个最优化问题，求解可得其一阶条件为

$$\frac{\partial U}{\partial z} = \alpha\lambda - (z + v - \pi^*) = 0 \tag{9.25}$$

进而可得政策工具 z 的解为

$$z = \alpha\lambda + \pi^* - v \tag{9.26}$$

由于央行不知道随机干扰项 v 为多少，只能根据它的期望值来猜测，所以政府实

际设定的政策工具为

$$z = \alpha\lambda + \pi^* \tag{9.27}$$

此时，实际的通胀率则变为 $\pi=\alpha\lambda+\pi^*+v$，公众对通胀率的理性预期为

$$E(\pi) = \alpha\lambda + \pi^* > \pi^* \tag{9.28}$$

它表明了预期的通胀率要高于通胀目标。导致这一现象的原因就在于央行偏向于更高的产出。如果令 $\lambda=0$，即政府不再追求更高的产出，那么预期的通胀率将与目标通胀率一致。

央行关注产出就带来了额外的通胀。这将会导致产出的额外增加吗？如果将计算结果代入菲利普斯曲线，就可以得到产出为

$$y = y_n + \alpha v + \varepsilon \tag{9.29}$$

该式意味着央行关注产出并没有导致预期产出的提升。那么，既然不能提升预期产出，央行的目标函数是否会因此受益？可以计算得到：

$$E(U) = -\frac{1}{2}[(\alpha\lambda)^2 + \sigma^2] \tag{9.30}$$

结果说明，期望目标只在 $\lambda=0$，即政府不再追求更高的产出时达到最大值。由此，我们得出一个结论，当央行采取相机抉择的方式制定通胀目标时，不应该有任何对产出的偏好。

现在再看一下，在规则导向下的最优通胀政策。与允许央行采取相机抉择的方式选择 z 不同，我们现在考察央行公开宣布其货币政策的规则的情形：

$$z = z^* = \pi^* \tag{9.31}$$

由于 z 是通过规则来确定的，所以央行不再具有目标函数。这意味着

$$\pi = z + v = \pi^* + v$$

$$E\pi = \pi^*$$

$$y = y_n + \alpha(\pi - \pi^e) + \varepsilon = y_n + \alpha v + \varepsilon$$

$$Ey = y_n$$

我们发现，预期的通胀率与目标通胀率一致，且预期产出也与相机抉择下一致。可以计算得到，此时期望的效用值为

$$U = \lambda(y - y_n) - \frac{1}{2}(\pi - \pi^*)^2 = \lambda(\alpha v + \varepsilon) - \frac{1}{2}v^2$$

$$E(U) = -\frac{1}{2}\sigma^2$$

显然，规则导向下的期望效用要高于相机抉择时的效用。这表明，允许政府执行相机抉择是有成本的。

9.2 汇率理论与模型

汇率是国际货币体系中的重要因素。在介绍汇率模型之前，我们先对汇率、贬值和升值的概念做一个界定。本书所用的汇率为直接标价法，即一单位的外国货币可以换算的本国货币数量。假设这里的“本国”指的是中国，并且1美元可以兑换6.4元人民币，则对于中国来说，美元汇率为6.4。如果汇率上升，则表示本国货币（人民币）贬值，反之，表示本国货币升值。

汇率变动的原因是多方面的，假设美元对人民币的汇率由6.4上升到6.5，即人民币贬值（美元升值），那么可能是美国经济政策导致，如美元退出货币量化宽松政策，也有可能是中国的境外资本大量撤离导致，也可能同时受到中国和美国经济的影响。总之，本国汇率变动的原因是多方面的，可能是本国的经济政策刺激导致，也可能受其他国家经济影响，甚至一个政治事件所致。汇率变动的原因是复杂的，就使得汇率变动很难被准确预测。然而，汇率变动依然是有据可循的，其变动脱离不了经济运行中的规律。正是由于汇率变动存在合理的经济运行机理，有关汇率变动的模型依然很受欢迎，它们也是国际经济分析中不可或缺的工具。

汇率的决定理论很多。本节将首先从最简单的模型开始，即货币模型。它假定价格具有充分弹性。然后，介绍蒙代尔-弗莱明模型，它假定价格水平是绝对固定的。最后，介绍价格黏性模型。这是一种处理价格弹性的折中方法。价格的变动是否具有黏性一般来说是区别所分析问题是长期还是短期的一种方法。在长期，价格是充分弹性的；在短期，价格是具有黏性的。

9.2.1 货币模型

货币模型是刻画汇率模型中最简单的模型。但是，很多汇率决定模型是从货币模型演变而来的。另外，货币模型在预测长期趋势方面仍然能够提供一些帮助。

货币模型主要是从货币需求角度来分析汇率的变动原理。这里，我们将构建一个两国单一产品模型，它有三个核心的假设。

第一，货币供给外生给定。

$$M_0^d = M_0^s \tag{9.32}$$

$$M_1^d = M_1^s \tag{9.33}$$

式中，M_0^d、M_0^s 分别为本国的货币需求和货币供给；M_1^d、M_1^s 分别为外国的货币需求和货币供给。下标 0 表示本国，1 表示外国。式（9.32）和式（9.33）表示货币需求等于货币供给。

第二，具有稳定的货币需求。货币需求仅与产品价格和实际收入有关。

$$M_0^d = k_0 p_0 y_0 \tag{9.34}$$

$$M_1^d = k_1 p_1 y_1 \tag{9.35}$$

式中，p_0 为本国产品价格；y_0 为本国实际收入，$k_0>0$ 为参数；p_1 为外国产品价格；y_1 为外国实际收入，$k_1>0$ 为参数。式（9.34）和式（9.35）说明一个国家的货币需求与实际收入及价格有关。实际收入越高，则货币需求越大；产品价格越高，货币需求也越高。式（9.34）和式（9.35）实际就是著名的剑桥数量方程式。

第三，满足购买力平价理论，且价格是充分弹性的，即价格是可以瞬间调整的。具体可见方程：

$$Sp_1 = p_0 \tag{9.36}$$

式中，S 为汇率，S 的值变大，表示本币贬值，反之表示本币升值。

根据式（9.1）～式（9.36），我们通过求解可以将汇率表示为

$$S = \frac{p_0}{p_1} = \frac{\dfrac{M_0^s}{M_1^s}}{\dfrac{k_0 y_0}{k_1 y_1}} \tag{9.37}$$

通过式（9.35）我们可以发现，如果本国相对于国外增发更多的货币，那么 S 将变大，本国货币将贬值。如果本国实际收入相比外国实际收入增加更快，那么 S 将下降，本国货币将升值。反之，亦然。

货币模型非常简单，由它推导出来的结论也十分明确，而且从长期看这些结论是正确的。例如，20 世纪七八十年代，德国与日本经济发展强劲，与此同时，德国马克和日元也一直处于升值状态。而从 2013 年开始，日本推行货币量化宽松政策，日本决定两年内将本国基础货币增发 1 倍，而这导致日元大幅贬值。日元兑人民币汇率由 100 日元兑 8 元人民币左右降至 100 日元兑 5 元人民币。这些变动完全可以通过货币模型解释。

然而，货币模型在预测汇率短期变动时被证明是无效的。主要原因在于“购买力平价”在准确刻画复杂的经济运行时有很大的困难。另外，各个国家的产品

种类，品质存在很大的区别，很难选择一个固定的“一篮子物品”进行价格比较。最主要的原因是国际资本的流动对汇率的冲击也越来越明显，而购买力平价理论只是侧重商品流通环节。

9.2.2 蒙代尔-弗莱明模型

蒙代尔-弗莱明模型，简称 M-F 模型，是在凯恩斯理论基础上，对国际汇率机制的一种刻画和描述。M-F 模型继承了凯恩斯理论的传统，即总供给对固定物价水平起积极作用，而总需求变动确定经济活动水平。M-F 模型在布雷顿森林体系时期享有很高的声誉，尤其是在政策制定圈子颇受欢迎。它将宏观实体经济与货币需求理论完美地结合在一起，深刻地刻画了经济运行机制与汇率变动的关系。

对 M-F 模型的结构可以简单概述为：IS-LM-BP 模型。IS（investment-saving）是投资-储蓄模型，是实体经济的均衡表述。LM（liquidity preference-money supply）是货币模型。BP（balance of payments）是国际收支平衡方程。

我们首先从 IS 方程开始介绍，具体见式（9.38），它实际上也是我们所熟知的国民收入核算方程。

$$Y = C + I + G + B \tag{9.38}$$

式中，Y 为名义国民收入；C 为消费；I 为投资；G 为政府支出；B 为净出口。

式（9.38）只是告诉我们一个简单的会计恒等式。我们现在需要以此关系为基础，导出总需求方程。这就需要进一步发掘式（9.38）右边各个变量之间的关联关系。首先是消费，我们一般认为消费量会随着收入的增加而增加，因此消费可以表述为国民收入的函数。一般认为投资是利率的函数，利率越大，投资就会受到抑制而变少。政府支出是一个独立的政府决策变量。净出口则表现为汇率的函数。汇率上升，意味着本币贬值，国内产品具有价格竞争优势，从而导致出口增多，进口减少，即净出口增加。汇总这些信息，就可将式（9.38）变为式（9.39）：

$$Y = C(Y) + I(r) + G + B(S) \tag{9.39}$$

式中，S 为汇率。$\frac{\mathrm{d}C}{\mathrm{d}Y}>0$，$\frac{\mathrm{d}I}{\mathrm{d}r}<0$，$\frac{\mathrm{d}B}{\mathrm{d}S}>0$。这就是 IS 方程，即投资-储蓄方程。

对于 LM 方程，实际上也是沿用了剑桥数量方程，见式（9.40），但是我们在方程中引入了利率。这是因为我们考虑了人们对货币的流动性偏好，当利率较高时，人们更倾向于把货币存入银行，减少对货币的持有；反之，则增加货币的持有量。简而言之，随着利率的上升，实际货币需求将下降。

$$\frac{M^d}{p} = ky - lr \tag{9.40}$$

式中，y 为实际收入，与名义收入之间存在关系 $Y=yp$；r 为利率；k、l 为参数；M^d 为货币需求。由于 M-F 模型不考虑价格变动，所以式（9.40）中的价格可以忽略，而名义变量与实际变量相同。

货币供给与货币需求相等的条件依然成立，见式（9.41）。但这里有必要对货币供给做更详细的说明。货币供给除了由银行体系产生的国内信贷以外，还应包括通过国际贸易结算及国际资本流动获得的外汇储备和国内持有的黄金。具体见式（9.42）。

$$M^s = M^d \tag{9.41}$$

$$M^s = D + F_s \tag{9.42}$$

式中，M^s 为货币供给；D 为由银行体系产生的国内信贷；F_s 为央行持有的黄金和外汇储备。

国际收支平衡方程，即 BP 方程，实际也是一个会计核算计算式，即外汇储备等于经常账户的余额加上资本账户的余额。经常账户是进出口货物、劳务等贸易的清算账户，一般受到汇率变动的影响。资本账户一般受到利率的影响，这里假设资本总是倾向于流动到利率高的国家或地区。这样，我们就可以得到 BP 方程：

$$B(S) + K(r) = F_s \tag{9.43}$$

式中，K 为国际资本的净流入量，且有 $K(r)'>0$，这意味着资本并不是完全流动的；F_s 为外汇储备，在纯浮动汇率制度下，$F_s=0$，即汇率由外汇市场自由调节。

式（9.39）～式（9.43）就构成了 M-F 模型的基本结构。由于 M-F 模型所能得到的结论不再像货币模型那么显然，需要借助计算机模拟讨论。

9.2.3 价格黏性模型

现在我们考虑一种具有价格黏性的模型，也称多恩布什模型或者汇率超调模型。M-F 模型在政策模拟、分析上有很多优势，但是仍然存在不足。首先是假设价格固定不变，其次是资本的流动没有考虑到汇率变动的预期。相比于 M-F 模型，价格黏性模型通过引入无抛补利率平价（uncovered interest rate parity，UIRP）条件与菲利普斯曲线完善了这些不足。

无抛补利率平价，即 UIRP 条件，是为了弥补预期汇率变动带来的资本在不同国家的收益差异。这一点很好理解，2014 年俄罗斯汇率大贬值时，为了防止资本大量外移，俄罗斯就曾大幅提高其银行利率。UIRP 条件用模型表述如下：

$$r = r^* + \Delta s \tag{9.44}$$

$$\Delta s = \frac{S^e - S}{S} \tag{9.45}$$

式中，r^* 为国外利率；Δs 为预期的汇率变动率；S^e 为预期汇率。

预期汇率如何确定？价格黏性模型假定任何时刻都存在一个长期均衡汇率 $\overline{S}$，并且由本国相对于国外的货币存量、国民收入和利率水平确定。回想本章关于汇率模型中的货币模型，容易发现长期均衡汇率就是货币模型所确定的汇率。据此，我们可将式（9.45）修改为式（9.46）。

$$\Delta s = \left(\frac{\overline{S} - S}{S}\right)^{\Theta} \tag{9.46}$$

式中，$\Theta>0$ 为参数。

式（9.47）为价格调整方程。它表明需求与产出的缺口将导致价格变动，需求与产出的缺口越大，通货膨胀率就越高。

$$\dot{p} = \left(\frac{y}{y^s}\right)^{\pi} \tag{9.47}$$

式中，$\dot{p}$ 为价格随时间的变动量，y^s 为预期产出。

货币需求方程与式（9.40）保持一致，产品需求方程也基本一致，但净出口函数需要略做调整，它将变为实际汇率的函数，而不是名义汇率的函数，实际汇率与名义汇率在于是否剔除了价格的影响。在 M-F 模型中，由于价格固定，所以实际汇率也为名义汇率，没有差别。但是在价格黏性模型中，二者有明显的不同。因此，将式（9.39）改为式（9.48）：

$$Y = C(Y) + I(r) + G + B(Sp^*/p) \tag{9.48}$$

式中，p^* 为国外产品价格；Sp^*/p 为实际汇率。

式（9.40）、式（9.44）、式（9.46）、式（9.47）、式（9.48）就构成了价格黏性模型。通过模型结构容易发现，价格黏性模型主要用于处理浮动汇率制度下的政策模拟。如果考虑固定汇率，那么汇率预期也就是固定汇率，整个模型也将回归到 M-F 模型。

9.2.4 国际贸易中的政策模拟

本节将重点讨论在蒙代尔-弗莱明模型机制下，经济政策对国家经济的影响。

如果在 M-F 方程中进一步将各个函数表示为线性近似，如下所示：

$$\begin{cases} C(Y) = \alpha Y \\ I(r) = \varphi - \beta r \\ B(S) = \gamma S - \theta \\ K(r) = \lambda r \end{cases}$$

则 M-F 方程可以具体表述为以下方程组：

$$\begin{cases} (1-\alpha)Y + \beta r = G + \gamma S + \varphi - \theta \\ -kY + \beta r + M^d = 0 \\ M^d - F_s = D \\ F_s - \lambda r = \gamma S - \theta \end{cases}$$

在固定汇率下，Y、r、M^d、F_s 为内生变量，其余为外生变量。在浮动汇率下，Y、r、M^d、S 为内生变量，其余为外生变量。在这组方程中，G 为政府支出，它的变动代表了财政政策；D 为国内基础货币，它的变动代表了货币政策。我们给定相关的参数取值如下：$\alpha=0.4$，$\beta=10$，$\gamma=10$，$k=5$，$\lambda=50$，$\varphi=100$，$\theta=10$。汇率 $S=1$。此取值只是为计算分析而用，并不对应某个具体国家。

1. 固定汇率下财政政策的影响

假设 G，即财政支出提升 10%，经过计算可得

$$g_Y=4.53\%,\ g_r=6.34\%,\ g_{M^d}=0.08\%,\ g_{F_s}=1.55\%$$

其中，g_Y 为收入的变动率；g_r 为利率的变动率；g_{M^d} 为货币供给的变动率；g_{F_s} 为外汇储备的变动率。

可以看到，在固定汇率下，财政支出力度提升 10%，可以导致产出和利率上升，货币供给和外汇储备略有上升。政府的财政扩张将首先导致产出上升，货币需求增加，从而利率上升，引起资本流入本国，最终导致本国的外汇储备增加。

2. 固定汇率下货币扩张政策的影响

假设 D，即国内货币增加 10%，经计算可得

$$g_Y=0.02\%,\ g_r=-3.81\%,\ g_{M^d}=9.45\%,\ g_{F_s}=-0.93\%$$

在这种情况下，国内货币的增加将首先引起利率的下降，投资增多，进而产出增加。但由于利率的降低，将会引起国际资本外流。这将引起外汇储备的减少。

3. 浮动汇率下财政扩张政策的影响

假设 G，即财政支出提升 10%，经过计算可得

$$g_Y=4.93\%，g_r=7.14\%，g_{M^d}=0\%，g_S=-8.93\%$$

其中，g_S 表示汇率的变动率。在浮动汇率下，追求国际贸易平衡。此时，财政支出力度的提升将首先导致产出增加，货币需求增加，但货币供给不变，因此利率上升，国际资本流入，在外汇市场上对本币的需求增加，从而汇率下降，本币升值。

4. 浮动汇率下货币扩张政策的影响

假设 D，即国内货币增加 10%，经计算可得

$$g_Y=0.14\%，g_r=-4.29\%，g_{M^d}=10\%，g_S=5.35\%$$

本国的货币供给增加，将会导致本国利率下降，投资增加，产出增加，同时也将引起国际资本的外流，对本币的需求减少，从而本币贬值。

5. 国际资本流动性对经济的影响

目前，国际资本的流动对国际汇率市场的影响越来越大，然而资本的流动程度在不同国家是不一样的。一个显然的推论是，一个国家的资本流动性越大，外来的冲击也将越大，对本国政策的影响也越大。为验证该结论，在 M-F 模型的基础上，我们讨论资本流动性参数 λ 对经济政策的影响。λ 越大，即 $K(r)'$ 越大，资本的流动性就越好。我们首先讨论，固定汇率下的货币扩张政策（国内货币增长 10%）在不同资本流动性下的结果。

如图 9.1 和图 9.2 所示，随着资本流动性的增强，国内总的货币供给变动率逐渐降低，并趋于 0，对产出的影响也逐渐趋于 0，这意味着，在固定汇率下，本国的货币政策会随着资本流动性的增加而逐渐失去效果。主要原因在于，当采取扩张货币政策时，将导致利率下降，国际资本外逃，资本流动性越强，外逃的资金将越多，外汇储备下降也越多，如图 9.3 所示。在这种情况下，等于外商纷纷拿人民币找央行兑换外币，央行多发的货币被重新收回了。因此，货币政策失效。

我们继续讨论浮动汇率下的货币扩张政策（国内货币增长 10%）在不同资本流动性下的结果。

如图 9.4 和图 9.5 所示，在浮动汇率下，货币政策执行时，本国的货币供给不受影响，这主要是因为汇率参与了调解货币兑换，央行并不承诺按照一定的比例兑换，而是根据货币的需求状况实时地变动汇率以满足货币的供需关系。流动性越强，在扩张货币政策影响下，流出的货币就越多，那么汇率贬值就越多，如图 9.6 所示。另外，产出随着资本流动性参数的增加而增加。这主要是受模型的

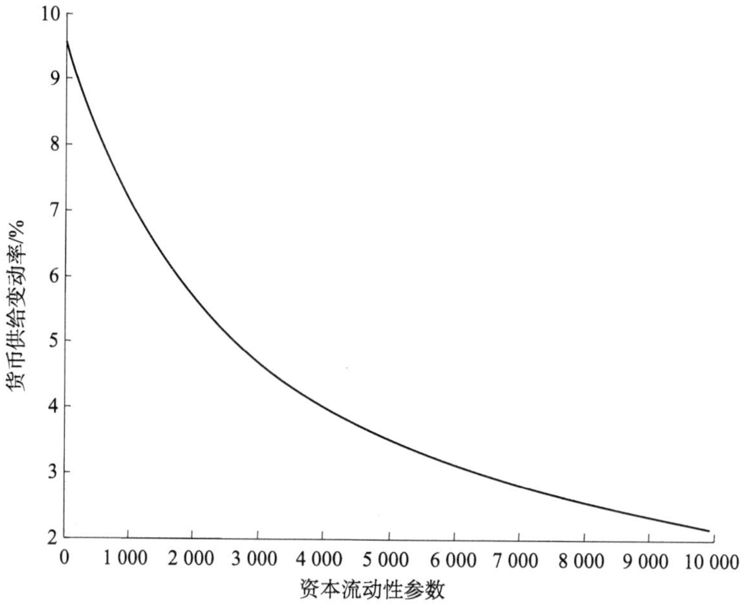

图 9.1 资本流动性对固定汇率下的货币政策对货币供给的影响

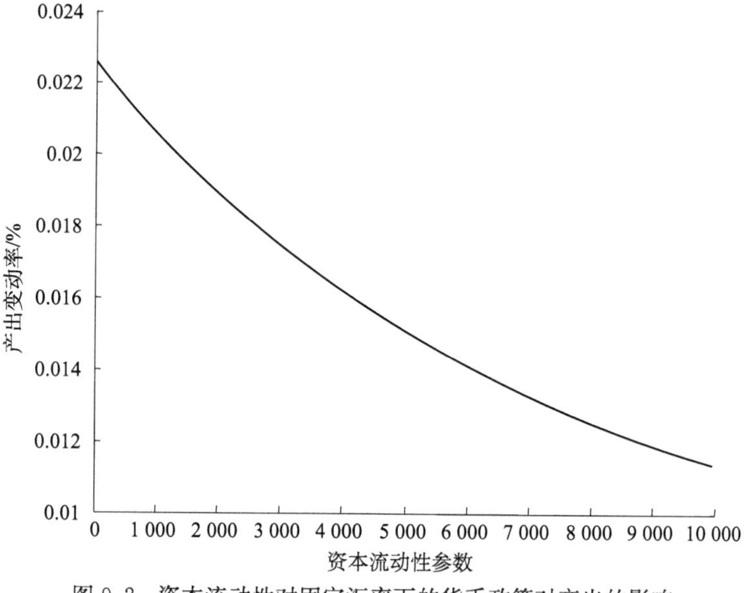

图 9.2 资本流动性对固定汇率下的货币政策对产出的影响

假设影响，因为模型假设本币贬值将导致净出口增加，贬值越多，净出口增加越多。

我国当前的汇率制度为管制的浮动汇率制度，这是一种介于浮动汇率与

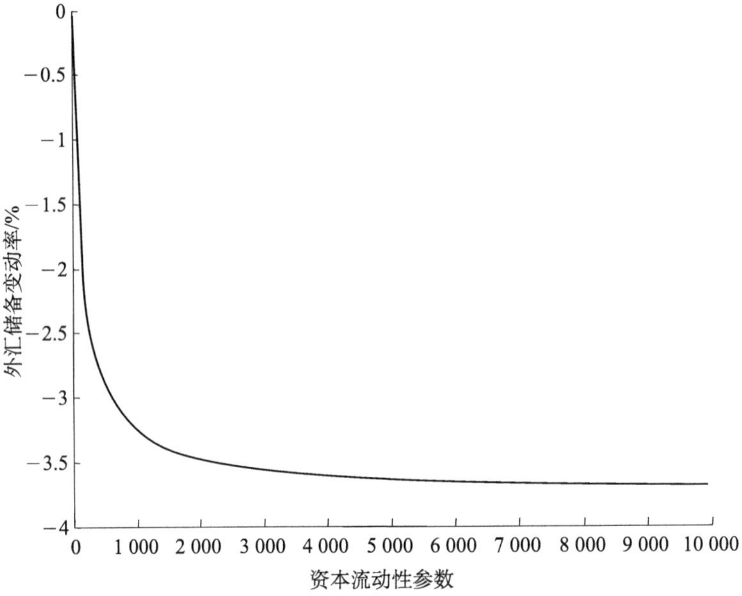

图 9.3 资本流动性对固定汇率下的货币政策对外汇储备的影响

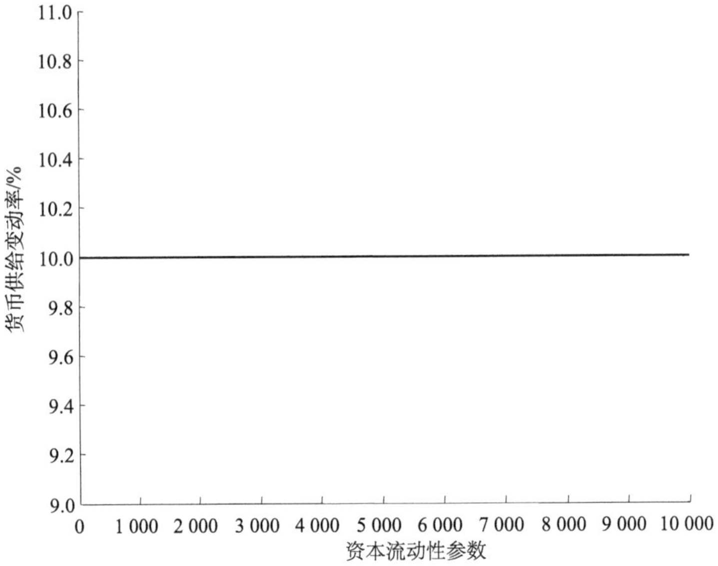

图 9.4 资本流动性对浮动汇率下的货币政策对货币供给的影响

固定汇率之间的一种折中方法。2015 年，在中国人民银行多次执行宽松货币政策之后（降低银行准备金率、降息等），出现了人民币贬值、外汇储备流失较快的情形。尽管国外资金的流动受到很多因素的影响，我们这里只是

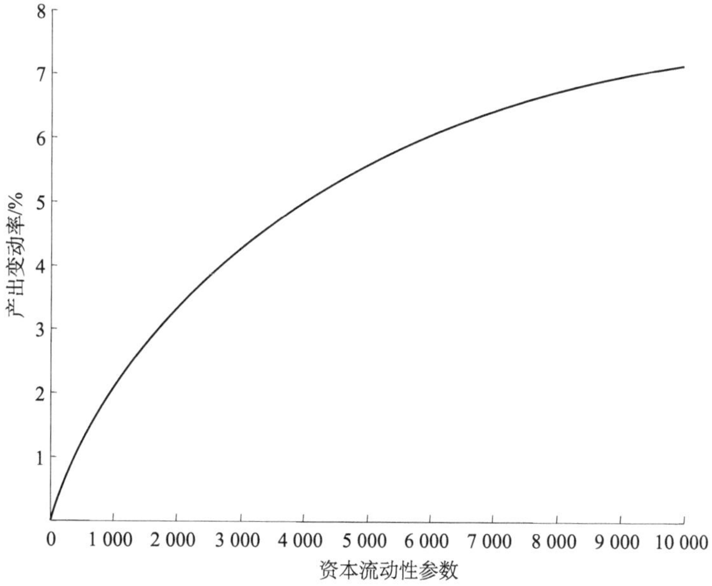

图 9.5　资本流动性对浮动汇率下的货币政策对产出的影响

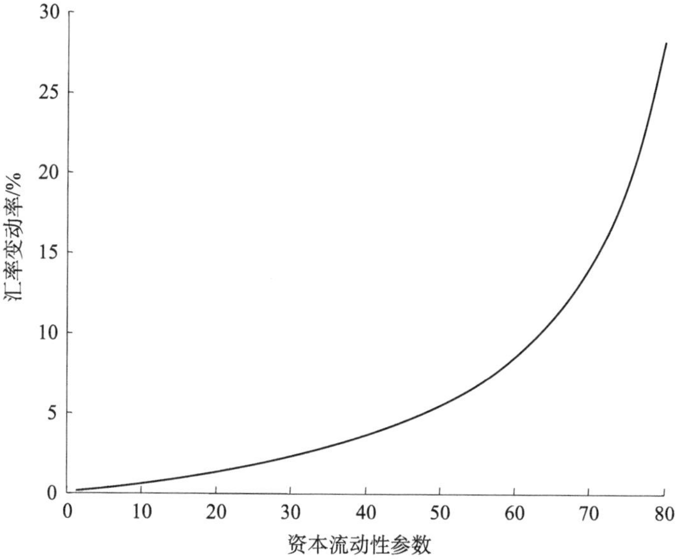

图 9.6　资本流动性对浮动汇率下的货币政策对汇率的影响

揭示了在利率的影响下资本流动性对货币政策的影响，然而随着国际市场的进一步融合，人民币越来越国际化，央行在制定货币政策时，需要更加关注这一影响。

9.3 政府支出与债务

政府在经济活动中占有重要的地位，它是货币政策的执行者，它又通过税收和消费参与经济活动。政府最基本的职能是提供公共产品和服务。国防、治安、环境保护、基础设施建设和转移支付是政府常见的支出，但是这些支出必须要有收入来源。政府的融资手段不外乎三种，即税收、国债和发行货币。实际上这三种手段都可以理解为不同形式的税收。增发货币就是我们常说的铸币税，国债相当于将税收延迟。前面章节中，有些内容已经涉及政府的角色，本节将详细再讨论有关政府的这些内容。

9.3.1 政府预算约束

我们首先将讨论政府的预算约束。和消费者一样，政府也有支出和收入，政府也需要在预算约束下行事。如果政府抛弃预算约束，将会导致灾难性的后果。1997 年在阿姆斯特丹首脑会议上通过的欧盟《稳定与增长公约》规定，欧元区各国政府的财政赤字不得超过当年 GDP 的 3%、公共债务不得超过 GDP 的 60%。按照该公约，一国财政赤字若连续 3 年超过该国 GDP 的 3%，该国将被处以最高相当于其 GDP 之 0.5%的罚款。《稳定与增长公约》实质是对欧盟各成员国的政府预算约束做了规定，目的是保证欧元的稳定，防止欧元区通货膨胀。

如果假设政府只发行期限为 1 期，面值为 1 的债券，则名义的政府预算约束可以具体写为

$$P_t g_t + P_t h_t + B_t^G = P_t^B B_{t+1}^G + \Delta M_{t+1} + P_t T_t \tag{9.49}$$

式中，P_t 为 t 时期的价格；g_t 为政府消费；h_t 为政府的转移支付；B_t^G 为 $t-1$ 时期发行的债券，这些也是在 t 时期必须偿还的债券；ΔM_{t+1} 为增发的货币量；T_t 为 t 时期的税收；P_t^B 为 t 时期发行债券的价格。

如果规定 t 时期发行的债券收益率为 R_t，则 t 时期发行债券的价格 P_t^B 可以写为

$$P_t^B = \frac{1}{1+R_t} \tag{9.50}$$

实际政府预算是去除一般价格水平影响后的预算约束，可以写为

$$\begin{aligned} g_t + h_t + b_t^G &= P_t^B \frac{P_{t+1}}{P_t} \frac{B_{t+1}^G}{P_{t+1}} + \frac{P_{t+1}}{P_t} \frac{M_{t+1}}{P_{t+1}} + T_t \\ &= T_t + \frac{1+\pi_{t+1}}{1+R_t} b_{t+1}^G + (1+\pi_{t+1}) m_{t+1} - m_t \\ &= T_t + \pi_{t+1} m_t + \frac{1}{1+r_t} b_{t+1}^G + (1+\pi_{t+1}) \Delta m_{t+1} \end{aligned} \tag{9.51}$$

式中，$\pi_{t+1} = \dfrac{\Delta P_{t+1}}{P_t}$为通货膨胀率；$b_t^G = \dfrac{B_t^G}{P_t}$为实际政府债务存量；$m_t = \dfrac{M_t}{P_t}$为实际货币量。$r_t$为实际利率，被定义为

$$1 + r_{t+1} = \frac{1+R_t}{1+\pi_{t+1}}$$

为了便于分析，突出政府债务的利息支出这一项，我们将其换一种写法，具体为

$$g_t + h_t + (1+R_t) b_t^G = T_t + (1+\pi_{t+1})(m_{t+1} + b_{t+1}^G) - m_t \tag{9.52}$$

我们以下的分析都将基于这个政府预算约束展开。

9.3.2 政府支出融资与通胀

我们将考察两种政府融资方式，即税收与债务。为了简化讨论，我们首先假定忽略货币发行和通胀问题，并假定利率为常数。此时，政府预算约束可以写为

$$g_{t-1} + Rb_t = T_{t-1} \tag{9.53}$$

并假定消费由当期收入决定。则有

$$c_t = x_t - T_{t-1} + Rb_t \tag{9.54}$$

式中，c_t 为消费量；x_t 为税前收入。

现在，令政府支出从 t 时期开始永久提高 ΔT，则 $t+1$ 时期的政府预算约束和消费变为

$$g_t + \Delta g_{t+1} + Rb_t = T_t + \Delta T \tag{9.55}$$

$$c_{t+1} = x_{t+1} - (T_t + \Delta T) + Rb_t = c_t - \Delta T = c_t - \Delta g_{t+1} \tag{9.56}$$

因此，政府支出的提高完全被私人消费的减少抵消，私人消费的减少是由于额外的税收引起了财富的减少，这也间接说明财政政策是无效的。此结论与凯恩斯乘数理论中的凯恩斯常数相矛盾。但实际上，如果修改消费方程，则其结论与凯恩斯乘数理论相一致，即如果考虑居民的储蓄，或消费只占其总可支配收入的一部分，存在凯恩斯常数。

$$c_t = \lambda(x_t - T_{t-1} + Rb_t) \tag{9.57}$$

其中，$0<\lambda<1$，为参数。可以验证，此时财政政策是有效的。

为了大致说明政府融资所需的通货膨胀率幅度，假定政府支出占 GDP 的比重为 α，税收收入只能支付政府支出的份额为 β，货币存量占私人支出的比重为 γ。如果忽略政府转移支付、债券的影响，那么在政府预算约束方程中，与 GDP 成比例的铸币税收入必须满足：

$$\pi\frac{m}{y}=\frac{g-T}{y} \tag{9.58}$$

式中，m 为实际货币发行量；y 为实际 GDP；g 为实际政府支出；T 为实际税收。求解通货膨胀率可得

$$\pi=\frac{\alpha(1-\beta)}{\gamma(1-\alpha)} \tag{9.59}$$

如果 $\alpha=0.5$，$\beta=0.5$，$\gamma=0.1$，那么通胀率 $\pi=500\%$。这说明，如果政府支出占 GDP 的比重过于庞大将会导致严重的通货膨胀。当政府无法通过国际债务获取融资而国内的税收又无法弥补财政支出时，就只能发行大量的货币来弥补这一财政缺口。苏联时期及津巴布韦政府都遇到过这种情况，并导致了严重的通货膨胀。

9.4 一个汇率政策模拟

在当代国际贸易迅速发展的浪潮中，汇率对国家经济的影响越来越大。本节以韩国为例，借助一个小国开放经济的一般均衡模型，对汇率变动与产出间关系进行考察。

从 1997 年 7 月泰国发生金融危机开始，菲律宾、印度尼西亚、马来西亚、韩国、日本等国相继卷入经济危机，几周内，这些国家大量资本流出，汇率崩溃，金融机构倒闭，股市一落千丈，国内产出急剧下降。为了规避危机，当时韩国政府采取了主动降低汇率的政策，然而韩国的经济危机还是发生了。与之同时，中国政府顶住当时国际上的压力，坚持人民币不贬值，事实证明，中国政府当时的做法是成功的。这就提出了一个问题，韩国政府当时的贬值政策是否恰当。

为了认识这个问题，我们需要回顾事后对那场危机的看法。关于这次东亚危机的原因，不同的分析家有不同的观点，以 Corsetti、Pesenti 和 Roubini（1999）

为代表的一些经济学家认为引发危机的原因是薄弱的国内经济结构，经济系统的薄弱和经济政策失误使投资回报率锐减，导致国外资本的退出。韩国制造部门的回报率从1988年的4%下降到1996年的0.9%，而且背负着大量债务（Hong and Lee，1999；Lim，2003）。还有观点认为，经济基础不是导致危机的真正原因，因为只有那些短期外债与外汇储备之比很高的国家受到冲击。国外投资者一旦发现该国外汇储备不够支付短期贷款，就会发生恐慌，撤回资金（Sachs and Woo，1999；Radelet and Sachs，1999）。Flood和Marion（1998）从投机者角度分析，当某一国家的外汇储备不足以偿付短期外债时，投机者就会在利益驱使下对该国发起攻击，受攻击国由于政策失误而陷入危机。所以韩国的危机是否有政策失误呢？认识这个问题，对于我们提高经济危机的防范能力具有重要意义。

值得注意的是，在东亚危机中表现出了“金融恐慌”这一重要现象。“金融恐慌”是指由于某种外在因素，短期资金的债权人突然大规模地从尚具有清偿能力的债务人那里撤回资金，这是一种集体行为，又经常被称为羊群效应。我们的问题在于，货币贬值或者表现出贬值的国家政策取向就可能是导致恐慌的外在原因。在本国货币贬值时，原来的投资资本陷入恐惧，加上国际游资对各国货币发起了猛烈的攻击，外资纷纷撤出亚洲，危机爆发。因此，韩国采取的贬值政策，是一种国家恐慌，可能是导致韩国不能规避危机的直接原因。

Robert（2005）认为韩国经济危机不是由单一原因引起的，它更可能是由两个因素的联合作用所导致的，即金融恐慌打击了原本脆弱的经济体系。经济体系脆弱本身不足以引发经济危机，但当恐慌在外国债权人中蔓延时，就加速了经济的崩溃。他通过模拟得出经济系统效率下降使1997年第三季度到1998年第一季度的产出降低54%，预期国外利率上升使产出下降46%。但是Robert的模型中没有考虑汇率对国民经济各要素的影响，也就是说没有考虑当时的政策。Chinn（2000）则将经济危机归结为货币贬值，认为如果这些国家坚持固定汇率将避免危机发生。他指出，墨西哥、泰国、韩国、俄罗斯的深度大衰退紧跟于货币贬值。可惜他没有做定量分析。实际上，汇率的变动在不同程度上影响着经济发展。关于经济增长与汇率之间的正面关系问题，国内外学者也有论述。例如，Balassa-Samulson效应指出经济增长对实际汇率的影响，随着一国经济的不断发展与开放，该国货币应该对美元升值（Balasse，1964；Samuelson，1964）。Edwards（1988）分析了一国的贸易、关税、资本等经济要素的变化对汇率的影响。我们认为，汇率对经济增长的反作用是存在的。在经济全球化迅速发展的浪潮中，一个国家的经济受汇率的影响越来越大。这就提出了一个问题，货币贬值会不会是引起经济危机的直接原因，其在经济危机中到底扮演何种角色？是否加剧了经济危机呢？一个容易理解的事实是如果一个国家把自己货币贬值得几乎为零，必然造成资本大量流失和本币大量抛售，危机是不可避免的。由于韩国经济在 1997 年的东南亚经济危机中的典型性，我们以韩国经济为例，考虑一个加入汇率因素的小国开放经济的一般均衡模型，通过模拟，考察汇率变动是否影响经济产出。

从 20 世纪 80 年代开始，韩国经济一直保持增长势头，这一平稳的增长一直持续到 1997 年上半年。在此期间，其汇率市场也保持基本稳定。1997 年 1 月 23 日，韩国主要钢铁公司之一韩宝钢铁公司因无力偿还借款，宣布破产。韩国最大的酿酒商真露公司于 1997 年 4 月倒闭。7 月 15 日韩国大型企业起亚集团破产，几家与之有关的银行和融资机构也被拖入困境。加之此时东南亚经济危机波及韩国金融市场，韩元兑美元汇率开始波动。8 月 19 日韩元兑美元的比价创下 901 韩元兑换 1 美元的历史最低点。之后韩元兑美元的汇率一再滑，9 月 4 日跌至 906.5∶1，9 月 19 日韩元兑美元汇率再次大幅度下跌，达 913.8∶1，创韩国历史新低。韩国政府虽注入 4 亿美元的现汇，但下降势头仍未得到有效控制。11 月 17 日韩国央行宣布放弃对韩元的保护，韩元随即跌到日浮动限幅所允许的最低点 1008.6 韩元兑 1 美元。12 月 15 日韩国政府宣布，放弃汇率浮动限制。12 月 23 日韩国政府宣布，国家外汇储备不足以偿还将要到期的巨额外债，引起外汇市场抢购美元狂潮。12 月 26 日在国际货币基金组织宣布向韩国提供 100 亿美元的援助后，投资者对韩国的外汇市场增强了信心，汉城外汇市场出现反弹，韩元兑美元的汇率由 12 月 23 日的 1962 韩元兑 1 美元回升到 1438 韩元兑 1 美元，比 12 月 23 日上涨了 524 韩元。12 月 30 日，当日汉城外汇市场韩元兑美元汇率为 1550∶1，至此，韩元汇率比 1996 年底下跌了 40.3%。同时，在贬值政策阴影下，韩国大量资本流出，仅 1997 年 11 月和 12 月两个月，资本外流累计就达 98 亿美元，占韩国年 GDP 的 2%；银行业也形势严峻，韩国金融监督委员会宣布关闭五家经营不善的银行，韩国银行业 1998 年因金融危机而遭受的损失达到 14.48 万亿韩元；因此韩国国内当时的情况是汇率崩溃，股市萧条，国内产出急剧下降。图 9.7 和图 9.8 分别是韩国的 GDP 和汇率走势图。

我们借助于一个小国开放经济的一般均衡模型来讨论问题。该模型基于 Robert（2005）的小国开放经济一般均衡模型，但与 Robert 考虑国内生产率和国际利率的扰动不同的是，我们研究汇率的大幅度变动对经济增长所产生的影响。

企业生产过程是最基本的过程，Robert（2005）的企业生产函数采用商品生产规模报酬不变的 C-D 函数形式：

$$Y_t = Z_t K_{t-1}^{\rho} L_t^{1-\rho}, 0 < \rho < 1 \tag{9.60}$$

式中，Z_t 为生产力水平；K_{t-1} 为 t 时刻的资本存量；L_t 为劳动力；ρ 为资本产出

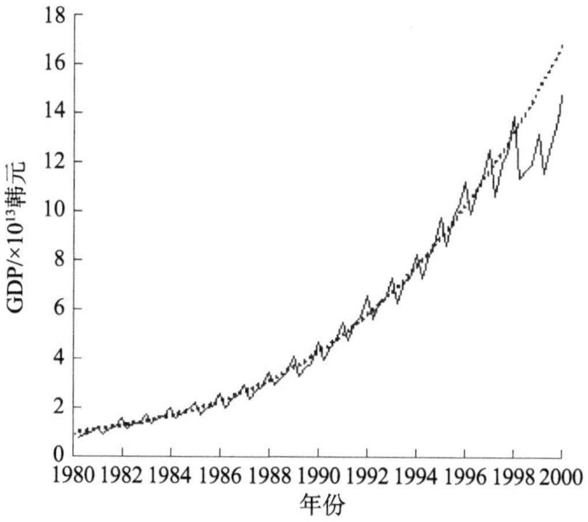

图 9.7 以当前价格计算的韩国 GDP 及其增长趋势

资料来源：韩国国家统计局

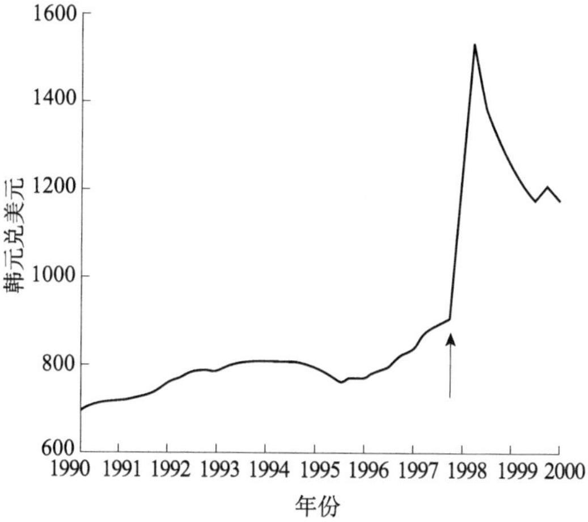

图 9.8 韩元兑美元名义汇率

箭头所指是韩国政府放弃维持汇率的时间

弹性；企业谋求利润最大化，其方程为

$$V_f = \max E_0 \sum_{t=0}^{\infty} \left(\frac{1}{1+r}\right)^t [Y_t - (\xi_t K_{t-1} + w_t L_t)(r\omega + 1)] \tag{9.61}$$

式中，E_0为利润的期望值；w_t 为工资；ξ_t 为国内利率；ω 为以利率 r 所借国外资本的份额。

关于资本存量 K_t，Robert 采用了 Uhlig（1999）考虑调整成本的形式，我们继续沿用：

$$F_t = (K_{t-1}^{\theta} + X_t^{\theta})^{1/\theta}，0 \leqslant \theta \leqslant 1 \tag{9.62}$$

式中，F_t 为家庭新的未贬值资本存量，其由投资 X_t 和原有资本 K_{t-1} 的 CES 函数表示，$\theta=1$ 对应无调整成本的线性形式，$\theta<1$ 时投资中引入调整成本。关于资本的有效存量，我们采取与 Robert 不同的形式，即我们考虑由韩元兑美元比价的下跌所引起的资本损失。在 Robert（2005）中，作者没有解释资本累积方程的经济含义并不明确，我们把它解释为资本的折旧和由货币贬值引起的结果。

$$K_t = F_t - a_t K_{t-1} - \mu_t K_{t-1} \tag{9.63}$$

式中，a 为资本折旧率；μ 为汇率贬值率，即通胀率。即由新的未贬值资本减去汇率变动引起的资本变化及资本折旧。

家庭的跨时效用函数的形式为（Greenwood、Hercowitz and Huffman，1988；Correia、Neves and Rebelo，1995）

$$V_h = \max E_0 \sum_{t=0}^{\infty} \beta^t \frac{(C_{t-\psi} N_t^v)^{1-\eta} - 1}{1-\eta} \tag{9.64}$$

这里，$0<\beta<1$ 为贴现因子，$\eta>0$ 表示相对风险厌恶系数，N 为人口数，ψ 为参数。家庭一方面为企业提供资本和劳动，另一方面进行消费并且卖给国外债权人债券。这时家庭的消费约束与国内家庭在 t 时刻的资本存量 K_{t-1}、发行债券 B_{t-1} 有关。其消费约束为

$$C_t + X_t + (1+r)B_{t-1} = B_t + w_t N_t + \xi_t K_{t-1} \tag{9.65}$$

这样企业的利润最大化问题为

$$\max_{C_t, B_v^S, K_t^S, N_t^S} E_0 \sum_{t=0}^{\infty} \left(\frac{1}{1+r}\right)^t [Y_t - (\xi_t K_{t-1} + w_t N_t)(r\omega + 1)] \tag{9.66}$$

其中，$Y_t = Z_t K_{t-1}^{\rho} N_t^{1-\rho}$。将 Y_t 的表达式代入式（9.66）中，并由贝尔曼方程得

$$\begin{aligned} V(K_{t-1}, Z_t) = &\max_{N_t^d, K_t^d, \mu_t} Z_t K_{t-1}^{\rho} \rho N_t^{1-\rho} - (\xi_t K_{t-1} + w_t N_t)(r\omega + 1) \\ &+ E_t \left\{ \frac{1}{1+r} V(K_t, Z_{t+1}) \right\} \end{aligned} \tag{9.67}$$

在企业利润最大化条件下，我们得到工资和国内利率水平：

$$(1-\rho)\frac{Y_t}{N_t} - w_t = 0 \tag{9.68}$$

$$\frac{\rho}{r_\omega + 1} \frac{Y_t}{K_{t-1}} - \xi_t = 0 \tag{9.69}$$

由式（9.68）和式（9.69）可以看出，工资由劳动的边际产出所决定，国内利率由资本的边际产出而决定。

家庭的消费效用最大化问题为

$$V_h = \max_{C_t, B_v^S, K_t^S, N_t^S} E_0 \sum_{t=0}^{\infty} \beta^t \frac{(C_{t-\psi} N_t^v)^{1-\eta} - 1}{1-\eta} \tag{9.70}$$

其最大化目标满足如下约束条件。

（1）家庭消费约束：

$$C_t + X_t + (1+r)B_{t-1} = B_t + w_t N_t + \xi_t K_{t-1} \tag{9.71}$$

（2）资本有效存量约束：

$$K_t = F_t - a_t K_{t-1} - \mu_t K_{t-1} \tag{9.72}$$

（3）资本存量约束：

$$F_t = (K_{t-1}^{\theta} + X_t^{\theta})^{1/\theta} \tag{9.73}$$

由约束条件和最大化目标函数得到贝尔曼方程形式为

$$\begin{aligned} V(K_{t-1}, B_{t-1}) = & \max_{C_t, B_v^S, K_t^S, N_t^S} \frac{(C_{t-\psi} N_t^v)^{1-\eta} - 1}{1-\eta} \\ & + \beta E_t\{V(K_t, B_t)\} - \lambda\{C_t + [(K_t \\ & + (a_t + \mu_t)K_{t-1})^{\theta} - K_{t-1}^{\theta}]^{1/\theta} + (1 \\ & + r)B_{t-1} - B_t - w_t N_t - \xi_t K_{t-1}\} \end{aligned} \tag{9.74}$$

对由家庭最优目标得到的贝尔曼方程进行与企业问题类似的处理，化简以上得到的各个方程并进行模拟计算。

模型的各个参数中，用于企业生产的资本弹性可以由式（9.74）求得。在此，我们直接采用 Robert 的结果。他根据危机前 1990～1996 年各季度的数据计算，取 $\rho=0.21$，将生产力水平 Z 标准化为 1。资本积累函数中的资本贬值率、投资中调整成本的规模、预期真实利率、偏好方面的风险厌恶系数等参数也主要选用 Robert（2005）中的参数数据，即资本贬值率为 0.0125，对应每年 5%的资本折旧，$\theta=0.936$，$r=0.0079$，$v=1.7$，$\eta=2$，$\psi=2.76$。对于韩元的贬值率，我们根据 1990～1996 年各季度韩元兑美元汇率，计算得到韩元贬值率的稳态值为 0.015。

图 9.9 是 GDP 的真实波动（实线）及由汇率政策变动引起的模拟产出波动（点线）。模拟显示，韩元的大幅度贬值会引起投资下降，资本减少，从而引起产出下降。从图中可以看出，模拟和真实结果具有一致性。1991～1996 年，产出增长率虽有波动但整体的变化趋势平稳；1997 年的产出增长率呈现先上升后下降的特点。这是由于 1997 年上半年韩国经济运行平稳，产出稳步增长，但下半年韩国开始受经济危机的影响，在贬值发生后，产出快速下降，而且产出下降趋势在 1998 年更加明显，1998 年经济严重衰退，在 1998 年年中经济陷入最低谷。将真实值与模拟值相比较，真实情况比模拟情况衰退得更深。这里的差别说明，汇率外的其他因素在危机中也使得产出下降。真实值与模拟值的变化趋势一致，二者均在 1999 年经济开始复苏，不同的是真实曲线比模拟曲线反弹更晚。这个

结果揭示，当时韩国经济的确存在问题，没有贬值经济危机也会存在，但是韩元贬值无疑加剧了危机。

值得注意的是，这个模拟是回顾分析，这种对政策的回顾分析在政策分析中经常使用，它使得政策分析者可以借鉴历史经验，避免再犯错误，也可以用于检查政策模拟模型的可靠性。

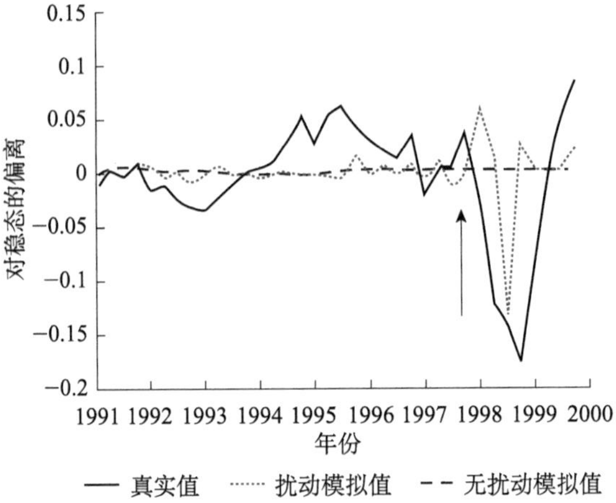

图 9.9　真实和模拟的产出变化

此外，根据 1990 年第一季度到 1996 年第四季度韩国名义汇率的历史数据，预测韩国 1997～1999 年的名义汇率。根据预测的名义汇率，模拟无汇率扰动时产出的变化情况（图 9.9 中划线），可以看出无汇率扰动情况下的产出变化在零值附近有极小的波动。它基本上是个平稳过程，换言之如果没有贬值冲击，正常的生产、消费和资本流动不会引起危机。当然当时的经济过程已经不正常，外国资本开始逃离。如果韩国当时不惊慌，该危机本来是可以减缓的。这说明，汇率的大幅变动与否确实对产出是否能够稳定增长存在较深刻的影响。

从以上模拟情况来看，该模型能够通过汇率政策的变动来反映韩国经济在经济危机时的主要特征，汇率的大幅变动会引起产出相应的变化，说明汇率政策在经济危机中起着举足轻重的作用；同时也说明 Robert 的模型把经济危机的原因仅仅归结为国内生产率下降和国际利率的扰动是不妥当的。当然由前面的分析可以看到，模型只是大致上反映了产出的变动，仍然不能十分准确地再现真实的产出波动情况，特别是我们是针对单变量扰动的模拟，只能部分地说明问题。这也说明由于一个经济体的复杂性，单靠汇率不足以解释危机的发生，货币危机只是经济运行出现问题的一个方面。但这至少说明，货币贬值与危机出现有一定的联系。汇率政策的大幅度变动对危机有推波助澜的作用，会加剧危机。

参考文献

科普兰 L S. 2002. 汇率与国际金融．第3版．康以同，译．北京：中国金融出版社.

Balasse B. 1964. The purchasing parity doctrine：a reappraisal. Journal of political Economy，72 (6)：584-596.

Champ B，Freeman S，Haslag J. 2011. Modeling Monetary Economies. Third Edition. Cambridge：Cambridge University Press.

Chinn M D. 2000. Before the Fall：Were East Asian currencies overvalued?．Emerging Markets Review，1 (2)：101-126.

Correia I，Neves J，Rebelo S. 1995. Business cycles in a small open economy. European Economic Review，39 (6)：1089-1113.

Corsetti G，Pesenti P，Roubini P N. 1999. What caused the Asian currency and financial crisis?．Japan & the World Economy，11 (3)：305-373.

Edwards S. 1988. Real and monetary determinants of real exchange rate behavior：theory and evidence from developing countries. Journal of development economics，29 (3)：311-341.

Flood R，Marion N. 1998. Perspectiveon therecent currency crisis literature. NBER Working Paper No. 6738.

Greenwood J，Hercowitz Z，Huffman G W. 1988. Investment，capacity utilization and the real business cycle. American Economic Review，78 (3)：402-417.

Hong K，Lee J W. 1999. Prospects for the Korean economy. Mimeo Korea Development Institute.

Lim Y. 2003. Sources of corporate financing and economic crisis in Korea：A micro-evidence. NBER Working Paper No. 9575.

McCandless G. 2011. RBC之ABC：动态宏观经济模型入门．段鹏飞，译．大连：东北财经大学出版社．

Radelet S，Sachs J. 1999. What have we learned，so far，from the Asian financial crisis?．Cambridge：Harvard Institute for International Development.

Robert M Y. 2005. The 1997-1998 Korean crisis：domestic orexternal causes?．Journal of Police Modeling，27 (1)：33-53.

Sachs J，Woo W T. 1999. The Asian crisis：what happened and what is to be done. Asian Competitiveness Report.

Samuelson P. 1964. Theoretical notes on trade problem. Review of Economics and Statistics，46 (2)：145-154.

Uhlig H. 1999. A toolkit for analyzing nonlinear dynamic stochastic models easily//Marimon R，Scott A. Computational methods to study dynamic economics. New York：Oxford University Press：30-61.

第 10 章

评估的指标体系构建

政策制定往往需要在对政策作用对象状态评估的基础上展开，在很多情况下，对政策作用对象的状态评估需要从多角度展开，这就要构建一个指标体系。指标体系的构建，本身不是政策模拟，但往往是政策模拟的基础，因为只有加深对政策作用对象状态乃至结构的认识，才能保障政策模拟的动力学应用。本章将讨论在制定社会经济问题政策时经常涉及的状态评估问题。

10.1 状态评估的指标体系

如何构建一个状态及结构刻画的指标体系呢？本书以王铮、耿文均、夏海斌、吴静、刘清春、戴霄晔等（2022）完成的中国艰苦边远地区辨识的指标体系为例来讨论。构建中国艰苦边远地区辨识的指标体系的目的是，从大量数据中挖掘相关信息，为制定国家相关的区域工资、津贴政策提供科学基础，是典型的数据挖掘问题。构建面向政策分析的指标体系，首先要清楚数据挖掘或分析将服务于什么目的和场景，这样才能从无序的数据中理出分析主线。中国艰苦边远地区辨识指标体系，从其政策目的看，主要是辨识出劳动者在某种地理环境中产生同样的劳动成果需要的劳动付出水平，并进行补偿。国际上，美国就采取了这种补偿政策。《美国法典》明确提出，对艰苦地区实行津贴制度，以及认定地区艰苦程度的三项原则：自然生存条件恶劣、物质生产条件艰苦和在当地生活有害于人类身体健康。同时，美国也提出了要对在非美国本土工作的人员给付一定数量的津贴，这里反映了承认恶劣环境对人的健康损失，以及远离家乡带来的痛苦和生活障碍。美国采取给艰苦边远地区人员以津贴的政策，意味着承认在艰苦边远环境里工作需要更多的劳动付出，应该发给更多津贴。

在经济学中，工资（津贴）是由产出决定的。产出是各种生产力因素投入的结果，即

$$Y = AK^{\alpha}L^{\beta} \tag{10.1}$$

式中，Y 为产出；K 为物资资本；L 为劳动力；α、β 为弹性系数；A 为技术进步参数或算子，实际上它是由区域地理条件和技术水平决定的参数。在实际经济现象观察中，我们可以发现存在这样的情况，资本和劳动力人力资本在同样技术水平投入下，各地区产出不相同。由于工资是劳动投入的结果，所以付出同样的劳动，在各地区产出不尽相同，工作结果也不尽相同。换言之，在艰苦边远地区较条件良好地区要产生同样劳动产出，需要多付出劳动因子 E（>0），以赔偿（区域算子）A 因为区域艰苦边远而产出变小带来的生产要素作用的损失。即有

$$Y = A_1K_1^{\alpha}L_1^{\beta} = EA_2K_2^{\alpha}L_2^{\beta} \tag{10.2}$$

式中，1 代表环境良好区，2 代表艰苦边远区。式（10.2）定义了一个劳动的付出函数 E。我们认为，E 是一个地理环境差异的结果，由于 E 存在，艰苦边远地区要产生出、创造出与条件良好地区相同的生产成果，必须有更大的劳动付出，这个问题由此在理论上被追溯为地理问题。经济学家克鲁格曼提出了地理环境存在“两个地理本性”的学说，两个地理本性决定了区域的经济学特性，第一地理本性是“先天的自然禀赋”，它决定了区域的比较优势，第二地理本性是“后天的交通区位条件”发展进一步内生化了这种优势。在技术层次上，应该认识到劳动者在第一地理本性艰苦的地区工作和生活，需要额外承担的劳动成本和健康损失，如高海拔、干旱、地方性疾病等诸多因素大大降低了所在地区人员的生命质量和健康状况。第二地理本性的交通条件恶劣又进一步加大了工作和生活成本（如医疗、教育、生活资料的获取）。因此，劳动付出函数是地理环境的函数。

在实践方面，美国对艰苦边远地区工作人员实行了津贴制度。通过对中国艰苦边远地区的考察分析，艰苦边远性的后果一般表现出以下特征：寿命缩短、疾病增多、生活水平下降、受教育困难、社会活动缺少所带来的孤独性。基于此，借鉴美国艰苦边远地区认定的三项原则和“两个地理本性”，我们认为艰苦边远性主要来自于地区间物质生产能力、生活便利程度和长期健康环境三方面的因子差异。显然，这些因子可能存在交互作用。例如，水资源缺乏可能导致疾病增多，也导致物资生产不足，还导致生活困难。另外有的因子表现出一个除健康损

失、物质欠缺外的付出项，如一般人去少数民族地区工作会产生文化障碍摩擦承受诸多的生活不便。另一个不良因素是地方病，地方病使得许多地区劳动者遭受特殊的健康损失。地方病不是一种劳动付出，却使人丧失某些技能，即一类与付出相关的补偿性因素。付出函数的理论意义是：取得同样的劳动成绩，不同地区劳动者的付出是不同的。因此，可以根据劳动付出函数对一个地方的艰苦边远性做出评价。分析表明，建立一个政策分析指标体系，需要针对政策目的的理论模型。

有了劳动付出的理论认识，我们就可能在劳动付出概念上建立艰苦边远地区辨识指标体系作为数据挖掘的基础。为此，我们把每一个艰苦边远性特征称为艰苦边远性因子，并且可以定义 C－D 形式的函数，来度量处于一个地理环境中由于这些因子的约束获得劳动成果需要的付出：

$$E = x_1^{\alpha_1} x_2^{\alpha_2} \cdots x_n^{\alpha_n} \tag{10.3}$$

式（10.3）就是付出函数模型，前面的分析表明，它是艰苦性的函数，表示生产同一个单位的产品，劳动者因为各种艰苦边远地区特征 x 即艰苦边远性因子不同，付出劳动不一样。在技术上我们可以给 x_i（$i=1$，…，n）代表的每一个艰苦边远性因子的数值评分，对每一个计量单位（县、市、旗等）都会计算得出其所有因子的分数。α_i（$i=1$，…，n）代表每个因子对艰苦边远性的弹性。这里的模型是 C-D 型而不是 CES 型的，是因为考虑了艰苦边远性的特点，当一个因子达到了极点，其他因子再好也没有可补偿性，因子具有不可替代性。例如，一个环境里完全没有水，人感受的艰苦已经得到了极点，尽管这个环境的氧供应充分、地势平坦；反过来，一个环境气候极端，长年冰冻，尽管水资源供应充分，这个环境也是极端艰苦的。采用 C－D 函数形式的另一个原因是它具有规模不变特征，我们确认所有艰苦边远性因子数值加倍，艰苦边远性才加倍。艰苦边远性本质上是一种福利指标，我们能够感受它有序，但是不能物理测量，因此可以做规模不变的约定。

进一步，将式（10.3）左右两边同时取对数，得到：

$$D = \log E = \sum_{i=1}^{n} \alpha_i \log x_i \tag{10.4}$$

式中，D 为艰苦边远性指数。在规模效应不变的条件下，可以将 α_i（$i=1$，…，n）看作每个因子的权重，因此定义：

$$\sum_{i=1}^{n} \alpha_i = 1 \tag{10.5}$$

显然，在确定每个地区各个因子得分的基础上，就可以得到其艰苦边远性指数，作为最终划定其艰苦边远类别的依据。这样，我们从艰苦边远性的理论认识构造出一个可计算模型。

10.2　因子选择与指标确定原则

为计算区域艰苦边远性评价指标，必须选择一些地理因素把它们物理性地表达出来。从逻辑上讲，对艰苦边远性因子的选择必须既要保证充分性，也要保证必要性。这就是说，艰苦边远性因子要能够全面刻画一个地区的艰苦边远特征，尽管由于艰苦边远性是一个复杂现象，总会有些特殊因素难以量化，但是要确保任何一个重要的、在一定区域内会普遍出现的艰苦边远特征不被忽略，就要保证每一个艰苦边远性因子都有其实际意义，能够反映某一方面的艰苦边远特征，换言之，选择的艰苦边远性因子是足以描述区域艰苦边远特征的最小性能集合。

另外，如在 10.1 节已经论述的那样，各个艰苦边远特征是彼此联系的，因此要保证各艰苦边远性因子完全相互独立几乎是不可能的，但是从因子选择的过程来看，还是应该尽量避免不同因子的重叠性，以避免数据的共线性。

基于上述考虑，我们首先需要一个充分性表达，因为艰苦边远性是一种地理特征，为此引用地理学的地理本性学说以保障表达的充分性：地理学关于描述一个区域的地理本性共有两类，即 Krugman 第一地理本性和第二地理本性（Krugman，1993），或者如王铮等（刘清春和王铮，2009；夏海斌和王铮，2012）进一步认识的三个地理本性。第一地理本性是考虑地球赋予人类的先天环境条件，是自然禀赋，这些是人类难于通过自身的力量加以改变的；第二地理本性是人类自身在历史发展过程中利用第一地理本性而构造的地理本性，第三地理本性是人类在发展中创造出来的。通俗地说，艰苦边远性存在于自然环境和社会环境两方面，第一地理本性是自然的，第二地理本性是社会的。

有了这个充分性认识，我们需要识别足以表达艰苦边远性的最小性能集合，为了可计算，选择的因子必须是可测量、可计算的自然地理学特征、经济学特征和社会学特征。一般来说，单一物理的、经济的指标对艰苦边远性的作用并不明确，有的指标需要与其他指标共同使用才可以表征艰苦边远性，有的指标可以用在不同因子中，对艰苦边远性有多重作用，有的指标对艰苦边远性的作用是非单调的。因为为了制定津贴政策，计算获得的指标必须具有关于地理特征度量的单调性。因此，要恰当地选择指标，科学地进行合成，确定每个艰苦边远性因子对应的唯一指标（称为艰苦边远性指标），才能准确衡量出各艰苦边远性因子在不同地区的实际差异。

在确定艰苦边远性指标的过程中，一般应该遵循下列原则。

（1）指标选择的科学性。每一个指标的确定都要建立在地理学、气候学或经济学等相关学科的研究基础上，要确实能够反映艰苦边远性的某个方面。对于一些在某个区域内普遍存在的特殊困难，要结合实地考察和理论论证，科学地反映在艰苦边远性指标中。

（2）指标意义的明确性。每个合成好的艰苦边远性指标都与其对应艰苦边远性因子有直接的、明确的、单调的联系，这里单调性是重要的，它保证最终得到的艰苦边远性指数与艰苦边远性的一致性。

（3）数据的连续性。每一个指标原则上都选择连续数值型变量，这样可以应用一般统计分析技术。

（4）数据的可获得性。考虑到本研究要对每个区域的艰苦边远程度进行确定，需要保证所选指标在相应区域在地方尺度上数据的可获得性，以保证指标评价体系的公平性。

（5）尊重长期工作经验。地方工作人员或长期从事艰苦边远地区津贴发放工作，或本身在艰苦边远地区工作，他们对不同地区艰苦边远性的差异有着切身的体会，对当地主要的艰苦边远性特征有着深刻的认识，这对于认识地方艰苦边远性的偏序关系十分重要，可以用这些经验来检验数据挖掘的可靠性。当然，要审慎、客观地对待他们的经验，既要予以充分地重视，又不能完全依赖。

10.3 最优化的数据挖掘

由式（10.2），要分析计算艰苦边远性指数需要两个条件，第一获得艰苦边远地区的状态变量，根据地理本性学说和地理学知识，王铮等[①]选择了合成海拔、地表崎岖度、人生气候指数、水资源适宜度、农业生产潜力、人文发展指数、交通指数、信息化水平，其中第一到第五个因素是第一地理本性的，第六、第七因素基本上是第二地理本性的，第三地理本性——关于信息化水平的描述也包含在联合国的人文发展指数中。关于这些特征能够反映地理本性的认识是基于

---

① 王铮等内部报告《中国艰苦边远地区辨识》。

地理学理论研究的（夏海斌和王铮，2012）。在本章附录里，给出了各状态的计算模型。在图10.1中，给出根据理论分析选择的艰苦边远性因子，这些因子状态又由其根据原理通过某些可观察的基本变量的函数表达。

为了保证计算的科学性和数据挖掘的稳定性，技术上对可计算的艰苦边远性因子的物理、经济因素做了预处理。预处理的第一步是将因素可能取值的表达形式尽可能划为标准正态分布随机度量，这里可能需要某种变换，这种处理是为了统计计算的合理性和最后分类可以利用统计判断的贝叶斯准则。预处理的第一步是标准化处理。这样处理不仅可以消除由不同指标间量纲、量级的差异而造成的体系不可解释性，更重要的是将地方的艰苦边远性确定放到全国总体样本中去考虑，也就是最终可以确定其在全国的相对位置。

在王铮等的研究中，采用标准差标准化方法，使得各因子的全国平均水平为零，标准化后数值表示各县（市、旗）在全国的相对位置。

标准差标准化公式如下：

$$x'_{ij}=\frac{x_{ij}-\bar{x}_j}{s_j}\ (i=1,2,\cdots,m;j=1,2,\cdots,n) \tag{10.6}$$

式中：

$$\bar{x}_j=\frac{1}{m}\sum_{i=1}^{m}x_{ij},s_j=\sqrt{\frac{1}{m}\sum_{i=1}^{m}(x_{ij}-\bar{x}_j)^2} \tag{10.7}$$

由这种方法所得到的标准化数值均值为0，标准差为1。归一化是为了在进一步的计算中引用主成分分析的系数时不受不同量纲数据大小的影响。

再根据式（10.4）计算艰苦边远性指数涉及两个因素，一个是因子权重 α_i，另一个是因子状态 x_i，因为状态是由许多基本变量计算出来的，所以状态表达是基本变量的函数。因此，各个状态对艰苦边远性影响的权重估计就成为分析的难点。这里因为艰苦边远性因子 D 可以分解为一般艰苦边远性和人均寿命，艰苦边远性可能由两个因子按某种权重加权。

对于一般艰苦边远性，我们首先需要对区域的艰苦边远性做实地考察。选定某个典型区作为样本区域，约请样本区相关研究人员和公众，就他们对本地区的艰苦边远性在不考虑寿命影响的条件下做一个偏序估计。对于人均寿命，由于具有可测性，我们建立人均寿命与艰苦边远性因子的关系统计估计。接下来，选择有理论根基的状态作为合成艰苦边远性指数计算的函数基，这些函数基实际上有明确的物理或者经济意义，只不过它们未必表征了艰苦边远性。图10.1中除特殊因子以外的8个变量，是根据理论与经验认识提出的可测量因子。接下来，用主成分分析方法计算这些因子为基的巴拿赫空间，以获得其空间主成分方向。采

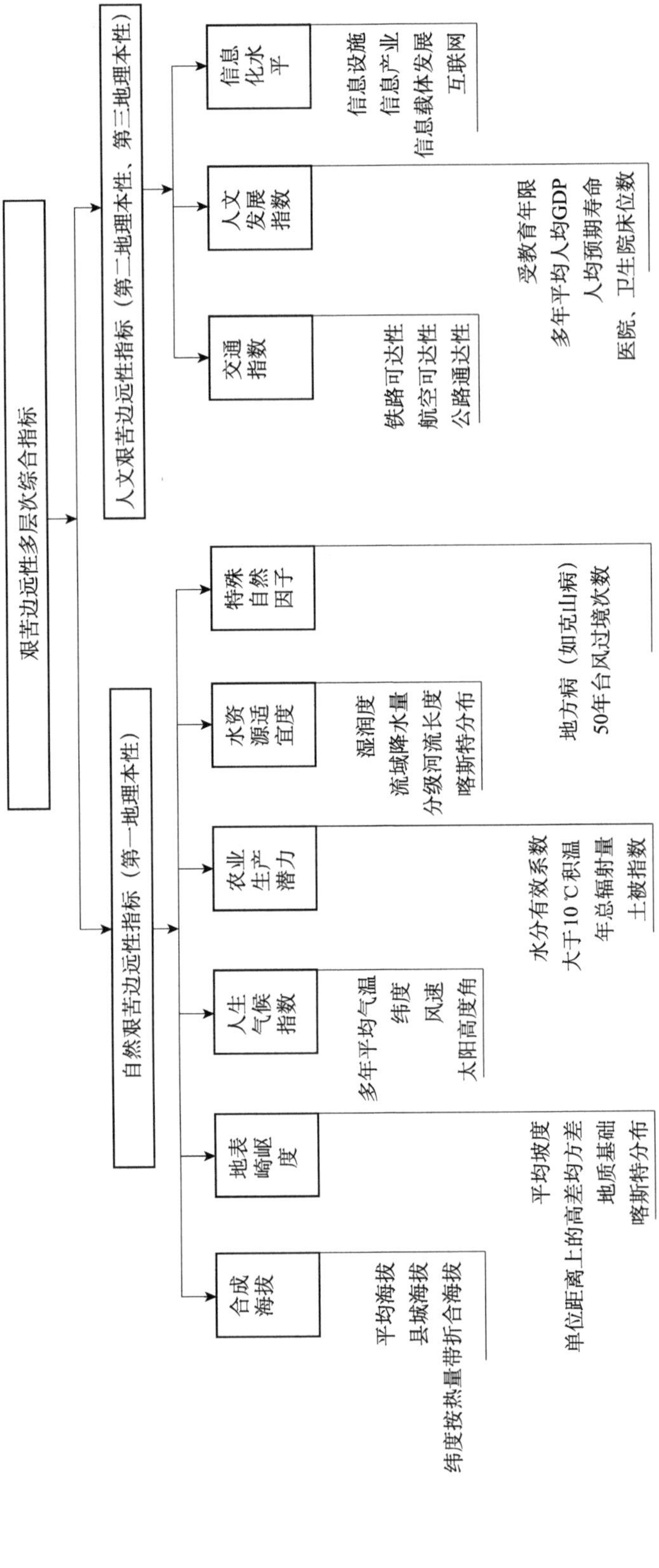

图10.1 艰苦边远性指标合成

用主成分分析法是为了避免因子的交叉作用。主成分特征量的存在，说明这些因子在某个方面有统一的表现，而且可压缩为巴拿赫空间的基变量。有几个主成分，说明艰苦边远性在几个方面有表现，而不是在原来的理论和经验上认为有关系的各个方面。接下来，将主成分分析获得的特征变量对应的因子系数和各个主成分的贡献相乘，得到这些因子对艰苦边远性可能的贡献，考虑到总权重为100%，因此把各因子得分进行归一化，用每个因子得分除以得分总和，这样就得到了各个因子的初始得分。这个得分确定第一步认定的由标准化因子计算艰苦边远性指数 D 的权重。这时计算出艰苦边远性指数 D，将 D 的取值排序与实际调查典型区获得的经验认可艰苦边远性排序比较，如果计算与经验排序一致，即认为获得的权重合理；如果不一致，就需要修改权重，返回并调整因子。实际上对于两个排序，我们定义一个基于不同排序结果的误差函数，通过对误差函数的最优化，搜索逼近理想的艰苦边远地区排序计算的最优权重。如果误差比较小，就能确定指标体系应该采取的权重。如果误差不小，意味着选取的因子可能不合理，需要进行因子修改。注意，这里比较的是序次而不是艰苦边远性的具体值。因为对于艰苦边远性，人类能够感觉到的是排序而不是数值。其次，修改因子不是增添因子，我们的经验是，修改因子与构成变量的函数关系，从而重新计算因子取值、权重，再计算艰苦边远性指数。根据两个排序的差别判断计算是否合理，决定停止搜索还是返回搜索：经这样多次检验，每次计算结果与调查的典型省区各县（市、旗）经验排序是否一致：如一致，则给出估计的权重，可进入对整体数据的分类；不一致，返回。图 10.2 是简化的计算流程，这个过程实际上是以与经验排序一致为最优化目标的分析。在实际研究中，王铮等还考虑了人均寿命和特殊因子的影响，这里就不介绍了。

通过这个例子，我们可以看到，要建立一个指标体系，第一步，首先需要根据指标体系分析的政策对象，确定一系列理论原则。接着，由这些理论原则，确定构成指标体系的结构因子，对于这些结构因子，需要从原理上或者经验方面寻找可以对它计算的可测的特征变量。第二步，借助理论或者经验，把要计算的指标与结构因子的关系线性化，把指标体系与结构因子状态表示成式（10.4）和式（10.5）的形式。第三步，建立某种指标误差优化准则，根据第一步获得的结构因子状态量，按式（10.4）与一定的权重结合计算获得指标，并将计算获得指标按优化准则取舍，反复搜索，确定最优权重。其中，初始权重可以由某种统计方法或者经验获得。显然，这个过程是一个最优化数据挖掘过程，所以图 10.2 所示的指标体系估计方法可以称为最优化数据挖掘方法。

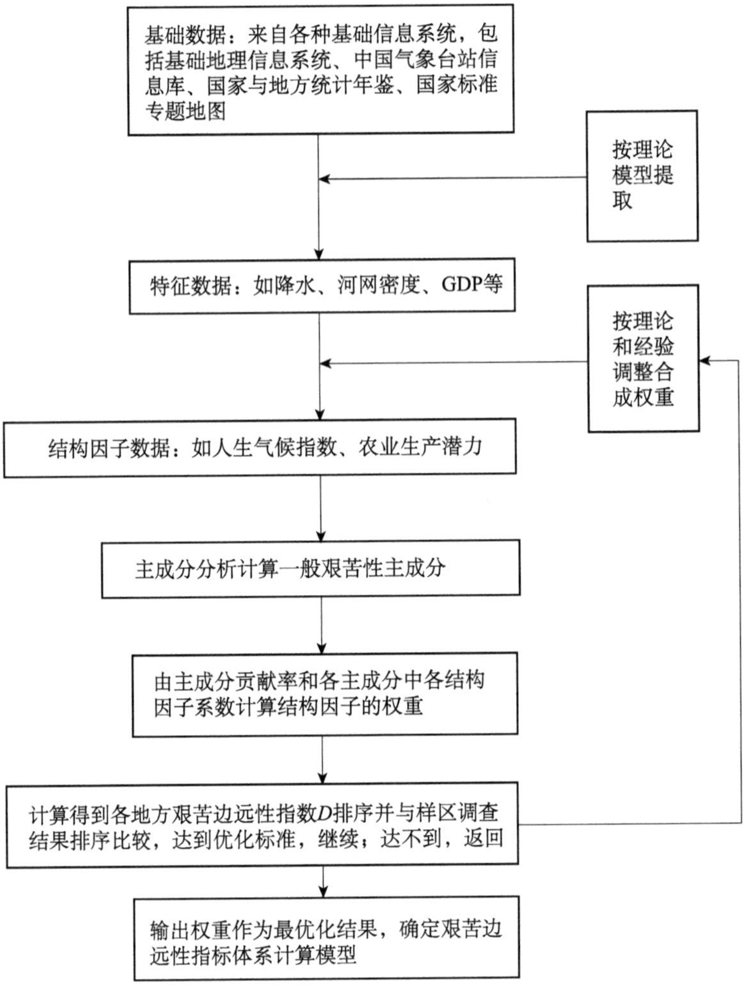

图 10.2 艰苦边远性指标的计算流程（简化）

参考文献

黄秉维．1985. 中国农业生产潜力——光合作用．北京：科学出版社．

刘清春，王铮．2009. 中国区域经济差异形成的三次地理要素．地理研究，28（2）：430-440.

刘清春，王铮，许世远．2007. 中国城市旅游气候舒适性分析．资源科学，29（1）：133-141.

王铮，耿文均，夏海斌，等，2023. 区域发展的地理学基础评估及其指标体系构建．地理学报，78（3）：558-571.

王铮，孙枫，王瑛，等．1999. 知识型产业区位的实证分析．科研管理，20（3）：101-109，33.

夏海彬，王铮 . 2012. 中国大陆空间结构分异的进化 . 地理研究，31（12）：2123-2138.
夏海斌，戴霄晔，王莹，等 . 2006. 基于 GIS 的中国县级尺度交通便利性分析 . 地域研究与开发，25（3）：120-124，130.
张大朋，周均清，王乘 . 2004. 国内外信息化评估体系研究 . 情报杂志，23（3）：12-13.
Burrough P A. 1986. Principles of Geographical Information Systems for Land Resources Assessment. Oxford：Oxford University Press.
de Freitas C R. 1979. Human climates of northern China. Atmospheric Environment，13（1）：71-77.
Krugman P. 1993. First nature，second nature and metropolitan location. Journal of Regional Science，33（2）：129-144.

附录：中国艰苦边远性因子的计算

1. 合成海拔

海拔是评价艰苦边远性的一项重要指标。这是因为在低氧、低温、高紫外线强度的高原环境下，人体生理状况会发生一系列变化，引发各种急慢性疾病，对人身健康造成严重的负面影响。随着海拔升高，氧含量下降，燃料无法充分燃烧，能源耗费大，各种动力设备或者因为氧供应不足而效率低下，或者因为气压降低，水的沸点也低导致热机效率低，从而增加了劳动付出和物资付出。另外，高海拔热量降低，辐射平衡出现负值，"高处不胜寒"，因此海拔是一个重要的艰苦边远性因子。

在本研究中，以全国 1∶100 万海拔 DEM 数据库为基础，每 0.25 平方公里取一个数据点，通过 GIS 空间计算得出全国各县（市、区）平均海拔。

考虑到某些地区人口基本上集中在中心区域，因此利用人口密度对海拔进行修正：对人口密度大于 70 人/公里^2 的地区，取平均海拔作为标准海拔；对人口密度小于等于 20 人/公里^2 的地区，取 1/2 县城海拔和 1/2 平均海拔作为标准海拔；对人口密度 20～70 人/公里^2 的地区，海拔以线性比例折算县（市、旗）海拔与平均海拔的比重，公式如下：

$$
\text{地表海拔}=\begin{cases}\text{平均海拔} & x>70\\ \left[\left(1-\dfrac{70-x}{100}\right)\times\text{平均海拔}+\right. & \\ \left.\dfrac{70-x}{100}\times\text{县(市、旗)海拔}\right] & 20<x\leqslant 70\\ 0.5\times\text{平均海拔}+0.5\times\text{县(市、旗)海拔} & x\leqslant 20\end{cases}
\tag{10.8}
$$

式中，x 为地区人口密度。

与海拔相似，随着纬度的升高，地区接受太阳辐射降低和大气可利用氧含量发生变化，其影响与海拔影响具有可叠加性，王铮、夏海斌等通过热量与氧含量对纬度与海拔进行可比性合成，对北纬 35°线以北地区，以同纬度距离的 3/5 高程与地表海拔相加，得到最终的合成海拔指标。

2. 地表崎岖度

地表崎岖，地势起伏较大，给当地居民的日常生活和生产建设带来了一系列难题。一方面，崎岖的地势给水土保持造成了巨大的困难，相对于平缓地势地区，这些地区更容易发生土壤侵蚀和水土流失现象，而坡度增大的同时也增加了农业生产的成本，降低了效率；另一方面，地势起伏不平显著提高了工程建设的难度与成本，包括公路、铁路在内的各种设施建设都会受到坡度较大、地貌特征复杂等因素的影响与制约。

地表崎岖不平的状况一方面表现为地表坡度较大，山陡沟深；另一方面则表现为山势起伏连绵，地形破碎。对于地表崎岖状况的衡量，通常选用单一的坡度指标，但是该指标对于同样坡度、不同坡长的地形无法区分，无法准确反映高程变化幅度对地表崎岖状况的影响。

为了真实全面地描述地表形态，科学刻画全国不同地区地表的崎岖状况，王铮等以各县（市、旗）的平均坡度和单位距离上的高程均方差为基础，通过加权合并，形成地表崎岖度这一体现自然艰苦性的指标。

平均坡度是县（市、旗）区域内各点坡度的平均值，它反映了该地区地表起伏平均幅度，以全国 1∶100 万海拔 DEM 数据库为基础，通过与县（市、旗）面域叠加，利用 GIS 空间计算得出各地区平均坡度 S。

单位距离上的高程均方差即县（市、旗）区域内高程均方差在单位距离上的数值，它反映了该地区的地形破碎程度和高程变化幅度，以 1∶100 万海拔 DEM 数据库为基础，通过 GIS 空间计算（Burrough，1986）得出全国各数据点海拔数值，计算县（市、旗）域内各点海拔均方差，除以该县（市、旗）内数据点个数平方根，即得单位距离上的高程均方差 A。

根据我国大地构造的基本轮廓，我国北方地区为华夏板块，包括塔里木地块和华北地块，南方地区为扬子板块和其他板块，南北板块在印支运动后逐渐缝合，缝合线大致位于淮河—秦岭—昆仑一线。我们从中国大地构造图中提取了此分界线（以下简称淮—秦—昆线），该线以北是古地台，成陆时间长，地表较平整，小型沟谷发育；该线以南则是褶皱山系，地表破碎，大型沟谷发育。因此，将地表崎岖指标合成如下：

$$pSA=\begin{cases}0.8S+0.2A, & \text{淮河—秦岭—昆仑线以北}\\ 0.6S+0.4A, & \text{淮河—秦岭—昆仑线以南}\end{cases} \tag{10.9}$$

式中，pSA 为地表崎岖度；S 为平均坡度；A 为单位距离上的高程均方差。

3. 人生气候指数

人类生存的舒适度与气候密切相关。《史记》评价当时长江以南发展迟缓的原因是“江南卑湿，丈夫早夭”。王铮、孙枫和王瑛等（1999）论证，美国加利福尼亚地区之所以能够发展高技术产业，与气候舒适有利于智力活动有关。气候舒适度又被称为人生气候，它综合考虑了气温、风速、湿度等方面因素，它反映了人类对环境的选择。de Freitas（1979）提出将着衣指数作为人生气候指数的测度。

人生气候指数基本公式为

$$\mathrm{ICL}=\frac{33-T}{0.155H}-\frac{H+aR\cos\alpha}{(0.62+1.9\sqrt{V})H} \tag{10.10}$$

式中，T 为气温；H 为人体代谢率的 75%，单位为瓦/米^2，这里取轻活动量下的代谢率，即 116 瓦/米^2，这时 $H=87$ 瓦/米^2；A 为人体对太阳辐射的吸收情况，它与人体姿势、衣服反照率，以及太阳的直接辐射、散射和反射成分有关，多数情况下取 0.06 为最大值；R 为垂直于阳光的单位面积土地所接收的太阳辐射，单位为 W/m^2；α 为太阳高度角，取各地的平均状况，夏季时各地太阳高度角为 $90-\Phi+23°26'$，冬季时各地太阳高度角为 $90-\Phi-23°26'$，而春秋季节太阳位于赤道附近，因此取各地平均太阳高度角为 $90-\Phi$，Φ 是纬度值；V 为风速，单位为米/秒，取各地平均风速。

按照基本公式得出的人生气候指数数值实际上只考虑了物理学意义，而没有反映人对气候的实际感受，因此刘清春、王铮和许世远（2007）考虑每个地区人生气候条件与最适宜气候条件的偏离度，得到人生气候指数：

$$\mathrm{ICL}_b=\begin{cases}|0.7-\mathrm{ICL}| & \mathrm{ICL}<0.7\\ 0 & 0.7\leqslant\mathrm{ICL}\leqslant1.3\\ |1.3-\mathrm{ICL}| & \mathrm{ICL}>1.3\end{cases} \tag{10.11}$$

$$\mathrm{ICL}_{tb}=\begin{cases}1.5\,\mathrm{ICL}_{7b}+\sum\mathrm{ICL}_{ib} & \mathrm{ICL}<0.7,\ i=1,4,10\\ \sum\mathrm{ICL}_{ib} & \mathrm{ICL}\geqslant0.7,\ i=1,4,7,10\end{cases}$$

式中，ICL_b 为适宜人生气候指数偏离度；ICL_{tb} 为年适宜人生气候指数偏离度；ICL_{ib} 为第 i 个月份的人生气候指数偏离度。最终得到的数值为各地人生气候指数。

4. 水资源适宜度

水资源的适宜程度是反映一个地区水资源状况的综合指标，主要通过一个地区的湿润程度和由降水量引起的地表径流这两个方面来反映。湿润度是反映一个地区湿润程度的气象指标，降水量是反映一个地区地表水适宜程度的水文指标。这两个指标分别从气象和水文两个方面反映了地区的水资源状况，由它们构成的综合指标可以较为全面综合地反映一个地区的水资源适宜程度。其中，湿润度指标为

$$W = P/E \tag{10.12}$$

式中，W 为湿润度；P 为降水量；E 为蒸发量。而加权河网密度则是根据全国31个流域内的降水量及一至五级河流的分布计算得到各流域内一至五级河流的断面流量和河流流量，并且以降水量作为权重，对河流流量加权求和得到（夏海斌、戴霄晔、王莹等，2006）。最终，水资源适宜度定义为

$$Y = \alpha[\ln(W \cdot P)]_{标} + (1-\alpha) \cdot (\ln U)_{标} \tag{10.13}$$

式中，Y 为水资源适宜度；W 为湿润度；P 为降水量；U 为加权河网密度，下标"标"表示括号中数值的标准化值，系数 α 定义为

$$\alpha = \frac{1}{2(1-m)} \tag{10.14}$$

$$m = \begin{cases} (P_i - 400)/(400 - P_{\min}) & P_i \leqslant 400 \\ (P_i - 400)/(P_{\max} - 400) & P_i > 400 \end{cases} \tag{10.15}$$

式中，下标 i 表示 i 地区，$P_{\min}$和 $P_{\max}$分别是区域最小和最大降水值。需要说明的是，在式（10.13）中，定义水资源适宜度为降水量 P 和河网密度 U 二者的对数值，因为农业经济产出一般认为是水量的线性函数。这些计算公式来自农业地理学。

考虑到喀斯特地貌地区由于岩性特征，地表水无法蓄积保存，普遍存在地表水下渗的情况，因此对喀斯特地区的水资源量要予以修正，认为其水资源随着喀斯特面积比重的增大而减小。

5. 农业生产潜力

农业生产潜力反映了一个地区的原初级生物生产力，同时它又是农业发展的物理基础。农业是国民经济的基础，农业产量与经济发展水平关系密切。特别是在艰苦边远地区，由于工业普遍相对落后及第三产业不发达，农业产量的高低直接影响到该地区生产生活水平的高低。农业生产潜力还反映了一个地区生态环境

的恢复能力。刘青春和王铮（2009）基于环境因子潜力结构，考虑影响农业生产的主要因子对农业产量的影响，以此推测出一个地区可能达到的期望农业产量，以客观地反映影响经济发展的自然环境基础条件，主导因子包括光、温、水。

在本研究中，使用黄秉维（1985）农业生产潜力公式：

$$P_a = 0.123QTWS \tag{10.16}$$

式中，P_a 为农业生产潜力；0.123 为由总辐射换算成光合潜力用干物质表示（千克/公顷）的系数；Q 为年光合辐射量；T 为温度有效系数；W 为水分有效系数；S 为土被指数。

相关计算公式如下。

（1）光合辐射量：

$$Q = Q_0(0.248 + 0.752S_u) \tag{10.17}$$

式中，Q_0 为各纬度的年太阳总辐射量平均值；S_u 为各地区的日照百分率。

（2）温度有效系数：

$$F(T) = \sum T/9000 \tag{10.18}$$

式中，T 为各地大于 10℃的积温数，9000 为全国大于 10℃的积温的最大值。

（3）水分有效系数：

$$F(W) = \begin{cases} P/E & 0 < P < E \\ 1 & P \geqslant E \end{cases} \tag{10.19}$$

式中，P 为降水量；E 为蒸发量。需要说明的是，实际上，黄秉维公式计算的是初级生产力，因热带地区初级生产力高导致杂草丛生，农业利用劳动强度大，因此对热带地区的初级生产力按纬度投入做了调整以反映艰苦性。

6. 特殊自然因子

在一般因子考虑中，往往会忽视一些局部因子，典型的是地方病和对基础设施具有摧毁力的台风、地震。受自然环境、地球化学生物条件的影响，人类会患有一些不明原因、无法有效治愈的疾病，这类疾病通常有很明显的地域性特征，一般将其称为地方性疾病，简称地方病。我国有 8 种主要的地方病，包括鼠疫、血吸虫病、碘缺乏病、大骨节病、克山病、地方性氟中毒、布鲁氏杆菌病和地方性砷中毒。

随着卫生、医疗条件的改善和环境的治理，包括血吸虫病、碘缺乏症和布鲁氏杆菌病等在内的地方病是有可能预防和控制的。因此，我们对地方病的考察主要是针对由地球生物化学原因导致的、对其病因至今没有完整认知的、长期侵害所在地居民的身心健康，最终可能造成致残、致死等后果的地方性疾病。受到数据可获得性等方面的限制，本指标体系中考虑鼠疫、大骨节病、克山病、氟骨症四种地方病对艰苦边远性的影响。

台风是最常见的自然灾害，其能摧毁设施，增加了人们的工作强度和生命危险，因此我们将台风过境数与降水量联合处理为一个需要给出补偿的因子。

地震的摧毁力极强，但是由于其发展时间长，难以与劳动付出函数联系，因此本书没有将地震列入因子。

7. 交通指数

一个地区的边远程度在很大意义上取决于该地的交通状况：交通情况越差，边远性越强；反之，交通情况越好，边远性越弱。考虑到目前我国社会人员流动依靠的主要交通工具是火车、飞机和汽车，选择借助轮船出行的人群逐渐缩小，因此，定义地区的交通便利性为（夏海斌、戴霄晔和王莹等，2006）：

$$P = \sum \alpha_i \beta_i K_i \qquad i = 1,2,3 \tag{10.20}$$

式中，$i=1$，2，3 分别代表火车、飞机、汽车三种交通工具；α_i 为各种交通工具质的权重，以平均速度作为衡量指标；β_i 为各种交通工具量的权重，以平均载客量作为衡量指标；K_i 分别为各县（市、旗）铁路列车日班次、航班日班次、各种公路的中小客车保有量。

8. 人文发展指数

为衡量一个地区的人文发展状况，我们引入了联合国衡量地区人类发展基础水平的指标——人文发展指数（HDI）。按照人文发展指数的定义，它要考虑地区居民的受教育程度、生存状况和经济发展状况。在其计算中，使用成人识字率和各年龄人员入学率衡量受教育程度，使用人均预期寿命衡量人员生存状况，使用购买力平价折算的人均 GDP 衡量经济发展状况。考虑到我国实际数据的可获得性，王铮等以人均受教育年限衡量居民受教育程度，以省人均预期寿命为基础并以县（市、旗）医院人均床位数校正得到县（市、旗）人均预期寿命，以三年平均的人均 GDP 衡量经济发展水平。将上述三个指标分别标准化后等权重加和，得到本研究所用人文发展指数。

9. 信息化水平

世界各国对信息化的评估体系众多，主要是从通信、网络的硬件基础设施和社会基础设施等方面考虑，给予不同的权重进行综合评价（张大朋、周均清和王乘，2004）。这里为了突出要素的地理属性及统计数据的可获取性，主要从硬件基础设施出发。为了发现信息化与产业区域聚集的关系，我们首先要计算区域信息化水平。信息化的物质载体是信息化基础设施。区域信息化基础（设施）水平的计算公式定义为

$$IL_{jt} = \sum_{i=1}^{n} W_i (x_{jit} / X_{iT}) \tag{10.21}$$

式中，IL_{jt}为t年j区域的信息化基础设施指数；W_i为指标权重，取值$W_i = 1/n$，n为信息化基础设施指标数量；x_{jit}为t年j区域i设施指标（设施包括人均互联网站点数、人均互联网用户数、人均固定电话数、人均移动电话数和每百平方公里长途光缆的长度）；X_{iT}为T年（基年）全国i设施指标。数据来源于《中国信息年鉴》（1999～2003 年）。

区域信息化的一个关键标志是信息化经济水平。一些研究者把信息化水平仅仅理解为信息设施，事实上，太平洋底有大量光缆通过，那里的信息化水平很高吗？如果仅有木材没有木材采伐，就没有木材工业，同样仅有信息化设施，没有设施的经济运用，就谈不上信息化。我们在这里补充信息化产业水平。计算区域信息经济水平的公式定义为

$$II_{jt} = K_{jt} L_{jt} \tag{10.22}$$

式中，II_{jt}为t年j区域的信息化产业指数；K_{jt}为区域信息产业的规模系数（$K_{jt} = i_{jt} / I_T$，其中i_{jt}为t年j区域人均信息产业产出，I_T为基年全国人均信息产业产出）；L_{jt}为区域信息产业的结构系数（$L_{jt} = s_{jt} / S_T$，其中s_{jt}为t年j区域的信息产业增加值，S_T为t年j区域的工业增加值）。

信息资源水平是衡量区域信息化水平的一个重要标志，我们选取每万人图书、杂志和报纸的总印张数来衡量区域信息资源水平，以全国 1998 年人均图书、杂志和报纸的总印张数为基础计算信息资源水平指数：

$$IR_{jt} = g_{jt} / G_t \tag{10.23}$$

式中，IR_{jt}为t年j区域的信息资源水平指数；g_{jt}为t年j区域的人均图书、杂志和报纸的总印张数；G_t为基年全国的人均图书、杂志和报纸的总印张数。数据来源于《中国统计年鉴》（2000～2003 年）。有人认为应该把网站数计入信息资源，其实网站是一种设施而不是资源，我们已经在设施计算中考虑了网站数。

为了衡量区域的信息化综合发展水平，我们首先根据信息化产业指数衡量信息化的产业发展水平，用信息化基础设施指数衡量信息化的基础设施水平，用信息资源水平指数衡量信息资源水平，对上面三个指数进行极差标准化，然后用指数模型合成为信息化的综合发展水平指数。计算公式为

$$IC_{jt} = W_1 \cdot IL_{jt} + W_2 \cdot II_{jt} + W_3 \cdot IR_{jt} \tag{10.24}$$

式中，W_1、W_2、W_3 是权重，$W_1=0.45$，$W_2=0.45$，$W_3=0.1$。这里的权重是一种经验估计。如果有更好的方法，我们可以进一步改进。在这里的估计中，我们考虑历史上有信息资源，可是没有信息化的说法，可见信息资源本身权重应该不大。IC_{jt} 为 t 年 j 区域的信息化综合发展水平指数；II_{jt} 为 t 年 j 区域的信息化产业指数；IL_{jt} 为 t 年 j 区域的信息化基础设施指数；IR_{jt} 为 t 年 j 区域的信息资源水平指数。数据来源于《中国信息年鉴》（1999～2003 年）。如此计算得出了区域信息化水平值。